L. 1264.
G. 49. d. 5

COLLECTION
DES MÉMOIRES

RELATIFS

A L'HISTOIRE DE FRANCE.

HISTOIRE DE L'ÉGLISE DE RHEIMS,
PAR FRODOARD.

PARIS, IMPRIMERIE DE LEBEL,
Imprimeur du Roi, rue d'Erfurth, n° 1.

COLLECTION
DES MÉMOIRES

RELATIFS

A L'HISTOIRE DE FRANCE,

DEPUIS LA FONDATION DE LA MONARCHIE FRANÇAISE JUSQU'AU 13ᵉ SIÈCLE;

AVEC UNE INTRODUCTION, DES SUPPLÉMENS, DES NOTICES
ET DES NOTES;

Par M. GUIZOT,

PROFESSEUR D'HISTOIRE MODERNE A L'ACADÉMIE DE PARIS.

A PARIS,

CHEZ J.-L.-J. BRIÈRE, LIBRAIRE,

RUE SAINT-ANDRÉ-DES-ARTS, Nº 68.

1824.

NOTICE

SUR

FRODOARD.

Après les *Mémoires* que nous avons déjà publiés, il est inutile, je pense, d'insister ici sur les motifs qui nous ont déterminés à insérer dans notre collection l'*Histoire de l'Église de Rheims* de Frodoard. Quiconque a lu Grégoire de Tours, Frédégaire, la *Vie de saint Léger*, les *Annales de saint Bertin*, sait que, du vi^e au x$_e$ siècle, la véritable histoire de la société est dans celle des églises. Là seulement on apprend à connaître l'état du peuple, ses sentimens, ses idées, les influences qui le dominaient, les habitudes de la vie commune, tout ce qu'on chercherait vainement dans les chroniques consacrées au récit des guerres et de la vie des rois. Quels ne seraient pas les transports, non seulement des érudits, mais de tous les hommes éclairés et curieux, si quelque histoire des temples de Delphes ou d'Éphèse venait à se découvrir aujourd'hui ? Avec quelle avidité on y lirait les miracles d'Apollon ou de Diane, les descriptions des cérémonies religieuses, les aventures de la dévotion populaire, tous les détails réels et vivans de cette mythologie que nous ne connaissons guère que par les poètes et les philosophes! A part toute assimilation profane, c'est sur notre propre religion que nous possédons de tels monumens; et l'ouvrage de Frodoard est sans contredit le plus instructif de tous, car c'est l'histoire la plus détaillée de l'église la plus importante de l'ancienne France; c'est la vie des plus illustres évêques de cette époque, écrite par le mieux informé et le plus soigneux des chroniqueurs.

Frodoard ou Flodoard, car les manuscrits varient sur son nom [1], naquit en 894 à Épernai; le célèbre Hincmar, mort douze ans auparavant, avait rendu au siége de Rheims tout l'éclat dont il avait brillé, à la fin du ve siècle, sous le gouvernement de saint Remi. Nulle part les écoles n'étaient plus florissantes; nulle église n'était plus intimement associée aux affaires de l'État. Après avoir fait ses études à Rheims, Frodoard obtint succes-

---

[1] On le trouve désigné sous les noms de Frodoard, Flodoard, Flohard, Floard et Flavald. Contre l'opinion de Couvenier, le meilleur de ses éditeurs, nous avons adopté le nom de Frodoard, parce qu'il est plus conforme à l'idiome germanique, et que tout nous porte à croire que Frodoard était germain d'origine.

sivement l'estime et la confiance des archevêques Hérivée, Séulphe et Artaud. D'abord garde des archives de la cathédrale, ensuite chanoine, puis curé de Cormicy, à trois lieues de Rheims; plus tard abbé d'un monastère situé dans le même diocèse, mais dont le nom est incertain [1]; enfin élu en 951 à l'évêché de Noyon, siége qu'emporta sur lui, malgré l'élection populaire et par la faveur de Louis d'Outre-mer, son compétiteur Foucher, moine de Saint-Médard de Soissons, il fut mêlé, dans le cours d'une longue vie, aux plus importantes intrigues du xe siècle, connut la plupart des hommes qui y jouèrent un rôle, et eut à sa disposition, tant sur le passé que sur son propre temps, tous les moyens de se bien instruire. Des voyages lui fournirent même de nouvelles occasions d'étendre ses connaissances et ses idées; en 936, l'archevêque Artaud l'envoya en Italie, où sa réputation avait déjà pénétré, et il y reçut du pape Léon vii le plus gracieux accueil; en 947 et 948 il accompagna le même prélat aux conciles de Verdun, de Mouzon, d'Ingelheim et de Trèves. Tout indique que, dans ces diverses missions, sa capacité reconnue lui valut plus d'influence que son rang dans l'Église ne semblait lui en attri-

---

[1] On hésite entre les monastères de Saint-Remi, Saint-Thierri, Saint-Basle, Orbay et Haut-Villiers.

buer; et sa constante fidélité à l'archevêque Artaud, dans les querelles de celui-ci avec son compétiteur Hugues, donne lieu de bien présumer de son caractère, car elle lui attira des persécutions, et même en 940 un emprisonnement, qui ne purent l'ébranler. Il paraît qu'à dater de l'an 954, las d'une vie si agitée, il ne songea plus, comme faisaient alors la plupart des hommes distingués, qu'à se livrer, dans le monastère qu'il dirigeait, aux soins de l'étude et de la piété. Il se démit même en 963 de la charge d'abbé, et son neveu, de même nom que lui, fut élu à sa place. Après trois ans d'une retraite absolue, le 28 mars 966, Frodoard mourut, laissant la réputation de l'un des plus savans hommes et des meilleurs prêtres de son temps; c'est ce qu'atteste, outre le témoignage de tous ses contemporains, une épitaphe en vieux vers français, dont la date précise ne saurait être assignée, mais qui est à coup sûr d'une haute antiquité, car George Couvenier, le dernier éditeur de l'*Histoire de l'Église de Rheims*, l'a trouvée dans un des plus anciens manuscrits; elle porte :

Si ti veu de Rein scavoir li evesque
Lye le temporaire de Flodoon le Saige.
Yl es mor du tam d'Odalry evesque
Et fu d'Espernay né par parentaige.

Vesquit caste clerc, bon moine, meilleu abbé,
Et d'Agapit ly romain fu aubé.
Par son histoire maintes nouvelles scauras,
Et en ille toute antiquité auras.

Quoique l'*Histoire de l'Église de Rheims* ne contienne pas, comme dit l'épitaphe, *toute l'antiquité*, elle n'en est pas moins un des ouvrages les plus curieux que nous ait transmis le xe siècle; elle est divisée en quatre livres d'importance fort inégale et d'un genre d'intérêt absolument différent. Les deux derniers sont le récit le plus circonstancié et le plus exact que nous possédions de la vie d'Hincmar, de toutes les affaires où il intervint, et des dissensions qui agitèrent l'État et l'Église sous l'épiscopat de ses successeurs Hérivée, Séulphe et Artaud. Durant toute cette époque, Frodoard a bien su les événemens, bien recueilli les souvenirs, bien démêlé les intrigues; et sa narration, à laquelle il a joint beaucoup de lettres et de pièces, ne manque ni de clarté ni d'impartialité; c'est vraiment de l'histoire, telle du moins qu'on peut l'attendre d'un siècle barbare. Quant aux deux premiers livres, beaucoup de gens en ont parlé avec mépris, et c'est en effet du mépris qu'ils méritent, si c'est de l'histoire proprement dite qu'on y cherche. Mais il y a dans l'histoire quelque chose de plus que les événemens; les mœurs et les croyances nationales valent aussi la peine d'être connues; et c'est aussi de l'histoire que cette série de miracles, ces innombrables aventures religieuses, ces détails de pratiques dévotes qui parlaient si vivement alors à l'imagination des peuples. On dirait vraiment, à voir la colère avec laquelle les traditions de ce genre sont quelquefois repoussées, qu'on nous demande encore d'y croire; il n'en est rien, et personne aujourd'hui n'est tenu de prendre au sérieux de tels récits; mais, si l'intérêt comme la vérité historique leur manque, ils conservent un intérêt moral et poétique qui n'est pas de moindre valeur. Les philosophes du siècle de Périclès pouvaient sourire aussi en lisant le combat du Xanthe contre Achille, et de Vulcain contre le Xanthe; ces souvenirs de la mythologie des Grecs n'en tenaient pas moins leur place dans l'histoire de leur civilisation. Les miracles que Frodoard attribue aux premiers archevêques de Rheims ne sont pas racontés avec le génie d'Homère; cependant ils ont aussi excité l'enthousiasme populaire; ils ont aussi été admis et transmis de bouche en bouche avec une foi fervente; et le tableau de saint Remi chassant devant lui, de rue en rue, l'incendie qui consumait la ville de Rheims, n'est dépourvu ni d'énergie ni d'éclat. Plusieurs autres narrations de même sorte sont gracieuses et naïves; on y trouve ce qui ne se rencontre point ailleurs, des émotions vives, des sentimens élevés ou tendres, la manifestation enfin de la nature morale de l'homme, qui, à cette époque, était partout étouffée et abrutie, si ce n'est au sein des églises et dans ses rapports avec la religion. Considérés sous ce point de vue, les deux premiers livres de l'*Histoire de Rheims* méritent toute l'attention et saisiront même plus d'une fois l'imagination du lecteur.

Le second ouvrage historique de Frodoard est une *Chronique* qui s'étend de l'an 919 à l'an 966 inclusivement, et nous a appris à peu près tout ce que nous savons sur les règnes de Charles-le-Simple, de Louis d'Outre-mer, et une partie de celui de son fils Lothaire. Il paraît qu'elle remontait plus haut et commençait en 877; mais, sauf un premier paragraphe, toute la narration de l'an 877 à l'an 919 a été perdue. Quelques renseignemens sur un manuscrit de la bibliothèque Cottonienne ont même donné à croire que Frodoard avait écrit l'histoire depuis le règne de l'empereur Auguste; mais rien ne prouve que ce manuscrit contienne un ouvrage de Frodoard. Quoi qu'il en soit, ce qui nous reste de cette Chronique en est à coup sûr la portion la plus importante, car c'est l'histoire contemporaine de l'auteur. Peu d'annales de ce genre sont aussi riches en faits et écrites avec autant d'exactitude et de simplicité. Nous donnerons la Chronique de Frodoard dans une prochaine livraison.

Il avait écrit deux autres ouvrages, dont l'un n'a jamais été publié en entier, et l'autre n'est pas venu jusqu'à nous. Le premier, qui comprend en tout trente-trois livres, est en quelque sorte une grande histoire ecclésiastique en vers qui commence à Jésus-Christ, célèbre la gloire des saints, des martyrs et des confesseurs, notamment de ceux d'Italie, et finit par une série de *vies* ou plutôt d'éloges de tous les papes, depuis saint Pierre jusqu'à Léon VII, mort en 939. Quoique complétement dénué de mérite poétique, à en juger du moins par les longs fragmens qu'en a publiés Mabillon, ce recueil n'est pas sans importance historique, car on y trouve sur certains papes quelques renseignemens qui manquent ailleurs. L'ouvrage perdu de Frodoard était une histoire, aussi en vers, des miracles opérés dans la cathédrale de Rheims.

Avant que le texte de l'*Histoire de l'Église de Rheims* eût été imprimé, Nicolas Chesneau, doyen et chanoine de Saint-Symphorien de Rheims, en publia une traduction française à Rheims en 1580. Mais cette traduction, extrêmement fautive, avait d'ailleurs été faite sur un manuscrit incomplet. En 1611, le père Sirmond publia à Paris l'original; et en 1617, George Couvenier, chancelier de l'université de Douai, après avoir collationné sept nouveaux manuscrits, en donna une nouvelle édition plus étendue, plus exacte, et y joignit des notes assez insignifiantes. C'est sur cette édition qu'a été faite notre traduction.

F. G.

HISTOIRE

DE

L'ÉGLISE DE RHEIMS,

PAR FRODOARD.

HISTOIRE

DE

L'ÉGLISE DE RHEIMS.

~~~~~~~~~~~~~~~~~~~~~~~~~~~~~~

LIVRE PREMIER.

CHAPITRE Iᵉʳ.

Fondation de la ville de Rheims.

N'AYANT d'autre dessein que d'écrire l'histoire de l'établissement de notre foi et de raconter la vie des pères de notre église, il ne me semble pas nécessaire de rechercher les auteurs ou fondateurs de notre ville, puisqu'ils n'ont rien fait pour notre salut éternel, et qu'au contraire ils nous ont laissé gravées sur la pierre les traces de leurs erreurs. Je ne crois pas non plus devoir approuver en tous points l'opinion commune sur l'origine et fondation de Rheims : on croit généralement que Rémus, frère de Romulus, en a été le fondateur, et lui a donné son nom. Nous lisons au contraire, dans des écrivains d'une autorité incontestable, qu'après la fondation de Rome par ces deux frères, Rémus périt assassiné par les soldats de Romulus, et nous ne voyons pas que Rémus se soit jamais séparé de son frère auparavant. Nés de la même couche, élevés ensemble parmi des bergers, pratiquant ensemble le brigandage, ils fondent ensemble une ville ; une querelle survient, Rémus y périt, et Romulus donne son nom à la ville : c'est le récit de Tite-Live.

Il est donc plus probable que les soldats de Rémus, obligés de fuir leur patrie après sa mort, ont fondé notre ville, et donné ainsi commencement à la nation des Rhémois, car nos murs portent les emblèmes de la religion romaine, et la plus élevée de nos portes a conservé jusqu'à nos jours le nom de porte de Mars, qui, selon l'opinion des anciens, était le père des Romains. Sur la voûte à droite en sortant est représentée la louve allaitant Romulus et Rémus ; au milieu, les douze mois, selon l'ordre établi par les Romains ; enfin à gauche, des cygnes et des oies. Or nous savons que le cygne est pour les matelots un oiseau de bon augure, comme dit le poète Æmilius,

Cycnus in auspiciis semper lætissimus ales ;
Hunc optant nautæ, quia se non mergit in undâs [1].

Les oies veillent la nuit, comme le prouvent leurs cris continuels, et l'histoire dit qu'elles ont sauvé le Capitole de la surprise des Gaulois.

Au reste il ne faut pas s'étonner de l'obscurité qui couvre l'origine de notre ville, puisque, si nous en croyons Isidore, celle de Rome elle-même, la maîtresse du monde, n'est pas à l'abri des contestations ; on ne sait rien au juste sur ses commencemens. Salluste croit qu'elle a été fondée et d'abord habitée par les Troyens, qui erraient de pays en pays sous la conduite

---

[1] Le cygne est dans les auspices l'oiseau du plus agréable augure ; c'est celui que souhaitent les matelots, parce qu'il ne se plonge pas dans les ondes.

d'Énée [1]; d'autres lui donnent Evandre pour fondateur, et Virgile a suivi cette tradition :

Tunc rex Evandrus romanæ conditor arcis.

Enfin Eutrope dans son histoire s'exprime ainsi :
« Romulus, qui vivait de brigandage au milieu
« des bergers, à peine âgé de dix-huit ans, fonda sur
« le mont Palatin une petite ville qu'il appela Rome,
« de son propre nom. Après lui Tullus Hostilius l'a-
« grandit en y ajoutant le mont Cœlius, et dans la
« suite d'autres princes à différentes époques l'ont
« étendue et embellie. »

Quant à Rheims, César lui donna le nom de *Durocortorum* [2], et il raconte, au sixième livre de son Histoire, qu'après avoir ravagé le pays il ramena son armée à *Durocortorum Rhemorum*, où il convoqua une assemblée des cités de la Gaule, pour poursuivre et punir la conjuration des Sénonois et des gens de Chartres.

On lit aussi dans la Cosmographie d'Æthicus [3] : « De
« Milan à Vienne, par les Alpes Cottiennes, 409,000
« pas; de Vienne à Rheims (*Durocortorum*) 333,000
« pas; ce qui fait 221 lieues; de même de Rheims à
« Metz 62,000 pas; de même de Rheims à Metz par un
« autre chemin, 88,000 pas; de Rheims à Trèves 99
« lieues; de Bavay à Rheims 53,000 pas. »

---

[1] « *Urbem Romam, sicuti ego accepi, condidere atque habitavere initio Trojani, qui Ænea duce, sedibus incertis vagabantur.* » (Sallust. *in Catil.*)

[2] *De Bell. Gallic.*, liv. VI, chap. 44.

[3] Æthicus, dit Ister, vivait au 4e siècle, et est probablement, outre sa Cosmographie, l'auteur des Itinéraires dits *Itinéraires d'Antonin*.

CHAPITRE II.

De l'amitié des Romains et des Rhémois.

Il est certain que dans les temps anciens le peuple des Romains et celui des Rhémois étaient liés de la plus étroite amitié; l'Histoire de Jules César, déjà citée, nous apprend comment ils s'unirent par des traités [1]. Il est certain aussi que les Rhémois avaient jadis le premier rang parmi leurs voisins; ils le conservèrent sous les Romains, et même virent croître alors leurs honneurs et leur puissance; car dans toutes les guerres ils étaient demeurés fidèles à Rome. Lorsque presque tous les peuples de la Gaule conspirèrent contre les Romains et tinrent leur assemblée à Autun, les Rhémois ne voulurent y prendre aucune part. On voit aussi dans César [2] qu'en des temps de détresse ils nourrirent les troupes des Romains. Orose nous apprend en outre [3] qu'ils combattirent, et jusqu'à la mort, pour le salut des Romains; car dans la bataille que livrèrent à ceux-ci les gens du pays de Beauvais, après la défaite des autres Gaulois révoltés, périt une nombreuse troupe de Rhémois auxiliaires des Romains. Enfin on sait que les Rhémois étaient vaillans, habiles à lancer le javelot; et Lucain [4] atteste que, sur l'invitation de César, ils marchèrent à sa suite pour prendre part aux guerres civiles où Pompée fut vaincu, et qui procurèrent à César l'empire.

---

[1] *De Bell. Gall.*, l. II, *in initio*, l. III, V, VI, etc. — [2] L. V. — [3] *Oros. hist.* l. VI, c. 2. — [4] *De Bell. Civil.*, l. I.

CHAPITRE III.

Des premiers évêques de Rheims.

Ce n'est pas seulement auprès des païens que le peuple de Rheims a été en grande estime en ces temps anciens : les premiers prédicateurs de l'Eglise de Dieu, et nos pères en Jésus-Christ, par la grâce du saint Évangile, ont toujours honoré les évêques de notre siége, le premier de cette province. Le bienheureux apôtre saint Pierre, prince de l'Église de Jésus-Christ, ayant ordonné saint Sixte archevêque de notre ville, et sentant le besoin de le faire assister par des suffragans, lui donna pour compagnons et assesseurs dans la province saint Sinice, d'abord évêque de Soissons, et ensuite de Rheims, ainsi que saint Memme, pasteur de Châlons. Aussi saint Sixte, premier évêque de Rheims, est-il regardé comme le fondateur de l'église de Soissons, où il établit saint Sinice pour son coadjuteur; et celui-ci, après la mort de saint Sixte, laissa le siége de Soissons à son neveu Divitien, et vint occuper la chaire archiépiscopale de Rheims, parce que cette église, nouvellement instituée, ne nourrissait encore que des enfans trop tendres et trop faibles pour porter le poids du ministère pontifical. Là il travailla avec tant de zèle au salut des ames, et rendit de si utiles et vertueux combats, qu'il mérita de partager sur la terre comme au ciel la couronne de son prédécesseur, et de reposer avec lui dans le même temple et le même tombeau. Par le mérite de ces deux grands saints, leur basilique a été long-temps illustrée par d'insignes miracles, dotée d'offrandes magnifiques, enrichies de terres, maisons et vignes, et desservie par un chapitre nombreux. On y a compté tantôt douze, tantôt dix chanoines, comme sous le pontificat de l'évêque Sonnat; mais depuis, par la succession des temps, l'iniquité ayant prévalu et la charité s'étant refroidie, cette église n'est plus qu'un simple presbytère. Aussi les corps des deux saints ont-ils été dernièrement transportés et déposés dans l'église de Saint-Remi, derrière l'autel de Saint-Pierre, leur maître. Au reste, outre ces prélats et saints fondateurs qu'elle a reçus de Rome, l'église de Rheims a été parée de la gloire des martyrs, et consacrée par leur sang et leurs triomphes, sous la persécution de l'empereur Néron.

CHAPITRE IV.

Premiers martyrs de la ville de Rheims.

Saint Timothée, venu des contrées de l'Orient dans la ville de Rheims, ne craignit point de prêcher publiquement la vérité de notre Seigneur Jésus-Christ. Lampade, qui était alors gouverneur du pays, le fit arrêter et mettre aux fers, comme coupable de propager parmi le peuple la nouvelle loi. On employa contre lui tantôt les menaces de la colère des empereurs, tantôt la sévérité des lois, tantôt la tentation des richesses; mais il eut le courage de faire la même réponse que le prince de l'Église, le grand apôtre, fit un jour au méchant qui marchandait la grâce de Dieu: « Que tes richesses aillent avec toi en perdition, dit-il;

« tu iras avec elles au feu éternel, car mon seigneur
« Jésus-Christ, le fils de Dieu, sera ton juge. »
Alors le gouverneur, transporté de colère, le fit appliquer à la torture. Au milieu des supplices, il ne cessait de confesser Jésus-Christ, et, entre autres paroles, il répétait au gouverneur que ceux qu'il croyait faire périr pour le nom de Jésus-Christ le jugeraient et le puniraient un jour. « Eh bien! reprit le gouver-
« neur, tu seras donc mon juge, car je te ferai mourir;
« et qui t'arrachera de mes mains? — Le Seigneur mon
« Dieu, auquel je crois, peut me délivrer, répondit
« Timothée; et c'est lui qui te punira comme tu le
« mérites. » Soumis à de nouvelles tortures, il disait à son juge : « Plus tu me feras souffrir de tourmens,
« plus douce sera la récompense que me prépare mon
« Dieu, auquel je crois. » Au moment où les bourreaux le battaient de verges, il s'écria à haute voix :
« Regarde, ô mon Seigneur, vois les tourmens que le
« diable inflige à ton serviteur : ne m'abandonne pas,
« afin que les hommes ne puissent dire, *Où est donc*
« *son Dieu?* » Enfin le gouverneur fit oindre ses plaies avec de la chaux vive et du vinaigre : « Je te
« remercie, ô mon Dieu, s'écria-t-il, de ce que tu
« m'as donné le courage de souffrir : c'est comme si
« on me frottait le corps avec de l'huile. »

Un de ceux qui le battaient de verges, nommé Apollinaire, vit deux anges debout à ses côtés, et qui lui disaient : « Courage, Timothée; nous sommes en-
« voyés vers toi pour te montrer le Seigneur Jésus-
« Christ, au nom duquel tu souffres le martyre, et pour
« te faire voir ce qui se passe dans les cieux. Lève la
« tête et regarde. » Saint Timothée regarde, et il voit

les cieux ouverts, et à la droite du Père, Jésus tenant une couronne de pierres précieuses, qui lui disait : « Vois, Timothée, voilà ta couronne ; dans trois jours « tu la recevras de mes mains. — Courage, Timo- « thée, » lui dirent encore les anges, et ils remontèrent dans les cieux. A cette vue, Apollinaire tombe à ses pieds, et s'écrie : « Seigneur Timothée, priez pour « moi : je suis prêt à souffrir pour le nom de Jésus- « Christ. J'ai vu deux hommes brillans de lumière qui « parlaient avec vous, et disaient les merveilles du « Dieu qui règne dans les cieux. — Qu'on arrête « Apollinaire, s'écrie le gouverneur, furieux de se voir « confondu ; vite du plomb bouillant, et versez-le-lui « dans la bouche, afin que je ne l'entende plus pro- « férer de telles paroles. » On apporte le plomb, on le verse bouillant dans la bouche d'Apollinaire ; il y devient froid comme la glace. A la vue de ce miracle, beaucoup crurent à Jésus-Christ. « Conduisez-les en « prison, dit le gouverneur plein de rage et de con- « fusion ; je verrai de quel supplice je dois les faire « mourir. » Pendant qu'on les conduisait, une foule nombreuse les suivait en pleurant, et disait : « Quel « injuste jugement frappe aujourd'hui notre ville ! » On les enferma dans la prison, et beaucoup témoignaient le désir d'être consolés par saint Timothée. Au milieu de la nuit survint un prêtre, nommé Maure, qui en baptisa un grand nombre au nom de notre Seigneur Jésus-Christ. Au moment où Apollinaire recevait le baptême, il vit les cieux s'ouvrir, et entendit un ange qui lui disait : « Heureux Apollinaire, d'a- « voir cru au Seigneur ! Heureux tous ceux qui ont « été lavés de la même eau où tu as été purifié ! Qui-

« conque sera baptisé cette nuit, entrera demain en
« paradis. » Tous ceux qui étaient présens entendirent ces paroles; et, fléchissant le genou, ils s'écrièrent : « Pardonnez-nous, Seigneur notre Dieu,
« faites miséricorde à ceux qui aiment et chérissent
« votre nom. » Le lendemain le gouverneur les fit
traîner à son tribunal et leur dit : « Hommes insensés,
« comment donc avez-vous pu vous laisser séduire et
« croire à un homme qui a été crucifié, qui a souffert
« mille maux sous Ponce-Pilate, et a fini par mourir
« sur une croix? » Ils répondirent : « Nous avons vu
« cette nuit un ange de Dieu s'entretenir avec les
« saints que tu tiens en prison, et les anges eux-
« mêmes nous ont dit que nous entrerions aujour-
« d'hui en paradis, et que nous recevrions les cou-
« ronnes que tes yeux ne mériteront pas de voir. »
Transporté de colère, le gouverneur ordonna de leur
trancher la tête à tous. Pendant qu'on les conduisait
hors des murs, tous se signèrent du signe de Christ
et souffrirent le martyre, en confessant le Père, le Fils
et le Saint-Esprit. Ils étaient cinquante, qui furent
décapités le vingt-deuxième jour d'août.

Le lendemain le gouverneur prit place sur son tribunal, et fit amener saint Timothée et Apollinaire :
« Malheureux, leur dit-il, obéissez aux ordres des
« empereurs, et adorez ce qu'ils adorent. — Nous
« n'adorons point les démons, répondirent les saints,
« mais le Seigneur Jésus-Christ, qui seul est le Dieu
« vivant et véritable ; voilà celui que nous devons con-
« fesser. Ne te flatte pas de pouvoir par tes artifices
« nous détourner de l'amour et du royaume de Dieu.
« Apprends que l'heure même où tu crois nous faire

« mourir, est celle qui nous donne la vie, comme à
« ceux que tu as fait massacrer hier, et qui vivent
« dans les cieux. Bientôt Jésus-Christ te frappera
« d'une blessure incurable. — Si je ne fais mettre à
« mort ces insensés, s'écria le gouverneur furieux,
« d'autres encore se convertiront à la secte nouvelle; »
et à ces mots il rendit sentence contre eux, et les
condamna comme les autres à avoir la tête tranchée.
On les conduisit donc joyeux et pleins de confiance
hors de la cité, par le chemin de César, en un lieu
appelé Buxite, où ils furent martyrisés le 23 août.
Les anges vinrent les couronner, et l'on entendit une
voix qui disait : « Venez, Timothée et Apollinaire,
« mes élus bien-aimés : venez contempler les mer-
« veilles que vous avez méritées à vos ames, en les
« offrant en mon nom, et voyez le châtiment que
« j'envoie à Lampade. » Aussitôt un trait de feu
descend du ciel, à la vue de plusieurs, frappe
le gouverneur à l'épaule droite, et il meurt emporté
par le démon. Les corps des bienheureux martyrs furent ensevelis par les Chrétiens, le 24ᵉ jour
d'août. Un des personnages les plus considérables,
nommé Eusèbe, que leur prédication convertit au
Seigneur, leur fit élever une chapelle, où ils firent
grand nombre de miracles et guérisons, rendant la
vue aux aveugles, redressant les boiteux, et délivrant les possédés au nom de notre Seigneur Jésus-
Christ. Dans la suite l'archevêque Tilpin [1] fit lever
leurs reliques de leur premier sépulcre, et les enferma dans une châsse toute brillante d'or et d'argent. Enfin il y a un autel devant leur tombeau

[1] Ou Turpin.

qu'on dit élevé en l'honneur et au nom de saint Maure, qui périt comme eux pour la cause de Dieu, et mérita de partager leur gloire. Ses restes sont conservés dans l'église de Saint-Celsin; mais la tête a été déposée à Rheims dans l'église de la bienheureuse Marie mère de Dieu, et y est exposée dans une châsse près de l'autel à la vénération des fidèles. L'église des martyrs dont nous venons de raconter le triomphe a été depuis enrichie des reliques de beaucoup d'autres saints : à droite reposent, dit-on, les corps de saint Sylvain et saint Sylvien; à gauche ceux de saint Tonance et de saint Jovin.

Saint Remi lui-même avait choisi cette église pour y faire placer sa sépulture, comme on le voit par la clause suivante ajoutée à son testament : « Après mon « testament terminé, et même scellé, il m'est venu « à l'idée de faire don à l'église des bienheureux « martyrs Timothée et Apollinaire d'un vase d'argent « de six livres, afin qu'on y prépare mon tombeau. » Dans le testament même il léguait douze sous d'or pour rétablir la voûte de cette église. Beaucoup de fidèles l'ont enrichie de leurs dons; entre autres le seigneur Gondebert, homme très-illustre, et son épouse Berthe lui ont donné une terre, nommée Perthe, située dans le canton de Vontinse. Il y a eu des temps où l'on a compté jusqu'à douze prêtres réunis en chapitre, sous le règne du roi Théodoric, par exemple, époque où de nombreux legs de terres furent faits à cette église. Jusqu'à ces derniers temps, où l'affaiblissement de la religion l'a réduite à n'être plus qu'une simple cure, un clergé nombreux y servait le Seigneur.

D'autres églises ont été élevées dans différens lieux en l'honneur de ces saints martyrs, et l'éclat de leurs miracles a porté beaucoup de fidèles serviteurs de Jésus-Christ à mettre leurs possessions sous la protection de leur mémoire. Grégoire de Tours, dans son livre des miracles, raconte qu'un dévot personnage, après leur avoir érigé une église, demanda et obtint quelques parties de leurs reliques. L'évêque du lieu en ayant confié la conduite à un prêtre, celui-ci rencontra, chemin faisant, une femme qui le salua, et le supplia avec instance de lui donner une parcelle des précieuses reliques. Le prêtre résiste d'abord; enfin, vaincu par l'importunité de cette femme, il cède et lui donne un peu des cendres sacrées. Il remonte sur son cheval pour continuer sa route; mais c'est en vain; il a beau le presser, le frapper, le cheval se refuse; lui-même se sent accablé d'une langueur pesante qui lui permet à peine de soulever la tête. Reconnaissant enfin que c'est par la vertu des martyrs qu'il est ainsi retenu, ému de repentir, il reprend à propos ce qu'il avait si légèrement pris sur lui de donner, et après avoir remis les reliques en leur premier état, il continue librement son chemin, et exécute sa commission. Il existe dans le bourg de Douzy une église consacrée à ces saints martyrs, illustrée, dit-on, par de grands miracles, et où de nombreuses guérisons ont été opérées par leur intercession.

Enfin, avec la permission de l'archevêque Artaud, le roi Othon fit transporter les reliques de saint Timothée en Saxe, et érigea un monastère en son honneur. On raconte beaucoup de miracles arrivés durant la translation, et je tiens d'Annon, alors abbé, et maintenant évêque, qui présida à la conduite, qu'outre plusieurs autres guérisons, douze boiteux et aveugles recouvrèrent la santé. Les restes de saint Apollinaire ayant aussi été transférés au monastère d'Orbay, des grâces éclatantes s'y obtiennent tous les jours en son nom.

CHAPITRE V.

Suite des évêques de Rheims.

Comme au milieu des tempêtes de la persécution, le vaisseau de notre église, souvent ballotté et battu des flots, put à peine faire tête à l'orage, il n'est pas facile de découvrir combien de temps le siége demeura vacant faute d'un digne gouverneur. Depuis les pères de notre foi, les bienheureux Sixte et Sinice, jusqu'au règne de Constantin, nous ne trouvons qu'un seul évêque, nommé Amanse. Sous ce prince se rencontre Bétause, qui, avec Primogénite, son diacre, siégea le premier de la province belgique au premier concile d'Arles [1], rapporté par l'évêque Marin au pontificat du bienheureux pape Sylvestre, sous le consulat de Volusien et d'Anian. Après Bétause vint Aper; après Aper, Maternien, dont les reliques furent envoyées à Louis d'Outre-Mer par l'archevêque Hincmar, comme on le voit dans la lettre de ce prélat au roi, au sujet de ces reliques et de celles d'autres saints.

Le siége fut ensuite occupé par Donatien, dont les reliques, transférées dans la partie maritime du diocèse

[1] En 314.

de Noyon ou de Tournai, y ont opéré de nombreux et éclatans miracles. A Donatien succéda Vivien, aussi distingué par les mérites de sa vie que par la dignité pontificale. Ses restes sacrés ont été transportés sur la Meuse par notre archevêque Ebbon, et déposés dans l'église de Braux, érigée exprès, et desservie par un clergé nombreux, où ils reçoivent les hommages qui leur sont dus. De nombreux miracles, des boiteux redressés, la vue rendue aux aveugles, attestent la vertu des pieuses reliques. A saint Vivien succéda Sévère.

CHAPITRE VI.

De saint Nicaise.

Après les évêques dont nous venons de parler, le siége épiscopal fut occupé par saint Nicaise, homme d'une grande charité et constance, qui sut gouverner avec vigueur, au milieu de la persécution des Vandales, le troupeau confié à ses soins : pendant la paix, source d'éclat et de gloire pour son église; au milieu des dangers, guide courageux et protecteur fidèle; formant le peuple par ses pieuses doctrines et ses vertueux exemples, et relevant la splendeur de l'Eglise, chaste épouse de Jésus-Christ, par de riches fondations. Jusqu'à lui la chaire épiscopale avait été attachée à l'église dite des Apôtres; inspiré par une révélation divine, il érigea une nouvelle basilique en l'honneur de la bienheureuse Mère de Dieu, toujours vierge, où il transféra le siége épiscopal, et qu'il consacra bientôt de son sang. Ce saint évêque, averti par un ange, prévit long-temps d'avance les massacres qui devaient désoler la Gaule, et, pour réprimer la fatale confiance d'une aveugle prospérité, il annonçait les vengeances de la colère divine. Son inquiète charité portait avec douleur le poids des péchés de son troupeau ; prêt à mourir pour le salut de tous, il s'offrait, afin de détourner de son peuple la colère de Dieu ; ou, puisque sa ruine était inévitable, cherchant à gagner la clémence de Dieu par l'humilité d'un cœur contrit et résigné, il s'efforçait, sinon d'arrêter le glaive temporel, au moins d'empêcher que le glaive éternel ne pénétrât jusque dans les ames. Mais comme la semence de la parole de Dieu ne peut germer au milieu des épines des richesses, ceux qui prospèrent et se glorifient dans la vanité du siècle n'ouvrent point leur cœur aux conseils salutaires, et ne les y reçoivent point pour les faire fructifier : distraits par les embarras de mille occupations passagères, au lieu de poursuivre la véritable vie, ils s'engagent sous les étendards funestes du péché et de la mort ; et parce qu'ils ne haïssent pas assez profondément le mal, ils sont incapables de faire dignement le bien. Aussi les peuples ne craignaient pas de mépriser la sainte religion, de violer les commandemens de Dieu, de se rendre esclaves des vanités, de se souiller des vices de la concupiscence, d'exciter des scandales et des schismes, et enfin, ô douleur ! d'offenser Dieu par toutes les iniquités. Mais tout-à-coup, au milieu même des jours de prospérité, Dieu suscite la colère des nations les plus barbares : des hordes de Vandales se précipitent furieuses dans les diverses provinces pour venger ses offenses; les murs des villes tombent devant eux; les familles périssent par le glaive avec leur postérité. Les barbares semblent n'aspirer à aucune gloire, ne chercher aucun profit. Ils ne veulent que verser, épuiser le sang humain; ils ne sont altérés que du carnage des Chrétiens. Au milieu de cette affreuse tempête, de glorieux évêques brillaient dans les Gaules; à Rheims, le grand saint Nicaise; à Orléans, le bienheureux saint Anian; à Troyes, saint Loup; à Tongres, saint Servais, et quelques autres prélats fameux par leurs vertus, qui retardèrent long-temps par leurs prières et leurs mérites l'éclat de la colère de Dieu, s'efforçant d'éteindre l'hérésie et les vices parmi le peuple, de le ramener par la pénitence à la religion catholique et au vrai culte du Seigneur, et de détourner de la tête de l'Eglise chrétienne le glaive d'une si terrible persécution et des vengeances divines.

Cependant les Vandales viennent camper devant Rheims, ravagent tout le pays, et poursuivent avec acharnement la perte des Chrétiens enfermés dans la ville : ils veulent détruire et effacer de la surface de la terre ces ennemis de leurs dieux et des mœurs païennes. A l'exemple de Jésus-Christ, saint Nicaise, prêt à donner sa vie pour ses frères, prend la ferme résolution de ne point abandonner son troupeau : il veut, ou se sauver avec eux, ou souffrir tout ce que voudra leur faire souffrir le Père de famille, dans la crainte qu'en fuyant il ne semblât délaisser le ministère de Jésus-Christ, sans lequel les hommes ne peuvent vivre ni devenir chrétiens. Aussi, selon la pensée de saint Augustin, a-t-il acquis les mérites d'une plus grande charité que celui qui, surpris dans sa fuite, confessa cependant Jésus-Christ, et mourut martyr, mais non pas pour ses frères, et n'ayant songé qu'à lui-même. Le saint évêque craignait bien plus que sa fuite ne détruisît les pierres vivantes de l'édifice divin, que de voir tomber et brûler sous ses yeux les pierres et les bois des édifices terrestres ; redoutant mille fois moins de livrer les membres de son propre corps aux tortures et à la rage des ennemis, que de laisser mourir les membres du corps de Jésus-Christ privés de la nourriture spirituelle : il était résigné, si ce calice ne pouvait passer loin de lui, à faire la volonté de celui qui ne peut vouloir rien de mal, et ne cherchait point son bien, mais imitait celui qui a dit : « Je ne cherche point ce qui m'est « avantageux en particulier, mais ce qui est avanta- « geux à plusieurs pour être sauvés [1]. » Persuadé donc que sa fuite serait plus funeste peut-être par le mauvais exemple, que ses services ne seraient un jour profitables s'il conservait sa vie, aucune raison ne put le déterminer à fuir. Il ne craignait pas la mort temporelle, qui vient toujours tôt ou tard, lors même qu'on cherche à l'éviter, mais la mort éternelle, qui peut venir si on ne l'évite pas, et ne pas venir si on l'évite. Loin de se complaire en lui-même, et de croire sa personne plus précieuse et plus digne d'être tirée du danger que toute autre, comme plus éminente en grâce, il s'obstina à rester, afin de ne pas priver l'Eglise de son ministère, nécessaire surtout en de si grands périls : on ne le vit point, comme le gardien

[1] Ire *Épît. de saint Paul aux Corinth.* chap. 10, v. 33.

mercenaire, abandonner ses brebis, et fuir à l'aspect du loup : mais, semblable au bon pasteur, il offrit généreusement sa vie pour son troupeau : enfin, il lui sembla que, dans cette extrémité, ce qu'il avait de mieux à faire, c'était d'adresser de ferventes prières au Seigneur, pour lui et pour les siens, et il choisit ce parti.

Cependant les assiégés succombent aux fatigues de la défense, aux veilles, au besoin; l'ennemi au contraire redouble de fureur, bat de toutes parts les murs avec succès; tout le peuple est frappé de terreur et de découragement : tous accourent auprès de saint Nicaise, prosterné en prière au pied des autels : désespérés, tremblans de la victoire prochaine des barbares, ils lui demandent des consolations, comme des enfans à leur père ; ils le supplient de décider ce qu'il y a de plus utile à faire, ou de se soumettre à la servitude des barbares, ou de combattre jusqu'à la mort pour le salut de la ville. Le saint pasteur, à qui Dieu a fait connaître par révélation que Rheims doit périr, console son peuple, et ne cesse cependant d'implorer la clémence du Seigneur, afin que cette tribulation de la mort temporelle, loin d'être leur perte éternelle, profite au contraire à leur salut, et qu'ils persistent dans la confession de la vraie foi; il les exhorte à combattre pour le salut de leur ame, non avec des armes visibles, mais par de bonnes mœurs, non avec l'appui des forces corporelles, mais par l'exercice de toutes les vertus spirituelles : il leur rappelle que la punition qui les frappe est un juste jugement de Dieu contre leurs péchés; il leur répète sans cesse qu'il n'y a d'autre moyen de salut que de s'humilier avec componction sous les coups de la vengeance divine, de les recevoir, non point avec murmure et désespoir, comme des enfans d'iniquité, mais avec patience et douceur, comme des enfans de piété qui attendent les récompenses du royaume céleste. « Souffrez, leur dit-il, souffrez avec dévotion ces « tribulations d'un jour dans l'espoir d'une éternité « de bonheur; offrez-vous de bon cœur à cette mort « d'un moment, pour éviter les peines d'une damna- « tion éternelle méritée par vos fautes; trouvez votre « salut dans votre perte, et au lieu de supplice, « l'éternelle guérison de vos ames. Priez pour vos « ennemis, afin qu'ils reconnaissent leurs iniquités, « et que ceux qui sont aujourd'hui les ministres de « l'impiété deviennent un jour les disciples de la « piété, et les sectateurs de la vérité. » Enfin, il déclare que pour lui, il est prêt, comme le bon pasteur, à donner sa vie pour son troupeau, et à braver la mort temporelle, pourvu qu'ils obtiennent avec lui le pardon de leurs fautes et le salut éternel.

Le pieux évêque était secondé par sainte Eutrope sa sœur, chaste épouse de Jésus-Christ, qui, mettant sa vertu sous la protection de son frère, imitait en tout ses exemples et ne le quittait jamais, afin de préserver la pureté de son ame des souillures spirituelles, et la chasteté de son corps de la corruption des plaisirs charnels. Tous deux animaient le peuple de tous leurs efforts à briguer la palme du martyre, et demandaient en même temps pour lui au Seigneur le prix de la victoire. Enfin le jour marqué de Dieu pour le triomphe des barbares étant arrivé, aussitôt que saint Nicaise voit leurs hordes furieuses se précipiter dans la ville, fortifié par la vertu de l'Esprit saint, et accompagné de sa bienheureuse sœur, il se présente au-devant d'eux à la porte de l'église de la sainte vierge Marie, mère de Dieu, chantant des hymnes et des cantiques spirituels. Pendant que, tout entier à la sainte psalmodie, il chante ce verset de David, « Mon « ame a été comme attachée à la terre [1], » sa tête tombe tranchée par le glaive. Cependant la parole de piété ne manque point en sa bouche; car sa tête, roulant à terre, poursuit la sentence d'immortalité, et il continue : « Seigneur, vivifiez-moi, selon votre parole. »

Mais sainte Eutrope voyant l'impiété s'adoucir à sa vue, et craignant que sa beauté ne fût réservée aux débats et à la brutalité des païens, se précipite sur le sacrilège meurtrier de l'évêque ; l'insultant à grands cris, provoquant son martyre, elle le frappe d'un soufflet, lui arrache les yeux, animée par une force divine, et les jette à terre. Bientôt égorgée par les barbares transportés de fureur, et donnant son sang à son Dieu, elle partagea avec son frère et d'autres saints victorieux la palme du martyre; car parmi le peuple, beaucoup, soit clercs, soit laïques, imitèrent cette constance; et, participant à la souffrance, méritèrent de participer aussi à l'éternelle béatitude de leur père selon Jésus-Christ. On cite entre autres, comme les plus illustres, le diacre Florent et saint Joconde, dont les têtes sont conservées à Rheims derrière l'autel de la sainte vierge Marie, mère de Dieu.

Cependant les barbares demeurent étonnés de la constance de la vierge et de la subite punition du

[1] Psaum. 118; hébreu 119, v. 25.

meurtrier. Les massacres étaient finis, le sang des saints ruisselait à grands flots; tout-à-coup une horreur d'épouvante les saisit; ils voient des armées célestes qui viennent venger le sacrilége; la basilique retentit d'un bruit épouvantable. Redoutant la vengeance divine, ils abandonnent le butin; leurs bataillons fuient dispersés et quittent en tremblant la ville, laquelle demeura long-temps solitaire; car les Chrétiens, réfugiés dans les montagnes, n'osaient en descendre dans la crainte des barbares, et les barbares redoutaient d'y retrouver les célestes visions qui les avaient frappés. Dieu seul et ses anges veillaient à la garde des saints martyrs; tellement que la nuit on voyait de loin des lumières célestes; quelques-uns même entendirent les saints et doux concerts des Vertus et des Dominations du paradis. Rassurés enfin par cette miraculeuse révélation de la victoire divine, les habitans que la Providence avait conservés pour ensevelir les saints rentrent dans Rheims en faisant des prières. Arrivés au lieu où gissent les corps, ils sentent s'exhaler une odeur de parfums délicieux. Mêlant la joie aux gémissemens, ils célèbrent en pleurant les louanges du Seigneur, préparent pour la sépulture les saintes reliques, et les déposent avec respect en des lieux convenables autour de la ville. Quant aux corps de saint Nicaise et de sainte Eutrope sa sœur, ils les ensevelirent solennellement dans le cimetière de l'église de Saint-Agricole, fondée long-temps auparavant, et magnifiquement décorée par Jovin, homme très-chrétien et maître de la cavalerie romaine; en sorte qu'il semblerait que la Providence eût préparé de loin cette demeure sainte, plutôt pour la dignité et célébrité de ces saints martyrs, que pour le dessein et la condition de sa fondation première.

Depuis que les corps de ces saints martyrs ont été déposés dans cette église, d'innombrables miracles l'ont illustrée. Par leurs mérites et leurs prières, les malades y ont recouvré la santé et la force, et leur exemple enseigne aux fidèles à marcher dans le chemin du ciel. Saint Jérôme écrivant à une jeune veuve de noble origine, nommé Aggerunchia, et l'exhortant à persévérer dans le saint état du veuvage, fait mention de cette persécution des barbares; il dit entre autres choses: « D'innombrables nations de bar-
« bares s'emparèrent de toute la Gaule. Les Quades,
« les Vandales, les Sarmates, les Alains, les Gépides,
« les Hérules, les Saxons, les Bourguignons, les Al-
« lemands, les Pannoniens, horrible république, ra-
« vagèrent tout le pays renfermé entre les Alpes et
« les Pyrénées, entre l'Océan et le Rhin. *Assur était
« avec eux.* Mayence, ville autrefois fameuse, fut
« prise et saccagée, et des milliers de Chrétiens furent
« égorgés. — La capitale des Vangions[1] fut ruinée par
« un long siége. Les peuples de la puissante ville de
« Rheims, d'Amiens, d'Arras; les Morins, situés aux
« extrémités de la Belgique, ceux de Tournai, de
« Spire, de Strasbourg, furent transportés dans la
« Germanie; les Aquitaines, la Novempulanie lyon-
« naise, la Narbonaise furent dévastées, excepté
« quelques villes, que le fer ruinait au-dehors et
« la famine au-dedans. »

Enfin on dit que saint Remi avait fixé sa demeure dans cette basilique, afin que comme en esprit il

[1] Worms.

approchait sans cesse des mérites des saints martyrs, il en approchât aussi en corps et en personne. On montre encore aujourd'hui, près de l'autel, le petit oratoire où il aimait à prier en secret, et à offrir, loin du bruit populaire, au Dieu qui voit tout les saintes hosties de contemplation. C'est là qu'un jour il vaquait à ces pieux exercices, lorsque, apprenant tout-à-coup l'incendie de la ville, il accourut pour l'arrêter en invoquant le Seigneur, et, secondé de l'appui des saints, laissa les traces de ses pas empreintes pour toujours sur les pierres des degrés de l'église.

CHAPITRE VII.

Des miracles de l'église de saint Nicaise.

Différens miracles ont, à différentes époques, illustré cette église. Mais nous n'en rapporterons qu'un seul, qui a eu lieu presque de nos jours, et que nous tenons de nos pères, qui en ont été les témoins. On était à la fête de saint Nicaise et de ses compagnons, qui se célèbre pendant les quatre-temps d'hiver, le 14 décembre. La veille de la fête, des fidèles, levés de trop bonne heure, viennent à l'église pour les vigiles : ils trouvent les gardiens endormis et les portes soigneusement fermées. Après avoir frappé long-temps, et ne recevant aucune réponse, ils vont au presbytère ; là encore ils ont beau frapper à grands coups, jeter des pierres, personne ne se lève pour leur ouvrir. Impatientés, ils reviennent à l'église, et, à leur grand étonnement, trouvent les portes ouvertes, tous les cierges allumés, et cependant ils ne voient personne dans l'église. Après avoir fait une prière d'actions de grâces à notre Seigneur Jésus-Christ, ils commencent à chanter nocturnes. Déjà l'office était presque fini lorsque, réveillé par leurs chants, le curé accourt, et arrive tout étonné pour entonner les hymnes. Il admire avec le peuple, et cherche à s'expliquer cette surprise; mais c'est en vain; on ne put découvrir personne qui eût allumé les cierges et ouvert les portes, si ce n'est le souverain dispensateur des grâces, qui ne cesse de propager la gloire de ses saints, en la faisant éclater chaque jour par de nouvelles merveilles.

Un évêque de Noyon obtint quelques parties des reliques de ce bienheureux évêque et martyr, et les transféra dans son diocèse; et là, tant à Noyon qu'à Tournai, où on les conserve, dit-on, encore aujourd'hui, elles ont fait de grands et nombreux miracles.

Depuis, l'archevêque Foulques a fait enlever et transporter dans Rheims les restes du corps du martyr, avec celui de sainte Eutrope sa sœur, et les a déposés avec tous les honneurs dus à leurs mérites, dans l'église de Notre-Dame, Marie mère de Dieu, derrière l'autel, auprès des reliques du bienheureux pape Calixte, où nous les révérons et honorons aujourd'hui.

CHAPITRE VIII.

De saint Oricle et de ses sœurs.

Au temps de la même persécution des Vandales ou des Huns, un fidèle serviteur de Dieu, nommé Oricle, exerçait le saint ministère avec ses sœurs, Oricule et Basilique, dans le diocèse de Rheims, au territoire du Dormois, dans le village de Senuc, où il avait lui-même fait bâtir une église. On lit de lui qu'après avoir été décollé, il lava lui-même sa tête dans une fontaine, et que de son sang il traça avec son doigt le signe de la croix sur une pierre où on le voit encore aujourd'hui. On dit aussi que, portant sa tête dans ses mains, il alla jusqu'au tombeau qu'il s'était fait construire, et que depuis plusieurs miracles ont signalé. Une nuit, un paysan du village eut en songe une révélation qui lui ordonnait de couvrir d'un toit la fontaine où le saint avait lavé sa tête. Deux fois il reçut le même avertissement, et deux fois il différa de le suivre : alors il tomba malade, et resta sur son lit toute une année. Enfin, ayant fait vœu d'accomplir sa mission, il recouvra la santé et couvrit la fontaine d'un toit de bois. Depuis, l'eau de cette fontaine est en grand renom, et guérit ceux qui en boivent de diverses maladies. Une autre fois, le curé du lieu, nommé Beton, se fit tirer un bain de l'eau d'un puits que le saint martyr a, dit-on, fait creuser au-dessous de l'église. Après s'y être baigné, il tomba en langueur, et ne put quitter le lit d'un an, au point que jamais dans la suite il n'a pu se rétablir entièrement. Les corps de ces saints ont reposé longtemps dans le même tombeau ; mais un jour la terre s'étant ouverte d'elle même, et le cercueil où ils gissaient s'étant miraculeusement soulevé aussi de lui-même, l'archevêque Seulphe fit enlever les reliques.

CHAPITRE IX.

Des successeurs de saint Nicaise.

Après la miraculeuse retraite des Vandales que nous avons racontée, Baruc succéda à saint Nicaise sur le siége épiscopal; à Baruc Baruce, et après Baruce, Barnabé et Bennade ou Bennage, comme on lit son nom écrit de sa propre main dans son testament. Par ce testament, Bennage institue pour ses héritiers l'église de Rheims et le fils de son frère, qu'il déclare avoir tenu sur les fonts de baptême et avoir élevé comme son fils, selon la grâce. Entre autres legs il donne à l'église, son héritière, un vase d'argent qu'il dit lui avoir été donné aussi par testament par son prédécesseur, de bienheureuse mémoire, l'évêque Barnabé. « J'aurais pu, ajoute-t-il, le distraire à mon usage, « mais je l'ai réservé pour le service et l'ornement « de l'église. » Il lègue aussi pour l'entretien de l'église vingt sous d'or, avec des champs et des bois; il assigne aux prêtres desservans huit sous d'or, aux diacres quatre sous, aux prisonniers vingt sous, aux sous-diacres deux sous, aux lecteurs un sou, aux huissiers et exorcistes un sou; enfin aux religieuses et veuves de l'Hôtel-Dieu trois sous. S'adressant ensuite à l'église, son héritière, il lui recommande de regarder comme son propre bien tout ce qu'il assigne aux prêtres, diacres, et aux divers degrés de la cléricature, comme aussi aux prisonniers et aux pauvres, afin de faire prier Dieu en mémoire de lui et pour le repos de son ame.

CHAPITRE X.

De saint Remi.

Après l'évêque Bennage, le bienheureux saint Remi apparut comme un astre éclatant pour conduire les peuples à la foi. Selon l'expression de notre poète Fortunat, la prédilection divine le choisit, non pas seulement avant qu'il fût né, mais même avant qu'il fût conçu : car un saint moine, nommé Montan, reposant d'un léger sommeil, fut par trois fois averti de prédire en vérité à sa bienheureuse mère Cilinie qu'elle engendrerait un fils, et de lui en déclarer en même temps le nom et les mérites. Ce Montan était un pieux solitaire, vivant dans la retraite, vaquant assidûment aux jeûnes, veilles et prières, se rendant recommandable devant Dieu par le mérite de toutes les vertus, et sans cesse implorant la clémence de Jésus-Christ pour la paix de sa sainte Eglise, en proie à mille afflictions dans le pays des Gaules. Une nuit donc que, selon sa coutume, il se fatiguait à prier, cédant à la faiblesse de notre nature, il se laissa aller au sommeil pour réparer ses forces. Tout-à-coup il lui semble que, par une grâce divine, il est transporté au milieu du chœur des anges et de l'assemblée des saintes ames, tenant ensemble conseil et conférant de la subversion ou de la restauration de l'Eglise des Gaules : tous déclarent que le temps est venu d'avoir pitié d'elle; et en même temps une voix qui retentit avec douceur se fait entendre d'un lieu plus élevé et plus secret : « Le Seigneur « a regardé du saint des saints, et du ciel en la terre, « pour entendre les gémissemens de ceux qui sont « enchaînés, et pour briser les fers des fils de ceux « qui ont péri, afin que son nom soit annoncé parmi « les nations, et que les peuples et les rois se réunis- « sent ensemble pour le servir. » La voix disait que Cilinie concevrait et engendrerait un fils, nommé Remi, auquel le peuple serait confié pour être sauvé.

Après avoir reçu une si grande et douce consolation, le saint personnage, trois fois averti d'accomplir sa mission, vint annoncer à Cilinie l'oracle de sa céleste vision. Or, cette mère bienheureuse avait eu long-temps auparavant dans la fleur de sa jeunesse, de son seul et unique mari, Emile, un fils nommé Principe, depuis évêque de Soissons, et père de saint Loup, son successeur à l'épiscopat de la même ville : la bienheureuse Cilinie s'étonne; elle ne peut comprendre comment, déjà vieille, elle enfantera un fils et le nourrira de son lait, d'autant que son mari et elle-même, grandement avancés en âge, épuisés et stériles, n'avaient plus ni espoir ni désir d'engendrer désormais. Mais le bienheureux Montan, qui, afin que les mérites de la patience abondassent en lui, avait perdu la vue pour un temps, pour donner autorité à sa parole, déclare à Cilinie que ses yeux doivent être arrosés de son lait, et qu'aussitôt il recouvrera la vue. Cependant les bienheureux parens se livrent à la joie d'une si grande consolation, et le pontife futur de Jésus-Christ est conçu. Avec le secours de la grâce, il vient au monde heureusement, et reçoit sur les saints fonts de baptême le nom de Remi. L'heureuse promesse faite au saint prophète est aussi fidèlement accomplie : car, pendant l'allaitement, ses yeux sont arrosés du lait de la bienheureuse mère Cilinie, et il recouvre la vue par les mérites de l'enfant. Or, ce merveilleux enfant, solennellement annoncé avant sa nativité, naquit au pays de Laon, de nobles et illustres parens, vieux toutefois et depuis long-temps stériles, et par les éclatans miracles de sa naissance, furent magnifiquement préparés les œuvres et miracles de sa vie. Selon l'ordre de Dieu, il fut aussi à bon droit nommé Remi, comme celui qui, avec la *rame* de doctrine, devait guider l'Église de Jésus-Christ, et spécialement celle de Rheims, sur la mer orageuse de cette vie, et par ses mérites et ses prières la conduire au port du salut éternel. Cependant quelques anciens écrits le nomment *Remedius* au lieu de *Remigius;* ce que nous croirions volontiers, si nous ne considérions que ses mérites et ses actes, saints et véritables *remèdes*, et si nous ne savions par des témoignages et titres plus corrects, qu'il doit être nommé Remi, selon l'oracle divin. Nous lisons d'ailleurs dans des vers composés par lui, et gravés par son ordre sur un vase consacré aussi par lui-même au service de Dieu :

> Hauriat hinc populus vitam de sanguine sacro
> Injecto æternus quem fudit vulnere Christus.
> Remigius reddit Domino sua vota sacerdos [1].

Ce vase a duré jusqu'à ces derniers temps, où il a été fondu et donné aux Normands pour la rançon de prisonniers chrétiens. Saint Remi eut, dit-on, pour nourrice la bienheureuse Balsamie, que la tradition regarde aussi comme la mère de saint Celsin, disciple bien-aimé de saint Remi, célèbre par de nombreux miracles, et aujourd'hui encore en grande vénération auprès des justes. Les reliques de Balsamie reposent dans l'église de son fils.

Envoyé aux écoles par ses parens pour y apprendre les lettres, saint Remi surpassa bientôt en savoir, non seulement ceux de son âge, mais aussi ceux qui étaient plus âgés. Il les surpassa bien plus encore par la gravité de ses mœurs et l'ardeur de sa charité, n'ayant d'autre désir que de fuir le tumulte et le bruit de la foule, et de se retirer dans la solitude pour y servir le Seigneur : ce qu'il obtint selon ses vœux, car il passa sa pieuse jeunesse, à Laon, dans la retraite et les exercices d'une sainte et chrétienne conversation.

---

[1] « Que le peuple puise ici la vie dans le sang sacré qu'a versé de sa blessure Christ l'éternel. Remi, prêtre, adresse au Seigneur ce vœu. »

CHAPITRE XI.

Saint Remi est ordonné évêque de Rheims.

Remi entrait à peine dans sa vingt-deuxième année lorsque le vénérable archevêque Bennade vint à mourir; aussitôt il est choisi pour son successeur, et ravi plutôt qu'élevé à cette sainte dignité. Un immense concours de peuple, de tout sexe, de toute condition et de tout âge, le proclame d'une seule voix vraiment digne de Dieu, et d'être commis à la garde des fidèles. Réduit à cette extrémité de ne pouvoir aucunement échapper par la fuite, ni détourner le peuple de sa résolution, le saint jeune homme se répand en excuses sur la faiblesse de son âge, et rappelle sans cesse et à haute voix que la règle ecclésiastique défend d'élever une si tendre inexpérience à une pareille dignité. Mais tandis que d'un côté le peuple obstiné renouvelle ses acclamations, et que de l'autre l'homme de Dieu résiste avec fermeté, il plut au Seigneur de manifester, par un éclatant témoignage, quel jugement lui-même en portait. Tout-à-coup un rayon de lumière part du haut des cieux, et vient couronner la tête du saint. En même temps une liqueur divine se répand sur sa chevelure, et l'embaume toute entière de son parfum céleste. A cette vue, l'assemblée des évêques de la province le proclame sans hésiter, et le consacre évêque de Rheims. Il ne tarda pas à faire paraître sa dévotion et sa merveilleuse aptitude à ce grand ministère. Libéral en aumônes, assidu en vigilance, attentif en oraisons, prodigue de bontés, parfait en charité, merveilleux en doctrine, toujours saint dans sa conversation, l'aimable gaîté de son visage annonçait la pureté et la sincérité de son ame, comme le calme de ses discours peignait la bonté de son cœur. Aussi fidèle à remplir en œuvres les devoirs du salut, qu'à les enseigner par la prédication, son air vénérable et sa démarche imposante commandaient le respect : inspirant la crainte par sa sévérité, l'amour par sa bonté, il savait tempérer la rigueur de la censure par la douceur de la bienveillance. Si l'austérité de son front semblait menacer, on se sentait attiré par la sérénité de son cœur. Pour les Chrétiens fidèles, c'était saint Pierre, et son extérieur imposant; pour les pécheurs c'était saint Paul, et son ame tendre : ainsi par un double bienfait de la grâce qui reproduisait en lui la piété de l'un et l'autorité de l'autre, on le vit pendant toute sa vie dédaigner le repos, fuir les douceurs, chercher le travail, souffrir patiemment l'humiliation, s'éloigner des honneurs, pauvre de richesses et riche de bonnes œuvres, humble et modeste devant la vertu, sévère et intraitable contre le vice. En sorte que, comme on l'a dit avant nous [1], il réunit en lui toutes les vertus chrétiennes, et les pratiqua toutes à la fois, avec une perfection que bien peu pourraient porter dans l'exercice d'une seule. Toujours occupé de bonnes œuvres, toujours plein de componction et de zèle, il n'avait autre chose à cœur que de s'entretenir de Dieu, par lecture ou sermon ; ou avec Dieu par la prière, et

---

[1] Hincmar, *Vie de saint Remi.*

sans cesse atténuant et affaiblissant son corps par le jeûne, il s'efforçait de vaincre le démon persécuteur par un martyre continuel. Cependant ce saint prélat, ainsi que nous le lisons dans les écrits qui ont parlé de sa vie, s'efforçait avant tout de fuir l'ostentation des vertus : mais une grâce si éclatante et si haute ne pouvait rester secrète. Il attirait les regards et l'admiration de tous, comme la cité bâtie sur le sommet de la montagne; et le Seigneur ne voulait pas laisser cachée sous le boisseau la lumière qu'il avait placée sur le chandelier, et à laquelle il avait donné de brûler du feu de la charité divine, et d'éclairer son Eglise du brillant flambeau des vertus chrétiennes.

CHAPITRE XII.

De divers miracles opérés par saint Remi et de sa doctrine.

L'innocence de sa sainteté touchait non seulement les créatures raisonnables, mais apprivoisait jusqu'aux animaux dépourvus de raison. Un jour qu'il donnait un repas de famille à ses plus intimes amis, et prenait plaisir à les voir se réjouir, des passereaux descendirent vers lui, et vinrent sans crainte manger dans sa main les miettes de la table, les uns s'en allant rassasiés et les autres venant pour l'être. Ce n'est pas qu'il cherchât à faire parade de ses mérites; mais le Seigneur en avait ainsi disposé pour l'utilité des convives, afin que, témoins de ce miracle et de beaucoup d'autres opérés par ce bienheureux serviteur de Jésus-

Christ, ils s'engageassent avec plus de ferveur au service du Seigneur.

Un autre jour que, selon sa coutume, il visitait avec sa sollicitude paternelle toutes les paroisses de son diocèse, afin de reconnaître par lui-même si l'on ne mettait aucune négligence dans le service divin, il arriva dans sa sainte visite au bourg de Chermizy. Là un pauvre aveugle, depuis long-temps possédé du démon, vint lui demander l'aumône. Au moment même où le saint évêque accomplissait envers lui l'œuvre de miséricorde, le diable commença à le tourmenter. Alors saint Remi, avec cette sainte intention qu'il mettait toujours à sa prière, se prosterna en oraison, et soudain, en rendant la vue au vieillard, il le délivra en même temps de l'esprit immonde, accomplissant ainsi à la fois trois bonnes œuvres dans le même homme, donnant l'aumône à un pauvre, rendant la vue à un aveugle et délivrant un possédé.

Dans une autre visite de son diocèse, faite encore dans le même esprit de sollicitude, une de ses cousines nommée Celse, vierge consacrée, le pria de s'arrêter à sa terre de Cernay : le saint évêque se rendit à son invitation. Tandis que, dans un entretien spirituel, il verse à son hôtesse le vin de vie, l'intendant de Celse vient annoncer à sa maîtresse que le vin manque. Saint Remi la console gaîment, et, après quelques propos aimables, il la prie de lui faire voir en détail son habitation. Il parcourt d'abord à dessein quelques autres appartemens; enfin il arrive au cellier, se le fait ouvrir, et demande s'il ne serait pas resté un peu de vin dans quelque tonneau; le sommelier lui en montre un dans lequel on avait gardé seulement assez de vin pour conserver le tonneau. Saint Remi ordonne alors au sommelier de fermer la porte et de ne bouger de sa place; puis, passant lui-même à l'autre bout du tonneau, qui n'étoit pas de petite contenance, il fait dessus le signe de la croix, et, se prosternant contre la muraille, il adresse au Seigneur une fervente prière. Cependant, ô miracle! le vin monte par le bondon et coule à grands flots dans le cellier. A cette vue le sommelier, frappé d'étonnement, s'écrie; le saint lui impose silence et lui défend de rien dire. Mais un miracle si éclatant ne put rester caché, et sa cousine, dès qu'elle en fut instruite, donna à perpétuité à saint Remi et à l'église de Rheims sa terre de Cernay, dont elle passa donation devant le magistrat.

On raconte encore de lui un autre miracle à peu près semblable à celui que nous venons de réciter. Un malade d'une famille illustre, qui n'avait point encore été baptisé, fit prier saint Remi de venir le visiter et de lui administrer le saint sacrement du baptême, parce qu'il sentait sa fin approcher. Le bienheureux évêque demanda au curé du lieu l'huile et le saint chrême; mais il se trouva qu'il n'y avait plus rien dans les vases sacrés : Remi prend les vases vides, les place sur l'autel et se prosterne en oraison; sa prière faite, il trouve les vases pleins. Oignant donc le malade avec cette huile donnée par un miracle, et ce saint chrême venu du ciel, il lui conféra le baptême, selon la coutume de l'Église, et lui rendit la santé de l'ame en même temps que celle du corps.

Enfin l'ennemi du genre humain, qui ne cesse jamais de faire éclater sa haine et sa malice, mit un jour le feu à la ville de Rheims et y excita un horrible incendie. Déjà un tiers de la ville avait été réduit en cendres, et la flamme victorieuse allait dévorer le reste. Aussitôt que saint Remi en est instruit, il a recours à la prière, son ordinaire appui, et, se prosternant dans l'église du bienheureux martyr saint Nicaise, il implore le secours de notre Seigneur Jésus-Christ; puis tout-à-coup se relevant, et jetant les yeux vers le ciel, « Mon Dieu, mon Dieu, « s'écrie-t-il avec gémissement, prêtez l'oreille à ma « prière. » Alors d'un pas précipité il descend les degrés de l'église, et en courant ses pieds s'empreignent sur la pierre comme sur une terre molle, et leurs traces saintes attestent encore aujourd'hui la vérité du miracle. Il court, s'oppose aux flammes, étend la main contre le feu, fait le signe de la croix en invoquant le nom de Jésus-Christ; aussitôt l'incendie s'arrête, sa fureur retombe sur elle-même, et la flamme semble fuir devant l'homme de Dieu. Saint Remi la poursuit, et, se plaçant entre le feu et ce qui est resté intact, opposant toujours le signe mystérieux, il pousse devant lui cet immense tourbillon de flammes, et, soutenu de la protection de Dieu, le jette hors de la ville par une porte qui se trouve ouverte, ferme la porte avec injonction de ne jamais l'ouvrir, et appelant malédiction et vengeance sur quiconque violerait cette défense. Quelques années après, un habitant nommé Fercinct, qui demeurait près de cette porte, fit une ouverture à la maçonnerie dont elle avait été bouchée, pour jeter par là les immondices de sa maison; mais son audace fut bientôt cruellement punie, et la main de Dieu le frappa d'une manière si terrible que tout périt dans sa maison, lui, sa famille et jusqu'aux bêtes.

Une jeune fille d'illustre origine, née à Toulouse, était depuis son enfance possédée du malin esprit. Ses parens, qui l'aimaient tendrement, la conduisirent avec grande dévotion au sépulcre de l'apôtre saint Pierre. Or, dans le même pays d'Italie, florissait alors le vénérable Benoît, en grande réputation et éclat de vertu. Les parens de la jeune fille, entendant parler de ce saint personnage, avisèrent de la lui mener : mais après bien des jeûnes et des prières, travaillant en vain à la purification de cette pauvre enfant, Benoît ne put parvenir à la guérir du venin du cruel serpent, et tout ce qu'il put arracher de l'antique ennemi de l'homme, en l'adjurant au nom de Dieu, fut cette réponse, que personne autre que le bienheureux évêque Remi ne pourrait le chasser du corps où il faisait son séjour. Alors les parens, appuyés de la protection du bienheureux saint Benoît lui-même, et d'Alaric roi des Goths, et munis de lettres de leur part pour saint Remi, viennent trouver le saint évêque avec la jeune possédée, le suppliant de faire voir, dans la délivrance de leur enfant, cette vertu que l'aveu du larron lui-même leur avait annoncée. Remi résiste long-temps, disant qu'il n'en est pas digne, et se défend avec son ordinaire humilité. A la fin, il cède aux prières du peuple qui lui demande en grâce de prier pour cette jeune fille, et de compatir aux larmes de ses parens. Alors donc, armé des mérites de sa sainteté, il commande à l'esprit inique de sortir par où il est entré, et de laisser en paix la servante de Jésus-Christ, et aussitôt le démon sort par la bouche, comme il était entré, avec grand vomissement et exhalaison fétide. Mais peu de temps après, lorsque le saint évêque se fut retiré, la jeune fille, épuisée à la peine, tomba privée de la chaleur de la vie, et rendit l'esprit. La foule se porte de nouveau vers le médecin, et renouvelle ses prières. Saint Remi au contraire dit qu'il a empiré le mal au lieu d'y apporter remède, et s'accuse d'avoir tué au lieu d'avoir guéri. Cependant, vaincu encore une fois par les instances du peuple, il revient à l'église de saint Jean, où le corps gissait sans vie. Là, il se prosterne avec larmes sur le parvis des saints, et exhorte l'assemblée à en faire autant. Ensuite, se relevant après avoir versé un torrent de larmes, il ressuscite la jeune morte, comme auparavant il l'avait délivrée du démon. Aussitôt prenant la main de l'évêque, celle-ci se leva en pleine et entière santé, et s'en retourna heureusement dans son pays.

Quant à sa doctrine, sa sainteté et sa sagesse, ses œuvres prouvent assez quel en a été l'éclat : car la véritable sagesse se reconnaît aux œuvres, comme l'arbre à ses fruits ; la conversion de la nation des Francs au christianisme et sa sanctification par les eaux du baptême rendent aussi témoignage ; et encore mille actions ou prédications pleines de prudence ; enfin, divers personnages de son temps, entre lesquels surtout nous citerons Sidoine, évêque d'Auvergne, homme très-docte, aussi illustre par sa naissance que par sa piété et ses prédications, et dont nous croyons à propos d'insérer la lettre suivante adressée à notre saint évêque.

« Sidoine, au seigneur pape Remi, salut.

« Quelqu'un de notre pays ayant eu occasion d'aller

« d'Auvergne en Belgique (quoique je connaisse la per-
« sonne, j'ignore pour quel motif, et d'ailleurs cela n'im-
« porte), et s'étant arrêté à Rheims, a trouvé moyen,
« je ne sais si c'est par argent ou par service, avec ou
« sans ta permission, de se procurer, auprès de ton se-
« crétaire ou de ton bibliothécaire, un manuscrit fort
« volumineux de tes sermons. De retour ici, tout glo-
« rieux d'avoir rapporté tant de volumes, quoique
« d'abord il se les fût procurés dans l'intention de les
« vendre, en sa qualité de citoyen, dont il est bien di-
« gne, il est venu nous en faire un présent. Tous ceux
« qui étudient et moi, après les avoir lus avec fruit,
« nous avons pris à tâche d'en apprendre la plus grande
« partie par cœur, et de les copier tous. Tout le monde
« a été d'accord qu'aujourd'hui il n'y a que bien peu
« de personnes capables d'écrire ainsi. En effet, on
« trouverait difficilement quelqu'un qui réunît tant
« d'habileté dans la disposition des motifs, le choix de
« l'expression et l'arrangement des mots. Ajoutez à cela
« l'heureux à propos des exemples, l'autorité des té-
« moignages, la propriété des épithètes, l'urbanité des
« figures, la force des argumens, le poids des pensées,
« la rapide facilité du style, la rigueur foudroyante des
« conclusions. La phrase est forte et ferme; tous ses
« membres bien liés par des conjonctions élégantes:
« toujours coulante, polie, et bien arrondie; jamais de
« ces alliances malheureuses qui offensent la langue
« du lecteur, ni de ces mots rocailleux qu'elle est obligée
« de balbutier en les roulant avec peine sous la voûte
« du palais: elle glisse et court jusqu'à la fin avec une
« douce aisance; c'est comme lorsque le doigt effleure
« avec l'ongle un cristal ou une cornaline, sans ren-

« contrer ni aspérité, ni fente qui l'arrête. Que te dirai-
« je enfin? je ne connais point d'orateur vivant que ton
« habileté ne puisse surpasser sans peine, et laisser
« bien loin derrière toi? Aussi je soupçonne presque,
« seigneur évêque, je t'en demande pardon, que tu
« es un peu fier de ta riche et ineffable éloquence.
« Mais, quel que soit l'éclat de tes talens d'écrivain,
« comme de tes vertus, nous te prions de ne pas nous
« dédaigner, car si nous ne savons pas bien écrire,
« nous savons louer ce qui est bien écrit. Cesse donc
« aussi désormais de décliner des jugemens dont tu n'as
« à craindre ni critiques mordantes, ni reproches sé-
« vères. Autrement, si tu refuses de féconder notre sté-
« rilité par tes éloquens entretiens, nous serons aux
« aguets de tous les marchés de voleurs, et nous subor-
« nerons et apposterons d'adroits fripons dont la main
« subtile ravagera ton porte-feuille. Et alors, te voyant
« dépouillé, peut-être seras-tu sensible au larcin, si tu
« ne l'es pas aujourd'hui à nos prières et au plaisir
« d'être utile. »

CHAPITRE XIII.

De la conversion des Francs.

La sagesse et le saint zèle de notre bienheureux père et pasteur, sa fidélité et sa prudence dans l'administration des trésors de son Seigneur, sont assez prouvées, comme nous l'avons déjà dit, par la conversion des Francs, retirés du culte des idoles, et ramenés à la connoissance du vrai Dieu. Depuis assez long-temps déjà ces peuples, ayant passé le Rhin, ravageaient les Gaules, et s'étaient rendus maîtres de Cologne et de quelques autres villes. Mais quand leur roi Clovis eut défait et mis à mort Syagrius, gouverneur romain qui commandait alors la province, leur domination s'étendit presque sur toute la Gaule. La renommée de saint Remi, sa réputation de sagesse et de sainteté, le bruit de ses éclatans miracles, étaient parvenus jusqu'à Clovis : aussi ce roi l'avait-il en grande vénération, et quoique païen il l'aimait. Un jour qu'il passait près de Rheims avec son armée, des soldats enlevèrent quelques vases sacrés à l'Église de Rheims; parmi ces vases il y en avait un d'argent d'une grandeur remarquable, et d'un précieux travail. Saint Remi envoya des députés demander que celui-là au moins lui fût remis ; Clovis alors se rend à l'endroit où devait avoir lieu le partage du butin, et demande à ses soldats de lui céder le vase; la plupart y consentirent, mais l'un d'eux, frappant la coupe de sa francisque, s'écria que le roi n'avait droit sur aucune partie du butin qu'après qu'elle lui serait échue en partage par le sort. Tant de témérité frappe l'armée d'étonnement. Quant à Clovis, souffrant pour le moment l'injure, il prend tranquillement le vase, avec l'assentiment du plus grand nombre, et le remet à l'envoyé de l'évêque : mais il couve son ressentiment dans son cœur, et en effet un an après, il ordonne, selon la coutume, à son armée de se ranger en bataille dans une vaste plaine, pour passer la revue des armes; revue solennelle qui, du nom de Mars, s'appelait assemblée du champ de Mars. En passant dans les rangs, le roi s'arrête devant le soldat qui avait frappé le vase de Rheims. Il trouve ses armes mal en ordre, et jette sa francisque à terre; le soldat se baisse pour la relever, à l'instant Clovis lui frappe la tête de sa framée, comme lui-même avait frappé le vase, et le tue, rappelant avec aigreur et colère sa téméraire présomption. Par cette vengeance, Clovis inspira au reste des Francs une grande crainte, et se concilia ainsi leur obéissance.

Après avoir subjugué la province de Thuringe et étendu sa domination, Clovis épousa Clotilde, fille de Chilpéric, frère de Gondebaud, roi des Bourguignons. Cette princesse était chrétienne, et faisait baptiser les enfans qu'elle avait du roi, quoique celui-ci ne le voulût pas, et sans cesse elle s'efforçait de le convertir à la foi de Jésus-Christ; mais une femme ne pouvait fléchir le cœur altier du barbare. Cependant une guerre survient aux Francs contre les Allemands, et ceux-ci en font un épouvantable massacre. Alors Aurélien, conseiller de Clovis, l'exhorte à croire en Jésus-Christ, à le confesser roi des rois, Dieu du ciel et de la terre, qui peut, quand il veut, donner ou retirer la victoire. Clovis suit son conseil, implore avec dévotion l'assistance de Jésus-Christ, et fait vœu de se faire chrétien, s'il éprouve sa puissance en remportant la victoire. A peine le vœu est-il prononcé, que les Allemands prennent la fuite, et, voyant leur roi tué, se soumettent à Clovis. Celui-ci leur impose un tribut et rentre vainqueur dans son royaume, comblant de joie sa femme de ce qu'il avait mérité de remporter la victoire en invoquant le nom de Jésus-Christ. La reine alors fait venir saint Remi, et le supplie d'enseigner au roi la route du salut. Le saint prélat l'instruit dans la doctrine de vie, et lui ordonne de venir recevoir le sacrement du baptême. Le roi répond qu'il veut aussi exhorter son peuple, et en effet il engage son armée à abandonner des dieux qui ne peuvent les secourir, et à embrasser le culte de celui qui leur a donné une si éclatante victoire. Prévenue par la grâce de Dieu, l'armée confesse avec acclamation qu'elle renonce à ses dieux mortels, et croit au Christ qui l'a sauvée. On annonce ces nouvelles à saint Remi; transporté de joie, il se livre avec ardeur à l'instruction du peuple et du roi ; il leur enseigne comment, en renonçant à Satan, à ses œuvres et à ses pompes, ils doivent croire au vrai Dieu : et comme la solennité de Pâques approchait, il leur ordonne le jeûne, selon la coutume des fidèles.

Le jour de la passion de notre Seigneur, c'est-à-dire la veille du jour où ils devaient être baptisés, après avoir chanté nocturnes, l'évêque alla trouver le roi dès le matin dans sa chambre à coucher, afin que, le prenant dégagé de tous les soins du siècle, il pût lui communiquer plus librement les mystères de la parole sainte. Les gens de la chambre du roi le reçoivent avec grand respect, et le roi lui-même accourt et vient au-devant de lui. Ensuite ils passent ensemble dans un oratoire consacré au bienheureux saint Pierre, prince des apôtres, et attenant à l'appartement du roi. Quand l'évêque, le roi et la reine eurent pris place sur les siéges qu'on leur avait préparés, et qu'on eut admis quelques clercs, et aussi quelques amis et domestiques du roi, le vénérable évêque commença ses salutaires instructions. Pendant qu'il prêchait la parole de vie, le Seigneur, pour fortifier et confirmer les saints enseignemens de son fidèle serviteur, daigna manifester d'une manière visible que, selon sa promesse, quand ses fidèles sont rassemblés en son nom, il est toujours avec eux; la chapelle fut tout-à-coup remplie d'une lumière si brillante qu'elle effaçait l'éclat du soleil, et du milieu de cette lumière sortit une voix qui disait : « La paix soit avec vous, c'est « moi, ne craignez point, et demeurez en mon « amour. » Après ces paroles la lumière disparut, mais il resta dans la chapelle une odeur d'une suavité ineffable; afin qu'il pût être évident à tous que l'auteur de toute lumière, de toute paix et de toute piété, était descendu en ce lieu, le visage du saint prélat avait aussi été illuminé de cette merveilleuse lumière. Prosternés à ses pieds, le roi et la reine demandaient avec grande crainte d'entendre de lui des paroles de consolation, prêts à accomplir tout ce que leur saint protecteur leur commanderait, et en même temps ils étaient charmés de ce qu'ils avaient entendu, et éclairés à l'intérieur, quoique effrayés de l'éclat extérieur de la lumière qui leur était apparue. Le saint évêque, inspiré de la sagesse divine, les instruisit des ordinaires effets des visions célestes; comment à leur apparition elles effraient le cœur des mortels, mais bientôt le remplissent d'une douce consolation; comment aussi les pères qui en avaient été visités avaient toujours à l'abord été frappés de terreur, mais ensuite pénétrés des douceurs d'une sainte joie par les merveilles de la grâce. Resplendissant à l'extérieur, comme l'ancien législateur Moïse, par l'éclat de son visage, mais plus encore à l'intérieur, par l'éclat de la lumière divine, le bienheureux prélat, transporté d'un esprit prophétique, leur prédit ce qui devait arriver à eux et à leur postérité : il annonce que leurs descendans reculeront les limites du royaume, élèveront l'Église de Jésus-Christ, succéderont à l'empire romain et à sa domination, et triompheront des nations étrangères, pourvu que, ne dégénérant pas de la vertu, ils ne s'écartent jamais des voies de salut, ne s'engagent pas dans la route du péché, et ne se laissent pas tomber dans les piéges de ces vices mortels, qui renversent les empires et transportent la domination d'une nation à l'autre.

Cependant on prépare le chemin depuis le palais du roi jusqu'au baptistère; on suspend des voiles, des tapis précieux; on tend les maisons de chaque côté des rues; on pare l'Église, on couvre le baptistère de baume et de toutes sortes de parfums. Comblé des grâces du Seigneur, le peuple croit déjà respirer les délices du paradis. Le cortége part du palais; le clergé ouvre la marche avec les saints Évangiles, les croix et les bannières, chantant des hymnes et des cantiques spirituels; vient ensuite l'évêque, conduisant le roi par la main, enfin la reine suit avec le peuple. Chemin faisant, on dit que le roi demanda à l'évêque si c'était là le royaume de Dieu qu'il lui avait promis : « Non, répondit le prélat, mais c'est l'en- « trée de la route qui y conduit. » Quand ils furent parvenus au baptistère, le prêtre qui portait le saint chrême, arrêté par la foule, ne put arriver jusqu'aux saints fonts; en sorte qu'à la bénédiction des fonts, le chrême manqua par un exprès dessein du Seigneur. Alors le saint pontife lève les yeux vers le ciel, et prie en silence et avec larmes. Aussitôt une colombe, blanche comme la neige, descend, portant dans son bec une ampoule pleine de chrême envoyé du ciel. Une odeur délicieuse s'en exhale, qui enivre les assistans d'un plaisir bien au-dessus de tout ce qu'ils avaient senti jusque là. Le saint évêque prend l'ampoule, asperge de chrême l'eau baptismale, et incontinent la colombe disparaît. Transporté de joie à la vue d'un si grand miracle de la grâce, le roi renonce à Satan, à ses pompes et à ses œuvres, et demande avec instance le baptême. Au moment où il s'incline sur la fontaine de vie: *Baisse la tête avec humilité, Sicambre,* s'écrie l'éloquent pontife; *adore ce que tu as brûlé, et brûle ce que tu as adoré.* Après avoir confessé le symbole de la foi orthodoxe, le roi est plongé trois fois dans les eaux du baptême, et ensuite, au nom de la sainte et indivisible Trinité, le Père, le Fils, et le Saint-Esprit, le bienheureux prélat le reçoit, et le consacre par l'onction divine. Alboflède aussi et Lantéchilde, sœurs du roi, reçoivent le baptême, et en même temps trois mille hommes de l'armée des Francs, outre grand nombre de femmes et d'enfans. Aussi pouvons-nous croire que cette journée fut un jour de réjouissance dans les cieux pour les saints anges, comme les hommes dévôts et fidèles en reçurent une grande joie sur la terre.

Cependant une grande partie de l'armée des Francs refusa de se convertir à la foi chrétienne, et demeura quelque temps encore dans l'infidélité, occupant les pays au-delà de la rivière de Somme, sous la conduite d'un prince nommé Ragnachaire, jusqu'à ce qu'enfin, par un nouveau coup de la grâce, Clovis ayant remporté de glorieuses victoires, Ragnachaire, impie et adonné à tous les vices infâmes, fut livré tout enchaîné par les Francs, et mis à mort. Alors tout le peuple franc se convertit au Seigneur par les mérites de saint Remi, et reçut le baptême.

CHAPITRE XIV.

Des possessions que le roi Clovis et les Francs donnèrent à saint Remi.

Le roi et les puissans de la nation des Francs donnèrent à saint Remi un grand nombre de possessions en diverses provinces, dont il dota l'église de Rheims, et quelques autres églises de France. Il en donna surtout une bonne partie à l'église de Notre-Dame de Laon, ville autrefois du diocèse de Rheims, où il avait été élevé : il ordonna aussi pour évêque de cette ville Gennebaud, noble de naissance, et savant dans les lettres, tant sacrées que profanes, qui avait quitté sa femme, nièce, selon la tradition, de saint Remi, afin de vivre en religion; et il réunit à la paroisse de Laon toutes celles du comté du même nom. Gennebaud prenant trop de confiance en lui-même, à cause de sa vie passée et du haut rang auquel il était parvenu, permit imprudemment à sa femme de le visiter trop souvent, sous prétexte de recevoir ses instructions; mais, comme le témoignent les saintes Ecritures, les eaux creusent les pierres, le courant emporte les terres, et les rochers sont changés de place : aussi advint-il que les fréquentes visites et les doux entretiens de sa femme amollirent son cœur, jusque là ferme et incorruptible aux plaisirs des sens, et le précipitèrent, pour ainsi dire comme une roche, du sommet de la sainteté dans la fange de la luxure. Cédant aux insinuations du démon, il se laissa dévorer aux flammes de la concupiscence ; et reprenant commerce avec son ancienne compagne, il en eut un fils, qu'il nomma Larron, parce qu'il l'avait engendré comme par larcin. La faute était demeurée secrète ; dans la crainte de faire naître les soupçons si l'évêque lui défendait sa maison, la femme continua ses visites comme auparavant. Mais la première faute si heureusement cachée aux hommes, et d'un autre côté, l'ardeur secrète de volupté nourrie dans le cœur de tous deux, firent enfin retomber l'évêque, d'abord contrit de son péché, dans une seconde faute : oubliant ce qui avait fait le sujet de ses larmes, il commit de nouveau le crime qu'il avait déploré. Quand il apprit qu'une fille lui était née de son péché, il donna l'ordre de lui donner le nom de Vulpécule, comme engendrée par la fraude d'une mère artificieuse et rusée. Le Seigneur ayant de nouveau jeté sur Gennebaud un regard semblable à celui qu'il avait autrefois jeté sur saint Pierre, il se repentit ; et pénétré de componction, il supplia saint Remi de venir à Laon. Après l'avoir reçu avec la vénération due à ses vertus, ils se retirent ensemble dans un appartement secret. Là Gennebaud éclate en gémissemens ; prosterné aux pieds de son saint protecteur, il s'accuse et veut se dépouiller de son étole. Saint Remi l'interroge, et veut connaître exactement la cause d'une si grande douleur ; les larmes, les sanglots lui coupant la voix, le coupable peut à peine parler : cependant il raconte sa faute sans rien omettre. L'homme de Dieu, le voyant si profondément contrit, essaie de le consoler avec douceur; il proteste qu'il est moins affligé de ses fautes que de sa défiance de la bonté et de la miséricorde de Dieu, auquel rien n'est impossible, qui ne rejette jamais le pécheur pénitent, et qui même a donné son sang pour les pécheurs. Ainsi le sage et charitable évêque s'efforce de le relever de sa chute, lui montrant par divers exemples qu'il pourra facilement trouver grâce devant Dieu, pourvu qu'il veuille offrir au Seigneur de dignes fruits de repentir. Après l'avoir ainsi ranimé par ses saintes exhortations, il lui inflige une pénitence, fait construire une petite cellule, éclairée par une petite fenêtre, avec un oratoire, qu'on voit encore près de l'église de saint Julien à Laon, et y renferme l'évêque pénitent. Pendant sept ans il gouverna son diocèse, officiant alternativement un dimanche à Rheims, et l'autre à Laon. La miséricorde de Dieu montra bientôt combien en cette réclusion Gennebaud avait profité, à quelle rigueur de contrition et de continence il s'était condamné, et combien dignes furent les fruits de sa pénitence; car la septième année, la veille de la cène de Notre-Seigneur Jésus-Christ, il passait la nuit dans la pénitence et la prière, pleurant amèrement sur lui-même, de ce qu'après avoir été élevé autrefois à l'honneur et autorité de réconcilier les pécheurs à Dieu, il n'était pas même digne, à cause de ses fautes, de se mêler dans l'église entre les pénitens; environ sur le minuit un ange du Seigneur vint à lui avec une grande lumière, dans l'oratoire où il était prosterné en terre, et lui dit : « Les prières que

« ton père saint Remi a faites pour toi sont exaucées :
« ta pénitence a été agréable au Seigneur, et ton péché
« t'est remis. Lève-toi de ce lieu, va remplir ton mi-
« nistère épiscopal, et réconcilie au Seigneur ceux
« qui font pénitence de leurs iniquités. » Gennebaud,
frappé d'une trop grande terreur, ne pouvait répondre.
Alors l'ange du Seigneur le rassure, et l'exhorte à ne
pas craindre, et au contraire à se réjouir de la miséricorde de Dieu envers lui. Enfin, reconforté, il répond qu'il ne peut sortir, parce que son seigneur et
père saint Remi a emporté la clef, et scellé la porte
de son cachet. Alors l'ange : « Pour que tu ne dou-
« tes pas, dit-il, que j'ai été envoyé par le Seigneur,
« comme le ciel t'est ouvert, qu'ainsi cette porte te
« soit ouverte. » Et aussitôt, sans briser ni cachet ni
cire, la porte s'ouvrit. Gennebaud alors, se prosternant
en croix sur le seuil, s'écria : « Quoique le Seigneur
« Jésus-Christ lui-même ait daigné venir à moi, pé-
« cheur indigne, je ne sortirai point d'ici que celui
« qui m'y a enfermé en son nom ne vienne m'en
« tirer. » A cette réponse l'ange se retire. Cependant
saint Remi passait cette même nuit en prière dans le
caveau situé sous l'église de Notre-Dame de Rheims,
et qui depuis a été consacré sous le nom du bienheureux saint Remi lui-même par l'évêque Hérivée.
Le saint homme, fatigué de veiller et comme endormi,
est ravi en extase, et voit un ange à ses côtés, qui lui
raconte ce qui vient de se passer, et lui ordonne
d'aller en toute hâte à Laon, de rétablir Gennebaud sur
son siége, et de lui persuader de remplir son ministère pastoral. Le bienheureux se lève sans hésiter, et
se rend en toute hâte à Laon. Là il trouve Gennebaud

prosterné sur le seuil de sa cellule, et la porte ouverte sans que le cachet ni la cire aient souffert. Alors, lui ouvrant ses bras avec des larmes de joie, et louant la miséricorde du Seigneur, il le relève, le rend à son siége et au ministère pontifical, et revient à Rheims plein d'allégresse. Quant à Gennebaud, soutenu par la grâce de Dieu, il vécut ensuite tout le reste de sa vie dans la sainteté, publiant hautement ce que le Seigneur avait fait pour lui. Aussi mourut-il dans la paix, compté au nombre des saints du Seigneur, après avoir tout le temps occupé l'épiscopat, qu'il transmit à son fils Larron, évêque comme lui, et comme lui mis aussi depuis au nombre des saints.

Cependant Clovis avait établi sa demeure à Soissons. Ce prince trouvait un grand plaisir dans la compagnie et les entretiens de saint Remi; mais comme le saint homme n'avait dans le voisinage de la ville d'autre habitation qu'un petit bien qui avait été autrefois donné à saint Nicaise, le roi offrit à saint Remi de lui donner tout le terrain qu'il pourrait parcourir pendant que lui-même ferait sa méridienne, cédant en cela à la prière de la reine et à la demande des habitans qui se plaignaient d'être surchargés d'exactions et contributions, et qui, pour cette raison, aimaient mieux payer à l'église de Rheims qu'au roi. Le bienheureux saint Remi se mit donc en chemin, et l'on voit encore aujourd'hui les traces de son passage et les limites qu'il marqua. Chemin faisant, il avint qu'il fut repoussé par un meunier qui ne voulut pas que son moulin fût renfermé dans l'enceinte de son domaine. « Mon ami, lui dit » avec douceur l'homme de Dieu, ne trouve pas mau- » vais que nous possédions ensemble ce moulin. »

4.

Celui-ci l'ayant refusé de nouveau, aussitôt la roue du moulin se mit à tourner à rebours : lors le meunier de courir après saint Remi et de s'écrier : « Viens, serviteur de Dieu, et possédons ensemble ce moulin.—Non, répondit le saint, il ne sera ni à toi ni à moi. » Et en effet la terre se déroba aussitôt, et un tel abîme s'ouvrit à l'endroit que jamais depuis il n'a été possible d'y établir un moulin.

De même encore, passant auprès d'un petit bois, ceux à qui il appartenait l'empêchant de le comprendre dans son domaine : « Eh bien, dit-il, que jamais « feuille ne vole ni branche ne tombe de ce bois dans « mon clos. » Ce qui a été en effet observé, par la volonté de Dieu, tant que le bois a duré, quoiqu'il fût tout-à-fait joignant et contigu.

De là, continuant son chemin, il arriva à Chavignon qu'il voulut aussi enclore; mais les hâbitans l'en empêchèrent. Tantôt repoussé et tantôt revenant, mais toujours égal et paisible, il marchait toujours traçant les limites telles qu'elles existent encore à présent. A la fin, se voyant repoussé tout-à-fait, on rapporte qu'il leur dit : *Travaillez toujours, et demeurez pauvres et souffrans :* ce qui s'accomplit encore aujourd'hui par la vertu et puissance de sa parole. Quand le roi Clovis se fut levé après sa méridienne, il donna à saint Remi, par rescrit de son autorité royale, tout le terrain qu'il avait enclos en marchant; et, de ces biens, les meilleurs sont Luilly et Cocy, dont l'église de Rheims jouit encore aujourd'hui paisiblement.

Un homme très-puissant, nommé Euloge, convaincu du crime de lèse-majesté contre le roi Clovis, eut un jour recours à l'assistance de saint Remi, et par son intermission obtint grâce de la vie et de ses biens. Euloge, en récompense du service qu'il en avait reçu, offrit à son généreux patron, en toute propriété, son village d'Épernay : ce que le bienheureux évêque ne voulut point accepter, rougissant de recevoir une rétribution temporelle comme en salaire de son intervention. Mais voyant Euloge couvert de confusion et décidé à se retirer du monde, parce qu'il n'y pouvait plus rester après avoir, contre l'honneur de sa maison, obtenu grâce de la vie, il lui donna un sage conseil, lui disant que, s'il voulait être parfait, il vendît tous ses biens et en distribuât l'argent aux pauvres, pour suivre Jésus-Christ; ensuite taxant le prix, et prenant dans le trésor ecclésiastique cinq mille livres d'argent, il les donna à Euloge, et acquit à l'église la propriété de ses biens; laissant ainsi à tous évêques et prêtres ce bon exemple que, quand ils intercèdent pour ceux qui viennent se jeter dans le sein de l'Église, ou entre les bras des serviteurs de Dieu, et qu'ils leur rendent quelque service, jamais ils ne le doivent faire en vue d'une récompense temporelle, ni accepter en salaire des biens passagers; mais bien au contraire, selon le commandement du Seigneur, donner pour rien comme ils ont reçu pour rien.

CHAPITRE XV.

Des victoires de Clovis obtenues par l'intercession de saint Remi, et de la mort de ce roi.

Le roi Clovis ayant rassemblé son armée pour marcher contre Gondebaud et Godégisile son frère, saint Remi lui donna sa bénédiction et lui prédit la victoire; et entre autres instructions il lui ordonna de combattre les ennemis tant que le vin béni, dont il lui faisait présent, suffirait à son usage quotidien. Les Bourguignons, conduits par leurs deux rois, rencontrèrent Clovis et les Francs sur les bords de l'Ouche, près de Dijon. Après un combat opiniâtre les Bourguignons furent mis en fuite, et Gondebaud, obligé de se renfermer dans Avignon, n'obtint qu'à grand' peine la paix par l'entremise de son conseiller Arédius, et à force de trésors. Clovis rentra dans son royaume avec son armée, chargé d'un immense butin ; mais à peine avait-il eu le temps de fonder à Paris une église en l'honneur des bienheureux apôtres saint Pierre et saint Paul, et de tenir un concile à Orléans par le conseil de saint Remi, qu'il fut obligé de marcher contre le roi Alaric arien. Avant de partir, il reçut encore la bénédiction de saint Remi, et l'assurance de la victoire. Comme la première fois, l'homme du Seigneur donna au roi un flacon rempli de vin béni, et lui recommanda de continuer la guerre, tant que son flacon fournirait du vin à lui et à ceux des siens à qui il jugerait convenable d'en donner.

Durant l'expédition le roi et plusieurs des siens buvaient, et cependant le vin ne s'épuisait point. A la fin il engagea le combat avec les Goths, les mit en fuite, et demeura vainqueur, par l'assistance du bienheureux saint Remi. Dans ce combat deux Goths le frappèrent de leurs épieux dans le flanc ; mais les mérites de son saint patron le protégeaient, et ils ne purent le blesser. Après avoir soumis plusieurs villes à sa domination, il poussa ses conquêtes jusqu'à Toulouse, où il s'empara de tous les trésors d'Alaric. Puis reprenant sa route par Angoulême, dont les murs tombèrent miraculeusement devant lui, et où il fit massacrer tous les Goths qui s'y étaient enfermés, il rentra glorieusement en France; et le vin ne tarit en son flacon qu'après son retour dans le royaume.

Enfin, d'après le conseil de saint Remi, le roi Clovis envoya en offrande au bienheureux apôtre saint Pierre une couronne royale toute d'or, et enrichie de pierres précieuses. A peu près dans le même temps il reçut de l'empereur Anastase un codicille qui lui conférait le consulat, en vertu duquel il prit la couronne d'or, la tunique et le manteau de pourpre, et depuis porta le titre de consul. De son côté, Hormisdas, pape de Rome, établit saint Remi son vicaire au royaume de Clovis, et lui en expédia les lettres.

Sur ces entrefaites le roi Clovis mourut en paix à Paris, et fut enseveli dans la basilique de saint Pierre, qu'il avait lui-même fait bâtir. Au moment même où il trépassait, saint Remi, qui était alors à Rheims, en eut révélation par le Saint-Esprit, et annonça cette nouvelle à ceux qui l'entouraient.

CHAPITRE XVI.

Du concile où saint Remi convertit un hérétique.

Les évêques de Gaule se réunissant en concile pour les affaires de la foi, y appelèrent saint Remi, comme doué d'une éloquence divine, et très-instruit dans les lettres et matières ecclésiastiques. Or, en cette assemblée se trouvait un évêque arien, grand et hardi disputeur, plein de confiance aux subtilités et arguties de la dialectique, et pour ce, enorgueilli et hautain. Quand saint Remi entra dans le concile, tous ses frères se levèrent pour lui faire honneur; l'orgueilleux hérétique dédaigna seul de se lever. Mais au moment où le saint évêque passa devant lui, sa langue fut soudain enchaînée, et il perdit la voix. Tous s'attendaient qu'après l'allocution de saint Remi, il prendrait la parole pour lui répondre : mais il ne put proférer un seul mot, et allant se jeter humblement au pied du saint personnage, il lui demanda grâce par signes. Lors saint Remi : « Au nom de notre Seigneur « Jésus-Christ, vrai fils du Dieu vivant, si tu as ainsi « foi en lui, parle, et crois et confesse de lui ce que « l'Église catholique croit et confesse. » A sa voix, l'hérétique, auparavant superbe, devenu humble et catholique, confessa catholiquement la foi orthodoxe sur la sainte et indivisible Trinité et sur l'incarnation de Jésus-Christ, et promit avec serment de demeurer fidèle dans la foi de sa confession. Ainsi, par la vertu de la grâce, le vénérable prélat rendit la santé de l'ame et du corps à celui qui avait perdu son ame par l'infidélité, et qui avait mérité de souffrir en son corps et de perdre la parole à cause de son orgueil; instruisant ainsi d'une manière éclatante tous les prêtres qui étaient présens et ceux qui apprendraient ce miracle, et leur enseignant, par sa conduite envers cet hérétique mal pensant de Jésus-Christ (qui a daigné descendre jusqu'à nous, et se faire notre frère par l'humanité), comment ils doivent traiter les pécheurs rebelles à Dieu et à l'Église, et comment aussi les pécheurs convertis et revenus à pénitence.

CHAPITRE XVII.

De l'extinction du feu, de la mort et sépulture de saint Remi.

CEPENDANT saint Remi s'en allait sur le déclin de l'âge. Le Saint-Esprit lui ayant révélé sur ses vieux jours qu'une grande famine devait suivre l'abondance qui régnait alors, il fit faire, avec le grain des villages du diocèse, des meules et monceaux de blé, pour soulager le peuple quand il souffrirait de la disette. Beaucoup de ces meules avaient été élevées dans le village de Cernay; or les habitans de ce village étaient rebelles et séditieux. Un jour qu'ils étaient ivres, ils commencèrent à dire entre eux : « Que veut donc « faire de tout ce blé ce vieux jubilaire? » (c'est ainsi qu'ils appelaient saint Remi, à cause de son grand âge) « voudrait-il pas en faire une ville? » et ils disaient cela parce que les meules étaient rangées autour du village comme les tourelles le long des murs d'une ville. Enfin poussés du démon, et s'excitant les uns les autres, ils y mirent le feu; ce qu'ayant appris, le saint évêque, qui se trouvait alors dans un village voisin nommé Bazancourt, monta aussitôt à cheval, et accourut en toute hâte à Cernay pour réprimer et punir une telle audace. Arrivé là et trouvant le blé qui brûlait, il se mit à se chauffer devant le feu, disant : « Le feu est toujours bon, s'il n'excède et n'est « par trop puissant. Cependant, que tous ceux qui « l'ont allumé et que la race qui naîtra d'eux soient « punis, les hommes frappés d'hernies et les femmes « d'enflure à la gorge. » Ce qui a été accompli en effet jusqu'au temps de Charlemagne, qui extermina du village de Cernay toute cette race maudite, parce qu'ils avaient tué le vidame de l'église de Rheims, faisant mettre à mort les auteurs du crime, dispersant les autres qui avaient été coupables d'assentiment dans les diverses provinces, les condamnant à un exil éternel, et repeuplant Cernay avec des habitans pris dans les autres villages du diocèse. Ainsi toute cette race, hommes et femmes, fut punie, selon la sentence portée par le saint évêque; et c'est avec raison que l'homme de Dieu frappa de sa vengeance non seulement les coupables, mais encore leur postérité, parce qu'il prévoyait que cette postérité serait rebelle et séditieuse.

Après ces diverses merveilles, et beaucoup d'autres encore que le Seigneur daigna opérer par le ministère de son fidèle serviteur, il exauça enfin ses soupirs et ses gémissemens, en lesquels il ne cessait de s'écrier : « Quand viendrai-je et paraîtrai-je devant la face de mon

« Dieu ? je serai rassasié quand il me manifestera
« sa gloire. » Le Seigneur donc, par une pieuse consolation, lui révéla que le jour de sa mort approchait. Plein de confiance en cette révélation, il dressa son testament, se hâtant d'aller jouir de l'héritage dont le prophète dit : « Lorsque le Seigneur aura accordé le
« repos comme un sommeil à ses bien-aimés, ils joui-
« ront de l'héritage du Seigneur [1]. » Ainsi le saint homme, abandonnant l'héritage terrestre, reçut en place l'héritage céleste et éternel.

Après qu'il eut fait son testament et réglé toutes ses affaires, comme le bon vigneron émonde tout cep de bonne vigne qui porte fruit afin de lui en faire porter davantage, ainsi Dieu le priva pour un temps des yeux du corps afin qu'il pût contempler plus attentivement des yeux de l'esprit les choses d'en haut, vers lesquelles il aspirait de toute la force de ses desirs. Pendant le temps de son épreuve il ne cessait de rendre grâces au Seigneur, célébrant jour et nuit ses louanges, chantant des hymnes, et rappelant fidèlement en sa mémoire que ceux qui reçoivent les afflictions avec patience et humilité sont ensuite élevés et admis au repos éternel. Aussi le Seigneur se plut-il à lui donner un signe avant-coureur de la gloire céleste, et pour garant il lui rendit la vue avant de mourir : ce dont il bénit le nom du Seigneur, comme il avait fait auparavant, quand il l'avait perdue. Peu de temps après, sachant que le jour de son trépas était venu, il voulut dire adieu et donner sa paix à ses enfans, en célébrant la messe, et les faisant participer avec lui à la sainte communion. Et ainsi, après soixante-

[1] Ps. 126, v. 3.

quatorze ans religieusement passés dans l'épiscopat en fidèle et prudent serviteur de Dieu, le 13 janvier, dans la quatre-vingt-seizième année de sa vie, après avoir fourni toute la lice sainte et sans cesse gardé la foi, chargé de bonnes œuvres, et son ame riche des ames qu'il avait sauvées, il mourut, et son ame remontant dans les cieux, depuis si long-temps objet de ses desirs, il laissa son corps à la terre. Il reçut la robe blanche, c'est-à dire l'éternelle béatitude de l'ame, en attendant le jour de la résurrection où il jouira de l'immortalité bienheureuse de son corps ressuscité à la gloire, et aura part et société avec les principaux membres de Jésus-Christ au royaume céleste; comme le témoignent la grâce apostolique qui lui a été conférée, la conversion des Francs à la foi de Jésus-Christ opérée par ses mérites, la palme du martyre, la longanimité de sa patience pendant sa longue vie, la gloire de sa confession en Notre-Seigneur, ses prédications de la foi orthodoxe, enfin la manifestation des œuvres miraculeuses qu'il a faites tant en sa vie qu'après sa mort.

Pendant qu'on portait son corps à la sépulture qui lui avait été préparée dans l'église des martyrs Timothée et Apollinaire, il arriva que tout-à-coup, au milieu du chemin, la bière devint si pesante que malgré tous les efforts on ne put parvenir à la soulever. Le peuple, frappé d'étonnement, supplie le Seigneur de daigner faire connaître en quel lieu il veut qu'on dépose le corps de son saint : cependant ils nomment l'église des martyrs, et essaient de nouveau de soulever la bière : elle résiste. On propose l'église de saint Nicaise, et la bière demeure : l'église de saint Sixte et saint Sinice, et la bière est toujours immobile. Enfin, ne sachant que résoudre, ils avisent qu'il reste une petite église consacrée à saint Christophe, martyr, où ne reposent aucunes reliques saintes, du moins manifestées telles, quoique le cimetière de Rheims eût été autrefois situé autour du parvis de cette église ; et ils supplient le Seigneur de déclarer s'il veut que les saints et précieux restes y soient déposés. Aussitôt la bière est levée avec facilité, et devient si légère qu'il semble qu'on ne porte rien. Ainsi, par cette disposition de la volonté divine, le corps du saint évêque fut enseveli dans cette église, à l'endroit où est aujourd'hui l'autel de sainte Geneviève. Depuis de nombreux miracles ont été opérés à l'endroit où la bière s'arrêta et devint pesante. On y voit encore aujourd'hui une croix, plantée en mémoire du miracle, et portant l'inscription suivante :

« Quand le grand évêque saint Remi passa de ce monde à la patrie céleste, tout un peuple fidèle transporta dignement son corps jusqu'ici, voulant lui donner sépulture dans l'église de saint Timothée, martyr ; mais il s'arrêta en ce lieu, et n'en put être enlevé que lorsque le Seigneur eut révélé lui-même l'endroit où on devait le déposer. Maintenant, par la grâce de Jésus-Christ, il fait ici de grands miracles envers ceux qui sont dévôts et fidèles au Seigneur, rendant la vue aux aveugles, redressant les boiteux et guérissant les malades. Prions donc le Seigneur avec instance et dévotion, afin que, par sa pieuse intercession, nous méritions d'obtenir le pardon de nos péchés et les joies du paradis. O bienheureux saint Remi, précieux confesseur de Jésus-Christ, ayez aussi pitié d'Adelhold, votre serviteur[1]. »

CHAPITRE XVIII.

Testament de saint Remi [2].

Au nom du Père, du Fils et du Saint-Esprit, gloire à Dieu, ainsi soit-il.

« Moi, Remi, évêque de la cité de Rheims, revêtu du sacerdoce, j'ai fait mon testament conformément au droit prétorien, et j'ai voulu qu'il eût la force de codicille dans le cas où il paraîtrait y manquer quelque formalité. Quand donc moi, Remi, évêque, aurai passé de ce monde en l'autre, sois mon héritière, sainte

---

[1] Cum transisset ex hoc mundo ad cœlestem patriam
praesul magnus beatus Remigius,
huc a plebe sancta digne delatus est corpore,
in ecclesia condendus Timothei martyris.
Tunc hoc loco moram fuit; nec moveri potuit,
donec quo locandus esset revelavit Dominus;
ubi nunc, favente Christo, præpollet virtutibus
præstans hic Deo devotis apta beneficia,
cæcis visum, claudis gressum, et ægris remedium.
Igitur profusis votis exoremus Dominum
veniam ut delictorum piis ejus precibus
mereamur adipisci, et cœlorum gaudia.
Sancte Remigi, confessor pretiose Domini,
Adeloldi quoque tui miserere famuli.

[2] Il est à peu près certain que ce testament n'est pas authentique et appartient à une époque postérieure à saint Remi.

et vénérable église de Rheims, et toi, fils de mon frère, Loup, évêque, que j'ai toujours aimé de prédilection, et toi aussi, mon neveu, Agricola, prêtre, qui m'as plu dès ton enfance par ton obéissance et par tes soins, partagez entre vous trois tous les biens que j'aurai acquis avant ma mort, outre ce que j'aurai donné, légué, ou ordonné de donner à chacun de vous. A toi, ma sainte héritière, vénérable église de Rheims, je laisse tous les colons que j'ai au territoire de Portian, tant ceux que j'ai hérités de mon père ou de ma mère que ceux que j'ai échangés avec mon frère, de bienheureuse mémoire, Principe, évêque, ou qui me sont venus de donation, savoir : parmi les hommes, Dagarède, Profuturus, Prudence, Temnaich, Maurilion, Baudoleiphe, Provinciole ; parmi les femmes, Naviatène, Laute et Suffronie ; de plus, Amorin, serf ; et que tous ceux que je laisse sans en disposer par le présent testament deviennent aussi ta propriété. Ainsi il en sera des terres et villages que je possède aux territoires de Portian, Tuin, *Balatonium, Plerinacum, Vacculiacum* [1], et généralement de tout ce que je possède en ce pays, à quelque titre que ce soit, champs, prés, pâturages, forêts : pareillement, ma très-sainte héritière, tout ce qui t'a été donné par mes parens et amis, en quelque lieu ou pays que ce soit, et dont j'aurai disposé en faveur des hôpitaux, couvents, oratoires de martyrs, maisons de diacres, hospices, et généralement de tous établissemens soumis à ta juridiction, sera maintenu comme j'en aurai disposé ; et mes successeurs à l'évêché de Rheims respectant en moi l'ordre de succession, comme je l'ai respecté dans

[1] Lieux dont on ignore aujourd'hui le nom et la position.

mes prédécesseurs, garderont et observeront mes dispositions, sans altération ni changement aucun. Le village de Cernay, que ma cousine Celse t'a donné par mes mains, ainsi que *Huldriacum* [1], présent du comte Huldric, serviront à l'entretien et à la couverture du lieu que mes saints frères et coévêques du diocèse auront choisi pour ma sépulture ; soit aussi ce lieu la propriété particulière des évêques, et soit affecté à l'entretien des clercs qui y serviront le Seigneur, le bourg de [2] . . . . . au territoire de Portian, de mon patrimoine, ainsi que les fermes du domaine de l'évêché au pays de Rheims. Le domaine de *Blandibaccius* [3], que j'ai acheté de mes cohéritiers Benoît et Hilaire, et payé des deniers du trésor de l'église, et celui d'*Albiniacus* [4], qui fait partie du domaine de l'évêché, fourniront en commun à l'entretien des clercs de l'église de Rheims. *Berna* [5], du domaine de l'évêché, qui était autrefois la propriété particulière de mes prédécesseurs, deux domaines qui m'ont été donnés en témoignage d'affection par le roi Clovis que j'ai tenu sur les saints fonts de baptême, et qui s'appellent en sa langue *Bischoffsheim*, *Cosle* [6] et *Gleni* [7], ainsi que les bois, prés et pâturages que j'ai fait acheter par divers agens dans les Vosges ou aux environs, en deçà ou au-delà du Rhin, fourniront chaque année aux clercs de Rheims, et à toutes les maisons régulières établies par moi et mes prédécesseurs, ou qui seront établis dans la suite par mes successeurs, la provision de poix nécessaire pour la préparation et entretien des tonneaux à vin. *Cruscinia-*

---

[1] Inconnu. — [2] Le nom manque dans le texte. — [3] Inconnu. — [4] Inconnu — [5] Inconnu. — [6] Inconnu. — [7] Inconnu.

cum[1], La Fère, et tous les villages que le roi très-chrétien Clovis donna à la très-sainte vierge de Jésus-Christ Geneviève, pour fournir aux frais des voyages qu'elle avait coutume de faire pour visiter l'église de Rheims, et qu'ensuite elle a légués aux clercs qui y servent le Seigneur, resteront affectés au même emploi, et je confirme sa donation; avec cette condition que *Crusciniacum* fournira aux obsèques de mon premier successeur, et à la réparation de la couverture de l'église principale, et que La Fère demeurera à l'évêque mon premier successeur, et sera à perpétuité affecté à l'entretien de l'église où reposera mon corps. Le village d'Épernay, que j'ai acheté d'Euloge cinq mille livres d'argent, est ta propriété, ma très-sainte héritière, et mes autres héritiers n'y ont aucun droit, car c'est avec ton argent que j'ai payé, et c'est aussi en ton nom que j'ai obtenu grâce pour Euloge, accusé de lèse-majesté et réduit à l'impossibilité de se disculper, et que j'ai empêché qu'il ne fût mis à mort et ses biens vendus. En conséquence je te lègue Épernay à perpétuité, en dédommagement des sommes tirées de ton trésor, et pour le traitement de ton évêque.

« Je te confirme aussi à perpétuité la propriété de Douzy, ainsi que l'a voulu Chlodoald, ce jeune prince d'un si noble caractère. Enfin, ma sainte héritière, tous les villages qui m'ont été donnés en propre par le roi Clovis, de glorieuse mémoire, quand il était encore païen et ignorait le vrai Dieu, avant que je l'eusse tenu sur les fonts de baptême, je les ai donnés depuis long-temps aux lieux les plus pauvres, afin que ce prince,

---

[1] Inconnu.

encore infidèle, ne pût croire que j'étais avide des richesses de la terre, et que je cherchais moins le salut de son ame que les biens extérieurs dont il pouvait me combler. C'est pourquoi ce prince, admirant ma conduite, me permit d'intercéder auprès de lui pour tous ceux qui étaient dans la nécessité, et, soit avant, soit après sa conversion, a toujours été bienveillant et libéral envers moi. Connaissant que de tous les évêques des Gaules j'étais celui qui travaillait le plus à la conversion et à l'instruction des Francs, le Seigneur m'a comblé de tant de grâces devant ce roi, et la main de Dieu s'est plue à opérer, par le Saint-Esprit et par mon ministère, à moi pauvre pécheur, tant de miracles pour le salut de sa nation, que ce prince non seulement rendit à toutes les églises du royaume des Francs ce qu'elles avaient perdu, mais encore en enrichit un grand nombre de ses propres dons et de sa pure libéralité; et je ne voulus pas réunir au domaine de l'église de Rheims un pied de terre de son royaume, que je n'eusse auparavant obtenu pleine restitution pour toutes les églises. J'ai fait de même aussi après son baptême; et je n'ai cédé que pour Cocy et Luilly, parce que le saint et jeune Chlodoald, mon cher et intime ami, et les malheureux de ces villages accablés de charges de toute espèce, me supplièrent de demander qu'il leur fût permis de payer désormais à mon église ce qu'ils devaient au roi; et ce prince très-pieux accueillit ma demande avec bonté, et me l'accorda de grand cœur. Suivant donc la volonté du pieux donateur, ma très-sainte héritière, j'ai confirmé par mon autorité épiscopale cette cession, et en consacre le produit à tes besoins. De même j'affecte à l'entretien de tes luminaires et de ceux du lieu où je serai enterré tous les biens que le roi Très-Chrétien m'a donnés en Septimanie et en Aquitaine, tous ceux qui m'ont été donnés en Provence par un certain Benoît, dont la fille me fut envoyée par Alaric, et fut, par la grâce du Saint-Esprit et par l'imposition de mes mains, à moi pauvre pécheur, non seulement délivrée des liens du démon, mais encore rappelée des enfers; enfin tous les domaines situés en Austrasie et en Thuringe. Je laisse à l'évêque qui me succédera une chasuble blanche pour la fête de Pâques, deux tuniques peintes, trois tapis qui servent les jours de fête à fermer les portes de la salle de festin, du cellier et de la cuisine : à toi, ma sainte héritière, et à l'église de Laon un vase d'argent de trente livres et un autre de dix livres que vous partagerez pour faire des patènes et des calices pour le service divin, ainsi que je l'entends. Je te réserve aussi le vase d'or de dix livres que j'ai reçu de ce roi tant de fois nommé, Clovis, de glorieuse mémoire, que j'ai tenu sur les saints fonts, ainsi que je l'ai déjà dit; je veux qu'il serve à te faire un ciboire et un calice ciselés, sur lesquels sera gravée l'inscription que j'ai dictée moi-même et fait graver sur un calice d'argent de Laon, ce que je ferai moi-même si Dieu me prête vie; et si je viens à mourir, je m'en remets au fils de mon frère, Loup, évêque, qui, fidèle à mes volonté, fera faire ces deux vases sacrés ainsi que je l'ordonne. Je donne à mes confrères dans le sacerdoce, et diacres de Rheims, vingt-cinq sous d'or à partager également entre tous; plus un plant de vigne situé au-dessus de ma vigne dans le faubourg, qu'ils

posséderont en commun, ainsi que le vigneron Méla-
nius, que je donne à la place d'Albovich, serf de
l'église, afin que ledit Albolvich jouisse d'une pleine
et entière liberté; aux sous-diacres, douze sous d'or;
aux lecteurs, gardes des saintes hosties et jeunes servans, huit sous d'or; aux douze pauvres de l'hôpital
qui demandent l'aumône à la porte de l'église, deux
sous d'or, outre les revenus du domaine de Courcelles,
que je leur ai assignés depuis long-temps; aux trois
autres pauvres qui doivent laver chaque jour les
pieds à nos frères, et auxquels j'ai affecté pour ce ministère le bâtiment dit l'Hospice, un sou d'or; aux
quarante veuves qui demandent l'aumône sous le
portique de l'église, et auxquelles il était accordé une
rétribution prise sur les dîmes de Chermizy, Tessy et
Villeneuve, je donne de surplus à perpétuité sur le
domaine de *Huldriacum,* ci-dessus dénommé, trois
sous et quatre deniers; à l'église de Saint-Victor, auprès
de la porte de Soissons, deux sous; à l'église de Saint-
Martin, de la porte Collatitia, deux sous; à l'église de
Saint-Hilaire, à la porte de Mars, deux sous; à l'église
de Saint-Crépin et Saint-Crépinien, à la porte de
Trèves, deux sous; à l'église de Saint-Pierre, en la Cité,
que l'on nomme la Cour du Seigneur, deux sous; à
l'église que j'ai fait bâtir en l'honneur de tous les
martyrs sur le caveau de Rheims, lorsque, avec le secours de Dieu, j'arrachai aux flammes du démon la
ville déjà presque toute réduite en cendres, deux sous;
à l'église que j'ai fait bâtir dans la Cité, en mémoire
du même miracle, à l'honneur de saint Martin et de
tous les saints confesseurs, deux sous; au diaconat de
la Cité, dit des Apôtres, deux sous; à la cure de

Saint-Maurice, rue de César, deux sous; à l'église fondée par Jovin, sous l'invocation de saint Agricola, et en laquelle reposent le très-chrétien Jovin, et le saint martyr Nicaise avec plusieurs de ses compagnons de martyre, et aussi cinq confesseurs, les premiers successeurs de saint Nicaise; avec sainte Eutrope, vierge et martyre, trois sous d'or; de plus, à la même église, tout ce qui appartenait à Jovin, territoire de Soissons, avec l'église de Saint-Michel; à l'église des saints martyrs Timothée et Apollinaire, en laquelle, avec la grâce de Dieu, et s'il plaît à mes frères et mes enfans les évêques de la province, je desire être enterré, quatre sous d'or; à l'église de Saint-Jean, où, par la grâce de Notre-Seigneur Jésus-Christ, ressuscita, à ma prière, la fille de Benoît, deux sous; à l'église de Saint-Sixte, où ce pieux évêque repose avec trois de ses successeurs, trois sous; en outre, de mes domaines particuliers, *Plebeia* sur Marne; à l'église de Saint-Martin, située sur le territoire de l'église de Rheims, deux sous; à l'église de Saint-Christophore, deux sous; à l'église de Saint-Germain, que j'ai moi-même fait bâtir au territoire de Rheims, deux sous; à l'église des saints martyrs Cosme et Damien située sur le territoire de notre mère l'église de Rheims, deux sous; à l'hospice de la Sainte-Vierge, dit Xenodochion, où douze pauvres reçoivent l'aumône, un sou; enfin j'entends que cet hôpital soit attaché à perpétuité au lieu où mes frères et mes enfans jugeront à propos de déposer mes restes; et pour qu'on y prie nuit et jour pour la rémission de mes péchés, j'ajoute de surplus sur mes biens, à ce que mes prédécesseurs ont fixé pour l'entretien de ces pauvres, les domaines de Scladrone et de Saint-Étienne, et tout ce qui m'est échu par succession au domaine d'Hérimond. Tout ce que j'ai acheté en ce lieu, je l'ai depuis long-temps donné à l'église de Saint-Quentin martyr, et je ratifie la donation. Je donne la liberté aux serfs suivans du village de *Vacculiacum*, ci-dessus dénommé : savoir, à Fruminius, Dagaleiphe, Dagarède, Duction, Baudowic, Udulphe et Vinofeiphe; que Temnarède, qui est né d'une mère ingénue, jouisse de l'état de pleine liberté.

« Quant à toi, le fils de mon frère, Loup, évêque, tu auras en partage Nifaste et sa mère Nucia; la vigne que cultive le vigneron Æneas : tu donneras la liberté à Æneas et à son plus jeune fils Monulphe. Mellotique le porcher, et sa femme Paschasis, Vernivian et ses fils, excepté Widragaise, auxquels j'ai donné la liberté, dépendront de toi et te serviront. Je te donne mon serf de Cernay; partie des terres qui ont appartenu à mon frère Principe, évêque, avec leurs bois, prés et pâturages; mon serf Viterède, qui a appartenu à Mellowic. Je te lègue et transmets Teneursole, Capalin, et sa femme Théodorosène. Je donne la liberté à Théodonime. Edoneiphe, qui s'est unie à un de tes serfs, t'appartiendra, ainsi que les enfans qui naîtront d'elle. Je donne la liberté à la femme d'Arégilde et à ses enfans. Je te laisse ma part de la prairie que je possède conjointement avec notre famille, à Laon, au pied des collines, ainsi que les petits prés Joviens qui m'ont appartenu, et aussi *Labrinacum*[1], où j'ai déposé les restes de ma mère. A toi, mon neveu Agricola, prêtre, qui as été élevé dès ta plus tendre enfance dans ma maison, je lègue le

---

[1] Inconnu.

serf Merumvast, sa femme Meratène, et leur fils Marcovic. Je donne la liberté à son frère Medovic, mais je te laisse sa femme Amantie. Je donne la liberté à leur fille Dasounde. Je te lègue le serf Alaric, mais je te charge de défendre et de protéger la liberté de sa femme, que j'ai rachetée et affranchie. Bebrimode et sa femme Morta t'appartiendront, mais leur fils Monachaire jouira du bienfait de la liberté. Je te donne Mellaric et sa femme Placidie, mais j'affranchis leur fils Medarid ; la vigne que Mellaric a plantée à Laon ; mes serfs Britobaude et Giberic ; la vigne que Bebrimode cultive, à condition que les fêtes et dimanches il soit célébré une messe en mon nom, et qu'un repas annuel soit donné aux prêtres et aux diacres de l'église de Rheims.

« Je laisse à mon neveu Prétextat, Modérat, Totticion, Marcovic, et le serf Innocent qui m'est venu de Profuturus, mon serf de naissance ; quatre cuillères de famille, un vinaigrier, un manteau qui m'a été donné par le tribun Friarède, un bâton épiscopal d'argent à figures ; à son jeune fils Parovius, un vinaigrier, trois cuillères, et une chasuble dont j'ai changé les franges ; à Rémigie, trois cuillères qui portent mon nom, l'essuie-main dont je me sers les jours de fête, et l'*hichinaculum*[1] dont j'ai parlé à Gondebaud.

« Je donne à ma fille bien-aimée Hilarie, diaconesse, la servante Noca, le plant de vigne qui touche à sa vigne et qui est cultivé par Catusion, et ma part de Talpoucy, en reconnaissance des soins qu'elle ne cesse de me rendre.

« Je donne à mon neveu Aëtius la partie de Cer-

[1] Le sens de ce mot est inconnu.

nay qui m'est échue en partage, avec tous mes droits et prérogatives, ainsi que l'esclave Ambroise. Je donne la liberté au colon Vital, et lègue sa famille à mon neveu Agathimère, à qui je laisse en outre la vigne que j'ai plantée à Wendisch, et élevée à force de soins, à condition que les fêtes et dimanches il fera dire une messe à mon intention, et donnera chaque année un repas aux prêtres et diacres de Laon.

« Je donne à l'église de Laon deux des domaines qui m'ont été donnés par le roi Clovis, de sainte mémoire; Anisy, et dix-huit sous d'or à partager également entre les prêtres et diacres; de plus ma part entière du domaine de *Secium* et celui de *Lauscita*[1], qui m'a été donné pour pourvoir aux besoins des pauvres de Jésus-Christ, par ma très-chère fille et sœur sainte Geneviève, que je regarde comme une des plus saintes vierges du Seigneur.

« Je recommande à la fidélité du fils de mon frère Loup, évêque, les serfs ci-dessus dénommés de différens villages, que ma volonté est d'affranchir. Catusion et sa femme Auliatène; Nonnion, qui cultive ma vigne; Sonnoveife, que j'ai rachetée de captivité, et qui est née de bonne famille; son fils Leutiberède, Mellaride, Mellatène, Vasante, Cocus, Cæsarie, Dagarasène, Baudorosène, petite-fille de Léon; Marcoleife, fils de Totnon : que tous ces serfs soient libres, et c'est à toi, Loup, de protéger leur liberté de toute ton autorité épiscopale.

« Je donne à mon héritière, l'église de Rheims, Flavian et sa femme Sparagilde; mais je donne la liberté à leur petite fille Flavarasène. Je laisse aux prêtres

[1] Inconnus.

et aux diacres de Rheims Fédamie, femme de Mélanus, et leur petite fille. Je donne la liberté au colon Crispiciole, et je le lègue à mon neveu Aëtius ; de plus, à mes deux neveux Aëtius et Agathimère, mes colons de Passy. A ma petite nièce Prætextate, je donne Modorosène; à Profuturus, l'esclave Leudochaire ; à Profutura, Leudonère. Je lègue aux sous-diacres de Laon, lecteurs, gardes des hosties et jeunes servans, quatre sous d'or; aux pauvres de l'hôpital, un sou pour leur entretien; à l'église de Soissons, pour qu'elle fasse commémoration de moi, Salvonaire sur Meuse et dix sous d'or, car j'ai laissé Sablonnières sur Marne à mes héritiers; à l'église de Châlons, Gellones sur Marne, que je tiens de la bienfaisance de mon fils bien-aimé Clovis, et dix sous d'or ; à l'église de saint Memme, *Fascinaria* [1], don du même pieux roi, et cinq sous; à l'église de Vouzi, le champ situé auprès du moulin établi en ce lieu; à l'église de Caturiges [2], quatre sous, et autant à celle de Portian, en commémoration de mon nom. A l'église d'Arras, dont j'ai consacré évêque mon frère Vaast, et à laquelle j'ai déjà donné pour l'entretien de ses clercs les deux villages d'*Orcos* et de *Sabucetum* [3], je lui donne en outre, pour qu'elle fasse mémoire de moi, vingt sous d'or.

« Ayant eu à me louer beaucoup des soins obséquieux de l'archidiacre Ours, je lui lègue la chasuble fine que je portais à la maison; une autre plus forte, deux saies fines, le tapis dont je me sers sur mon lit, et la meilleure tunique que je laisserai en mourant. Mes héritiers, Loup, évêque, et Agricola, prêtre, se parta-

---

[1] Inconnu. — [2] Lieu qui ne subsiste plus et qui étoit situé entre Rheims et Toul. — [3] Inconnus.

geront également mes porcs. Friarède, que j'ai racheté de la mort en payant pour lui quatorze sous d'or, en gardera deux dont je lui fais remise, et donnera les douze autres pour rétablir la voûte de l'église des saints martyrs Timothée et Apollinaire. Ainsi je donne, ainsi je lègue, ainsi j'ai fait mon testament : que tous ceux qui n'y sont point nommés n'aient aucun droit à mon héritage.

« Et pour que le présent testament soit dès maintenant et à l'avenir à l'abri de toute ruse ou mauvaise fraude, je déclare que, s'il s'y rencontre quelque rature ou mot effacé, cela a été fait, moi présent, quand je l'ai relu et corrigé. Ne pourront deux autres testamens que j'ai faits, l'un il y a treize ans, l'autre il y a sept ans, contrevenir, déroger à celui-ci, ni prévaloir en rien contre, parce que tout ce qui était contenu dans ces deux premiers a été, en présence de mes frères, inséré dans ce dernier, tout ce qui y manquait a été suppléé; et enfin j'y dispose de tout ce que le Seigneur a daigné m'accorder depuis. Soit donc le présent testament à jamais gardé inviolable et intact par nos successeurs les évêques de Rheims. Plaise aux rois des Francs, nos très-chers fils, lesquels nous avons consacrés au Seigneur par le baptême, avec la coopération de notre sauveur Jésus-Christ et la grâce du Saint-Esprit, maintenir et défendre le présent envers et contre tous, dans toutes ses dispositions, afin qu'il obtienne pleine et entière exécution. Si quelqu'un de l'ordre ecclésiastique, depuis le prêtre jusqu'au simple tonsuré, ose contrevenir et déroger à mon testament, et si, rappelé à son devoir par mon successeur, il refuse d'obéir, que l'on convoque trois évêques des lieux les plus voisins du diocèse de Rheims, et qu'il soit dégradé de son rang.

« Si (ce que je suis loin de craindre, et ce qui, je l'espère et souhaite de tout mon cœur, n'arrivera jamais) quelque évêque mon successeur, se laissant entraîner à une exécrable cupidité, osait, contrairement à ce qui a été réglé et ordonné par moi, avec la grâce de Notre-Seigneur Jésus-Christ, en l'honneur de Dieu et pour le soulagement de ses pauvres, distraire, changer ou détourner quelque chose, ou sous quelque prétexte que ce soit, donner à des laïcs, à titre de bienfait, ou enfin favoriser ou légitimer de son consentement un don fait aux dépens de l'église, que l'on convoque tous les évêques, prêtres et diacres du diocèse de Rheims, et le plus grand nombre possible de bons chrétiens parmi mes très-chers fils les Francs; qu'en présence de tous le coupable soit puni de sa faute par la privation de son évêché, et que de sa vie il ne puisse être réintégré.

« Quiconque parmi les laïcs se permettra, au mépris de nos dispositions et pour son profit particulier, de détourner ou usurper, sous quelque prétexte que ce soit, les biens et possessions par nous attribués aux pauvres de l'église, qu'il soit anathème et séparé de l'Église catholique, et soient frappés tous ensemble de la même condamnation perpétuelle, l'aliénateur, le demandeur, le donateur, l'accepteur et l'usurpateur, jusqu'à ce qu'enfin, le Seigneur prenant pitié d'eux, ils puissent, après une digne et entière satisfaction, obtenir indulgence et absolution. Mais si le coupable préfère, au lieu d'une donation et restitution quelconque, persévérer en son mal et ne veut entendre à restituer, que toute espérance de restitution présente et avenir lui soit à jamais enlevée par l'autorité de notre successeur l'évêque de Rheims. Par exception néanmoins, en faveur de la royale famille que, pour l'honneur de l'Église et la défense des pauvres, de concert avec mes frères et coévêques de Germanie, des Gaules et de Neustrie, j'ai élevée et constituée au rang suprême de la majesté royale, baptisée et tenue sur les saints fonts, marquée des sept dons du Saint-Esprit, et par l'onction du saint chrême sacré son chef roi, il nous plaît faire cette réserve : Que si jamais quelqu'un de cette royale famille, tant de fois consacrée au Seigneur par mes bénédictions, rendant le mal pour le bien, venait à envahir, détruire, piller, opprimer ou vexer les églises de Dieu, que les évêques de l'église de Rheims se rassemblent, et que le prince coupable soit admonesté une première fois; s'il persiste, que l'église de Rheims se rassemble de nouveau, en appelant à elle sa sœur, l'église de Trèves, et qu'un second avertissement soit donné au rebelle; s'il n'en tient compte, que trois ou quatre archevêques des Gaules seulement se rassemblent, et l'admonestent une troisième fois; enfin, s'il s'obstine à ne pas satisfaire, que, par longanimité et patience d'affection paternelle, on diffère jusqu'au septième avertissement. Mais alors si, insensible à toutes les bénédictions et indulgences de l'Église, il ne dépose enfin cet esprit d'obstination incorrigible; si, refusant toujours de se soumettre à Dieu, il s'opiniâtre à ne point participer aux bénédictions de l'Église, que l'arrêt d'excommunication et séparation du corps de Jésus-Christ soit lancé contre lui; que tous portent contre lui cette sentence terrible que le même Esprit saint qui anime et inspire l'épiscopat dicta autrefois au roi prophète : « Parce qu'il a poursuivi « l'homme qui était pauvre et dans l'indigence, et dont « le cœur était percé de douleur, ayant aimé la ma- « lédiction, elle tombera sur lui, et qu'ayant rejeté « la bénédiction, elle sera éloignée de lui [1]. » Que dans chaque église on prononce contre lui toutes les malédictions que l'Église prononce contre la personne du traître Judas et des évêques indignes; car le Seigneur a dit : « Tout ce que vous avez fait à l'é- « gard de l'un de ces plus petits de mes frères, c'est « à moi-même que vous l'avez fait, et autant de fois « que vous avez manqué de rendre ces assistances à « l'un de ces plus petits, vous avez manqué à me les « rendre à moi-même [2]; » et il n'y a pas à douter que ce qui est dit du chef doit aussi être entendu des membres; enfin qu'un mot seulement soit changé par interposition à ce passage du Psalmiste : « Que « ses jours soient abrégés, et qu'un autre reçoive son « royaume [3]. Si nos successeurs les archevêques de Rheims pouvaient jamais négliger d'agir ainsi qu'il a été ordonné par nous, que les malédictions portées contre les princes retombent sur eux, « que leurs « jours soient abrégés, et qu'un autre reçoive leur « épiscopat. »

« Mais si Notre-Seigneur Jésus-Christ daigne écouter la voix de ma prière et les vœux que chaque jour je ne cesse de former pour cette royale famille de France devant le trône de la majesté divine, que,

---

[1] Psaum. 108, v. 16, 17. — [2] *Ev. sel. Matth.* ch. 25, v. 40, 45. — [3] Psaum. 108, v. 8.

fidèle aux enseignemens qu'elle a reçus de moi, elle persévère, ainsi qu'elle a commencé, dans la sage administration du royaume, dans la protection et défense de la sainte Église de Dieu ; qu'aux bénédictions que l'Esprit saint a répandues par mes mains pécheresses sur la tête de son chef s'ajoutent des bénédictions plus grandes encore versées par le même Esprit saint sur une tête plus illustre; et que de son sang sortent des rois et des empereurs qui dans le présent et dans l'avenir, soutenus par la grâce du Seigneur et fortifiés par elle en jugement et en justice, puissent gouverner le royaume selon les volontés de Dieu, et, pour l'accroissement de son Église, chaque jour étendre les limites de l'empire, et enfin mériter d'être admis dans la maison de David, c'est-à-dire dans la Jérusalem céleste, pour y régner éternellement avec le Seigneur. Ainsi soit-il ! — Fait à Rheims, même jour et sous même consul que dessus, présens les soussignés.

« Moi, Remi, évêque, ai relu, signé, souscrit et achevé, Dieu aidant, le présent testament. Au nom du Père, du Fils et du Saint-Esprit ✠. Vaast, évêque: ceux qu'a maudits mon père Remi, je les maudis; ceux qu'il a bénis, je les bénis; ai assisté et ai signé ✠. Gennebaud, évêque : ceux qu'a maudits mon père Remi, etc. . . . . . . Médard, évêque, etc. . . . . . Loup, évêque, etc. . . . . . Benoît, évêque, etc. . . . . . . Euloge, évêque, etc. . . . . . . Agricola, prêtre, etc. . . . . . Théodon, prêtre, etc. . . . . . Celsin, prêtre, etc. . . . . . . v. c. Pappole, ai assisté et ai signé v. c.; Eulode, etc. v. c.; Eusèbe, v. c.; Rusticole, v. c.; Eutrope, v. c.; Dave, ai assisté et ai signé.

« Mon testament clos et scellé, il m'est venu à l'esprit de léguer à la basilique des saints martyrs Timothée et Appollinaire un missoire d'argent de six livres pour en faire la châsse où seront déposés mes os. »

CHAPITRE XIX.

De la guérison de la peste et autres guérisons miraculeuses opérées par saint Remi.

Après la mort de ce bienheureux prélat, Grégoire de Tours raconte que, lorsque la peste ravageait la première Germanie, et que la renommée portait partout la terreur de ce fléau, le peuple de Rheims accourut en foule au sépulcre du saint, demandant un remède efficace pour prévenir la maladie; et là, au milieu de mille cierges et lampes allumés, il passa toute la nuit à chanter des hymnes et des psaumes. Quand le matin est venu, ils recherchent avec soin si rien ne manque à leur dévotion; Dieu alors leur révèle comment, outre leur prière de la nuit, ils peuvent couvrir leur ville d'un rempart inexpugnable. Ils prennent la couverture du sépulcre du saint, et en forment une espèce de châsse qu'ils portent en procession par toute la ville, avec croix, bannières, et cierges allumés, et chantant des cantiques; et ils ne laissent aucune maison sans en avoir fait le tour, et l'avoir comprise dans la procession. Quelques jours après, la peste si redoutée gagna jusqu'au territoire de Rheims. Mais s'arrêtant au lieu où la sainte relique avait été portée, comme si elle reconnaissait les limites qui lui étaient tracées, elle n'osa passer outre, et même, repoussée par la vertu du saint protecteur, elle ne tarda pas à abandonner les lieux qu'elle avait d'abord envahis. Beaucoup d'autres miracles encore ont éclaté au tombeau de saint Remi, mais on a négligé de les écrire.

CHAPITRE XX.

De la translation de son corps et de quelques autres miracles.

La petite église dont nous avons parlé, et où fut déposé le corps du bienheureux saint Remi, ne tarda pas à être mise en renom par les nombreux et étonnans miracles qu'il y opérait. Force fut donc de l'agrandir, et derrière l'autel on creusa un caveau où placer les précieuses reliques. On découvre la bière pour l'enlever de terre, et la porter à sa nouvelle place : mais c'est en vain, on ne peut la mouvoir. La nuit survenant, on allume force cierges à l'entour, et on veille en prières. Mais sur le milieu de la nuit tous tombent dans un profond sommeil ; et quand ensuite ils se réveillent, ils trouvent que le cercueil a été transporté avec son précieux trésor, et sans aucun doute, par la main des anges, dans le caveau qui lui était préparé, et en même temps tous sentent et respirent un parfum si délicieux que le langage humain n'en saurait exprimer la suavité. Tout ce jour, et même le lendemain, l'église en fut embaumée. Cette translation eut lieu le premier jour d'octobre, et en chantant les louanges de Dieu, on prit et réserva quelques reliques de ses cheveux, de sa chasuble et de sa tunique. Mais son corps, qu'on trouva entier quoique complètement desséché, fut enveloppé d'un suaire de pourpre.

Si ce père bienheureux en sa vie et après sa mort a donné santé et guérison aux malades, il a aussi souvent puni les usurpateurs et les présomptueux ; c'est ce que l'évêque Grégoire de Tours n'a pas manqué de raconter, et qu'il me semble à propos de rapporter ici d'après ses propres paroles :

« Non loin de l'église de Saint-Remi, il y avait un
« champ de bonne terre fertile, que les habitans ap-
« pellent *olca*, et qui avait été donné à l'Église. Or,
« il avint qu'un des voisins osa s'en emparer, mépri-
« sant celui qui l'avait donné. L'évêque et l'abbé du
« lieu le sommèrent plusieurs fois inutilement de
« rendre ce qu'il avait injustement envahi : mais lui,
« ne faisant cas des remontrances, maintenait et dé-
« fendait avec pertinacité son usurpation. Sur ces en-
« trefaites, un jour qu'il allait à la ville, il lui ar-
« riva d'entrer seulement par occasion, nullement
« par dévotion, dans l'église de Saint-Remi. Lors
« l'abbé l'interpelle et l'accuse de nouveau pour le
« champ qu'il tient usurpé. Mais celui-ci ne donne
« aucune bonne raison. Quand il eut fini ses affaires
« à la ville, il monta à cheval pour s'en retourner.
« Mais l'affront qu'il avait fait au saint prêtre apporte
« obstacle à sa volonté; car il tombe à terre, frappé
« d'un coup de sang; la langue qui avait défendu
« l'usurpation du champ est liée, les yeux qui l'avaient
« convoité sont fermés, et les mains qui l'avaient pris

« sont perchues. Alors, balbutiant et pouvant à peine
« parler, il dit : « Portez-moi à l'église du saint, et ré-
« pandez là tout l'or qui est chez moi devant son sé-
« pulcre ; car j'ai péché en usurpant ce qui lui ap-
« partient. » Celui qui avait donné le champ, voyant
« porter le coupable à l'église avec tous ses présens,
« se prit à dire : « O saint de Dieu, ne recevez pas ses
« présens, vous qui n'avez jamais rien accepté par
« cupidité. Je vous en supplie, ne venez point au
« secours de celui qui, poussé par l'avarice, s'est in-
« justement approprié votre bien ; » et le saint ne tarda
« pas à entendre la voix de son pauvre ; car, quoique
« cet homme eût donné tous ses présens, le saint de
« Dieu fit voir qu'il ne les avait pas pour agréables,
« puisqu'à peine de retour dans sa maison il rendit
« l'esprit, et l'église recouvra son bien. »

On raconte qu'au temps de Chilpéric, roi des Francs, Modéramne, évêque de l'église de Rennes, homme de noble maison, qui, avec la permission du roi, allait visiter le tombeau de saint Pierre, s'arrêta et séjourna au monastère de Saint-Remi, situé au faubourg de la ville de Rheims : reçu et traité honorablement par les frères du couvent, il obtint de Bernard, trésorier et sacristain, quelques parcelles de l'étole, du cilice et du suaire de saint Remi. Plein de reconnaissance, il se remit joyeusement en route, continuant son voyage à travers l'Italie. Une nuit qu'il fut obligé de s'arrêter et de camper sur les Apennins, il suspendit les reliques aux branches d'un chêne. Le lendemain matin se levant et partant au point du jour, soit par oubli, soit plutôt, comme on croit, par un effet de la volonté divine, il ne songea

plus aux reliques, et elles restèrent en cet endroit.
Quand il eut fait quelque chemin, le souvenir lui en
revint, et aussitôt il envoya pour les rechercher son
clerc, nommé Vulfade. Mais, de retour au lieu où l'on
avait couché, celui-ci ne put venir à bout de les toucher ; car, par un miracle singulier, quand il était
près de les atteindre, elles s'élevaient tout-à-coup en
l'air. Apprenant ce miracle, l'évêque revint sur ses
pas, et dressa sa tente dans le même lieu. Mais de toute
cette nuit il ne put non plus reprendre les reliques,
et le lendemain matin il alla célébrer la messe au
monastère de Bercet, élevé en ces lieux à l'honneur de
saint Abonde, et fit vœu d'y laisser une partie des
reliques. Ainsi il recouvra ce qui lui avait été ravi,
et après avoir accompli religieusement son vœu, il
continua son voyage. Or, le bruit de ce miracle opéré
par la vertu des saintes reliques étant venu aux
oreilles de Luitprand, roi d'Italie, ce prince magnanime vint au-devant de Modéramne, et lui donna, en
faveur de saint Remi, le monastère de Bercet, avec
toutes ses dépendances et toute l'abbaye, qui contenait, dit-on, huit cents arpens, et, en présence de
ses fidèles, il lui en passa juridiquement l'investiture par une charte de donation. A son retour de
Rome, l'évêque revint visiter le tombeau de saint
Remi, et comme le roi Luitprand lui avait donné cette
terre, il la donna de même toute entière à saint
Remi. Ensuite rentré heureusement dans son diocèse
de Rennes, il se fit ordonner un successeur, et, disant
adieu à ses enfans, s'en retourna au monastère de
Bercet, où il vécut jusqu'à la fin de ses jours modestement et honnêtement, en fidèle serviteur de Dieu ;

6.

et fut depuis ce lieu illustré par plusieurs miracles.

Plus tard, dans la suite des temps, le roi Pepin, père de Charlemagne, voulut s'emparer d'Anisy, village du diocèse de Laon, et le réunir à la couronne, comme il avait fait de plusieurs autres; et à ce sujet il vint à Anisy. Mais pendant qu'il dormait saint Remi lui apparut, disant : « Que fais-tu ici? pourquoi es-tu « entré dans ce village qui m'a été donné par un « homme plus dévot que toi, et que j'ai ensuite donné « à l'église de Notre-Dame, mère de Dieu? » et il le fouetta si rudement que les marques en demeurèrent long-temps après sur son corps. Quand saint Remi eut disparu, Pepin se leva, et, saisi d'une forte fièvre, il sortit en toute hâte du village, et assez long-temps ensuite il souffrit de cette fièvre. Depuis ce temps jusqu'à nos jours aucun roi n'a osé prendre sa demeure en ce lieu, ainsi qu'à Luilli et à Coci, si ce n'est Louis le Germanique, qui se logea à Luilli quand il vint envahir le royaume de son frère. Mais le lendemain, obligé de fuir honteusement devant le frère qu'il était venu attaquer, il s'échappa à grand' peine.

Le bienheureux Remi avait acheté à deniers comptans une grande partie de bois dans la forêt des Vosges, et y avait fait bâtir les deux petits hameaux de Cosle et de Glène. Pour les peupler il tira des habitans d'un village voisin de son diocèse, nommé Berne, que les Francs lui avaient donné il y avait long-temps; et après les avoir établis en ces lieux, il les obligea à fournir de poix chaque année les diverses maisons religieuses du diocèse de Rheims. Il leur assigna aussi un salaire, que leurs successeurs reçoivent encore aujourd'hui, et avec lequel ils paient leurs impôts. Lui-même avait tracé l'enceinte de son domaine, dont les limites se voient encore aujourd'hui, et ont conservé jusqu'aux noms qu'il leur avait assignés. Comme il marquait ces limites, on dit qu'il jeta une pierre dans le creux d'un arbre. Tous ceux qui veulent passer la main dans le tronc, y peuvent faire rouler la pierre, mais on ne peut en aucune façon l'en retirer : quelques années après, un homme jaloux de la gloire du saint pontife s'efforça de la tirer du creux de l'arbre avec la main ; ne pouvant en venir à bout, il s'avisa d'agrandir le trou à coups de hache ; mais au moment où il levait le bras pour frapper, la main lui roidit tout-à-coup desséchée, et il perdit la vue ; et ainsi celui qui avait voulu étouffer la réputation du saint évêque servit au contraire malgré lui à en augmenter la vénération et la gloire.

Deux frères, gardes des forêts royales sous l'empereur Louis, voulurent un jour s'emparer de cette partie de bois achetée par notre saint patron et protecteur, prétendant qu'elle appartenait au fisc plutôt qu'à saint Remi. Comme donc ils se disputaient à cette occasion avec les habitans, sujets de l'église de Rheims, il avint que l'un des deux frères allant à la recherche de ses pourceaux qu'il avait envoyés paître dans la forêt, trouva un loup au milieu d'eux. Étant monté à cheval, il poursuit le loup à toute bride, et veut le frapper ; mais son cheval, s'emportant de frayeur, lui brise la tête contre un arbre, et sa cervelle s'étant répandue à terre, il mourut. L'autre, suivant une autre route, et passant auprès d'une borne, dit : « Que « chacun sache que la forêt de l'empereur s'étend « jusqu'à cette pierre ; » et à ces mots, de la hache qu'il portait à la main, il frappa la pierre, dont un éclat lui sauta aux yeux et le rendit aveugle. Ainsi l'un et l'autre reçurent la juste récompense de leur témérité et de leur mensonge. Un noble homme du Nivernais avait obtenu quelques reliques de saint Remi, et avait fait bâtir dans ses propriétés, sous son invocation, une chapelle, où le Seigneur daigna faire éclater les mérites de son élu bien-aimé. En effet, l'empereur Louis étant mort, ceux d'Aquitaine se trouvant libres de toute domination, et emportés par la fougue naturelle à leur nation, commencèrent, chacun selon ses forces, à s'élever les uns au-dessus des autres, et à se guerroyer entre eux, faisant des courses et ravages furieux dans les villages voisins, et les pauvres en ce désastre s'empressaient de mettre ce qu'ils possédaient à l'abri dans les églises. Beaucoup, assurés par les miracles qui s'opéraient en cette chapelle, y avaient à l'envi déposé leurs biens. Les maraudeurs, apprenant que la chapelle était remplie des richesses de plusieurs, forment le dessein de la forcer et de la piller. L'un d'entre eux, après avoir essayé de briser la serrure, donna un coup de pied dans la porte pour l'enfoncer : mais aussitôt son pied demeura attaché à la porte, et le sacrilége tomba à la renverse : ce que voyant les autres, ils s'enfuirent. Mais le malheureux, vaincu par la souffrance, se prend à gémir, et à déplorer son mal avec grande lamentation, et promet, avec larmes très-amères, que si Dieu, par les mérites de saint Remi, lui donne de retirer son pied du piége où il est pris, de sa vie il ne prendra jamais rien ni en cette chapelle ni en toute autre, et ne souffrira, autant qu'il sera en lui, que jamais personne commette pillage en église, et en même temps il donne son cheval avec selle et harnais, et tout ce qu'il peut ajouter. Ainsi, après confession, larmes et vœu, son pied fut délivré; mais cependant il en demeura toujours boiteux, jusqu'à ce qu'enfin sa jambe et sa cuisse tombant en corruption, il mourut.

Quand les trois frères Lothaire, Louis et Charles se partagèrent le royaume des Francs, après la mort de leur père, Charles distribua à ses soldats les domaines de l'évêché de Rheims, occupé alors par le prêtre Foulques; et entre autres, il donna le domaine de Luilli à un nommé Ricuin. Comme sa femme Berthe dormait dans un appartement à Luilli, saint Remi lui apparut en songe, lui disant : « Ce lieu n'est pas à toi « pour y reposer. Il faut d'autres mérites et autres qua- « lités pour posséder ce domaine et reposer en cette « chambre : lève-toi au plus vite, et sors d'ici. » Berthe, croyant avoir une vaine vision, n'en tint compte. Lors le saint du Seigneur lui apparut une seconde fois, disant : « Pourquoi n'es-tu pas partie, « comme je te l'ai ordonné? prends garde que je ne « te retrouve encore ici. » Comme la première fois, Berthe n'en tint encore compte; et le saint évêque apparut une troisième fois, et lui dit : « Ne t'ai-je pas « déjà ordonné une première et une seconde fois de « sortir d'ici? Puisque tu n'as pas voulu t'en aller de « ton pied, tu en sortiras portée par d'autres. » En même temps il la frappa d'une verge qu'il tenait à la main ; et aussitôt elle enfla par tout le corps, raconta à son mari et à quelques autres ce qu'elle avait vu; et peu de jours ensuite, après avoir beaucoup souffert, elle mourut. Son mari fit déposer et inhumer son corps dans l'église de Saint-Remi, et personne ne s'étonnera que ce saint et bienheureux père ait reçu le corps de Berthe en sa propre église, si l'on veut bien réfléchir avec quelle intention les saints frappent les pécheurs; savoir, afin que, s'ils se repentent, souffrant ici-bas la peine qu'ils ont méritée, ils ne soient pas en l'autre vie condamnés au feu éternel, comme il est dit, au livre des Rois, du prophète qui fut désobéissant à la parole de Dieu, et mourut sous la griffe du lion; mais après la vengeance accomplie, le lion respecta son cadavre. Et quand saint Remi a pris soin d'avertir trois fois la femme pécheresse, et n'a pas voulu la frapper à la première ni à la seconde visite (quoiqu'il sût bien, étant uni au Seigneur, qu'elle devait être punie), n'est-ce pas une leçon de patience qu'il nous a voulu donner, nous enseignant à n'être pas trop prompts et légers à porter jugement sur autrui, nous que tant de faiblesses séparent du Seigneur, quand nous voyons attendre et tarder avec patience celui que nous savons être uni avec Dieu, et jugeant avec lui?

De nos jours, il n'y a pas long-temps qu'un colon d'un village du diocèse de Rheims nommé Fontaine-de-Plomb, situé près de Rosay, village du fisc royal, ne pouvait faire tranquillement ni moisson ni fenaison, ni jouir aucunement de son bien, à cause des incursions des gens du fisc. Après avoir bien des fois demandé justice aux officiers royaux sans pouvoir l'obtenir, il s'avisa enfin d'une résolution salutaire. Il fit cuire du pain, des viandes, et, prenant ensuite une quantité proportionnée de petite bière, chargeant le tout dans des vases sur une charrette vulgairement nommée banne, il s'achemina avec son attelage, un cierge à la main, vers l'église de saint Remi à Rheims. Là il distribue son pain, ses viandes et sa bière aux marguilliers, dépose son cierge devant le tombeau du saint, et invoque son secours contre ses oppresseurs. Ramassant ensuite de la poussière sur le pavé de l'église et la liant dans un drap, il la dépose dans sa banne; puis, jetant dessus un linceul comme sur un corps mort, il reprend la route de sa maison. Chemin faisant, tous ceux qui le rencontraient lui demandaient ce qu'il menait en son char, et il répondait qu'il emmenait saint Remi; et tous s'émerveillaient de ses paroles et de ses actions, le prenant pour fou et insensé. Arrivé en son pré, il y trouva les pâtres de Rosay, faisant paître grand nombre de bestiaux de toute espèce; lors, invoquant saint Remi, il le supplie de lui porter secours; et aussitôt voilà s'attaquer et se heurter à coups de cornes ou à coups de pied bœufs contre bœufs, boucs contre boucs, moutons contre moutons, porcs contre porcs, et aussi pâtres contre pâtres à coups de poing et de bâton : en même temps un grand tourbillon s'élevant, les pâtres en poussant des cris, et les animaux en mugissant et faisant un bruit terrible, tous, chacun à sa façon, s'enfuient en toute hâte vers Rosay, comme si par derrière une multitude les poussait à coups de fouet. A cette vue, les paysans du fisc, frappés de terreur, crurent que leur dernière heure était venue; et, saisis de repentir, de ce jour ils cessèrent de tourmenter le pauvre de saint Remi. Mais comme il demeurait en un lieu marécageux sur le bord de la Sarre, et souffrait beaucoup des serpens en son habitation, il prit la poussière qu'il avait recueillie dans l'église et apportée avec lui, et la sema dans son manoir, et depuis jamais serpens n'ont reparu. C'est aussi chose certaine qu'on ne trouve aucun reptile ni couleuvre dans les parvis ou cimetières contigus à l'église du bienheureux Saint-Remi, et que, si on en apporte de quelque autre lieu, ils n'y peuvent du tout durer ni vivre.

Au temps du seigneur évêque Hincmar, un certain Blitgaire acheta du trésorier de l'église une métairie dépendante de l'évêché, située au village de Tenoil, en chassa à coups de fouet les gens de Saint-Remi. Comme ceux-ci suppliaient leur saint patron de venir à leur aide, Britgaire leur dit avec moquerie : « Nous « allons voir comment saint Remi vous aidera : voyez « donc comme il vient à votre aide. » Mais au milieu même de ces paroles, poussant tout-à-coup un grand cri de douleur, il fut frappé d'une enflure miraculeuse, et, enflant sans cesse de plus en plus, il creva par le ventre et mourut misérablement. Cette punition nous avertit de redouter la vengeance divine, de ne jamais traiter avec cruauté les sujets de l'Église, et d'éviter avec grand soin tout blasphème contre Dieu ou ses saints.

De nos jours, Warner, comte de Worms, s'était emparé des biens de saint Remi dans la forêt des Vosges, et les avait distribués à ses gens. Saint Remi apparut en vision à Hérigaire, évêque de Mayence, et lui enjoignit d'aller trouver le roi Conrad, et de l'engager à donner l'ordre à ses vassaux de quitter la terre qui lui appartenait. A son réveil, Hérigaire, quoique frappé de sa vision, négligea de rien dire au roi. Quelques jours après, saint Remi lui apparut de nouveau, lui reprocha de n'avoir pas exécuté ses ordres, et lui recommanda une deuxième fois de parler au roi. Hérigaire, ne faisant pas plus de cas de sa vision que la première fois, négligea encore de remplir la commission du saint. Lors saint Remi revint pour la troisième fois, mais avec un fouet, lui reprocha sa négligence obstinée, et, le saisissant par le bras, sembla le tirer hors de son lit, puis, le fustigeant du fouet qu'il tenait à la main, il le laissa déchiré de coups et humilié. Alors, n'osant plus mépriser les ordres qu'il avait reçus, Hérigaire va trouver le roi, le tire à part, dépouille ses vêtemens, lui montre son corps meurtri et noir de coups, et lui expose fidèlement et par ordre tout ce qui lui avait été dit et fait. Or, pendant que ces choses se passaient, le même jour était arrivé Tendoin, envoyé de notre seigneur évêque Hérivée, avec des présens pour le roi, réclamant les biens de son seigneur, et il attendait à la porte du palais l'heure à laquelle il pourrait être présenté au roi. Cependant le roi, frappé du récit d'Hérigaire, ayant ordonné de chercher si parmi ses gens il n'y avait personne de l'église de Rheims, il se trouva que précisément notre envoyé attendait à la porte. On l'annonce au roi, on l'amène devant lui, et le roi lui-même lui raconte ce qui vient de se passer. Lors Tendoin, rendant grâces à Dieu, expose qu'il a été envoyé pour réclamer les possessions de l'Église, que, de son côté, le roi se hâte de lui faire rendre; et en partant il confie à l'évêque Hérigaire, sous le bon plaisir du roi, la garde et protection de la terre de saint Remi. Depuis, tant que notre seigneur évêque Hérivée a vécu, il a reçu chaque année sa rente fidèlement et sans contradiction.

Le seigneur évêque Artaud avait confié ces mêmes biens à la protection du duc Conrad, qui à son tour les avait remis aux soins d'un de ses vassaux nommé Ragenbauld, lequel tourmentait et opprimait les colons de notre église. Les pauvres gens dans leur affliction tournaient souvent leur plainte vers saint Remi, et venaient à Rheims invoquer la protection de leur patron; et je peux dire que moi-même l'année passée j'ai entretenu à ce sujet le roi Othon et le duc Conrad, lorsque j'ai été envoyé à Aix vers ce roi; mais je ne pus obtenir que Ragenbauld cessât son usurpation et ses rapines sur les terres de notre église. Aussi cette année même, il est arrivé qu'un samedi, comme il rassemblait tous les colons pour travailler, et ordonnait au curé de ne sonner vêpres qu'à la nuit, afin que son ouvrage pût être terminé, il se sentit tout-à-coup frappé par une main invisible : lors demandant qui l'avait frappé, et tous lui répondant qu'ils n'avaient vu personne, il entra en fureur et perdit la raison, et bientôt, après avoir été cruellement tourmenté, il rendit l'esprit. En apprenant sa punition, le duc Conrad est venu tout effrayé à Saint-Remi, et lui a remis sa terre, que l'évêque Artaud vient d'assigner à l'abbé Hincmar et à ses moines, comme supplément d'entretien.

Il existe au village de Bonfineau, au pays de Laon, une église sous l'invocation de saint Remi. Lorsque le roi Raoul poursuivait le comte Héribert, qui tenait de lui à foi et hommage l'évêché de Rheims, les habitans du village s'empressèrent de cacher tout ce qu'ils possédaient dans leur église par crainte des incursions de l'ennemi. Comme le roi Raoul vint mettre le siége devant Rheims et eut établi son camp à Cormicy, l'armée occupa tous les villages voisins. Un de ceux qui avaient leur quartier à Bonfineau, s'empara du vin que les habitans avaient, par peur d'être volés, déposé dans l'église; et ouvrant pour ainsi dire taverne dans le lieu saint, il se mit à le vendre à ses compagnons; mais pendant qu'il se livrait à ce trafic, il fut tout-à-coup frappé de maladie; sa bouche toute contournée lui allait presque jusqu'aux oreilles, et il perdit la raison; enfin, après avoir long-temps traîné dans les souffrances, il mourut; ce qui servit d'exemple aux autres, et depuis tous eurent en vénération ce saint lieu, et se gardèrent avec grand soin de semblable profanation.

CHAPITRE XXI.

De la seconde translation du corps de saint Remi, et comment il fut rapporté à Rheims.

Lorsque l'archevêque Hincmar eut fait rebâtir en l'agrandissant l'église de Saint-Remi, et lui eut fait préparer un caveau plus beau et plus orné, il y fit transporter en grande pompe, assisté de tous les évêques de la métropole de Rheims, les vénérables reliques de notre bienheureux père en Jésus-Christ. Le corps, couvert du drap de pourpre dont on l'avait autrefois enveloppé, fut enfermé tout entier dans une châsse d'argent; seulement le suaire qui couvrait la tête du saint et une partie du drap furent mis à part dans une cassette d'ivoire, laquelle est depuis ce temps précieusement conservée à Rheims en l'église de la bienheureuse Marie, mère de Dieu. Pendant cette translation des reliques, de leur ancien sépulcre de pierre à la nouvelle châsse, un nommé Radon, sous-diacre de l'église de Soissons, venu à la cérémonie avec son évêque Rothade, et qui depuis une année entière souffrait de si vives douleurs de dents que l'on craignoit pour sa raison, appliqua sa mâchoire malade à l'endroit où avaient reposé les saintes reliques, et aussitôt délivré de son mal, il ne sentit plus jamais aucune douleur. On dit aussi que le même jour deux hommes perclus de maladie recouvrèrent la santé, au bourg de Bruyères en Laonnais, dans une chapelle dédiée à notre saint patron. Quant à l'église où repose son corps, chaque jour il s'y opère miracle sur miracle : des hommes venus malades s'en retournent guéris, les parjures y sont tourmentés du démon, les possédés sont délivrés, les boiteux redressés, et les aveugles recouvrent la vue; afin qu'il soit constant à tous que celui-là est vivant en gloire avec Notre-Seigneur Jésus-Christ, qui se montre vivant sur la terre par tant de miracles chaque jour renouvelés au lieu où son corps est gardé.

Depuis l'an 882 de l'incarnation de Notre-Seigneur, sous le règne de Carloman, il arriva qu'en punition de nos péchés, et à cause des incursions des païens, les précieux restes de notre très-saint père et seigneur, furent, par les soins de l'archevêque Hincmar, transférés au village d'Épernay, parce que la ville de Rheims n'était point alors enfermée de murs, et par la vertu de ce cher et précieux dépôt, tout le pays d'Épernay fut préservé de l'invasion et du pillage des barbares. Après la mort d'Hincmar, le saint trésor fut transporté au monastère d'Orbay; et par la protection de notre saint et bienheureux patron, une merveilleuse sérénité d'air fut répandue sur tout le pays, avec une extraordinaire et inaccoutumée fertilité.

Élevé à l'épiscopat après la mort d'Hincmar, Foulques, dès la première année de son ministère, résolut de rapporter à Rheims les reliques du bienheureux Remi. Il part donc, et se rend avec tous les évêques de la province et un clergé nombreux au lieu où était déposé le précieux trésor. Ce jour-là, quoique le ciel fût calme et serein, et la sécheresse brûlante, il plut tout-à-coup, et en telle abondance que l'on eût dit que toute la surface de la terre allait être inondée. Mais le lendemain, au moment où se fit la levée des saintes reliques, le ciel parut riant et serein, tout prit un air de fête dans la nature, et le cortége, prenant sa route avec un immense concours de peuple accouru de toutes parts, arriva heureusement à Cormicy, où notre saint père et patron avait, pendant qu'il était encore dans les liens de la chair, fait éclater ses mérites par de nombreux miracles. Après avoir déposé les reliques dans l'église du lieu consacrée en son nom, chacun se livre au sommeil pour réparer ses forces. Le matin, après le repos de la nuit, quand le soleil vint éclairer la terre, des milliers de voix montèrent en concert vers les cieux, bénissant le Seigneur, et le remerciant de ce qu'il rendait, en corps et en personne, à son peuple le saint pasteur patron et protecteur, qu'il espérait avoir toujours pour avocat et intercesseur auprès de la bonté divine. Cependant, après avoir célébré le saint sacrifice, l'évêque gravit la montagne voisine, chantant les louanges du Seigneur, et suivi d'une foule immense. Parvenu au sommet, il se prosterne en prières pour les péchés du peuple, et pour fléchir la colère céleste : ensuite ils se remettent en marche ; et pendant qu'ils poursuivent leur chemin, il plut au Seigneur de glorifier encore sur la terre celui qu'il avait élevé dans les cieux avec ses anges, et de faire éclater aux yeux du peuple assemblé quels étaient auprès de lui les mérites de son saint.

CHAPITRE XXII.

De plusieurs guérisons opérées postérieurement.

En effet, une femme aveugle, nommée Dode, arrive appuyée sur le bras d'un ami, et à peine s'est-elle un peu approchée qu'elle recouvre la vue en présence de tous. Apprenant ce miracle, l'évêque, plein de joie, entonne l'hymne de louange au Seigneur avec tout le peuple. Mais ils n'avaient pas encore fini ces chants de triomphe, qui remplissent le ciel d'allégresse, qu'un boiteux, qui depuis long-temps avait perdu l'usage des jambes, se mit tout-à-coup à marcher, plein de force et joyeux. On continue la route, toujours chantant, et après quelque chemin, voilà qu'une autre femme recouvre l'usage de ses mains. Alors la foule double, triple les actions de grâces ; ceux qui sont les plus proches de la châsse miraculeuse, frappés de tant de merveilles, songent à s'éloigner avec respect d'une si grande et sublime sainteté. Les chants de reconnaissance duraient encore quand, par surcroît, un jeune garçon, nommé Grimoald, depuis long-temps privé de la vue, ayant la bouche misérablement contournée et le visage hideusement défiguré, est présenté devant la châsse par ses parens, et aussitôt il recouvre la lumière, et est rétabli en sa forme et figure naturelle par le secours du grand saint. Une heure après, ou environ, un autre enfant, qui avait depuis long-temps le corps courbé, est heureusement redressé. Lors la foule dévote n'a plus la force de répéter les saintes mélodies du roi David; émue d'une grande tendresse de cœur, la voix lui manque, les larmes coulent sur les visages, et au lieu de cantiques on n'entend que soupirs et voix entrecoupées. Cependant de moment en moment la foule augmente, et les peuples se pressent pour baiser la châsse où repose le gage sacré, et ceux qui la portent sont obligés de l'arrêter, cédant à leur violente importunité; car le bruit des miracles qui éclataient à chaque pas se propageait de plus en plus : tous à l'envi, sains ou malades, affligés de diverses infirmités, accouraient pour être témoins des merveilles que le Seigneur tout-puissant se plaisait à multiplier pour la gloire et l'illustration de son saint. Chacun aurait cru beaucoup perdre, et même faire un péché, s'il n'avait, je ne dis pas suivi la procession, mais si seulement il était arrivé le dernier.

De leur côté, les citoyens de Rheims accourent au-devant : aussitôt qu'ils aperçoivent le saint cortége, ils se prosternent et baisent la terre; puis levant les yeux, et contemplant avec piété la châsse qui porte la pierre précieuse du diadême divin, ils versent des larmes en abondance au milieu de leur joie, et supplient le Seigneur de ne plus les affliger désormais de l'absence de leur père bien-aimé, mais de les faire jouir à toujours de sa sainte présence. Et ce tendre père, voulant favoriser la dévotion de ses enfans, multiplie les miracles, et redouble leur joie par de nouvelles merveilles; car pendant que l'évêque et le clergé entonnaient les psaumes, hymnes et cantiques spirituels, et que le peuple répondait avec des transports de joie, afin que tous proclamassent d'une ame encore plus pénétrée les merveilles de Dieu dans ses saints, une multitude de malades recouvrèrent ensemble la santé, et mille maux divers furent guéris; en sorte que presque à chaque moment les miracles se pressant sur les miracles, le temps et la place manqueraient pour les réciter tous.

C'est d'abord une femme, nommée Ozanna, qui, par une faveur soudaine, recouvre la vue, au grand applaudissement du peuple; un instant après, c'est un boiteux qui se lève et marche; une femme sourde, nommée Deodate, qui reprend l'usage de l'ouïe; un aveugle, nommé Teuton, et encore une autre femme à qui le don de la vue est rendu; enfin, c'est Ansoald qui revoit la lumière, objet de tous ses desirs, parce qu'il a cru d'une foi sincère; c'est Gerbert qui guérit d'une paralysie, et encore un autre qui reçoit le même bienfait de la bonté de notre saint patron.

Comme tous donc se pressaient à l'envi au-devant de l'élu du Seigneur, par le zèle d'une pieuse dévotion, et offraient non seulement l'intention d'un cœur pur et dévoué, mais encore des biens temporels, chacun selon ses facultés, une pauvre femme sortit de la ville, tenant en sa main un cierge qui n'avait jamais été allumé. Mais, ô miracle ! le cierge fut tout-à-coup allumé par un effet de la volonté divine; et pendant tout le reste du chemin, cette femme, confessant le miracle, porta le cierge béni du Seigneur sans qu'il perdît sa lumière céleste, jusqu'au moment où les saintes reliques du bienheureux Remi furent déposées dans leur demeure, et où l'évêque célébra le mystère de la messe. Alors la femme remit le cierge encore brillant de lumière au sacristain, lequel, par respect et par joie du miracle, fit éteindre tous les luminaires qui brûlaient dans l'église, et ordonna de les rallumer ensuite avec la lumière venue du ciel; comme aussi il fit conserver une partie du cierge en témoignage du miracle.

Une femme de Château-Porcien, nommée Rotgar, depuis long-temps privée de l'usage de ses jambes, recouvra tout-à-coup la santé, tellement que, venue en chariot, elle s'en alla de son pied chez elle. Une autre femme avait apporté avec elle sa petite fille, âgée de six ans, nommée Wulflide, laquelle, jouant un jour avec des enfans de son âge, avait été frappée à la tête par une femme qui passait. Le coup avait renversé la tête, de manière que l'occiput semblait tenir au chaînon du cou, et qu'elle ne pouvait pencher sa tête de côté ni d'autre, ni prendre d'autre nourriture que des liquides; et il y avait déjà près d'un an qu'elle languissait dans cet état. Sa mère, qui l'aimait d'une tendre affection, recherchant avec inquiétude tous les moyens de la guérir, s'avisa de l'apporter au-devant de saint Remi. Ne pouvant percer la foule pour approcher, elle parvient à prendre les devans; et alors, se prosternant avec sa fille au milieu de la route par où devait passer la procession, pleine de foi, elle adresse ses prières au Seigneur avec une profonde dévotion. Sa prière n'était pas achevée que sa fille pousse un cri. La mère se lève pour consoler son enfant par ses caresses maternelles, mais en la regardant elle s'aperçoit que sa tête est redressée et revenue à sa position naturelle. Alors transportée de joie, et sûre de la guérison de sa fille, elle regarde la blessure et trouve la place humide de sang, et les nerfs, si long-temps contractés, maintenant détendus comme une corde mouillée : ayant ainsi obtenu la bénédiction et faveur de miséricorde qu'elle était venue chercher, elle s'en retourna dans sa maison, rendant avec allégresse au Seigneur mille actions de grâces. Cependant, frappée d'admiration à la vue de tant d'éclatans témoignages de sainteté et de tant de bienfaits, la multitude poursuivait sa route avec ferveur, chantant des hymnes et des cantiques. L'évêque avait pris les devans; mais bientôt revenant avec le chœur des prêtres, il prend sur ses épaules le précieux trésor, et le porte ainsi jusque dans l'église, propre maison de notre bienheureux père. Là, après tous les préparatifs nécessaires, le sacrifice de la victime spirituelle étant déjà commencé, une femme du pays de Troyes, affligée d'un tremblement universel, vient devant l'autel, et se jette sur le pavé. Là, après avoir été long-temps et cruellement tourmentée de son mal, elle se relève enfin calme et guérie par la miséricordieuse intervention du pieux et charitable consolateur. Interrogée sur la cause d'une si cruelle affliction, elle répondit qu'elle avait donné la mort à sa propre mère. Enfin, quand le saint sacrifice de la messe fut terminé, chacun s'en retourna chez soi, mais pour revenir de bonne heure le lendemain, quand on porterait dans la ville ce gage de protection et de salut. Le matin donc, pendant que tout le monde s'empresse à l'heure indiquée, une femme, nommée Erluide, qui ne demeurait pas loin de la ville, se prépare aussi à assister à la procession afin d'obtenir d'être guérie; car depuis cinq ans, frappée de paralysie, elle avait tout le côté droit du corps comme mort, et ne s'en pouvait servir. Se mettant donc en route avec un lent et pénible effort, elle fait tout ce qu'elle peut pour approcher, et voir la châsse sacrée. Mais à peine parvenue au milieu du chemin, elle ne peut plus avancer, et tombe épuisée de fatigue. Alors elle songe à s'en retourner, mais c'est en vain, elle ne peut bouger : enfin, après être restée ainsi quelque temps étendue à terre, hésitant et incertaine, elle se décide à tenter un nouvel effort, et à essayer d'approcher un peu plus près. Et soudain, par la grâce et la bonté de Dieu, la force est donnée à ses faibles membres; toute vigueur lui revient avec la santé; marchant en liberté, et sautant de joie, elle court d'un pied agile et léger au lieu où elle avait seulement espéré de se traîner malade et languissante. Elle s'en va donc poursuivant sa route, et portant à la main le bâton tout-à-l'heure appui de sa faiblesse, non qu'elle en ait désormais besoin, mais pour montrer à tous le témoignage du miracle qui lui a rendu la santé. Parvenue enfin où elle avait tant desiré d'arriver, elle rend mille dévotes et joyeuses actions de grâces à son intercesseur; puis déposant son bâton en offrande, vive et légère désormais, et n'ayant plus besoin de son appui, elle reprend le chemin de sa maison, et s'en retourne, remportant avec joie et bonheur la divine et efficace consolation qu'elle avait cherchée.

Cependant l'évêque arrive accompagné d'un nombreux clergé et d'une foule de grands : il offre la victime du salut; ensuite il se revêt d'ornemens blancs, et conduit en pompe vers la ville les précieuses reliques, avec hymnes et chants de louanges. Pendant que le pieux cortége suit heureusement sa route et fait éclater sa reconnaissance, le Seigneur tout-puissant se plut à épancher les sources de sa bonté et de sa libéralité pour la gloire de son saint bien-aimé, et il est à peine langue d'homme qui pût réciter les miracles qui s'opérèrent presqu'à chaque moment sur le chemin; car en cette journée Dieu fit tellement abonder les merveilles, que quatre hommes et neuf femmes recouvrèrent la vue, et deux hommes l'usage des jambes. Ainsi, marchant de joie en joie, d'admiration en admiration, on arrive dans la ville à l'église de Notre-Dame, et ce flambeau, luisant et brillant éternellement, est posé sur le bord de l'autel. Mais quand vint le moment où l'évêque s'avança pour la consécration et oblation du mystère de vie, quel homme fut assez dur de cœur et inflexible pour se tenir d'éclater en soupirs, de frapper sa poitrine et de fondre en larmes, à la vue de tant de bienfaits et de tant de merveilles de la grâce? qui pourrait en effet nombrer les miracles que le Seigneur se plut à répandre en cette journée? qui pourrait dire combien de malades furent guéris, combien de boiteux redressés, combien d'affligés de toute espèce furent relevés et consolés?

La messe dite, chacun sort et hâte son retour en sa maison : mais voilà que tout-à-coup un effrayant orage les surprend en route; des nuages noirs et terribles se rassemblent de toutes parts, une nuit affreuse couvre le ciel, l'éclair brille, le tonnerre gronde, la grêle bat par torrens la terre; la plupart, frappés de terreur, rentrent à l'église, invoquant la clémence du Très-Haut, et suppliant leur saint protecteur de les délivrer, par son intercession, du danger qui les menace. Aussitôt, ô miracle! le désordre qui les effraie s'arrête, les nuages s'éclaircissent, les éclairs cessent, le tonnerre se tait, enfin l'orage se calme et se dissipe; la grêle se change en une douce pluie, et la terre, auparavant brûlée par une chaleur dévorante, est rafraîchie par une salutaire et féconde humidité. Ainsi dans un moment, grâces à notre saint patron, l'indignation du Seigneur est calmée et fait place aux bienfaits du salut. C'est encore sa puissante protection qui a repoussé loin de notre pays le cruel fléau de la peste; c'est par lui que nous est donné l'air pur et salubre dont nous jouissons, les pluies bienfaisantes qui entretiennent la fécondité; enfin c'est par ses mérites que la crainte de l'ennemi, qui déjà avait saisi tout le royaume, s'est changée peu à peu dans l'espérance de la paix et d'une sécurité profonde.

Le même jour que le corps saint fut transporté dans la ville, à l'heure où le char brûlant du soleil allait se plonger dans l'océan, eut lieu un autre miracle. Un nommé Nivol, de Villedomauge, village situé sur un des côtés de la montagne de Rheims, sourd et muet, perclus des pieds et des mains depuis neuf ans, à force d'efforts pendant tout le jour, depuis le lever de l'aurore jusqu'à la dixième heure, parvint à peine à se traîner, pendant l'espace de cinq milles, jusqu'au seuil de l'église où était le sépulcre de saint Remi. Là, trouvant que le corps n'y était plus et les portes de l'église soigneusement fermées, il tombe la face contre terre, et, dans une confiante importunité, il crie en secret au fond de son cœur aux oreilles du saint, et se plaint de ce qu'après tant de fatigues il ne lui était pas permis seulement de voir la châsse dépositaire des reliques sacrées, à lui qui cependant n'avait jamais douté que l'aide d'en-haut pouvait seule le soulager. Pendant qu'il agite en silence ces pensées dans son esprit, une vigueur de santé se glisse insensiblement dans chacun de ses membres, et il s'étonne de recouvrer à la fois la force de tous ses sens. Bientôt le bruit de cette guérison miraculeuse se répand et vient aux oreilles d'un grand nombre : alors ils accourent à l'envi, et contemplent avec joie les merveilles du Seigneur. Ils conduisent l'homme en triomphe au saint sépulcre, sonnent les cloches, et entonnent avec allégresse les louanges du Seigneur. Attirée de plus en plus par les récits, la foule se presse à l'église pour voir le miracle; et voyant, comme on le leur avait annoncé, le signe éclatant de la grâce, ils lèvent les mains au ciel avec reconnaissance, ils bénissent le Seigneur; et ce miracle de la bonté divine servit beaucoup à la consolation de ceux qui, voyant les reliques transférées en ville, se plaignaient d'être abandonnés corporellement de leur saint et puissant protecteur;

car par sa compassion si efficace aux souffrances de Nivol, il montra qu'il ne les avait pas délaissés spirituellement.

Dans l'église de Notre-Dame, où le corps venait d'être transporté, plusieurs malades affligés de diverses infirmités furent aussi guéris. Un homme, nommé Noël, de Bourdenois, et deux femmes, l'une appelée Teutberge, l'autre Gonthilde, recouvrèrent la vue. Une troisième femme, qui avait perdu un œil, en recouvra aussi l'usage. Enfin une petite fille, nommée Flogille, du village de Caucelle, situé sur la petite rivière de Livre, à l'âge de quatre ans environ était tombée en glissant et s'était blessée aux deux genoux : à la suite de cette blessure elle était devenue si boiteuse qu'elle ne pouvait ni faire un pas ni se tenir sur pieds. Ses parens, pauvres mais pleins de sollicitude pour sa guérison, l'avaient fait porter à diverses églises de saints; il y avait déjà douze ans qu'elle était affligée de cette infirmité sans pouvoir y trouver remède. Entendant raconter les merveilles qui s'opéraient par les mérites du corps de saint Remi, elle s'avisa d'aller aussi comme les autres; mais elle ne voulut point se faire mettre sur un chariot, et se traîna toute seule comme elle put le long de la route. Arrivée à l'église où on lui avait dit qu'était déposé le précieux gage du salut, elle se répand en prières devant le Seigneur et invoque sa bonté pour sa guérison; et l'on dit qu'elle inonda tout le pavé de ses larmes. Après avoir ainsi passé trois jours, elle recommençait à prier, quand tout-à-coup la grâce se fit sentir. Pouvant à peine supporter la violence du remède, elle se prit à gémir et à pousser des cris aigus : les nœuds des nerfs se délièrent, les jarrets contractés se détendirent; épuisée de cette crise, elle demeura comme morte presque pendant une heure; mais celui qui avait ainsi opéré sa délivrance lui rendit bientôt ses forces. En effet, quelques momens après, sortant comme d'un profond sommeil et sentant le bienfait céleste accompli, elle se lève et va vers la châsse du saint dont les mérites venaient, elle n'en doutait pas, de procurer sa guérison; et là, se répandant en actions de grâces, et faisant vœu d'y vivre toute la vie en prières et en témoignage de reconnaissance, depuis ce temps elle veilla près des reliques de son saint médecin, renouvelant chaque jour l'offrande d'une pieuse et persévérante dévotion.

Le corps de saint Remi resta déposé dans l'église de Notre-Dame pendant tout l'épiscopat de Foulques, jusqu'à Hérivée son successeur, qui, voyant la persécution des Normands éteinte, et la paix rétablie par la seule clémence de Dieu, résolut de le faire reporter au lieu de sa première sépulture. Pour exécuter cette résolution il convoqua plusieurs grands du royaume; et cette fois Dieu se plut encore à manifester les mérites de son serviteur retournant à sa première demeure : pendant que la translation se faisait au milieu d'un peuple immense, presqu'au sortir de la ville, un pauvre boiteux, nommé Abraham, affligé d'une contraction nerveuse aux jarrets, se traînant par terre sur deux petites escabelles, se mit aussi en route vers l'église de Saint-Remi, et soudain, frappé de la grâce, il sentit ses nerfs se détendre, et la santé lui revenir. Nous l'avons vu pendant plusieurs années parfaitement rétabli, marchant droit, et bénissant la grâce dont il avait été comblé. Depuis il a été planté, au lieu même où s'accomplit ce miracle, une colonne surmontée d'une croix, qui garde le souvenir de ce glorieux témoignage de sainteté. L'église où le tombeau est placé est sans cesse honorée de nouveaux miracles, et en si grand nombre qu'il n'est pas possible d'en écrire le récit.

CHAPITRE XXIII.

Des disciples de saint Remi.

Du temps de notre bienheureux patron, il existait à Rheims plusieurs personnages, soit du clergé, soit de l'ordre laïque, illustres et chers à Dieu par leurs vertus, qui se firent honneur d'être les disciples et les serviteurs d'un si grand et vénérable pasteur. Parmi eux brilla surtout Agricola son neveu, prêtre respectable, qui lui fut agréable dès sa plus tendre enfance par l'obéissance que, selon le témoignage de son testament, il lui rendit dans l'intérieur de sa famille. C'est le même qu'il institua, avec l'église de Rheims et le bienheureux saint Loup, évêque, fils de son frère, légataire universel de ses biens, sauf les dons et legs particuliers qu'il avait réservés à chacun. Il lui laissa aussi en particulier quelques esclaves avec des vignes, sous cette clause que tous les dimanches et fêtes la messe serait célébrée sur un autel dédié en son nom, et que chaque année un festin serait donné aux prêtres et aux diacres de l'église de Rheims.

Il avait encore un autre neveu, nommé Ætius, auquel

il laissa une partie du domaine de Cernay, qu'il avait eu en partage, avec tous les droits et priviléges dont il avait joui lui-même; il lui légua aussi un esclave nommé Ambroise, avec quelques autres domestiques. On cite aussi un troisième neveu, nommé Agathimère, qui reçut en don quelques familles de colons et une vigne que le saint évêque avait lui-même plantée et cultivée à Wendisch, à condition que tous les dimanches et fêtes on offrît la messe pour lui sur les saints autels, et qu'un festin annuel fût donné aux prêtres et diacres de Laon. Nous lisons encore dans son testament que, satisfait de l'obéissance filiale de l'archidiacre Ours, il lui donna une petite maison et une autre plus grande, avec deux sayes d'étoffe fine, le tapis qui couvrait son lit, et la meilleure tunique qu'il laisserait en mourant.

Quelques autres membres du clergé de Rheims, soit prêtres, soit diacres, méritèrent d'être distingués par le saint évêque, et il leur fit plusieurs dons en mourant, entre autres une vigne qu'il leur lègue pour être possédée en commun avec son vigneron, et quelques autres esclaves qu'il ajoute pour le service.

Parmi ses disciples chéris se trouvait encore une diaconesse nommée Hilarie, qu'il appelle sa fille en lui donnant sa bénédiction, à laquelle il donne une esclave pour la servir, et quelques pieds de vigne voisins d'une des siennes, et sa part du domaine de Talpoucy, pour l'obéissance et les soins qu'elle lui a sans cesse rendus.

De plus une femme nommée Rémigie à laquelle il donne trois cuillères ornées de son chiffre, ainsi que quelques autres petits présens.

Enfin quelques laïcs d'un grand nom, tels que Pappole, Eulode, Eusèbe, Rusticole, Eutrope et Dave, furent comptés au nombre des amis particuliers admis à sa confiance, et ils ont apposé leur seing au bas de son testament.

En ce temps là florissait aussi Attole, homme très-distingué, qui, comme l'atteste son épitaphe, fonda à ses dépens douze hôpitaux, par amour et attachement pour saint Remi. Il est enseveli avec son fils et sa fille derrière l'autel, dans l'église de Saint-Julien martyr.

Je crois que c'est de cette église que veut parler Grégoire de Tours lorsqu'il raconte qu'un riche personnage de la seconde Belgique fit bâtir une église dans un des faubourgs de Rheims, en l'honneur du bienheureux martyr Julien, et qu'étant allé chercher avec piété et dévotion les reliques, et revenant en chantant des cantiques le long de la route, il arriva qu'au moment où il entrait dans la Champagne rhémoise, un possédé fut guéri seulement par l'application des saintes reliques.

CHAPITRE XXIV.

De saint Thierri, ou Théodoric.

Au temps de saint Remi vivait aussi le saint homme Thierri, pieux disciple de ce vertueux maître. Dieu, qui avait résolu de l'illustrer et de l'anoblir dans la génération des justes, ne voulut pas qu'il fût engendré d'un sang noble ; aussi naquit-il au pays de Rheims, au village d'Aumnencourt, d'un père voleur, comme la rose sort du milieu des épines. On raconte, pour preuve de sa pureté et de sa chasteté, que la fontaine où furent lavés les langes de son berceau, quoique découverte dès ce temps comme toutes les autres, ne put jamais être souillée par aucun immondice ou jet d'ordures. Thierri, élevé saintement jusqu'à l'âge de puberté, fut, selon l'usage établi pour la propagation de l'espèce humaine, obligé de prendre femme pour complaire à ses parens, mais avec l'intention de n'avoir qu'une épouse de nom, et de vivre comme s'il n'en avait point; car, brûlant en secret de l'amour des choses célestes, il n'avait d'autre desir que de vivre en secret serviteur de Dieu, et il n'eut pas loin à chercher le médecin qui devait le guérir, le patron qui devait le protéger, le maître qui devait l'enseigner : saint Remi, son père en religion, fut son guide naturel en ce culte angélique. Éclairé donc par les exemples de ce pieux modèle, et brûlant du zèle des vertus, il croissait chaque jour en perfection. Bientôt les plaisirs de la couche nuptiale lui deviennent amers, et doux l'amour de la chasteté. Le desir amortit le desir; l'ardeur de l'esprit étouffe l'ardeur de la chair; l'amant de la chasteté renonce au monde et fait alliance avec Dieu; il déclare la guerre à l'ennemi de la continence, et cherche un lieu où lui livrer combat seul à seul. Thierri s'ouvre enfin à sa femme, l'exhorte à aimer l'époux céleste, et lui promet des honneurs éternels pour prix de sa virginité ; mais la femme, altérée d'amour et de desirs charnels, méprise les salutaires exhortations du mari, et, se voyant dédaignée, elle répond avec aigreur et amertume. Alors le serviteur de Dieu, voyant que ses remontrances n'ont aucun accès en son cœur, et qu'elle se refuse à ses pieux projets, la délaisse, et se rend en grande hâte à Rheims, auprès d'une abbesse nommée Suzanne, vouée par piété au célibat. Chaste, il vient chercher la femme chaste, pudique, la femme pudique, et vierge, la femme vierge. Celle-ci gouvernait alors, sous la protection de saint Remi, une congrégation de jeunes vierges; et c'était une femme d'un cœur d'homme, de profond conseil et de grand génie. Thierri vient donc se jeter entre ses bras; et prosterné aux pieds de sa mère spirituelle, il lui découvre les secrets de son cœur, jusque-là connus de Dieu seul, fond en larmes, éclate en sanglots, et lui demande un conseil salutaire avec le secours de ses prières. A la vue de la profonde douleur du jeune homme, les entrailles de cette tendre mère sont émues, elle compatit à ses larmes, le console, dissipe sa tristesse, et supplie le Dieu de miséricorde d'exaucer ses chastes desirs. Tous deux de concert avisent de consulter leur père commun, saint Remi, dont les exemples et les préceptes avaient déjà si heureusement profité à Thierri. Le saint évêque écrit à la femme, lui remontre que la vie éternelle est assurée en récompense à ceux qui gardent leur chasteté, et que la virginité est aimée et chérie des anges. La femme cède enfin, bien plus, elle laisse pénétrer son cœur aux douceurs de la vie céleste, elle embrasse les saints conseils, et promet, si elle est jugée digne de suivre le Seigneur, de lui garder sa virginité pure et sans tache. L'heureux époux embrasse alors plein de joie son épouse, qu'il voit délivrée du joug du séducteur, arrachée aux voluptés de la chair, et vouée enfin au service de son créateur, sous le vœu honorable de virginité.

Alors la femme vierge avec l'homme vierge, Suzanne avec Thierri, se mettent en quête pour trouver un lieu où établir leur demeure. Or il y avait une petite forêt située sur une montagne, à trois milles environ de la ville de Rheims, et saint Remi, toujours brûlant de zèle pour les choses divines, avait résolu d'établir en cet endroit un monastère, où, sous la pieuse conduite du guide qu'il voyait chaque jour profiter dans la vertu, s'enrôleraient au service du Seigneur bon nombre de saints frères.

Ils montent au sommet de la montagne; là, pendant qu'ils promènent leurs regards autour d'eux, cherchant la plus heureuse position pour le monastère, voilà qu'un aigle descend tout-à-coup du haut des cieux pour marquer le lieu de son séjour sur la terre au bienheureux Thierri, appelé à remonter un jour dans le ciel. Le mystérieux oiseau, volant et tournant en cercle, traça l'enceinte du monastère; ensuite, pour montrer plus clairement la volonté du Seigneur, il plana lentement plus d'une heure sur l'endroit où l'église devait être bâtie; et pour empêcher les incrédules de rien attribuer au hasard, pendant quatre années consécutives, le même aigle a été vu, le jour de Noël, faisant le tour du monastère, non sans une grande admiration de plusieurs. Aucune langue humaine ne pourrait réciter en détail toutes les merveilleuses œuvres de grâce et tous les miracles qui ont été opérés en ce lieu par le pieux soldat de Jésus-Christ, le fidèle Thierri.

Quand, avec le temps, il eut été élevé à l'honneur de la prêtrise, voulant remplir les devoirs de son ministère, il se mit à prêcher à tous les commandemens de Dieu. D'abord, en fils pieux et tendre, le salut de son père toucha surtout son cœur. Bientôt la sagesse du fils eut le bonheur d'éclairer le père, et d'engendrer au ciel celui qui l'avait engendré à la terre : d'un débauché il fit un moine, d'un voleur un bienfaiteur libéral, et d'un esclave du démon un libre serviteur de Jésus-Christ. De jour en jour sa réputation de sainteté grandissait et se répandait parmi les peuples. Afin qu'il ne restât pas caché comme la lumière sous le boisseau, mais qu'au contraire il brillât aux yeux de tous dans la maison du Seigneur, Dieu se plut à le signaler par des miracles aussi éclatans qu'il était élevé en mérites. Or donc le bruit de ses vertus parvint jusqu'au palais du roi des Francs, Théodoric, fils de Clovis, lequel avait été frappé à l'œil d'un mal subit et si terrible qu'aucun médecin n'avait pu le guérir ni le soulager. Tous les remèdes étaient épuisés, et la déplorable maladie d'un seul œil tirait des larmes d'un grand nombre d'yeux parmi le peuple. De son côté l'esprit du roi était troublé de grandes inquiétudes; il craignait de perdre l'œil, et s'effrayait de la difformité qui en serait la suite; car il savait que ce serait aux yeux du peuple un grand déshonneur que d'avoir un roi borgne; et alors, ou il aurait à supporter sur le trône l'opprobre de sa difformité, ou il risquait de perdre le trône même en perdant l'œil. Dans cette extrémité il ne restait plus qu'une ressource au roi, celle de recourir à l'assistance divine, puisque les remèdes humains étaient impuissans. Il fait donc mander le vénérable Thierri et, quand il est venu, il lui déclare la maladie dont son œil est affligé; il lui confesse toute la peine qu'il ressent, et cherche à prévenir, à force de prières, les dangers qu'il redoute. L'homme saint, sachant bien que toute grâce est l'œuvre de Dieu, et non pas de la fragilité humaine, prosterne son corps en terre, élève son esprit au ciel, et se confond en oraison. Quand sa prière est finie, il se lève, tourne ses regards vers le ciel, invoque le nom de la très-sainte Trinité; puis, versant un peu d'huile bénite sur l'extrémité de son pouce, il imprime le signe du salut sur l'œil malade, et au moment même il le guérit et lui rend la lumière. Transporté de joie, le roi chante les louanges du Roi des rois; le peuple fait éclater aussi ses transports; toute la cour est dans l'allégresse; tous bénissent Thierri, tous glorifient le Seigneur, qui se montre admirable en ses saints. Les grands du royaume sont convoqués par le roi, et dans cette assemblée publique viennent le féliciter de la grandeur du miracle, de ce qu'il a si tôt senti la vertu du remède spirituel, et de ce qu'aucune trace de cicatrice, pas le plus léger nuage, pas la moindre tache ou taie ne reste sur l'œil si merveilleusement guéri. A quels honneurs le roi n'élèverait-il pas le serviteur de Jésus-Christ, s'il le voulait! de quels présens, de quelles dignités ne le comblerait-il pas, s'il ne se faisait un devoir de les mépriser! car qu'y a-t-il de plus précieux que la vue? Mais, fuyant les louanges humaines et les récompenses mortelles, Thierri aima mieux donner pour rien comme il avait reçu pour rien; et, dans sa profonde humilité, ne voulant plus désormais porter le même nom que le roi, il pria qu'on l'appelât Théodorion au lieu de Théodoric¹. Alors le roi admirant une si pure et si simple humilité, et baisant les mains vénérables du saint prêtre, implore sa bénédiction, et le fait reconduire avec pompe et honneur jusqu'à son monastère. Combien alors vous auriez vu de malades accourir sur son passage et s'en retourner subitement guéris !

Une fille du même roi fut aussi, dit la tradition, ressuscitée par ce saint et glorieux prédicateur de Jésus-Christ. La voyant depuis long-temps languir, le roi s'était adressé à saint Remi, et l'avait prié de venir, afin d'assister sa fille de ses prières, et de lui imposer les mains. Le saint évêque, se trouvant retenu par une indisposition, se fit remplacer par saint Thierri, qu'il avait élevé dans la piété et la chasteté, instruit aux doctrines spirituelles, et qu'il voyait doué comme lui du don de guérir, et lui remit, comme un père à son fils, le soin de cette commission. Empressé d'exécuter les ordres de son maître, Thierri se met en route; mais tandis qu'il poursuit son chemin en toute hâte vers le palais du roi, espérant qu'en cette entreprise il serait assisté de la bonté divine, on vient lui annoncer que la jeune fille est morte; on l'engage à ne pas se fatiguer inutilement, et à s'en retourner à son monastère; mais lui, toujours fidèle aux ordres de son maître, ne se décourage point, et arrive au palais. Il trouve les parens accablés de douleur, et toute la cour en deuil. Touché de leurs larmes, le saint du Seigneur pleure avec eux ; puis, faisant sortir la plupart des assistans, il reste

¹ *Thierri* est la corruption de *Théodoric*.

seul avec un petit nombre, et s'assied près du lit de mort. Lors, levant le cœur, les yeux et les mains vers le ciel, le visage baigné de larmes, il répand devant Dieu, dans le secret de son cœur, de ferventes et profondes prières ; et quand par une inspiration du Saint-Esprit il se sent exaucé, il s'approche du corps de la défunte, oint d'huile sainte avec le pouce les organes qui sont le canal des sens, et soudain à cette onction ces membres frappés de mort sont miraculeusement ranimés. Les yeux revoient la lumière, le cœur recommence à battre, la voix revient, et la jeune fille proclame qu'elle est rendue à la vie par les prières de saint Thierri. Les parens accourent, admirant avec grande joie le miracle; toute la cour, toute la maison tressaillent d'allégresse. Le saint reçoit les hommages du roi et des grands; tous les gens du palais le glorifient. La foule du peuple l'élève jusqu'au ciel. Le roi, voulant donner une preuve de sa munificence, non seulement au saint disciple, mais encore au saint maître, donna en pur don à saint Remi le domaine de Vendier, sur la rivière de Marne, et à saint Thierri celui de Gaugeac, au territoire de Rheims. Dans la suite, sous le règne de Charles, fils de l'empereur Louis, un des grands de la cour, nommé Enguerrand, ignorant cette donation, demanda le village de Vendier au roi, qui le lui accorda. Hincmar, qui occupait alors le siége de Rheims, apprenant cette usurpation, fit chercher dans les archives de l'église la charte de donation passée par ordonnance royale, et l'envoya au roi Charles en le priant de ne pas usurper les biens de l'Église contre la loi canonique. Cette charte porte, en termes exprès, comment, en reconnaissance de ce que sa fille avait été ressuscitée par les prières de saint Thierri, le roi avait voulu honorer de sa munificence le serviteur de Dieu en lui donnant le domaine de Gaugeac; et comment, voulant aussi reconnaître les mérites du grand saint Remi, auquel le Seigneur avait fait la grâce d'avoir un tel disciple, qui, doué comme son maître des dons de l'Esprit saint, ressuscitait comme lui les morts, il avait donné à saint Remi le domaine de Vendier. Ce que voyant le roi Charles, d'après le témoignage de la charte, il s'abstint d'usurper le domaine, et laissa à l'Église la libre jouissance de son bien.

On raconte que ce fut à la sollicitation de ce saint personnage que saint Remi détruisit la compagnie de prostituées qui jusque alors avaient tenu leur infâme commerce aux portes de la ville, et en forma une congrégation de quarante veuves, assignant les fonds nécessaires à leur entretien, et voulant que le nombre de quarante demeurât à perpétuité, comme nous le voyons en effet de nos jours : or voici comment advint la destruction de ce lieu de débauche. Saint Remi allant visiter un jour le monastère de saint Thierri, et passant auprès de la maison des prostituées avec son disciple chéri, tous deux chantant des psaumes, la voix manque tout-à-coup à Thierri. En revenant, la même chose arriva encore au même endroit et sur le même verset. Le saint évêque, étonné, voulut savoir pourquoi son disciple, si zélé et si exercé aux louanges du Seigneur, hésitait contre sa coutume. Lors celui-ci lui révéla sa profonde douleur de voir ainsi des ames se perdre, et le diable faire, si près du saint père, un tel trafic et profit de débauche et de turpitude; ainsi le pieux évêque fut persuadé, à la suggestion de son chaste disciple, de détruire cette caverne du diable, et de ramener les ames déçues et décevantes à la charité de Jésus-Christ.

Beaucoup d'autres miracles ont été encore opérés par ce fidèle serviteur de Dieu; car il rendait la vue aux aveugles, aux boîteux l'usage de leurs jambes; ranimait les mains des paralysés, délivrait les possédés, et enfin détruisait par l'antidote de la médecine céleste les mille et un artifices dont Satan se prévaut pour nuire. Heureux pasteur du troupeau de Jésus-Christ, auquel il fut donné de conférer la santé du corps aussi bien que de l'ame! il persévéra jusqu'à la fin dans le service de Dieu, et ce qu'il prêcha de bouche, il le prêcha aussi d'exemple. Enfin, après beaucoup d'œuvres vertueuses et de miracles, ayant saintement combattu jusqu'à emporter la victoire, et heureusement parcouru la carrière, il passa de ce monde à la gloire de Jésus-Christ, le premier jour de juillet; et les saints esprits du ciel vinrent au-devant de lui, et les anges le reçurent avec joie. Averti de sa mort, le roi Théodoric se mit sur-le-champ en route pour le monastère, avec une suite nombreuse, et, se souvenant du bienfait qu'il en avait reçu, comme aussi n'oubliant pas les services et hommages qu'il lui devait, il voulut porter lui-même sur ses épaules le corps du bienheureux abbé jusqu'en sa sépulture; et il ne faut pas s'étonner que le roi des hommes ait pris plaisir à déposer lui-même dans le tombeau le corps de celui dont le Roi des anges recevait l'ame dans les cieux avec grande joie. Encore

aujourd'hui la grâce de Dieu se plaît à opérer chaque jour divers miracles au tombeau vénérable de son serviteur. Soit paresse ou rareté des écrivains, beaucoup ont été ensevelis dans le silence; mais il en est un qui a eu lieu il n'y a pas long-temps, et que nous croyons devoir raconter. Un jour de samedi, environ à l'heure des premières vêpres du dimanche, une pauvre femme, nommée Gilloïde, serve de Saint-Denis et du village de Hautvilliers, tournait une meule: tout-à-coup sa main s'attacha au manche de la meule, au point que personne ne put l'en séparer. Enfin elle fut forcée de couper le manche des deux côtés de la main, ne voulant pas porter avec elle la preuve de son travail coupable. Inquiète de recouvrer l'usage de sa main, comme en ce temps les reliques de saint Denis étaient en dépôt à Rheims à cause des courses des Normands, elle avisa d'aller invoquer l'assistance du saint martyr son seigneur. Là, se prosternant contre terre avec crainte et respect, elle demanda avec instance d'être délivrée de la souffrance et de la honte d'une si grande confusion. Elle continua de prier tout le jour et toute la nuit, ne désespérant point d'obtenir remède à ses maux. Mais voilà que pendant son sommeil il lui apparaît un homme sous le costume ecclésiastique, vêtu d'une robe blanche, l'air riant, les cheveux très-blancs, et le visage un peu maigre, qui lui dit: « Lève-toi d'ici, et va trouver saint
« Thierri, parce que le second dimanche après celui
« de demain est le jour de sa fête : aie soin de ne
« pas te présenter les mains vides en sa maison; mais
« prends un cierge, selon que tes moyens te le permet-
« tront, vas ainsi à son église, et par son intercession

« tu obtiendras ce que tu demandes. » Aussitôt elle s'éveille, et, étonnée de sa vision, elle prie le Seigneur de la lui confirmer, et part pleine de joie pour accomplir ce qui lui a été ordonné; et en effet elle se rendit à l'église du saint le jour de la célébration de sa fête, précisément trois semaines après que son malheur lui était arrivé. Là, prosternée avec larmes devant le saint sépulcre, elle se répand en prières pour sa guérison, demandant pardon de son offense avec humilité et confiance. Pendant qu'elle est ainsi étendue devant la tombe du bienheureux confesseur de Jésus-Christ, par un ordre de la grâce de Dieu, et par l'intercession du saint, la main de la pauvre femme se détache peu à peu du bois, et, s'ouvrant par degrés sans douleur aucune, enfin la main s'étend tout entière, et le bois tombe sur le pavé plus vite que la parole, comme s'il n'avait jamais tenu à la main. Beaucoup qui étaient présens, voyant ce miracle éclatant de la miséricorde céleste, glorifièrent le Seigneur, admirable en ses saints.

CHAPITRE XXV.

De saint Théodulphe.

Saint Théodulphe fut le troisième abbé de ce monastère après saint Thierri. Lié par le sang aux premiers seigneurs de la cour, brillant de toute la dignité des vénérables moines et dignes prêtres, il compta pour rien l'éclat de la noblesse, et choisit de servir Dieu en sainteté, abandonnant les sentiers douteux pour suivre la droite voie, et échappant aux flots orageux du monde pour aborder au port du salut. Étant donc entré dans le monastère de Saint-Thierri, il mit en oubli la gloire du siècle, abaissa en humilité l'orgueil de sa naissance, et se soumit aux plus vils services, creusant la terre avec la bêche, ou menant la charrue, accomplissant ainsi les paroles du psalmiste : « Vous mangerez le fruit des travaux de vos « mains, et en cela vous êtes heureux, et vous le « serez encore à l'avenir[1]. » Pendant vingt-deux ans il se livra à ce travail quotidien, labourant avec deux bœufs, et endurant d'un cœur inébranlable les durs et divers changemens du temps. Mais ce qu'il y a d'extraordinaire, c'est que ni l'âge ni la fatigue n'épuisèrent ses bœufs, et qu'il faisait avec eux deux seuls ce que les autres laboureurs ne pouvaient faire qu'avec quatre, six ou huit. Quand il quittait la charrue il prenait la bêche; et ce que l'on ne saurait trop admirer, c'est que, malgré de si durs et si âpres services, ses forces ne lui aient jamais manqué; et même on raconte qu'en revenant des champs il passait souvent une nuit et quelquefois deux de suite à veiller, et à chanter des hymnes et des psaumes.

Un jour que, sa journée finie, il revenait des champs, il eut besoin de s'arrêter en route pour remettre quelque chose en état à sa charrue, et ficha en terre son aiguillon; quand il eut fini, soit qu'il n'y pensât pas, soit que la volonté de Dieu en eût ainsi décidé, il oublia son aiguillon à l'endroit, et rentra au monastère. Chose merveilleuse! l'aiguillon prit racine pendant la nuit, et le lendemain matin, quand, retournant

[1] Psaum. 127, v. 2.

à son travail accoutumé, il voulut le reprendre, il le trouva chargé de feuilles; si bien qu'avec le temps, croissant en force et en vigueur, il devint un grand arbre, et beaucoup l'ont vu; jusqu'à ce qu'enfin un passant, bien digne d'être puni, s'avisa de le couper; mais en le coupant il perdit la vue, et fut pour toujours plongé dans les ténèbres.

Sa charrue avait été suspendue par les fidèles dans l'église du village, et y fut conservée jusqu'au temps où cette église devint la proie des flammes dans une incursion des ennemis. Quiconque souffrait du mal de dents n'avait qu'à arracher un petit éclat de la charrue, et ensuite s'en servir pour tirer un peu de sang de la gencive malade, et aussitôt il obtenait guérison par les mérites de saint Théodulphe. Ces miracles n'ont pas seulement été transmis par la tradition, mais ont été vus par un grand nombre de témoins, et les guérisons sont attestées par des preuves certaines.

Quand l'abbé qui avait succédé à saint Thierri fut mort, saint Théodulphe fut ordonné troisième abbé de la communauté, du consentement de l'évêque et à la requête de tous les moines. Du moment où il prit en main le gouvernement de l'abbaye, il ne se permit aucun repos, pas plus qu'un novice inhabile qui aurait embrassé tout récemment l'exercice; et, comme il avait été infatigable au travail des mains, il ne s'épargna pas davantage au travail des choses divines, et s'employa doublement, car il fit élever une église en l'honneur de saint Hilaire pour doubler ses travaux. En effet, la cloche sonnant, il se trouvait à laudes avec les frères; mais, afin de mériter une double couronne, il recommençait en cette église tous les versets, comme s'il n'avait rien dit ; et, quoiqu'il s'efforçât de cacher sa piété, le Seigneur ne souffrit pas que les œuvres de son serviteur demeurassent inconnues.

En effet, un jour un porc, allant et venant autour d'un puits où les habitans du voisinage puisaient leur eau, tomba dedans. Les moines accoururent de tous côtés, mais personne ne pouvait retirer la pauvre bête prête à périr, le puits ayant, disait-on, cent pieds de profondeur. Cependant l'homme de Dieu survint ; et, craignant que l'eau ne se corrompît si l'animal y restait, il commença à être inquiet ; et, levant les yeux vers le ciel, reposant son cœur dans le Seigneur avec d'ardentes prières, il invoqua l'aide de Jésus-Christ ; et à peine a-t-il commencé à prier que soudain l'eau, se soulevant et montant jusqu'à l'ouverture du puits, dépose l'animal sain et sauf à ses pieds. A cette vue, tous, frappés d'étonnement, rendirent grâces au Seigneur, qui avait daigné conférer une grâce si éclatante à son fidèle serviteur.

Un autre jour, qu'il allait de son monastère quelque part, il rencontra un laboureur qui labourait le chemin public par où il avait coutume de passer, et il lui dit : « O homme, il n'est pas bien de labourer le che« min par où doivent passer les voyageurs sans blesser « leurs pieds. » A son retour l'homme de Dieu, passant par le même chemin, retrouva le laboureur qui poursuivait comme il avait commencé, et lui dit : « Ne « t'ai-je pas dit que tu ne dois pas labourer ce che« min ? » Et en même temps, s'approchant du paysan, il lui toucha la tête avec la main, disant : « Par cette

« tête que je touche, ô homme, je te somme que
« tu n'aies désormais à labourer ce chemin. » Et au
moment où il retira sa main, toute la partie qu'il avait
touchée parut blanche comme laine. Or il n'est pas
douteux que l'homme de Dieu ne voulut pas faire
tomber les cheveux, mais bien laisser un signe à la
génération suivante qui avertît de ne jamais avoir l'audace de faire ce que saint Théodulphe aurait défendu;
car tant que la postérité de ce laboureur a duré, elle
a porté pareille marque à celle que la main du saint
homme avait imprimée au père.

Un homme qui avait été frappé à l'œil d'un coup
de baguette, qui depuis ce temps en avait perdu l'u-
sage, et à qui la douleur ne laissait pas un moment
de repos, désespérant presque de jamais recouvrer la
vue, vint trouver le saint abbé. Théodulphe le conduisit à l'autel, lui ordonnant de le baiser; et, pendant
que celui-ci baisait la nappe sainte, lui-même se prosterna en prière. Bientôt après le saint se releva, et
au moment même le jeune homme ne sentit plus le
moindre mal. Remerciant son bienfaiteur comme il
le devait, il s'en retourna chez lui joyeux d'avoir obtenu la guérison qu'il était venu chercher.

Offon, ambassadeur des Austrasiens (qui sont les
Francs supérieurs), venant du côté de l'orient porter
des paroles au roi qui régnait alors sur notre pays,
entra en passant dans le monastère de saint Théodulphe pour y faire sa prière. Par hasard saint Théodulphe, accablé de fatigues et de veilles, prenait en ce
moment quelque repos sur son lit. Blessé au fond du
cœur de ce que l'abbé n'était pas venu le recevoir,
l'ambassadeur, dans le trouble de la colère, se permit

des propos indécens. Comme il s'en allait plein de dépit, pour mettre le comble à son courroux, voici venir un de ses esclaves qui lui annonce que son cheval le plus beau et le plus fort vient de tomber mort. A cette nouvelle, frémissant de fureur en lui-même, et, ajoutant colère à colère, il ressent en son cœur le double tourment et du courroux et de la perte qu'il éprouve. A son réveil l'homme de Dieu, apprenant cette nouvelle, s'empresse d'aller le consoler, et avec sa douceur accoutumée il essaie de calmer ses esprits agités, l'invite à la prière, et l'engage à placer son espérance en Dieu, et à ne pas se troubler de l'accident qui lui arrive. Marchant ainsi tous deux vers l'église de Saint-Hilaire martyr, à l'endroit où l'on adore le signe de la croix, saint Théodulphe, après avoir fait sa prière ordinaire sur le chemin, se tournant vers l'ambassadeur avec un visage riant, lui dit : « Ne craignez rien ; vous trouverez à la porte du mo- « nastère votre cheval sain et bien portant. Si vous étiez « parti en colère, comme vous aviez commencé, vous « nous auriez laissé le cadavre de votre cheval. » L'ambassadeur avait peine à ajouter foi à ces paroles, surtout ayant vu lui-même son cheval mort et enflé par tout le corps. Mais l'esclave accourut, affirmant que les choses se passaient comme le saint prêtre de Jésus-Christ venait de le lui annoncer. Alors l'ambassadeur, reconnaissant la vérité du miracle qu'il ne croyait pas, et déposant tout sentiment de colère, rendit grâces au Seigneur, confessant qu'il avait vu lui-même de ses yeux, et éprouvé par sa propre expérience ce qu'il avait depuis long-temps entendu dire à plusieurs des mérites du serviteur de Dieu. Mais Théodulphe lui

dit : « N'attribue pas ceci à mes mérites, car je ne suis
« qu'un homme pécheur ; mais rends grâces à Dieu, et
« ne cesse pas de vénérer les vertus des saints, qui
« en toutes choses peuvent t'aider de leur assistance. »
Après ces conseils et instructions il lui donna sa bénédiction et le laissa partir. Et de ce fait il apparaît
clairement qu'outre le don des miracles, il fut aussi
doué de l'esprit de prophétie, puisqu'il prédit le retour
à la vie d'un animal qu'il avait laissé mort en partant.

Enfin il nous serait impossible de nombrer tous ses
miracles ; et celui-là seul qui a bien voulu les permettre sait combien de malades affligés de diverses
maladies ont été guéris par son intercession. Mais,
entre autres grâces que Jésus-Christ a faites à son serviteur, il en est une surtout remarquable et frappante,
c'est qu'il vécut jusqu'à l'âge de quatre-vingt-dix ans,
jouissant de la plus belle vieillesse, distingué par
sa belle chevelure blanche, aimable et riant en son
air, tempéré dans ses mœurs, plein de charité, libéral
en aumônes, magnanime contempteur du monde, et
que jamais ni douleur de fièvre, ni fatigue de corps,
ni accident, ni peine de l'ame, ne l'empêchèrent de
vaquer à la prière et aux œuvres du Seigneur, tant
que son ame bienheureuse anima son corps. Quand
enfin Dieu, dans sa bonté, crut que le temps était venu
de faire jouir des rafraîchissemens du repos et du
prix de ses mérites son vieux et fidèle serviteur
blanchi dans le travail, il permit qu'il fut saisi d'une
légère et courte fièvre. Un jour donc, étant entré à
l'église au moment où on chantait matines, il se prit
à prier Dieu longuement, et à lui recommander son
ame, prévoyant qu'elle serait bientôt délivrée de sa

prison corporelle; ensuite, la nuit finie, au lever de l'aurore, il s'en retourna en sa cellule, accompagné de quelques-uns de ses moines, tout joyeux de la visite qu'il avait reçue des saints, et de la révélation qui venait de lui marquer l'heure de sa mort; et quand il sentit que l'heure était venue, faisant sa paix avec ses frères, il leva les yeux et les mains au ciel, et rendit avec joie à son créateur son ame bienheureuse, échappée au naufrage du monde, laquelle fut reçue par Jésus-Christ avec grande allégresse de toute la cour céleste.

Le monastère de ces bons pères est maintenant occupé par des chanoines au lieu de moines. Il n'y a pas long-temps, avant que la France fût livrée en proie au glaive des Hongrois, l'un de ces chanoines, nommé Otbert, étant à l'extrémité, et souffrant mille violences des démons qui se disputaient son ame et voulaient l'entraîner en perdition, se vit enfin délivré par les mérites de son bienheureux patron saint Thierri; et il vit aussi les démons, à la seule invocation du nom de Jésus-Christ et de ses saints, se retirer de lui avec grand bruit et fureur; de plus encore, il vit un frère, nommé Bertry, mort quelque temps auparavant, lequel le vint souvent visiter, et qui en le consolant l'engageait à ne pas souhaiter de rester plus long-temps en ce monde, mais au contraire à se réjouir d'aller le rejoindre au plus tôt pour voir des choses telles que jamais sa pensée n'avait pu les imaginer; car, s'il restait plus long-temps sur cette terre, il y verrait bientôt des malheurs plus grands que tout ce qu'il avait vu : et en effet la suite a prouvé la vérité de ces paroles; car Otbert, se sentant mal disposé, s'en alla à l'église, recommanda à Dieu son prochain décès ; puis appelant auprès de lui les chanoines ses frères, leur fit recommencer la messe, qu'ils avaient dite avec trop de précipitation, leur raconta ce qu'il avait vu, et les pria de prendre par charité leur repas en sa présence. Enfin, après leur avoir recommandé de faire le service de Dieu avec zèle, et de chanter les psaumes avec dévotion, il passa tranquillement et avec joie. Après sa mort les Hongrois se sont jetés sur la France, et ont porté partout le pillage, l'incendie et le meurtre : le monastère lui-même a été livré aux flammes, les villages ruinés, et le pays voisin couvert de cendres et de débris ; et nous voyons maintenant clairement combien était vraie la prédiction qui lui avait été faite par révélation.

CHAPITRE XXVI.

De la fontaine qui a paru naguère au monastère de saint Thierri et saint Théodulphe.

Il n'y a pas long-temps que, dans la petite forêt qui touche au monastère, une fontaine sortit tout-à-coup de terre. Arrivant par hasard en ce lieu, un pauvre fiévreux vit un vieillard revêtu d'un vêtement clérical, et tenant à la main un bâton d'or penché sur la fontaine. Au bruit de ses pas, le vieillard ému sembla se lever, ce qui frappa le pauvre fiévreux d'une si grande crainte qu'il tomba par terre tout ébloui et incapable de rien voir. Cependant peu de temps après, revenant à lui, il se leva, et vit une grande lumière vers le monastère, du côté où le vieillard avait disparu; et ainsi guéri de sa fièvre, il s'en alla tout joyeux. En ce même temps, beaucoup d'aveugles furent rendus à la lumière par la vertu de cette fontaine, beaucoup de boiteux redressés; des muets recouvrèrent la parole, et des sourds l'ouïe.

Dernièrement encore, quelque temps après l'ordination de Hugues à l'archevêché de Rheims, une pauvre femme paralytique, nommée Magénilde, qui était toujours gissante à la porte de l'église de Notre-Dame en la Cité, fut avertie en songe de se faire porter à cette fontaine; et à peine en effet eut-elle été lavée de l'eau miraculeuse, qu'elle fut guérie. Une autre femme, nommée Adelwide, qui avait les bras perclus, en retrouva l'usage aussitôt qu'elle les eut plongés dans la fontaine. Un aveugle venant de Mouson recouvra la vue au moment où il entrait dans l'église de Saint-Thierri. Une pauvre femme du lieu même, en se frottant avec cette eau, recouvra incontinent l'usage d'un œil qu'elle avait perdu depuis seize ans. Fulbert, qui avait un bras sec et inutile, y retrouva aussi vigueur et vie. Amauri, aveugle, y recouvra la vue : enfin, les miracles s'y continuent de jour en jour, et un grand nombre d'infirmes y ont été guéris.

LIVRE SECOND.

CHAPITRE Ier.

Des successeurs de saint Remi.

Romain fut successeur de saint Remi : à Romain succéda Flave, et après eux vint Mapin, à qui la puissance royale concéda quelques terres pour être ensuite possédées par l'église de Rheims. Nous trouvons aussi que du temps du même Mapin, la reine Savegotte légua par testament à l'église de Rheims un tiers du village de Vierzi, et que l'évêque en laissa l'usufruit à Teudechilde, fille de Savegotte, pendant sa vie, sauf tous les droits de l'église, et seulement sous cette condition qu'à sa mort la propriété retournerait à l'église sans aucun préjudice des améliorations que la reine y aurait faites. Plus tard, sous le pontificat d'Ægidius, Teudechilde en mourant laissa par testament quelques terres à l'église de Rheims.

CHAPITRE II.

De l'évêque Ægidius [1].

Mapin eut pour successeur Ægidius, qui enrichit et agrandit beaucoup l'évêché par des achats de terres et de serfs ; nous avons encore aujourd'hui les contrats de ces diverses acquisitions : par exemple, celui qu'il passa avec un nommé Obolène, pour deux champs situés sur la rivière de Retourne, et dont l'un, selon l'acte, contenait mille boisseaux de semence, l'autre, quatre cents; d'un autre, nommé Bertulfe, il acheta une métairie, avec un champ de cent boisseaux ; et de Charibod, une partie de forêt. Il obtint aussi de la majesté royale pour son église des lettres d'immunité et d'exemption de toute charge ou réduction fiscales, et en même temps assurance et garantie pour tous les dons qu'elle recevrait. Le roi Childebert lui-même lui donna une métairie située dans les Vosges, sur la rivière de la Sarre, pour être possédée tant par lui que par son église, comme on le voit par l'acte de donation qui subsiste encore aujourd'hui. L'italien Fortunat, qui était alors célèbre dans les Gaules par ses poésies, a célébré dans ses vers la vie et les prédications de cet évêque [2].

[1] La traduction française de ce nom est *Gilles*, mais nous avons cru devoir conserver le nom latin, comme nous l'avons fait pour ce même évêque dans l'*Histoire des Francs* de Grégoire de Tours.

[2] Voyez *Fortunati Carmina*, lib. 3, carm. 8.

9.

Grégoire de Tours raconte qu'il fut reçu avec bonté et bien traité par l'évêque Ægidius, au temps où Siggon, secrétaire du roi Chilpéric, recouvra l'ouïe dans le sanctuaire de l'église de Rheims, par la vertu de saint Martin, dont Grégoire avait alors avec lui les reliques.

Le même Grégoire raconte encore dans son histoire de la nation des Francs, qu'Ægidius fut envoyé avec quelques autres ambassadeurs de la part du roi Childebert, fils de Sigebert, vers Chilpéric, oncle du même Childebert. Dans cette ambassade il fut arrêté entre les deux rois qu'ils enlèveraient son royaume à Gontran, frère de Chilpéric, et feraient ensemble paix et alliance. Le traité conclu, les ambassadeurs retournèrent vers Childebert, avec de grands présens. De même quand un fils fut né à Chilpéric, et qu'il se fut emparé de Paris, Childebert lui ayant envoyé une ambassade, ce fut encore notre prélat Ægidius qui en fut le chef ; et, d'après ses conseils, les ambassadeurs demandèrent au roi Chilpéric de maintenir la paix qu'il avait faite avec leur maître, Childebert ; en même temps ils déclarèrent que Childebert ne pouvait rester en paix avec Gontran, parce que après la mort de son père il lui avait enlevé une partie de Marseille, et refusait maintenant de lui renvoyer ses transfuges. Allant plus loin qu'eux, Chilpéric reconnut que son frère Gontran était coupable en beaucoup de choses, et ajouta qu'il avait été complice de l'assassinat du père de Childebert. Sur cet aveu, les ambassadeurs, pleins de courroux, requirent qu'on tirât le plus promptement possible vengeance du coupable : l'engagement en fut pris et ratifié par serment, et les ambassadeurs ne s'en retournèrent qu'après avoir donné et reçu des otages.

A cause de ces diverses ambassades, le roi Gontran devint l'ennemi mortel de l'archevêque. Aussi, quand il eut fait sa paix avec Chilpéric, il pria ce roi de ne jamais ajouter foi à ses conseils et de ne point le garder auprès de sa personne, l'accusant de parjure.

Enfin, dans la suite, un criminel qui avait été envoyé par la reine Frédégonde pour assassiner le roi Childebert, confessa dans les tortures que l'évêque Ægidius avait assisté à une assemblée de gens qui avaient conspiré contre les jours du roi. Sur-le-champ l'évêque fut arrêté et conduit à Metz, quoique très-faible encore et à peine relevé d'une longue maladie. Pendant qu'on le tenait ainsi sous bonne garde, le roi manda aux évêques de s'assembler pour examiner sa conduite, et leur ordonna d'être réunis à Verdun pour les premiers jours d'août; mais quelques évêques ayant fait des remontrances au roi, sur ce qu'un archevêque avait été ainsi arraché de son siége et traîné en prison sans avoir été entendu, Childebert lui permit de retourner en sa ville, et adressa des lettres à tous les évêques de son royaume, afin qu'ils eussent à se rassembler à la mi-septembre dans la même ville de Verdun pour juger l'accusé. Quand ils furent réunis, on les fit aller jusqu'à Metz, où l'archevêque Ægidius comparut également. Alors le roi, après l'avoir dénoncé comme son ennemi et traître au pays, commit le duc Ennode pour soutenir l'accusation. Sa première question fut celle-ci : « Dis-moi, ô évêque, quels motifs t'ont in-
« spiré d'abandonner un roi dans une des villes du-

« quel tu jouissais des honneurs de l'épiscopat, pour
« rechercher la royale amitié de Chilpéric, qui a tou-
« jours été l'ennemi déclaré du roi notre seigneur,
« qui a fait assassiner son père, condamné sa mère à
« l'exil et envahi son royaume? et comment, dans les
« villes mêmes qu'il a soumises à sa domination par
« une invasion inique, as-tu pu accepter en présent
« des possessions du fisc? » L'évêque répondit : « Que
« j'aie été l'ami du roi Chilpéric, je ne saurais le nier;
« mais cette amitié n'a jamais rien produit contre les
« intérêts du roi Childebert. Quant aux terres dont
« tu parles, je les tiens par charte de Childebert lui-
« même. » Et même il voulut produire les actes de
donation. Lors le roi nia lui avoir rien donné. On fit
appeler Othon, qui, dans ce temps, avait été gardien
du sceau du roi, et dont la signature se trouvait au bas
des lettres; celui-ci, interrogé, nia les avoir signées.
Sur ce premier chef, l'évêque fut d'abord déclaré
trompeur et faussaire. Ensuite on produisit des lettres écrites à Chilpéric, dans lesquelles il se permettait
beaucoup de censures sur les désordres de Brunehault.
En même temps on exhiba aussi une réponse de Chilpéric à l'évêque, où on lisait, entre autres choses,
que, si on ne coupe la racine, la tige qui en est sortie
ne se dessèche point; ce qui indiquait assez clairement qu'il fallait frapper Brunehault pour faire périr
son fils. On intenta encore à l'évêque beaucoup d'autres griefs, soit sur les traités conclus entre les deux
rois, soit sur les troubles causés dans le pays; il nia
les uns et ne put nier les autres. Comme les débats
traînaient en longueur, Epiphane, abbé du monastère
de saint Remi, vint déclarer que l'évêque avait reçu

deux mille écus d'or et beaucoup d'effets précieux pour demeurer ami de Chilpéric ; le même abbé, ainsi que les ambassadeurs qui avaient été envoyés vers Chilpéric avec l'évêque, exposa comment avait été arrêtée de concert la ruine de Gontran et de son royaume, et raconta de point en point comme les choses s'étaient passées. Les évêques, entendant toutes ces choses, et voyant le prêtre du Seigneur en une telle extrémité, demandèrent trois jours pour délibérer, sans doute afin que l'accusé pût trouver quelque moyen de se disculper des charges qui pesaient sur lui. Le troisième jour, ils se rassemblèrent dans l'église, et dirent à l'évêque de proposer les excuses qu'il pouvait avoir; mais lui, confus, leur dit : « Ne différez pas de porter « votre jugement sur un coupable : je sais que j'ai « mérité la mort pour crime de lèse-majesté; je re- « connais que j'ai toujours agi contre les intérêts du « roi et de sa mère, et que par mon conseil beaucoup « de guerres ont été entreprises, qui ont causé la « ruine de plusieurs pays des Gaules. » Les évêques, entendant cet aveu, déplorèrent l'opprobre de leur frère, lui laissèrent la vie sauve, mais le déposèrent du saint ministère, après lui avoir donné lecture des constitutions canoniques. Aussitôt après le jugement, il fut conduit et relégué en exil en la ville d'Argentoratum, aujourd'hui appelée Strasbourg. Romulfe, fils du duc Loup, déjà élevé à la prêtrise, fut ordonné évêque à sa place, Épiphane, qui gouvernait le monastère de Saint-Remi, ayant été destitué de son abbaye. Or, on trouva dans l'épargne de l'évêque grande quantité d'or et d'argent : tout ce qui était le prix de ses iniquités fut reporté au trésor royal, mais ce qui provenait des revenus ou des rentes de l'église y fut laissé sauf et entier.

CHAPITRE III.

De saint Basle.

Sous le pontificat d'Ægidius, un saint du Seigneur, nommé Basle, de noble race, né sur le territoire de Limoges, au pays des Armoriques, vint des contrées de l'Aquitaine en la ville de Rheims, recherchant avec grand desir le patronage du bienheureux Remi. On dit qu'un ange du Seigneur lui fut envoyé pour compagnon de route, et marcha sans cesse devant lui, jusqu'à ce qu'il entrât dans Rheims. L'évêque Ægidius le reçut honorablement; quand il connut le desir du pélerin, et quand celui-ci lui eut demandé une retraite dans quelque sainte solitude, il lui concéda de la meilleure grâce tel endroit qu'il pourrait trouver dans son évêché. Avec la grâce de Dieu, Basle trouva enfin un lieu à son gré dans le bourg de Vierzi, au pied de la montagne de Rheims, à l'endroit où commence la forêt. Or, en ce lieu il y avait alors un couvent de douze moines; Basle fut accueilli avec bonté par les frères, et l'abbé le remit à l'un d'eux pour l'instruire : bientôt il profita si bien et fit de tels progrès en peu de temps, qu'il surpassait en science et en sagesse tous ses condisciples du même âge. Il n'avait d'autre soin que de lire et de parler de Dieu, ou de s'entretenir avec Dieu par la prière. Méprisant les biens passagers, et s'attachant aux permanens et éternels, il donnait aux pauvres presque toute sa portion de nourriture, ne se réservant que le peu qui lui était absolument nécessaire pour se soutenir.

Croissant ainsi en vertu, et possédé du desir de la vie solitaire, pour habiter un lieu plus retiré, il choisit le sommet de la montagne voisine, et y construisit une cellule avec un oratoire, où il pût se livrer en liberté à la contemplation. Il a vécu, dit-on, quarante ans dans cette retraite servant le Seigneur, luttant avec courage contre les tentations de l'antique serpent, vaquant sans cesse à jeûnes, aumônes, veilles, prières et saintes lectures, et éclairant du flambeau de la vraie foi ceux qui venaient à lui.

Pendant qu'il militait ainsi en ce pieux service, il plut à la bonté divine de manifester la vertu de son soldat par des signes évidens. Un jour donc qu'il priait, le Seigneur fit sortir en sa faveur de l'eau d'un caillou au sommet de la montagne, et l'on dit que cette eau a sa source sous le tombeau du saint, et de là se répand comme d'un vase à travers les fondemens de l'église. Elle est douce et bonne à boire; les malades qui en boivent ou s'y baignent, ou s'en lavent la tête, recouvrent la santé.

Un esclave, nommé Annegisile, aveugle dès sa plus tendre enfance, veillant à la porte de ce saint personnage, fut tout-à-coup, la douzième année de sa cécité, par une grâce venue d'en-haut, à la prière de l'homme de Dieu, rendu à la lumière. Les moines, apprenant ce miracle, glorifièrent le Seigneur avec grandes actions de grâces de ce témoignage rendu en faveur de son serviteur.

Un chasseur, nommé Attila, chassait un jour dans

la forêt voisine de sa cellule, et poursuivait vivement un sanglier; la bête épuisée se réfugia auprès du saint, et comme si elle eût eu le sentiment qu'il pouvait la sauver, elle se jeta à ses pieds, déposant toute sa férocité. En effet, les chiens, oubliant leur sagacité naturelle, cessèrent de la poursuivre. Depuis ce temps, c'est une chose que l'on observe encore aujourd'hui, ou plutôt c'est encore l'effet de la grâce de Notre-Seigneur Jésus-Christ en faveur de son serviteur bien-aimé, que toute bête fauve lancée ou poursuivie par les veneurs, qui peut gagner la levée de cette forêt, est sauvée, et qu'aussitôt les chiens perdent l'ardeur de la poursuivre, et les chasseurs la hardiesse.

On raconte encore un autre miracle non moins digne de remarque, accordé par le Seigneur aux mérites de son bienheureux confesseur. Un nommé Ragenulfe venait d'être pendu par ses ennemis : en ce péril extrême de mort, il lui arriva de lever les yeux au ciel, et d'invoquer avec gémissement saint Basle; aussitôt la corde se rompit, et il obtint d'être préservé d'une mort cruelle.

Enfin, après avoir opéré de nombreuses et éclatantes œuvres de piété en sa vie, Basle, averti que le temps de sa vocation céleste approchait, envoya un messager à son neveu Balsème, au pays de Limoges, le priant de le venir trouver, et lui annonçant qu'après sa mort il devait comme lui venir vivre en son ermitage, selon ce qui lui avait été révélé par le Seigneur. Balsème, obéissant comme un bon fils à ses salutaires conseils, et desirant participer à l'héritage éternel, demeura dans cet oratoire jusqu'à la fin de ses jours : or, le saint père Basle mourut, et fut reçu au nombre des bienheureux, le vingt-sixième jour de novembre. Depuis sa mort, de nombreux miracles ont été opérés à son sépulcre : mais, soit négligence, soit leur grand nombre, ils n'ont point été mis par écrit.

Dans la suite des temps, après sa mort, il arriva qu'un homme, noble de naissance, mais présomptueux de cœur, vint visiter son sépulcre. Après avoir fait sa prière, il prit le bâton du saint homme, et le posant sur son pied, il dit en se raillant, comme il était grand de taille : « Voilà un bâton qui prouve que « Basle n'était pas très-grand. » Aussitôt le pied sur lequel le bâton du saint avait été posé se flétrit et se pourrit ; et bientôt la vengeance divine le frappant tout entier de la même corruption, il mourut dans de grandes douleurs. On voulut porter son corps pour l'inhumer au monastère de Saint-Basle, mais on ne put mouvoir la bière. On songeait alors à le transporter au cimetière de Saint-Remi, et la bière encore ne put être levée. Enfin, on se vit forcé de le déposer au territoire de Châlons, où Dieu permit qu'il eût sépulture.

Il n'y a pas bien long-temps, presque de nos jours, sous le pontificat de l'archevêque Ebbon, un homme fort religieux, nommé Benoît, avait été ordonné abbé de cette abbaye : gouvernant avec modestie la famille de saint Basle, et servant le Seigneur avec simplicité, il orna l'église de plusieurs dons, et après une longue vie, appelé par la volonté divine, il passa au Seigneur. Son frère selon la chair, nommé Sperne, fut appelé à lui succéder ; mais c'était un homme de mœurs bien différentes, et dévoré du feu de la cupidité. Un jour qu'il était ivre, il se prit à dire que son frère n'avait su tirer aucun profit de son abbaye, et il ordonna aux procureurs des villages de lui amener le lendemain les paysans de sa dépendance, afin de les appliquer à la torture, pour extorquer et ravir leurs biens. Les habitans des villages, apprenant à quels supplices ils étaient destinés, invoquèrent avec gémissement la protection de saint Basle, le suppliant de ne pas souffrir qu'ils fussent livrés à ce cruel boucher : couverts d'habits de deuil, ils passèrent toute la nuit dans les larmes, ne cessant d'implorer le secours de leur saint patron. Or, celui-ci ne refusa pas d'écouter les plaintes de son peuple, car le lendemain matin Sperne fut trouvé mort, et quand les siens voulurent tirer le corps du lit, il creva par le milieu, et une telle puanteur se répandit dans l'appartement que personne ne put y rester. Ainsi la famille de saint Basle fut arrachée aux supplices dont elle était menacée.

Un oncle de ma mère, nommé Flavard, avait deux fils au service du Seigneur dans le couvent de Saint-Basle. J'ai vu le plus jeune des deux, nommé Tetbert, qui était animé d'un zèle au-dessus de ses forces, et qui est mort prêtre chez nous, il y a long-temps; il nous racontait souvent de son père le trait que nous allons redire, et dont il existait encore il y a peu de temps un témoin, le troisième des frères, Rathold, aussi prêtre. Flavard avait coutume de faire un voyage par an à l'abbaye, afin de fournir aux besoins des deux frères; un jour donc qu'il faisait route vers le couvent, des voleurs le surprirent en chemin, et lui enlevèrent le cheval qu'il montait, tout ce qui leur convint, et jusqu'à l'argent destiné aux serviteurs de Dieu, et aux bijoux de sa femme. Quand les voleurs, tout joyeux de leur butin, se furent un peu éloignés, sa femme, qui l'accompagnait, se mit à gémir et à se plaindre à saint Basle du dommage qu'ils venaient d'éprouver, disant qu'ils ne viendraient plus au monastère pour rendre service à lui et aux siens, s'il les abandonnait ainsi sans défense. A ces plaintes et gémissemens, les chevaux des voleurs, qui s'enfuyaient à toute hâte avec le butin, s'arrêtent tout-à-coup, comme fichés en terre, sans qu'il y eût moyen de les faire avancer. Les voleurs eux-mêmes se trouvent aussi tout-à-coup dans une obscurité si profonde qu'ils ne savent de quel côté aller. Lors, rentrant en eux-mêmes, et conférant ensemble, ils avisent que le tort qu'ils viennent de faire à des personnes innocentes est la cause de tout : aussitôt ils reviennent sur leurs pas vers ceux qu'ils ont injustement dépouillés, leur rendent tout ce qu'ils ont pris, et les prient de demander grâce pour eux. Flavard et sa femme, ainsi secourus par l'assistance de saint Basle, et délivrés des voleurs, continuèrent leur voyage avec plus de dévotion encore qu'ils ne l'avaient commencé. Arrivés au monastère, ils s'empressèrent de rendre grâces à Dieu et à son bienheureux confesseur du bienfait dont ils avaient été comblés, distribuèrent leur argent aux serviteurs de Dieu, et dans la suite n'en eurent que plus de zèle à visiter chaque année le saint monastère, selon leur pieuse coutume.

Dernièrement, quand notre pays de France fut livré, en punition de nos péchés, au glaive des Hongrois, quelques-uns de ces barbares entrèrent dans le monastère de Saint-Basle; et comme les frères s'étaient réfugiés dans la ville avec la châsse de leur saint patron, trouvant la maison presque vide et déserte, les barbares y établirent leur quartier, et elle leur servait de rendez-vous après leurs courses de pillage dans tous les environs.

L'un d'eux, voyant reluire de l'or dans la tour des cloches, emporté par l'avarice, monta sur le toit de l'église, et s'efforça de démolir la tour; mais il fut tout-à-coup précipité à terre, se brisa les membres et mourut. Un autre, en s'efforçant de monter sur l'autel de la même église consacré à saint Martin de Tours, appuya la main sur l'un des coins de l'autel; mais aussitôt sa main s'attacha au marbre, et il ne fut pas possible de l'en ôter. Comme ses compagnons ne voulurent pas l'abandonner ainsi, ils brisèrent à coups de maillet la partie de la pierre à laquelle tenait la main; et ils l'emmenèrent, emportant à son grand regret ce morceau de pierre toujours joint et attaché à sa main. Et les captifs qui sont revenus depuis ont rapporté qu'il s'en alla ainsi jusque dans son pays, que le bras lui avait séché, et qu'il confessait que ce malheur lui était arrivé par la vertu et puissance de saint Basle.

CHAPITRE IV.

De l'évêque Romulfe.

Après Ægidius, le siége de Rheims fut occupé par Romulfe, homme de noble race, et frère germain de Jean, qui en ce temps-là était duc. Loup, leur père, leur avait laissé de grands biens à partager également entre eux deux, et ils obtinrent une ordonnance du roi pour autoriser ce partage égal. Romulfe possédait de nombreux domaines, surtout outre Loire et en Poitou. Il en donna par testament la plus grande partie au diocèse de Rheims, quelques-uns à ses frères ou neveux, d'autres à l'hôpital de Saint-Martial, d'autres à l'église de Saint-Remi. Il légua à un monastère de filles, élevé à Rheims sous l'invocation de saint Pierre, le domaine de Latiniacum [1], qu'il avait acheté, d'après ce qu'il dit lui-même.

Il fit encore quelques autres dons à diverses églises des diocèses de Rheims, de Soissons, de Tours et autres. Il rendit la liberté à la plus grande partie des serfs de sa maison. Son testament est encore aujourd'hui conservé dans les archives de l'église de Rheims, avec la confirmation du roi Childebert. L'évêque avait fait demander l'approbation du roi par le diacre Sonnat, homme vénérable, et le roi y accéda volontiers, sans doute, afin que si quelqu'un de ses successeurs prenait sur lui d'usurper injustement les terres, vignes, ou serfs que Romulfe avait légués, soit à l'église de Rheims, soit à d'autres saints établissemens, les prêtres eussent toujours pouvoir et liberté de les reprendre. Il échangea aussi avec le roi Childebert quelques domaines du pays de Metz, entre autres Orcival, qu'il avait acheté d'un nommé Vincent, contre les villages de Margilly et d'Ardeuil, au pays de Rheims. Pendant son pontificat on trouve qu'il acheta beaucoup de terres et de serfs pour l'augmentation des domaines de l'église. Il fit bâtir un oratoire

---

[1] Inconnu.

sous l'invocation de saint Germain, dans la cour de saint Remi. Enfin, par l'entremise de son archidiacre Sonnat, il obtint du roi la restitution de quelques biens qui avaient été usurpés injustement, comme on peut le voir par les actes de restitution de l'autorité royale, qui subsistent encore aujourd'hui.

CHAPITRE V.

De l'évêque Sonnatius.

Romulfe eut pour successeur à l'épiscopat Sonnat, qui a assisté à un concile avec quarante évêques des Gaules ou plus. On y comptait Arnoul, évêque de Metz, Thierri de Lyon, Sindulfe de Vienne, Sulpice de Bourges, Médégisèle de Tours, Senoch d'Eause, Léonce de Saintonge, Modoald de Trèves, Chunibert de Cologne, Richer de Sens, Donat de Besançon, Auspice d'Autun, Modoald de Langres, Ragnebert de Bayeux, Childoald d'Avranches, Bertegisèle de Chartres, Pallade d'Auxerre, Gondoald de Meaux, Leudebert de Paris, Chainoald de Laon, Godon de Verdun, Anseric de Soissons, Claude de Rieux, Berthoald de Cambrai, Agomar de Senlis, César de Clermont, Verus de Rhodès, Agricola de Mende, Lupoald de Mayence, Willegisèle de Toulouse, Constance d'Alby, Nammat d'Angoulême, Rustique d'Embrun, Auderic d'Auch, Emmon d'Aire, Félix de Chalons, Hadoin du Mans, Magnebod d'Angers, Jean de Poitiers et Léobard de Nantes. En ce concile beaucoup de canons utiles furent institués.

1. On y régla la manière de traiter les affaires de l'Église; ensuite, pour les biens qui sont concédés à temps, par voie de *précaire*, on pourvut à ce que ceux qui les obtenaient sous cette condition ne pussent en usurper la propriété par longueur de temps, et en priver les églises.

2. On arrêta que tous clercs assez audacieux pour se liguer par serment ou par écrit contre leur évêque, et pour lui tendre des embûches par ruses et fausses allégations, seraient déposés de leur grade, si après avertissement ils refusaient de s'amender.

3. Que les canons passés au concile général assemblé en l'église de Saint-Pierre à Paris, à la diligence du roi Lothaire, conserveraient toute force et autorité.

4. Que, si en France quelques-uns étaient suspects d'hérésie, les évêques et pasteurs des églises eussent à les rechercher et ramener à la foi catholique, quand ils seraient trouvés réellement hérétiques.

5. Que nul ne fût légèrement et témérairement frappé d'excommunication : que quiconque se croirait injustement excommunié aurait le droit d'en appeler au prochain concile; que si la condamnation était injuste, il serait relevé et absous; sinon, il subirait le temps de pénitence imposé.

6. Tout juge, de quelque ordre que ce soit, qui prendra sur lui d'intenter une action publique à un clerc, de le mettre à la question, à l'insu et sans la permission de l'évêque, ou de l'affliger de peine ou injure, sera privé de la communion; toutefois l'évêque est requis de faire diligence pour corriger et punir les fautes des clercs sur les griefs allégués.

7. Toute personne chargée de cens ou de rede-

vances envers le trésor public ne pourra entrer en religion sans l'autorisation du prince ou du juge.

8. Soit privé de la communion tout homme qui sous un prétexte quelconque aura retiré de l'église celui qui y aurait cherché asile, sans faire auparavant serment que le fugitif ne souffrira en sa personne, ni peine capitale, ni torture, ou mutilation quelconque.

9. Soit également privé de la communion quiconque aura violé son serment. Tout criminel qui par la protection de l'église aura obtenu grâce de la vie prêtera, avant d'être mis en liberté, serment de faire pénitence pour son crime, et d'accomplir ce qui lui sera imposé canoniquement.

10. Quant aux mariages incestueux, si quelqu'un contracte mariage à un degré prohibé avec des personnes dont l'alliance lui est interdite par les ordonnances divines et canoniques, qu'il soit privé de la communion, à moins qu'il ne prouve son repentir; et que de plus il ne lui soit loisible ni de porter les armes, ni de plaider des causes. Quand un mariage incestueux aura eu lieu, les évêque ou curé dans le diocèse ou la paroisse desquels le crime aura été commis, le dénonceront au roi et aux juges, afin qu'ils s'interdisent toute communication ou cohabitation avec les coupables, que leurs biens soient transmis à leurs parens, et qu'ils n'y puissent rentrer ni par dol, ni par complaisance des parens, ni par achat, ni par mandement royal, à moins qu'auparavant ils n'aient publiquement abjuré leur crime par la pénitence.

11. Quiconque aura commis un homicide volontaire, non point en se défendant, mais faisant vio-

lence et attaquant le premier, que personne ne communique avec lui; cependant s'il a fait pénitence, qu'on ne lui refuse point le viatique à l'article de la mort.

12. Tous clercs ou séculiers qui retiendraient les oblations faites par leurs parens, soit par donation ou testament, ou qui enlèveraient aux églises ou monastères ce qu'ils auraient donné eux-mêmes, qu'ils soient, conformément au saint concile de Paris, bannis et exclus de l'église comme meurtriers des pauvres, jusqu'à ce qu'ils aient fait restitution.

13. Que les Chrétiens ne soient vendus ni aux Juifs ni aux Gentils. Que si quelque Chrétien est forcé par besoin de vendre ses serfs chrétiens, il ne les vende qu'à des Chrétiens; s'il les vend à des Juifs ou à des païens, qu'il soit privé de la communion, et que le marché soit nul. Si des Juifs tentent de convertir des serfs chrétiens au judaïsme, ou leur infligent quelque traitement trop dur, que les serfs soient acquis au fisc, que les Juifs ne soient admis à aucune action publique, et que toute injure des Juifs envers les Chrétiens soit sévèrement réprimée.

14. Que tout clerc qui passe d'une ville ou province dans une autre obtienne des lettres de son évêque; que s'il se présente sans lettres, il ne soit reçu nulle part.

15. Que l'évêque ne s'arroge point de vendre ou d'aliéner après sa mort, par quelque contrat que ce soit, les serfs ou biens de l'église assignés à la nourriture des pauvres.

16. Que ceux qui suivent les augures et autres cérémonies païennes, ou font des repas superstitieux

avec des païens, soient d'abord doucement admonestés et avertis de quitter leurs anciennes erreurs; que s'ils négligent de le faire et se mêlent aux idolâtres et à tous ceux qui sacrifient aux idoles, ils soient soumis à une pénitence proportionnée à leur faute.

17. Qu'aucune personne de condition servile ne soit admise à porter accusation; et que quiconque se sera fait accusateur, et n'aura pu prouver le crime, ne soit plus dans la suite admis à accuser.

18. Si quelqu'un, de quelque dignité, titre ou pouvoir qu'il soit revêtu, ose à la mort de l'évêque occuper et envahir des biens quelconques de l'église, soit terres, soit maisons, avant l'ouverture ou lecture du testament, ou ose forcer les portes de l'église, toucher ou fouiller les meubles appartenans à l'église, qu'il soit rejeté de la communion des Chrétiens.

19. Quiconque aura réduit ou voulu réduire en servitude une personne née libre ou affranchie, et qui, averti par l'évêque, aura refusé de se corriger ou de réparer sa faute, qu'il soit excommunié comme coupable de calomnie.

20. Qu'aucuns clercs, de quelque rang que ce soit, ne se présentent en justice, soit pour leurs propres affaires, soit pour celles de l'église, ni ne plaident jamais aucune cause, si ce n'est avec la permission de l'évêque.

21. Que dans les paroisses aucun laïque ne soit constitué archiprêtre, mais que le plus ancien des clercs de la paroisse soit ordonné en cette qualité.

22. Que les évêques, auxquels, en leur qualité de premiers dignitaires de l'église, il aura été abandonné

ou légué quelque bien, soit pour eux seulement, soit conjointement pour l'église et pour eux, ne le regardent pas comme leur propriété particulière, mais au contraire comme la propriété de l'église, parce que celui qui donne donne pour le rachat et salut de son ame, non pour le profit de l'évêque; et parce qu'il est raisonnable que comme l'évêque jouit de ce qui a été donné à l'église, l'église aussi jouisse de ce qui a été laissé à l'évêque : bien entendu néanmoins que l'église ne pourra retenir ou compter au nombre de ses biens tout dépôt laissé en fidéi-commis à la garde de l'évêque ou de l'église, pour être ensuite rendu à qui de droit.

23. Si quelque évêque, par dol ou supercherie de cupidité, usurpe les biens d'une autre église, ou s'il les envahit sans prétexte et autorisation aucune pour les attribuer à lui ou à son église, puisqu'il ne peut être privé de la communion, qu'il soit, comme meurtrier des pauvres, déposé de son office.

24. Si un évêque, en quelque occasion que ce soit (excepté le cas de nécessité extrême pour le rachat des captifs), fait briser les vases sacrés affectés au saint ministère, qu'il perde son office.

25. Que nul, soit par autorité du roi, soit par toute autre puissance, soit de sa propre témérité, n'ose ravir les veuves qui ont demandé d'être consacrées à Dieu, ni les filles qui se sont vouées en virginité; s'il y a consentement mutuel, que tous deux soient excommuniés.

26. Soient excommuniés les juges qui mépriseraient les statuts et ordonnances canoniques, ou qui violeraient et enfreindraient l'édit du concile tenu à Paris.

27. Qu'à la mort de l'évêque, nul ne lui soit sub-

stitué, s'il n'est natif du diocèse, et s'il n'est élu par le vœu unanime du peuple et le consentement des évêques de la même province; que celui qui ferait autrement soit expulsé du siége, comme l'ayant plutôt usurpé et envahi que reçu et accepté; que les évêques qui l'auraient ordonné soient privés pendant trois ans de l'administration de leur siége.

L'évêque Sonnat administra avec ordre et économie les biens de l'église, et augmenta même l'évêché par des achats de terres et de serfs, dont il reste encore aujourd'hui quelques contrats. Il réclama aussi auprès du roi quelques biens usurpés par certains méchans, et en obtint la restitution, soit par lui-même, soit par ses agens, surtout par le moyen du prêtre Marc, son envoyé, qu'il chargea de plaider ses causes. Il régla et fixa les servitudes de plusieurs domaines de l'évêché; il obtint des lettres et ordonnances du roi pour l'immunité des biens de l'église et pour la confirmation de plusieurs donations; enfin il fit avec la reine Brunehault quelques échanges à l'avantage des deux parties.

Dans son testament il fit plusieurs legs à différentes églises; mais il institua pour sa principale héritière l'église de Saint-Remi, où il choisit le lieu de sa sépulture: il lui fit présent d'un vase d'argent doré, de douze cuillères, d'une salière d'argent, et d'une portion de métairie, avec serfs, vignes, prés et autres dépendances qu'il dit avoir achetés de ses deniers. A l'église de Saint-Timothée et Apollinaire il légua quelques maisons attenantes à l'église, et d'autres situées dans la cité; à l'église de Saint-Martin, qu'il reconnaissait pour son patron particulier, le domaine de *Mutation*[1], qu'il avait acheté, et qu'il laissa en toute intégrité comme il en avait joui : il ajouta en outre de l'or pour faire un calice; à l'église de Saint-Julien, cinq sous d'or pour la recouvrir; à l'église de Saint-Nicaise, également cinq sous d'or; à l'église de Saint-Sixte, trois; à l'église de Saint-Maurice, trois; à l'église de Saint-Médard, trois; au monastère des Filles, une vigne située à Germiny, avec quelques vases pour le service de l'église; à l'église qu'on appelle des Apôtres, trois sous d'or, avec quelques autres petits présens pour faire un calice; à l'église de Saint-Pierre, dans la cité, trois sous d'or; à l'église de Saint-Thierri, une portion du domaine de Germiny, avec serfs, vignes et autres dépendances; de l'argent pour construire et orner le sépulcre de saint Théodulphe; à l'église de Saint-Vite, un vase d'argent pour en faire un calice, et quinze sous d'or; à l'église des saints martyrs Rufin et Valère, quinze sous; à l'église des saints martyrs Crépin et Crépinien, quinze; et à l'hôpital de la sainte église de Rheims, divers présens.

Il fit aussi quelques legs à divers hôpitaux et congrégations, et il laissa à quelques-uns de ses héritiers certaines terres, avec la condition qu'après leur mort elles retourneraient aux églises des saints désignés dans son testament. Il donna la liberté à plusieurs de ses serfs et les dota d'un certain pécule. Le testament de cet homme de Dieu subsiste encore, et on y trouve la confirmation donnée par le roi.

[1] Inconnu.

CHAPITRE VI.

De Leudégisèle, évêque; d'Anglebert et de Landon.

A Sonnat succéda Leudégisèle, frère de l'évêque Attila, sous le règne du roi Dagobert. Pendant qu'il gouverna l'évêché il l'augmenta par plusieurs achats de bois, terres et prés; il fit aussi quelques échanges avec Abbon, évêque de Troyes, à l'avantage des deux parties. Enfin il établit des colons dans quelques propriétés de l'église.

Après lui vint Anglebert, lequel augmenta pareillement l'évêché par ses achats. Il eut pour successeur Landon, personnage très-illustre et possesseur de grands biens, dont il donna une partie à l'église et distribua l'autre à ses proches. C'est lui qui revendiqua devant le roi, et obtint de faire rentrer l'église de Rheims dans les biens qu'elle avait possédés outre Loire, et que Félix, abbé de Saint-Julien martyr, retenait injustement. Avant lui, déjà Anglebert avait plaidé devant le roi pour le même sujet contre Gal, évêque d'Auvergne. Ce même évêque Landon déclara par son testament l'église de Rheims héritière de tous ses biens, et lui laissa en outre, à elle ou à l'évêque qui occuperait le siége après lui, la dispensation et distribution des legs qu'il avait faits à toutes autres personnes ou églises; car il laissa divers dons à diverses églises de saints, comme par exemple à l'église Saint-Remi, où il voulut être enterré, des domaines et autres présens; à l'église de Saint-Gaugeric et de Saint-Quentin, plusieurs dons en argent; de même aux églises et hôpitaux de Rheims, à savoir, de Saint-Timothée et Apollinaire, de Saint-Martin, de Saint-Nicaise, de Sainte-Geneviève; au monastère de Saint-Thierri et Saint-Théodulphe, à l'église et à l'hôpital de Saint-Germain, à celles de Saint-Julien, de Saint-Cosme et de Saint-Damien, de Saint-Pierre auprès de la Cour, de Saint-Pierre auprès du monastère des Filles; à l'église de Saint-Symphorien, qu'on appelle des Apôtres; de Saint-Médard, de Saints-Crépin et Crépinien, de Saint-Victor, de Saint-Maurice et de Saint-Basle. Il donna à l'église de Laon sa part d'un domaine, et à l'église de Sainte-Geneviève de la même ville, le domaine d'Appia avec toutes ses dépendances. Enfin il fit déposer sur l'autel de l'église de Rheims un ciboire d'or qu'il avait fait faire en accomplissement d'un vœu, avec trois patènes et un bracelet d'or. Landon vivait du temps du roi Sigebert.

CHAPITRE VII.

De saint Nivard.

Après les évêques dont nous venons de parler, le siège de Rheims fut occupé par saint Nivon ou Nivard, car on lui donnait également l'un et l'autre nom. Appartenant à une grande famille, il vécut d'abord à la cour. Quand il fut élevé à l'épiscopat, il mit tous ses soins à enrichir et agrandir le domaine de l'église par divers achats en différens lieux, soit en terres, soit en maisons ou serfs; il fit construire plusieurs métairies où il établit des colons : il fit aussi avec Attila, évêque de Laon, plusieurs échanges à la convenance des deux parties. Par un autre échange avec les deux frères Bavon et Théoderamne, il acquit sur la rivière de Marne un lieu où il fit bâtir le monastère de Haut-Villiers, à la prière de l'abbé Bérécaire, qui lui avait demandé un asile où il pût vivre avec ses moines sous la règle de saint Benoît et de saint Colomban ; ce que l'évêque s'empressa de faire, comme il sera raconté plus bas. Il fit encore avec quelques autres personnes des échanges qu'il jugea convenables. Il donna, par privilége spécial, au monastère de Saint-Basle l'église de Vierzy, bâtie en l'honneur de la vierge Marie, avec toutes ses dépendances, et un autre petit lieu nommé Vassy ; il assura pleine et entière immunité aux moines de ce monastère, servant Dieu sous le gouvernement de l'abbé Pétron, afin qu'aucun juge ecclésiastique ne pût les inquiéter ni troubler en rien, et qu'ils pussent en paix vivre et servir le Seigneur sous leur sainte discipline. Il obtint du roi Childebert des lettres d'immunité des péages et autres droits en faveur de l'église de Rheims, et reçut aussi du roi Louis, au nom de son église, quelques biens situés à Mailly, sur la rivière de Veesle, que le roi avait confisqués sur des vassaux infidèles. Ce fut aussi sous son pontificat que Grimoald, homme d'une grande naissance, donna à Saint-Remi les village de Chaumussy et de Vitry, pour le salut de son ame.

Saint Nivard, du consentement unanime des évêques des Gaules, rassemblés en concile général à Nantes par l'ordre du pontife de Rome, et avec l'autorisation du roi, avait fait rebâtir l'église d'un monastère depuis long-temps fondé à Villiers sur la Marne, et détruit par les barbares; mais il arriva que cette église tomba entièrement. Il la fit de nouveau rebâtir en un autre endroit, et elle tomba encore comme devant. Un jour donc qu'il revenait d'Épernay, accompagné de l'abbé Bérécaire, il lui prit envie de se reposer un peu après avoir passé la rivière. Lors, tous deux s'étant assis, il posa sa tête sur les genoux de Bérécaire et s'endormit. Aussitôt lui vint une vision; il lui sembla qu'une colombe faisait en volant le tour du bois, et qu'ayant fait son tour elle était allée se poser sur un hêtre; puis, après avoir fait trois fois la même chose, elle s'envola dans les cieux. Or la même vision qu'il avait ainsi en songe apparaissait en même temps à Bérécaire éveillé, et celui-ci en fut tellement ému qu'il fondit en larmes. A son réveil l'évêque trouvant son visage tout mouillé des pleurs de l'abbé, lui demanda la cause de sa tristesse, et celui-ci lui répondit qu'il pleurait la ruine de son ouvrage. Lors tous deux s'étant raconté leur vision, on dit que l'évêque en fit part à un serviteur de Dieu, nommé Bavon, à qui appartenait le terrain, et qui vivait en ce lieu dans un petit oratoire consacré en honneur de la sainte croix. Bavon, apprenant la vision de l'évêque et en même temps ses desirs, lui offrit et sa part du lieu et celle d'un de ses frères nommé Baudouin, et lui raconta comment son autre frère Théoderamne était en querelle avec le comte Rieul (lequel fut depuis évêque de Rheims), parce qu'il avait tué les fils du comte, pour venger la mort des siens, que celui-ci avait fait pendre à cause de leurs brigandages; ce qui fit que saint Nivard réconcilia Théoderamne avec

Rieul, qui avait épousé une de ses nièces, fille de Childéric; et Théoderamne, en reconnaissance, lui céda, moyennant échange, sa part, comme avaient fait ses frères. Bientôt l'évêque fit abattre la forêt, construisit à la place une église en l'honneur de saint Pierre et de tous les apôtres, et plaça l'autel à l'endroit où il avait vu la colombe se poser; puis, rassemblant les serviteurs de Dieu, il rouvrit le monastère, où Théoderamne se fit moine. Le comte Rieul demanda aussi que son fils Gédéon, petit neveu de saint Nivard, se fît moine en ce couvent, et donna une partie de ses biens au monastère. Saint Nivard abandonna dans la suite à cette abbaye tous les biens qu'il avait avant d'être élevé à l'épiscopat, et fit tant par ses conseils et exhortations, que Rieul prit aussi l'habit de religion. Enfin, à la prière de l'abbé Bérécaire, il accorda au couvent ce singulier et précieux privilége qu'il conserverait tant qu'il vivrait le monastère sous sa juridiction, et qu'après sa mort il serait gouverné par l'évêque de Rheims, qui en protégerait les moines contre tous leurs ennemis; et qu'enfin les moines auraient la liberté d'élire canoniquement leur abbé, ainsi que portent les lettres du privilége. Après une si sainte vie, Nivard mourut, dit-on, dans une chapelle dédiée à la vierge Marie, qu'il avait fait construire en ce monastère, et fut ensuite transporté à l'église de Saint-Remi à Rheims, où il est enterré.

CHAPITRE VIII.

De la translation du corps de sainte Hélène au monastère de Haut-Villiers.

Il est notoire que le corps de la bienheureuse impératrice sainte Hélène a été transporté de Rome en ce monastère de saint Nivard, et voici comment : un prêtre du diocèse de Rheims, étant allé à Rome, resta pendant la nuit, sans être aperçu, dans l'église, déroba adroitement le corps de la sainte et l'emporta. Le surlendemain ayant fait sa seconde halte dans une forêt voisine de la ville de Sutri, un des gens de sa suite voulut placer les saintes reliques sur un âne; mais il ne put soulever la chasse, et courut tout étonné en faire part à son maître. Celui-ci se hâta d'accourir, et, tout tremblant, prit le trésor et le chargea sur l'âne, sans y trouver aucune pesanteur, quoiqu'il fût bien plus faible de corps que l'homme qui n'avait pu en venir à bout. Mais ce valet confessa qu'il avait eu cette nuit-là même une pollution en songe. Arrivés sur les bords de la rivière du Taro, ils n'osaient y entrer, la voyant rapide et impétueuse ; mais l'animal qui portait les reliques, rassuré par son saint fardeau, y descendit de lui-même. L'autre âne, que montait le prêtre, le suivit; mais il eut grande peine à passer, et semblait presque enseveli sous les eaux, tandis que le porteur du précieux trésor en avait à peine jusqu'aux flancs. Pendant qu'ils franchissaient le sommet des Alpes, une jeune fille de la suite se laissa tomber en bas :

déjà elle roulait misérablement de précipice en précipice, quand tous s'écrièrent, implorant l'assistance de la bienheureuse impératrice. Aussitôt la pauvre jeune fille s'arrêta au milieu du précipice, et avec une corde qu'on lui jeta elle fut retirée saine et sauve, et sans qu'on aperçût la plus légère trace de lésion. La connaissance de ces miracles fit que plusieurs se prêtaient avec plus d'empressement au transport des saintes reliques. Un entre autres descendit de son cheval pour l'en charger, et à une descente étroite et rapide il les prit même sur ses épaules; mais le pied lui glissa, et il tomba, sans toutefois lâcher prise. Incontinent la foule qui suivait invoquant et répétant avec prière le nom de sainte Hélène, le cheval qui avait porté les reliques s'avança sans crainte d'être entraîné lui-même dans l'abîme, et, embrassant avec ses jambes de devant l'homme qui roulait, il le retint et l'arrêta avec l'aide de Dieu qui le soutenait lui-même, jusqu'à ce que les habitans du pied de la montagne vinssent briser la glace avec des pieux, et remissent l'homme et le cheval dans le sentier. Quand ils furent arrivés à Osisme, village du diocèse de **Langres**, ils déposèrent les saintes reliques dans l'église de Saint-Winebauld; là, une femme qui était affligée d'une contraction aux genoux vint en rampant visiter la châsse miraculeuse; et à peine y eut-elle touché, que ses nerfs reprirent leur élasticité, et elle fut parfaitement guérie. A un jour de marche plus loin, un homme qui était paralysé de tous ses membres depuis six ans envoya en présent à la sainte impératrice un voile et une épée; mais avant que sa femme, qui avait porté l'offrande, fût de retour en sa maison, le malade recouvra l'usage de tous ses membres : le bruit de ce miracle se propageant, on amena une petite fille qui était aveugle de naissance, et dès qu'elle eut touché la châsse de la sainte reine, ses yeux furent rendus à la lumière. A l'entrée du village d'Avergue une muette, qui était aussi privée de l'usage de ses mains, vint au-devant du cortége, et aussitôt recouvra l'usage de ses membres, avec la parole qu'elle était venue chercher.

Ce saint et précieux trésor ayant été ensuite déposé dans l'église du village de Falèse, un lunatique qui venait d'avoir tout récemment une attaque, entra dans l'église, et à la prière du peuple, qui implora pour lui la bienheureuse reine, il s'en retourna tout-à-fait délivré et pleinement guéri. Au même lieu un pauvre malade était sur son grabat depuis quinze ans, et ses chairs étaient tellement en corruption que vingt-trois os lui étaient tombés du corps : il se fit porter auprès de la sainte médiatrice, et par la vertu de la grâce il fut remis sur pied et rendu sain au grand étonnement du peuple. Une jeune fille, nommée Bava, qui dès le sein de sa mère avait les genoux contractés et les jambes nouées, s'en alla droite et de son pied, et depuis vécut à Rheims fidèle au saint vœu de virginité qu'elle avait fait pour sa guérison. Il vint aussi une femme qui, frappée de paralysie, avait perdu tout-à-fait l'usage de la langue, et ne pouvait s'aider de son bras droit, demeuré comme mort. A peine eut-elle touché la sainte châsse avec un petit voile qu'elle avait apporté en offrande, qu'elle fut subitement guérie. Un sourd de naissance amena avec lui un mouton pour l'offrir, et étant entré à l'église, il resta à entendre la messe : quand on commença la lecture de l'Évangile, ses oreilles s'ouvrirent tout-à-coup à la parole de vie; et quand on eut fini, il se trouva guéri, et confessa que c'était la première fois de sa vie qu'il entendait le saint Évangile. Vint aussi le père d'un enfant à la mamelle qui allait mourir d'un mal de jour en jour plus violent. Après avoir porté son vœu pour la vie de son fils, ce pauvre père s'en retourna, et trouva que son enfant, qui depuis plus de quinze jours n'avait pas voulu prendre le sein, était guéri et tettait. On apporta du pays de Trèves un paralytique qui avait recouvré sept fois l'usage de ses membres, et sept fois était retombé par sa lubricité et facilité à céder aux desirs de la chair. Le malheureux confessa son péché, que du reste il n'avait pas commis depuis vingt ans, et obtint la santé désormais pour toujours. On apporta aussi une femme qui avait tout le côté droit perclus par la violence de la peste, et elle recouvra la santé. De même une femme aveugle se trouva tout-à-coup voyant des deux yeux, à la troisième heure.

Enfin quand la châsse miraculeuse fut déposée au monastère de Haut-Villiers, comme quelques-uns doutaient si c'était bien le corps de la bienheureuse Hélène, mère de l'empereur Constantin, et qui avait découvert le bois de vie, le Seigneur se plut à le témoigner, en envoyant de la pluie après un jeûne et des prières de trois jours. De plus trois frères du monastère furent envoyés à Rome pour s'enquérir de la certitude de la translation de la bienheureuse impératrice, et ils rapportèrent pleine et entière confirmation, et par surplus une seconde joie, à savoir, le corps de saint Polycarpe, prêtre, et compagnon de saint Sébastien.

Enfin une nuit, à l'approche de la fête de sainte Hélène, les pêcheurs de l'abbaye pêchaient en la rivière de Marne : désespérés de s'être donné bien de la peine pendant toute la nuit, et de n'avoir rien pris, ils se mirent à se plaindre et appeler sainte Hélène à leur secours. Lors jetant le filet au nom de Dieu et de la sainte, ils prirent deux gros poissons, et furent bien joyeux. Mais l'un des deux resauta dans l'eau, ce qui troubla la réjouissance; et les pêcheurs recommencèrent à se plaindre et à invoquer sainte Hélène. Mais voilà que, pendant qu'ils se lamentaient, le poisson qui s'était échappé sauta miraculeusement hors de l'eau, et mordant avec force la corde d'en haut du filet, s'y tint obstinément suspendu jusqu'à ce qu'un des pêcheurs vînt l'en détacher et le prendre, plein de joie et de reconnaissance.

CHAPITRE IX.

De la translation de saint Sindulfe au même monastère.

Les reliques de saint Sindulfe furent aussi transférées au monastère de Haut-Villiers, de leur première sépulture au village d'Aulsonce, où ce pieux personnage avait exercé le saint ministère, et où il avait fait beaucoup de miracles après sa mort. Sur la route, au village de Spide, une femme aveugle recouvra la vue. Presque aux portes de Rheims, comme une grande foule de peuple sortait au-devant, il vint une jeune fille muette qui ne pouvait s'aider d'un de ses bras; à peine se fut-elle prosternée en terre qu'elle fut guérie de sa double infirmité. On apporta aussi une femme percluse des mains et des genoux, laquelle, à peine déposée à terre, se trouva guérie, et fit éclater sa joie. Mais, dans un excès de vanité, il lui arriva de se vanter que son mari, qui l'avait renvoyée à cause de son infirmité, serait bien obligé de la reprendre bon gré malgré, et aussitôt elle retomba dans son ancienne misère. Quand le corps du bienheureux fut déposé dans l'église, devant l'autel de la sainte Vierge, une jeune fille, affligée d'une contraction aux genoux, s'y traîna en rampant, et tout-à-coup, redressée par la grâce de Dieu, elle se trouva saine et guérie par les mérites de saint Sindulfe. Une autre, aveugle depuis sept ans, fut rendue à la lumière dès qu'elle eut touché les portes du temple. Après la célébration du saint sacrifice de la messe, on transporta le corps dans l'église de Saint-Remi, et le lendemain au monastère d'Avenay. Les religieuses vinrent au-devant en procession. Avec elles vint un homme qui était boiteux depuis deux ans; il se prosterna en terre, et bientôt se relevant, il commença à marcher comme auparavant. Une femme, paralytique et privée de l'usage de tous ses membres, fut rendue à la santé. Enfin le précieux trésor arriva au monastère de Haut-Villiers; là, une petite fille, aveugle depuis la première année de sa naissance, commença à voir aussitôt qu'elle eut passé le seuil du monastère. Deux frères, déjà vieux, et qui avaient perdu la vue dans une même année, entrèrent ensemble à l'église; à peine se furent-ils mis en prières, que le sang commença à leur couler des yeux au lieu de larmes, et, recouvrant la vue, ils se réjouirent de contempler le tombeau de leur saint médecin. Une vierge, consacrée au Seigneur, avait fait vœu d'aller en voyage avec ses compagnes visiter les reliques du saint confesseur. Au milieu de la route, laissant les autres accomplir leur voyage, elle retourna en sa cellule; mais à peine y fut-elle entrée qu'elle fut frappée de paralysie aux bras et aux jambes. Depuis elle se fit conduire en chariot à Haut-Villiers, et après être restée quelque temps encore affligée de son infirmité, elle en fut enfin délivrée à sa grande satisfaction, et rendue à son premier état.

CHAPITRE X.

De saint Rieul, évêque.

Après saint Nivard, le siége fut occupé par le seigneur Rieul, qui enrichit l'évêché tant des biens de son patrimoine que d'autres qu'il acheta. Nous avons vu qu'il avait été envoyé par saint Nivard pour défendre, devant le roi, les biens de l'église et les intérêts des colons, et qu'il gagna sa cause. Quand il fut lui-même devenu évêque, il eut à soutenir un grand procès contre Gondebert, un des grands de la cour du roi, et frère de saint Nivard. Gondebert prétendait que tous les biens d'héritage, tant paternel que maternel, que l'évêque son frère avait laissés en mourant lui revenaient de droit. Rieul, au contraire, et ses agens maintenaient que Nivard avait donné, par acte authentique, tous ses biens, pour le salut de son ame, à divers lieux saints; par exemple aux églises de Notre-Dame et de Saint-Remi, aux monastères de Haut-Villiers et de Vierzy, sépulture de saint Basle, lesquels Nivard lui-même avait fait construire ou réparer; au monastère de filles à Rheims, où Bobe était abbesse; enfin à l'église de Saint-Rufin et Saint-Valère, et autres lieux sacrés. Les deux parties débattaient leur querelle avec chaleur; mais des personnes pacifiques ayant interposé leur médiation, un accord fut fait aux conditions suivantes : à savoir, que Gondebert recouvrerait et posséderait tous les biens qu'Emma, leur mère, avait eus outre Loire, sans que l'évêque Rieul ou ses agens eussent rien à réclamer; mais que tous les autres biens que, par acte de sa volonté, saint Nivard, de bienheureuse mémoire, avait donnés aux églises leur appartiendraient et demeureraient à toujours, avec l'aide de Dieu, sans que Gondebert et ses héritiers pussent jamais élever aucune prétention. Et fut cet accord passé et rédigé par écrit; et il est encore aujourd'hui conservé dans nos archives, signé des deux parties.

Pendant son pontificat, Rieul acheta partie du domaine de Dizy; un arpent de terre et quelques champs au village de Berchigny; à Rheims, de différentes personnes, quatre arpens ou plus et divers lieux; partie du domaine de Monsallon; *item;* partie des domaines de Rosay et Popecy, avec quelques autres possessions, tant terres que serfs. Ce fut de son temps que Warat, homme de noble race, donna aux églises de Notre-Dame et de Saint-Remi, Mont-Cruny, Courville, et

Arcigny en Tardenois. Enfin le bienheureux évêque Rieul a fait aussi divers échanges, à l'avantage mutuel des contractans.

Avant sa cléricature, il avait eu de légitime mariage une fille, nommée Odile, laquelle se rendit religieuse au monastère qu'Ébroïn avait fait bâtir à Soissons, et y vécut sous la sainte discipline. L'évêque lui laissa quelques domaines aux pays de Rheims et de Beauvais, et aussi outre Loire; à condition qu'après son décès, la donation profiterait et demeurerait à toujours au monastère.

Ce vénérable évêque fit bâtir, avec la permission du roi Théodoric, et du consentement du maire du palais Ébroïn, le monastère d'Orbay, en un lieu qu'il tenait de la munificence du roi. Il obtint de l'abbaye de Resbé six moines pour vivre sous leur règle à Orbay, et l'enseigner à d'autres; l'un d'entre eux, nommé Landemar, fut par lui constitué abbé, et gouverna le monastère toute sa vie : car, bien qu'il eût été chassé par un seigneur Eudes, il fut rétabli par le roi Childebert. Après la mort de cet abbé, l'archevêque Rigobert reprit le gouvernement du monastère, et le régit. Il n'y a pas long-temps, les Hongrois s'emparèrent d'un des moines de ce couvent, nommé Hucbold, et voulurent le mettre à mort. Mais le fer ne put l'entamer; car, comme lui-même le raconta, ainsi que plusieurs captifs aujourd'hui de retour, quand les barbares, après l'avoir exposé nu à leurs coups, tirèrent contre lui de toutes parts, leurs flèches venaient se briser contre son corps comme contre un diamant, et en rejaillissaient au loin, sans qu'il en demeurât aucune trace : enfin, frappé de toute force à coups d'épée, il n'en demeura pas moins intact et sans blessures. Lors les barbares, le prenant pour un dieu, l'emmenèrent avec eux, et le gardèrent avec grand respect, jusqu'à ce qu'un évêque payât sa rançon, et ainsi le renvoyât à son monastère.

CHAPITRE XI.

De saint Rigobert.

Saint Rieul eut pour successeur saint Rigobert, son parent selon la chair, et né d'une illustre famille au pays de Ribemont. Son père, nommé Constantin, était du même pays; mais sa mère était originaire du Portian. Ce Rigobert fut homme de saintes mœurs, et orné de grandes vertus. A son entrée à l'évêché, il trouva beaucoup de choses à réparer, et le fit avec succès. Il réforma la règle des chanoines, leur assigna un entretien suffisant, leur donna quelques terres, et leur forma un trésor commun pour leurs nécessités. Pour le composer, il assigna les domaines de Gernicourt, Muscy, Rosay, Wuffinerive, Courcelles, l'église de Saint-Hilaire avec le faubourg lui appartenant; et régla que chaque année, le jour anniversaire de sa mort, ils prendraient d'abord sur ces rentes tout ce qui serait nécessaire à leurs besoins, et que le surplus serait partagé également entre eux. Il affecta des serfs au service des chanoines, constitua les pauvres de Jésus-Christ héritiers de ses biens, qui pouvaient monter à quarante arpens ou plus. Il établit des colons dans divers villages du diocèse, et régla leurs charges et services.

Il acheta différens biens dont il enrichit l'évêché : ainsi de Gomnold, le domaine de Chartrève en Tardenois, qu'il paya cinq cents sous d'or ; de différentes personnes, deux arpens au village de Tourbe, *item;* de Hosome, partie du domaine de Champigny, sur la rivière de Vesle, pour la somme de quarante sous d'or ; d'une de ses cousines, nommée Gilsinde, partie du domaine de Briquenay, sur la rivière de Retourne, avec serfs, maisons et autres dépendances ; et de la même Gilsinde, partie du domaine de Boul-sur-Suippe, avec les maisons, serfs, prés, champs, et toutes dépendances y attenant, pour la somme de cent sous d'or. Il acheta aussi, pour une assez forte somme, quelques biens outre Loire, et fit plusieurs échanges avec diverses personnes, à l'avantage des deux parties. Enfin il obtint du roi Dagobert des lettres d'immunité pour son église, lui remontrant que sous tous les rois Francs ses prédécesseurs, depuis le temps de saint Remi et du roi Clovis, par lui baptisé, elle avait toujours été libre et exempte de toute servitude et charge publique. Le roi donc, voulant ratifier ou renouveler ce privilége, de l'avis des seigneurs de son conseil, et dans la même forme que les rois ses prédécesseurs, ordonna que tous biens, villages et hommes appartenant à la sainte église de Rheims ou à celle de Saint-Remi, situés ou demeurant tant en Champagne, dans la ville ou les faubourgs de Rheims, qu'en Austrasie, Neustrie, Bourgogne, pays de Marseille, en Auvergne, Touraine, Poitou, Limoges, et partout ailleurs dans ses pays et royaumes, seraient à perpétuité exempts de toute charge; qu'aucun juge public n'osât entrer sur les terres de ces deux saintes églises de Dieu, pour y faire séjour, ni y rendre aucun jugement, ou lever aucune taxe; enfin, qu'elles conserveraient à toujours les immunités et priviléges à elles concédés par les rois ses prédécesseurs. Rigobert obtint encore confirmation de ces lettres, soit du fils même de Dagobert, soit des autres rois qui régnèrent pendant son épiscopat; et du roi Théodoric, une ordonnance spéciale pour ratifier la donation que Grimoald, personnage illustre, avait faite à l'église de Rheims de son village de Chaumussy. Ces actes de l'autorité royale existent encore aujourd'hui aux archives de la sainte église de Rheims.

Ce vénérable évêque fut en fort grande amitié avec Pepin, maire du palais, auquel il avait coutume d'envoyer fréquemment des eulogies, en signe de bénédiction. Étant allé un jour visiter ce prince, Pepin lui demanda ce qu'il pourrait faire qui lui fût agréable. Or, en ce moment, Pepin séjournait au village de Gernicourt; et ayant appris de l'évêque que cette demeure lui plaisait, il la lui offrit, ajoutant qu'il lui donnerait en outre tout le terrain qu'il pourrait enceindre en en faisant le tour tandis qu'il prendrait son repos à l'heure de midi. Rigobert, suivant donc l'exemple de saint Remi, se mit en route, et fit poser de distance en distance les limites qui se voient encore aujourd'hui, et traça ainsi l'enceinte pour obvier à toute contestation. A son lever, Pepin le trouvant de retour, lui confirma la donation de tout le terrain qu'il venait d'enclore, et pour indice mémorable du chemin qu'il a suivi, on y voit en toute saison l'herbe plus riche et plus verte qu'en aucun autre lieu d'alentour. Il est encore un autre miracle non moins digne d'attention que le Seigneur se plaît à opérer sur ces terres, sans doute en vue des mérites de son serviteur, c'est que depuis la concession faite au saint évêque jamais tempête ni grêle ne font dommage en son domaine; et, tandis que tous les lieux d'alentour sont battus et ravagés, l'orage s'arrête aux limites de l'église, et n'ose les franchir.

Enfin, aucune vue de cupidité mondaine n'entra dans l'acquisition de ces biens, ni de tous autres qui purent lui être donnés. En tout il ne songea qu'à l'intérêt de son église, qu'il institua son héritière; et il a même fait partager ses richesses à plusieurs églises, comme nous l'attestent les chartes et titres encore aujourd'hui existans. Sous son épiscopat, un abbé Adon donna à l'église de Notre-Dame de Rheims tout ce qu'il possédait au pays de Laon, consistant en maisons, serfs, champs, vignes, prés, forêts, piscines, eaux, cours d'eau et autres dépendances. Il donna aussi à l'hôpital de Saint-Remi quelques biens situés en Tardenois. Différentes autres personnes, en différens lieux, donnèrent leurs biens à l'église de Rheims, pour le salut de leurs ames, sous le pontificat de ce saint évêque, tels que Beroalde et Sairebert, qui donnèrent des maisons, des champs, des serfs, des vignes et des bois, à Mont-Belin et Tessender-Loo; Gairefrède et Austrebert, plusieurs arpens avec vignes et serfs y attenant, dans le pays de Laon; Abbon, dans le district de Portian; Laudemar, au pays de Rheims; Rodemar, sur la Haute-Meuse; et Austrebert, au même lieu; comme il appert par les actes et monumens qui nous restent aux archives.

CHAPITRE XII.

De l'expulsion de Rigobert hors de la ville de Rheims.

La guerre ayant éclaté entre le roi Chilpéric, Charles-Martel, fils de Pepin, et le maire du palais Rainfroi, Charles, en passant près de Rheims, somma, dit-on, saint Rigobert, qui demeurait sur l'une des portes de la ville, de lui faire ouvrir cette porte, afin qu'il pût aller faire sa prière en l'église de Notre-Dame. A ses pressantes sollicitations, l'homme de Dieu répondit qu'il ne lui ouvrirait les portes que lorsqu'il aurait vu l'issue de la querelle, dans la crainte de livrer au pillage la ville confiée à ses soins, comme déjà il était arrivé à Charles en d'autres villes.

Furieux de cette réponse, Charles fit serment que, s'il revenait victorieux et en paix, l'homme de Dieu ne serait pas en sûreté dans sa ville. La tradition rapporte que ce saint, béni du Seigneur, avait sa demeure sur la porte appelée Basilicaire, soit parce qu'elle est entourée de basiliques, soit parce qu'elle sert de passage pour aller aux basiliques du faubourg de Saint-Remi. Des fenêtres de son appartement il pouvait contempler les églises de Saint-Remi, et adresser à son gré ses prières.

Il avait fait construire sur la même porte un oratoire en l'honneur de saint Michel archange, d'où il descendait pour aller prier en l'église de Saint-Pierre, contiguë à cette porte. Cet oratoire subsista de longues années, jusqu'au temps où l'empereur Louis donna ce monastère de Saint-Pierre à sa fille Alpaïde. Mais Beggon, mari de cette princesse, le fit démolir parce que, comme il était grand, marchait toujours la tête élevée, et ne se baissait jamais pour entrer, il donna un jour de la tête contre le linteau de la porte, qui était basse, et se blessa grièvement. Pour cacher son motif, il prétendit que l'oratoire était trop élevé et offusquait la fenêtre de l'église. Mais à peine eut-on commencé à démolir, que Beggon, qui était au pays de Laon, fut aussitôt possédé du démon : des tourbillons de poussière et de vent se précipitèrent par le passage de la porte, et couvrirent la ville de ténèbres profondes : personne ne pouvait tenir en chemin. Cet oratoire a été rétabli il n'y a pas long-temps, et relevé comme auparavant, sous l'invocation de saint Michel.

Quand Charles eut remporté la victoire et défait ses ennemis, il chassa de son siége le pieux Rigobert son parrain, qui l'avait tenu sur les saints fonts de baptême, et donna l'évêché de Rheims à un nommé Milon, simple tonsuré, qui l'avait suivi à la guerre. Ce Charles-Martel, né du concubinage d'une esclave, comme on lit dans les Annales des rois Francs, plus audacieux que tous les rois ses prédécesseurs, donna non seulement l'évêché de Rheims, mais encore beaucoup d'autres du royaume de France, à des laïques et à des comtes; en sorte qu'il ôta tout pouvoir aux évêques sur les biens et les affaires de l'Église. Mais par un juste jugement, le Seigneur fit retomber sur sa tête tous les maux qu'il avait faits à ce saint personnage

et aux autres églises de Jésus-Christ; car on lit dans les écrits des Pères, que saint Euchère, jadis évêque d'Orléans, dont le corps est déposé au monastère de Saint-Trudon, s'étant mis un jour en prières, et absorbé dans la méditation des choses célestes, fut ravi dans l'autre vie, et là, par révélation du Seigneur, vit Charles tourmenté au plus bas des enfers. Comme il en demandait la cause à l'ange qui le conduisait, celui-ci répondit que, par la sentence des saints qui au futur jugement tiendront la balance avec le Seigneur, il était condamné aux peines éternelles, pour avoir envahi leurs biens. De retour en ce monde, saint Euchère s'empressa de raconter ce qu'il avait vu, à saint Boniface, que le saint siége avait délégué en France pour y rétablir la discipline canonique, et à Fulrad, abbé de Saint-Denis et grand aumônier du roi Pepin; leur donnant pour preuve de la vérité de ce qu'il rapportait sur Charles-Martel, que, s'ils allaient à son tombeau, ils n'y trouveraient point son corps. En effet, ceux-ci étant allés au lieu de la sépulture de Charles, et ayant ouvert son tombeau, il en sortit un serpent; et le tombeau fut trouvé tout-à-fait vide, et noirci comme si le feu y avait pris. Quant à l'usurpateur Milon, Zacharie, pape de Rome, écrivit à son sujet au nonce saint Boniface : « Quant à Milon et à ses pareils, qui
« causent tant de mal aux églises de Dieu, prêche les
« à propos et hors de propos, selon la parole de l'a-
« pôtre, afin qu'ils cessent leurs criminelles prévari-
« cations. S'ils obéissent à tes remontrances, ils sau-
« veront leur ame; sinon, ils mourront dans leur pé-
« ché; mais toi, qui prêches la justice, tu ne perdras
« point ton salaire. »

Obtempérant aux commandemens de Dieu, qui ordonne de fuir de ville en ville au temps de persécution, saint Rigobert se retira en Gascogne. Là, comme animé d'une sainte ferveur, il employait ses loisirs de l'exil à visiter les monumens et reliques des saints. Un jour qu'il était entré dans une église et y faisait sa prière, on essaya de sonner les cloches selon l'usage; mais deux d'entre elles, malgré tous les efforts, ne rendirent aucun son. Les prêtres et les assistans, saisis d'inquiétude, interrompent alors le saint personnage, et lui demandent qui il est, et d'où il vient. Il déclare qu'il est clerc, et vient de France. Ceux-ci insistent, le questionnent sur l'événement qui les étonne, et s'enquièrent pourquoi leurs cloches ne sonnent pas comme à l'ordinaire. Rigobert leur répond que deux cloches ont été enlevées furtivement d'une de ses églises, et qu'il soupçonne que ce sont celles-là; on les lui montre, il les reconnaît : on le prie de les sonner pour faire l'expérience. A peine les a-t-il touchées, qu'elles rendent un son éclatant; et ainsi est prouvée la vérité de sa parole. Les assistans s'étonnent et admirent : on lui rend ses cloches, et tous le tiennent digne d'honneur et de révérence. Depuis, ces deux cloches furent rapportées en France et rendues à l'église de Gernicourt.

On raconte que Milon, à qui Charles-Martel avait donné l'évêché de Rheims, étant en ambassade en Gascogne, rencontra Rigobert, et lui conseilla de rentrer, avec promesse de lui rendre son évêché. Mais quand celui-ci fut rentré, Milon exigea qu'il lui donnât en propriété les biens qu'il avait déjà donnés à l'église. Rigobert ayant rejeté cette proposition, Milon révoqua sa promesse et garda l'évêché. Alors l'homme de

Dieu le supplia de lui laisser seulement l'autel de Notre-Dame Marie mère de Dieu, pour y célébrer la messe. Cette demande lui fut accordée; dès lors, content et résigné, il demeura long-temps au village de Gernicourt, vivant en humilité, frugalité, veilles, prières, aumônes, et dans l'exercice de toutes les bonnes œuvres. Il avait coutume de visiter de temps en temps la ville de Rheims, et d'aller dire la messe à l'autel de la sainte Vierge comme il l'avait desiré; puis, passant par l'église de Saint-Maurice, il allait faire sa prière à Saint-Remi; de là, continuant sa visite par le monastère de Saint-Thierri et l'église de Saint-Cyrique de Cormicy, il s'en retournait à Saint-Pierre de Gernicourt.

CHAPITRE XIII.

Des miracles qu'il a opérés pendant sa vie.

Un jour qu'il était venu à Cormicy pour prier en l'église de Saint-Cyrique, il s'entretint avec le vidame de Rheims, que le hasard avait amené dans le même lieu. Celui-ci l'invita à dîner, mais il s'en excusa, parce qu'il avait résolu de dire sa messe à Saint-Pierre de Gernicourt. Sur ces entrefaites, une femme vint apporter une oie au vidame, et celui-ci l'offrit à l'évêque, en le pressant de l'accepter, et de la faire emporter avec lui. Le domestique de l'homme de Dieu la prit et l'emporta. Mais tout-à-coup elle s'échappa de ses mains, et s'envola si loin, qu'il perdit tout espoir de la reprendre. Le pauvre domestique se désolait;

mais le saint père le consolait, avec sa bonté ordinaire, par des paroles pleines de douceur, lui remontrant qu'il ne fallait pleurer ni s'affliger de la perte des biens temporels, mais, au contraire, toujours espérer dans le Seigneur, qui donne à tous en abondance selon leur besoin. Quelque temps après, quand ils eurent fait quelque chemin, voilà que tout-à-coup l'oiseau revint de lui-même, s'abattit à terre devant le saint évêque, et se mit à marcher devant lui, comme pour lui servir de guide, suivant toujours la route sans dévier, jusqu'à ce qu'ils arrivassent à Gernicourt, où ils allaient. L'homme de Dieu ne souffrit pas qu'on tuât l'oie, et depuis il ne cessa de l'avoir pour avant-courrière ; car elle courait toujours devant lui quand il allait à la ville ou en revenait. Le pape Adrien fait mention de Rigobert dans une de ses lettres à Tilpin, qui fut dans la suite évêque de Rheims, et le plaint en ces termes des injustices qu'il avait souffertes : « Votre fraternité nous a mandé qu'à l'occasion de la guerre survenue entre les Francs, Rigobert, archevêque de Rheims, a été, au mépris des saints canons, déposé et chassé de son siége, sans avoir commis aucun crime, sans aucun jugement des évêques, ni aucun consentement ou information du saint Siége apostolique; mais seulement pour n'avoir pas embrassé le parti de celui qui a conquis et réduit sous sa domination la partie du royaume où se trouve la ville de Rheims. L'évêché a été usurpé, au mépris de Dieu et de son autorité, par la puissance séculière, et donné par elle, avec un autre évêché et d'autres églises, à un nommé Milon, simple tonsuré, tout-à-fait ignorant de la règle et de l'ordre ecclésiastiques; d'autres évêchés ont été distraits de différentes manières de la métropole de Rheims; la plupart des siéges sont demeurés sans évêques, ou bien les évêques et les clercs ont été contraints de s'adresser à d'autres métropolitains pour recevoir l'ordination : des recours illégitimes ont été établis; les clercs, les prêtres, les moines, les religieuses, se sont soustraits au jugement et à la censure de leurs évêques, et ont vécu sans discipline, au gré de leur caprice, etc. »

CHAPITRE XIV.

De la mort et de la sépulture de saint Rigobert.

Enfin le saint évêque Rigobert, distingué par tant d'actes éclatans et par de si grandes vertus, vécut de longues années dans ce pieux exercice, et après avoir vaillamment terminé le combat de la vie présente, il mourut le 4e jour de janvier. Il fut enterré avec tous les honneurs par le clergé et les évêques du village de Gernicourt, son habituelle demeure, dans l'église de Saint-Pierre, au midi de l'autel. Après sa déposition en ce lieu, de nombreux et éclatans miracles ont fait assez connaître quels étaient ses mérites auprès du Seigneur : mais, soit négligence ou disette d'écrivains, très-peu nous ont été transmis.

Les habitans racontent que trois boiteux ont été guéris par ses mérites : long-temps, en témoignage de leur guérison, leurs bâtons et béquilles ont été conservés dans l'église, jusqu'à la translation des reliques du saint évêque. Une femme aveugle, du pays même, nommée Ansilde, recouvra la vue par l'intercession du bienheureux patron. Un petit garçon, qui allait à l'école chez le curé du lieu, s'amusait un jour à sauter sur la tombe du saint, outrageant ainsi Dieu et son serviteur enfermé dans cette tombe; afin que les mérites de Rigobert fussent connus, et qu'une pareille audace ne se renouvelât plus à l'avenir, le pied de l'enfant fut aussitôt frappé de mal; et devenu boiteux, il perdit l'usage d'un de ses pieds. C'est pourquoi le curé fit placer une barrière autour de la tombe, dans la crainte que quelqu'un n'encourût par ignorance la même punition. Depuis sa sépulture, on a souvent entendu dans l'église des voix si douces et si harmonieuses qu'elles ne peuvent être que celles des anges. On y a vu aussi, au milieu des nuits, des clartés si brillantes qu'elles auraient fait pâlir le soleil, et qu'une fois l'éclat s'en réfléchit jusque dans la maison du curé, voisine de l'église. A cette vue, le prêtre fut frappé de terreur, et depuis il a redoublé de respect et d'hommages pour ce lieu miraculeux. Ajoutez que de nombreux malades trouvent chaque jour leur guérison sur le tombeau de cet homme de Dieu. Ceux qui sont affligés de la fièvre viennent avec foi, offrent un cierge en vœu, râclent la poussière du sépulcre, en prennent dans de l'eau, et sont guéris. Ceux qui souffrent du mal de dents n'ont qu'à embrasser le tombeau avec dévotion, et leur douleur cesse.

CHAPITRE XV.

De la translation du corps de saint Rigobert.

Tandis que les mérites de ce glorieux confesseur de Jésus-Christ éclataient par mille miracles au lieu de sa sépulture, l'archevêque Hincmar le fit transférer au monastère de Saint-Thierri, et déposer près du tombeau de ce grand saint. Durant les quelques années qu'il a été exposé en ce lieu à la vénération des fidèles, le Seigneur a daigné opérer plusieurs miracles par son intervention. Beaucoup de malades, les uns de la fièvre, les autres du mal de dents, qui ont imploré avec foi son assistance, ont été heureusement guéris. Entre autres une femme, nommée Audingue, du village de Courme, voisin du monastère, depuis long-temps épuisée et minée par la fièvre, fit chez elle, pour le rétablissement de sa santé, l'épreuve suivante. Elle fit trois cierges absolument de la même dimension; l'un pour saint Thierri, l'autre pour saint Théodulphe, le troisième pour saint Rigobert; puis elle les alluma tous trois ensemble, pour voir lequel durerait le plus longtemps. Celui qui avait été voué à saint Rigobert resta le dernier; elle jugea que Dieu approuvait sa dévotion, et résolut d'adresser son vœu à ce saint. Prenant donc un autre cierge seulement pour lui, elle se rendit à l'église, et offrit son petit présent. Après avoir fait sa prière devant les reliques qu'elle était venue visiter, elle s'endormit, et, à son réveil, elle trouva que la santé lui était revenue.

Neuf ans après, les restes du bienheureux évêque furent transportés dans la ville de Rheims, et déposés dans l'église de Saint-Denis, qui était alors la sépulture des chanoines de Rheims. Or il y avait en ce temps-là au village d'Aumnencourt une femme aveugle, laquelle entendit en songe une voix qui lui disait : « Que fais-tu ici ? que ne te lèves-tu ? demain l'é- « vêque Hincmar et les chanoines de Rheims transfè- « rent en cette ville le corps de saint Rigobert. Va à lui, et il t'assistera. » Et celle-ci se leva à la pointe du jour, et se mit en chemin en grande hâte, avec un cierge pour l'offrir. A peine fut-elle arrivée au lieu où reposaient les reliques saintes qu'elle recouvra la vue. De même un sourd, venu aussi le jour de la translation, fut guéri de sa surdité aussitôt qu'il eut touché le cercueil du saint ; et il raconta qu'il avait été engagé à faire ce voyage de la même manière que la femme aveugle. Il dormait la nuit dans une hôtellerie, quand une personne inconnue le toucha légèrement au côté, le réveilla et l'appela. Il sentit bien qu'on le touchait, mais, étant sourd, il ne s'entendit point appeler. Mais ceux qui étaient avec lui dans la maison, quoiqu'ils ne vissent personne, entendirent fort bien une voix qui l'engageait à aller en toute hâte vers saint Rigobert. C'est pourquoi il se mit en route sur-le-champ, et recouvra ainsi la santé qu'il avait si long-temps desirée.

Quand les païens infestèrent la France, il fallut abattre l'église où reposaient les reliques du bienheureux évêque, pour enceindre la ville de murailles.

Lors l'archevêque Foulques les transféra dans la cité, et les fit placer au milieu de l'église de Notre-Dame, derrière l'autel de la Sainte-Croix. Et là, beaucoup qui sont venus avec foi ont obtenu guérison. A peu près en ce temps, un moine de l'abbaye de Saint-Remi, nommé Sigloard, était tourmenté d'une fièvre si violente qu'il perdait presque la raison. Un soir qu'il était allé se coucher sans souper, et ne pouvait prendre aucun repos, se sentant agité et tourmenté de quelque côté qu'il se tournât, il invoqua saint Rigobert à son aide, et aussitôt il se trouva guéri.

Quelque temps après les saintes reliques furent encore transférées en Vermandois, au village de Neminque, que le comte Odalric avait donné à l'église de Rheims, et que l'évêque Foulques avait assigné à l'entretien des chanoines. Non loin de là habitait un prêtre, nommé Signin, lequel souffrait d'un grand mal de dents. Apprenant que le corps de saint Rigobert venait d'être apporté en ce lieu, comme il ne pouvait y aller lui-même à cause de la violence du mal, il y fit porter un cierge en son nom. Néanmoins, quoique absent de corps, il ne laissa pas de prier le saint du Seigneur de lui procurer guérison par son intercession. Aussi, à peine son offrande eut-elle été déposée devant la châsse, qu'il sentit la main du médecin céleste, et la santé lui revint incontinent. Aussitôt il partit pour aller offrir son hommage à l'auteur de sa guérison; prosterné devant la châsse miraculeuse, et se répandant en larmes et en actions de grâces, il publia hautement la grâce que le Seigneur venait de lui accorder par l'intervention de son serviteur. Enfin, peu de temps après, les précieuses reliques furent rapportées à Rheims, l'église de Saint-Denis fut rebâtie hors des murs de la ville par les soins et aux frais des chanoines, et depuis le corps de saint Rigobert y est exposé à la vénération des fidèles avec celui de saint Théodulphe.

CHAPITRE XVI.

D'Abel successeur de saint Rigobert.

ABEL vient après saint Rigobert dans la suite des évêques de Rheims, quoique quelques-uns prétendent qu'il ne fut que chorévêque. Mais nous avons plusieurs preuves du contraire, principalement dans les lettres du pape Zacharie à saint Boniface. Dans l'une entre autres, le souverain pontife écrit à Boniface qu'il a reçu l'avis par lequel il lui annonce qu'il a ordonné trois évêques dans trois villes métropolitaines, savoir : Grimon à Rouen, Abel à Rheims, et Héribert à Sens : « Lequel, ajoute le pontife en parlant d'Héribert, est
« venu auprès de nous, et nous a remis tes lettres et
« celles de Carloman et de Pepin, par lesquelles tu
« nous requiers d'envoyer le *pallium* à ces trois mé-
« tropolitains, ce que nous avons libéralement accordé
« en vue de l'union et de la réformation des églises
« de Dieu. »

Nous lisons encore dans une autre lettre au même :
« Quant aux évêques métropolitains Grimon, lequel
« nous connaissons par nous-même, Abel et Héribert,
« que tu as établis dans chacune des villes métropoli-

« taines des provinces, nous les confirmons à ta re-
« commandation, et nous leur envoyons le *pallium*,
« tant pour leur ferme établissement que pour l'ac-
« croissement de l'Église de Dieu, afin qu'ainsi elle
« puisse profiter en meilleur état. Car nous leur avons
« mandé quel est l'usage du *pallium*, comment ceux
« qui en sont honorés doivent déclarer et maintenir
« leur foi, et guider leurs peuples dans la voie du salut.
« Que la discipline ecclésiastique soit inviolablement
« gardée et demeure inébranlable dans leurs églises;
« que jamais le sacerdoce ne soit souillé en eux, comme
« il l'a été trop long-temps en tant d'autres; mais qu'ils
« le maintiennent pur et agréable à Dieu, autant qu'il
« est possible à la condition humaine; enfin, qu'aucun
« d'eux ne s'écarte jamais des sacrés canons; qu'ils
« puissent toujours offrir le sacrifice pur et sans tache,
« afin que le Seigneur se laisse apaiser par leurs obla-
« tions; et que les peuples, l'ame purgée de toute
« souillure, remplissent en bons et fidèles chrétiens
« les devoirs de notre sainte religion. »

Enfin, on trouve quelques chartes et actes qui portent, avec le nom d'Abel, le titre d'évêque.

En outre, le pape Adrien, dans la lettre à l'archevêque Tilpin déjà citée, après ce que nous avons rapporté plus haut, ajoute : « Boniface de bienheureuse
« mémoire, archevêque et légat de la sainte Église
« romaine, et le très-aimable et bien-aimé Fulrad,
« archiprêtre de France, ont beaucoup travaillé du
« temps de nos prédécesseurs Zacharie et Étienne, afin
« que Zacharie, de sainte mémoire, notre prédéces-
« seur, envoyât, à la prière dudit Boniface, le *pal-
« lium* à Abel, archevêque de Rheims, lequel avait

« été institué et ordonné par Boniface. Mais il ne
« lui fut pas permis de demeurer en son diocèse;
« il en fut chassé au mépris du Seigneur, et l'église
« de Rheims resta durant de longues années sans
« évêque; en sorte que les biens de cet évêché ont
« été envahis et distribués entre laïques, comme il
« est arrivé à d'autres évêchés, mais surtout à la cité
« métropolitaine de Rheims. »

CHAPITRE XVII.

De l'évêque Tilpin [1].

Après les évêques dont nous venons de parler, suit Tilpin, moine de Saint-Denis, pour qui Charlemagne obtint le *pallium* du pape Adrien, comme on le voit dans la lettre suivante, écrite par ce pape à Tilpin lui-même.

Adrien, évêque, serviteur des serviteurs de Dieu, à notre très-révérend et très-saint confrère Tilpin, archevêque de Rheims.

« Il nous souvient très-bien qu'à la requête de notre fils spirituel et glorieux roi de France, Charles, et aussi sur le témoignage rendu de ta sainteté et doctrine, par le très-aimable et bien-aimé Fulrad, archiprêtre de France, nous t'avons envoyé le *pallium*, selon la coutume et avec le privilége que l'église mé-

[1] Ou Turpin.

tropolitaine de Rheims soit maintenue et conservée en son intégrité; » et après les quelques lignes que nous avons déjà rapportées au sujet de saint Rigobert et d'Abel, et dans lesquelles le pape parle des biens enlevés à l'église de Rheims, il continue : « Ta fraternité nous annonce que tu as déjà en grande partie obtenu de notre fils Charles, et auparavant de son frère Carloman, la restitution des biens de ton église, et remis quelque ordre et discipline, soit pour ce qui regarde les évêques, soit en autres choses, suivant l'autorité des canons et celle du saint Siége de Rome. Et à ces causes, tu nous as prié qu'il nous plût, de l'autorité de saint Pierre, prince des apôtres, et de l'autorité du saint Siége de Rome et de la nôtre, t'accorder privilége à toi et à ton église, afin que ce que tu as fait et accompli jusqu'ici demeure stable, et afin que tu puisses par notre autorité, avec l'aide de Dieu et du bienheureux apôtre saint Pierre, conduire à perfection ce qui reste encore à faire. C'est pourquoi de grand cœur, et avec l'aide de Dieu et de l'autorité apostolique, non seulement nous confirmons tes anciens droits, selon les sacrés canons et les décrets apostoliques de ce saint Siége, mais en faveur de ton zèle et de ta bonne affection, nous t'en accordons de nouveaux. Nous donc, de l'autorité de saint Pierre, prince des apôtres, à qui a été donné par notre Dieu et notre sauveur Jésus-Christ le pouvoir de lier et de délier les péchés des hommes au ciel et en la terre, confirmons de nouveau et arrêtons que l'église de Rheims sera et demeurera métropolitaine comme anciennement elle l'a été; qu'elle sera le premier siége de la province, et que toi, qui par la coopération de Dieu as été ordonné en ce même siége, tu seras, et tes successeurs après toi, à perpétuité primat de cette province, pour toutes les cités qui d'ancienneté ont été soumises à l'église métropolitaine de Rheims. Et suivant la tradition des saints canons, nous défendons qu'après ton rappel de ce monde en l'autre, nul ose instituer ou transférer un évêque d'un autre évêché en ce siége; que nul ose soustraire tes paroisses, églises ou cités, ni en aucun temps diviser la province de Rheims; mais qu'elle demeure en son intégrité, comme elle l'a été d'ancienneté, et ainsi que les saints canons, l'autorité de nos prédécesseurs et la nôtre l'ont confirmée et confirment. Voulons de plus que nul n'attente ni n'ait pouvoir de te déposer de ton siége, ni toi, ni quiconque après toi sera évêque de Rheims et primat de la province, sans jugement canonique, et même en cas de jugement, sans le consentement du pontife romain, si l'accusé en appelle à ce saint Siége de Rome, qui est reconnu comme le chef de l'univers. Ainsi donc, soumis seulement au pontife romain, avec l'aide du Seigneur et l'appui de notre autorité et de celle du siége de saint Pierre, continue de gouverner ton diocèse et la paroisse de Rheims selon les saints canons et les constitutions de ce saint Siége, de manière qu'un jour avec les élus de Notre-Seigneur Jésus-Christ, tu puisses entendre cette parole desirable : Viens, bon et fidèle serviteur, parce que tu as été fidèle sur peu de choses, je t'établirai sur beaucoup; entre dans la joie de ton Seigneur. Comme aussi tu as fait parvenir à notre connaissance que plusieurs du diocèse de Rheims recevaient l'ordination d'évêques étrangers, et se créaient des recours illégitimes, nous le défendons expressément ; et comme l'autorité sacrée l'enseigne, entendons et voulons que pour la convocation et la tenue des synodes provinciaux, pour l'ordination et les jugemens, l'église de Rheims et son archevêque aient telle autorité et tel pouvoir que le prescrivent les sacrés canons et les constitutions de cette sainte Église.

« Qu'en quelque temps que ce soit, nul n'ose, comme il a été trop souvent fait, diviser ni usurper rien de ce qui appartient à toi ou à ton église; que si, ce que nous ne pouvons croire, quelqu'un osait contrevenir à nos commandemens par quelque téméraire entreprise, qu'il sache que par le jugement de Dieu il est lié du lien éternel de l'anathème, si sur-le-champ, et au premier avertissement, il ne se corrige : quiconque, au contraire, observera les préceptes apostoliques, et suivra la règle de la foi droite et orthodoxe, obtiendra les grâces de la bénédiction. A toutes ces causes, mandons que tout ce que nous avons réglé par les présentes soit et demeure observé à perpétuité en ton église, pour son établissement et progrès. En outre, comme il nous est parvenu nouvelle de la promotion d'un évêque, nommé Lulle, à l'évêché de Mayence, enjoignons à ta fraternité que tu aies à prendre avec toi les évêques Viomage et Possessor, ainsi que les messagers de notre fils spirituel et glorieux roi de France, Charles, pour informer avec diligence sur son ordination, rechercher sa foi, sa doctrine, sa conversation, sa vie et mœurs : que s'il est trouvé capable et digne de gouverner sa chaire épiscopale, il m'envoie par ses messagers sa profession de foi orthodoxe et catholique exposée par écrit, signée de sa main, avec des lettres et une attestation de toi ou des évêques que nous t'adjoignons par les présentes, afin que nous puissions lui envoyer le *pallium*, selon la coutume, confirmer son ordination, et le constituer archevêque de l'église de Mayence. Adieu. »

L'évêque Tilpin, soit par lui-même auprès de l'autorité royale, soit par les agens de l'église par devant divers juges, revendiqua les biens qui avaient été enlevés à l'église en différens lieux, et en obtint la restitution au domaine ecclésiastique. Il s'aida surtout dans ce pieux travail d'un certain Achabe, qui mit le plus grand zèle pour assurer le recouvrement des biens situés tant en France qu'outre la rivière de Loire, et fit rendre à l'église grand nombre de terres et de serfs. Tilpin augmenta aussi les revenus du diocèse par l'achat de diverses possessions et de serfs : il établit des colons dans plusieurs domaines, et régla leurs charges. Il enrichit cette église des manuscrits des saintes Écritures, dont quelques-uns nous servent encore aujourd'hui. Il établit des moines dans l'abbaye de Saint-Remi, et les soumit au régime monastique, tandis qu'il n'y avait eu que des chanoines depuis le temps de l'abbé Gebhard, qui avait fondé cette sainte congrégation, par amour de Dieu et de saint Remi. Enfin il obtint de Carloman, fils de Pepin, la première année de son règne, des lettres d'immunité, sur le modèle de toutes celles qui avaient été accordées à l'église de Rheims par les prédécesseurs de ce roi, et qu'il eut soin de lui faire représenter. Par ces lettres, il était défendu à aucun juge public d'entrer sur les terres de l'église, pour s'y faire donner séjour, y rendre aucun jugement, et lever aucune taxe; et elles maintenaient à perpétuité toutes les concessions faites par les rois précédens. Depuis, il obtint encore du même roi exemption de toute taille, péage ou impôt; et diverses ordonnances, une sur le pont de Bisonce, une autre au sujet des chartes brûlées, auxquelles on laissa prendre le feu par négligence; tout ce que possédait l'église au moment de l'incendie lui fut confirmé sans diminution pour l'avenir, par acte de la volonté royale; une troisième, au sujet des soldats qui résidaient sur les terres de Notre-Dame de Saint-Remi, et par laquelle fut octroyée remise de toute charge militaire; une autre sur les soldats qui résidaient à Courbevoie, et dans tout le Tardenois, sur les terres de l'église de Rheims. Enfin, par une charte authentique, le roi Carloman donna à l'église, au monastère de Saint-Remi, pour sa sépulture et le salut de son ame, le village de Neuilly sur Marne, avec toutes ses attenances et dépendances : et en effet, son corps a été enterré dans la basilique de Saint-Remi. Son frère l'empereur Charlemagne, obtint pour Tilpin le *pallium* du pape Adrien, comme nous l'avons vu par les lettres de ce pape adressées soit à l'empereur, soit à Tilpin lui-même. Ce grand prince accorda aussi, à la sollicitation de l'archevêque, une nouvelle ordonnance d'immunités conforme à celles des rois ses prédécesseurs, et confirmation des exemptions militaires accordées par Carloman au Tardenois, de l'ordonnance sur les chartes brûlées, enfin de la donation des villages de Neuilly et Bebriliacum [1], pour la

[1] Inconnu.

sépulture de son frère. Sous l'épiscopat de Tilpin, beaucoup donnèrent leurs biens soit à l'église de Rheims, soit à celle de Notre-Dame et de Saint-Remi. Enfin, il mourut dans la 47e. année de son âge, et fut enterré aux pieds de saint Remi.

CHAPITRE XVIII.

De l'évêque Wulfar.

Après Tilpin vint Wulfar, qui, avant son épiscopat, fut un des *missi dominici* de l'empereur Charlemagne, et fut, par ce prince, établi sur toute la Champagne pour y rendre la justice et redresser les jugemens. Il réunissait sous sa juridiction les districts du Dormois, de Vouzy, de Château-Thierry, de Stenay, de Châlons, de l'Hiesmois, du Laonnais, du Valois, du Portian, du Tardenois et du Soissonnais. Dans le même temps, d'autres abbés, pleins de sagesse et craignant Dieu, parcouraient la France et la Germanie au nom de l'empereur, s'informant avec exactitude comment les évêques, les abbés, les comtes et les abbesses se conduisaient chacun dans les pays de sa domination, et s'ils entretenaient entre eux concorde et amitié. Ces envoyés devaient pourvoir à ce que partout fussent établis des vice-gouverneurs et des juges honnêtes et habiles, procurer par tous les moyens justice au roi, aux églises de Dieu, aux veuves et aux orphelins, en un mot à tous les sujets de l'empire; corriger, autant que possible, ce qui était à corriger, et renvoyer à l'empereur ce qu'ils ne pouvaient réformer par eux-mêmes; enfin, rendre de toutes choses un compte fidèle au très-puissant Charles.

Wulfar s'appliqua donc à remplir les devoirs qui lui étaient imposés, à réformer la justice, et à remédier aux maux publics avec le concours de quelques comtes : quand il n'était encore qu'évêque désigné, avant son ordination, il fit revendiquer par les agens de l'église de Rheims, des terres, des serfs, des colons qui en avaient été séparés, et en obtint la restitution devant les tribunaux. Quand il fut ordonné évêque, il acquit à son église beaucoup de biens, de colons et de serfs, en plaidant tantôt auprès du roi, tantôt auprès des juges publics, non seulement par les agens et avocats de l'église, mais en se présentant et sollicitant souvent en personne, car Charlemagne avait en lui la plus grande confiance; et la preuve, c'est qu'il remit à sa foi et à sa garde les quinze grands de Saxe qu'il avait reçus et emmenés en otage.

L'an 814 de l'incarnation de N.-S. J.-C., sous le règne de Louis, fils de Charlemagne, Wulfar tint un synode dans l'église de Noyon. Là comparurent ses co-évêques Hildoard, Ermenon, Jessé, Ragumbert, Grimbold, Rothard, Wendilmar, Ostroald; les chor-évêques Walther, Spervon; les abbés Adalhard, Nantaire, Fulrad, Eric, Hilderic, Remi, Ebbon, Sigbald, avec le reste du clergé, prêtres et diacres. Il y appela aussi les comtes Gunthard, Rotfried, Gislebert et Otner. Quand l'assemblée fut réunie, on agita le différent qui s'était élevé entre les évêques Wendilmar et Rothard au sujet des limites de leurs diocèses, et il fut réglé et arrêté que tous les lieux situés au-delà de la rivière de l'Oise, au pays de Noyon, comme Varennes, l'église de Saint-Léger et tous les villages qui s'assemblent en ces églises, seraient du diocèse de Noyon; et que tout ce qui serait situé en deçà de l'Oise, dans le même pays de Noyon, appartiendrait à l'évêché de Soissons. Cette circonscription de limites fut approuvée par tous les évêques ci-dessus dénommés, les chorévêques, abbés, prêtres et diacres du synode; d'un côté par ceux du diocèse de Noyon, clercs et laïques, de l'autre par ceux du diocèse de Soissons, aussi clercs et laïques; en sorte que la résolution fut arrêtée sans contradiction et d'un consentement unanime.

Nous lisons encore que non seulement les évêques de la province de Rheims, mais encore Amalaire, archevêque de Trèves, avec Adalmar, son co-évêque, et Hérilaud, obéirent à Wulfar, quand, par l'ordre de Charlemagne et en sa qualité de métropolitain, il les convoqua pour assister à l'ordination de Frothaire, prêtre de l'église de Trèves. Enfin, ce fut encore sous l'autorité de Wulfar que Charlemagne assembla à Rheims un concile de plusieurs pères de l'église de France, dans lequel furent arrêtés quarante-trois capitulaires, où il est traité des points de foi, de l'honneur de l'église de Dieu, de la disposition de ses recteurs et ministres, de la fidélité due au roi, enfin de tous les intérêts communs du royaume.

Wulfar établit plusieurs colonies nouvelles dans différens villages de l'église de Rheims, et régla leurs limites et leurs charges; il fit plusieurs échanges de terres et de serfs également utiles et à l'église et aux personnes avec lesquelles il traita. Il tira aussi, avec l'approbation et le consentement de plusieurs hommes notables tant du clergé que laïques, différens joyaux des trésors de Notre-Dame et de Saint-Remi, et en fit faire des ornemens et des vases pour le service ecclésiastique, selon qu'il jugea convenable. Dans une de ses lettres, il parle d'une permission obtenue de l'empereur, pour aller faire un voyage à Saint-Pierre de Rome; mais il est incertain s'il en usa ou non. Il affecta à l'aumône, probablement pour le salut de son ame, les revenus de plusieurs domaines de l'évêché, comme on peut le voir dans quelques actes qui nous restent de ce temps, et où sont réglées les charges : ainsi, les domaines de *Termidum*, Grand-Pré, *Vindicum*, *Furvilla*, *Gramadum*, Le Py, *Cadevellum*[1], et Magnancourt sont compris dans la distribution de l'aumône pour 1975 mesures de blé, et 168 têtes de moyen bétail; de même quelques autres domaines pour 1052 mesures de blé, 64 mesures de vin, 5 mesures de sel, diverses pièces de bétail et autres denrées. Il assura à l'œuvre des frères de l'abbaye d'Orbay tout ce qui était nécessaire pour leur entretien; d'où l'on peut conclure que les monastères plus considérables reçurent aussi davantage dans la répartition. Enfin il obtint de l'empereur Louis, pour l'église de Rheims et le monastère de Saint-Remi, une ordonnance d'immunité conforme en tout à celle de son père, l'empereur Charles.

---

[1] Inconnus.

CHAPITRE XIX.

De l'évêque Ebbon.

Wulfar eut pour successeur Ebbon, homme habile et instruit dans les sciences libérales, Germain de nation, et, dit-on, frère de lait et condisciple de l'empereur Louis. Il s'attacha à procurer à son église mille avantages, et surtout la pourvut d'ouvriers qu'il rassembla de tous côtés, auxquels il donna des habitations, en les comblant de bienfaits. Soit par sa propre diligence, soit par les soins de Raoul, vidame et avoué de l'église de Rheims, il réclama devant les juges des colons et des serfs déserteurs qui s'étaient soustraits à l'obéissance de l'église, et en obtint la restitution au domaine ecclésiastique. Il fit divers échanges de terres et de serfs avec différentes personnes, à la convenance des deux parties, et obtint pour les confirmer des lettres de l'empereur. A sa requête, l'empereur Louis donna ordre au comte Robert de défendre les biens de l'église, que quelques-uns se permettaient d'envahir et d'usurper. Avec l'aide de quelques hommes actifs et habiles il fonda plusieurs colonies nouvelles, et en régla les charges et les services. Il fit construire pour les archives de l'église un édifice solide et sûr, ainsi qu'une chapelle élégante et d'un beau travail, dédiée à saint Pierre et à tous les apôtres, martyrs, confesseurs et vierges, en laquelle nous célébrons le service divin, et où sont conservées les reliques de plusieurs apôtres et saints. Plusieurs visions ont signalé ce lieu saint. J'ai vu un serviteur de mon nourricier Gundacre, qui demeurait vis-à-vis de l'église, auquel il arriva d'aller lâcher de l'eau près de la fenêtre de cette chapelle, et qui fut puni de sa témérité par la terrible vision d'un homme armé venant à lui. Le malheureux en fut si frappé qu'il faillit perdre la raison. Un diacre du lieu, nommé Rohing, fut aussi arrêté par une vision toute semblable, au moment où il allait commettre la même faute. C'est pourquoi défenses ont été faites de se permettre jamais pareille chose près de l'église ou de la chapelle.

A la sollicitation d'Ebbon, Halitgaire, évêque de Cambrai, écrivit six livres sur les remèdes contre les péchés, l'ordre et les jugemens de la pénitence. Voici la lettre d'Ebbon, et la réponse d'Halitgaire :

A notre très-révérend frère et fils en Jésus-Christ, Halitgaire, évêque, Ebbon, évêque indigne, salut.

« Je ne doute pas que ta charité ne connaisse de combien de travaux nous sommes accablé par les soins de la discipline ecclésiastique, les nécessités de nos peuples, et l'oppression des mondains, dont nous avons chaque jour à souffrir. C'est pourquoi je n'ai pu, comme j'en avais conféré avec toi, recueillir, dans les écrits des Pères et les sentences des canons, un pénitencier à l'usage de nos confrères dans le sacerdoce, parce que, quand l'esprit est partagé entre beaucoup de choses, il n'a de forces pour aucune. Ce qui surtout me sollicite à cette entreprise, c'est que dans les petits ouvrages de nos prêtres sur la pénitence, les jugemens sont si confus, si divers, si opposés entre eux, et en outre si dépourvus d'autorités et de citations, qu'il est bien difficile d'y rien discerner, à cause des contradictions. De là vient que, tant à cause de la confusion des livres que par lenteur d'esprit et faute de pénétration, nos prêtres ne peuvent subvenir aux besoins de ceux qui recourent au remède de la pénitence. C'est pourquoi, notre très-cher frère, nous avons espéré que tu ne nous refuserais pas ton secours, toi qui, dans un si parfait loisir, t'es toujours livré avec un zèle si ardent à l'étude des sciences célestes, et à une attentive méditation des saintes Écritures. Soumets-toi, je t'en conjure, et sans aucune excuse, à ce lourd fardeau que nous t'imposons, mais que le Seigneur, dont le joug est léger, saura te rendre moins pesant. Ne t'effraie pas et ne recule pas devant la grandeur de l'ouvrage; mais, au contraire, mets la main à l'œuvre avec confiance, car celui qui a dit : « Ouvrez la bouche, et je la rem- « plirai, » sera avec toi. Tu sais bien d'ailleurs que peu suffit à ceux qui ont besoin de peu, et que la foule des pauvres ne peut être admise à la table des grands. Garde-toi donc de nous dérober ta science et les fruits de ta dévotion; garde-toi de cacher sous le boisseau la lumière qui a été allumée en toi; mais place-la sur le chandelier, afin qu'elle brille aux yeux de tous tes frères qui sont dans la maison de Dieu; et, savant interprète, redis-nous ce que tu as appris du Seigneur. Tu seras soutenu dans ta route par la grâce de celui qui vint s'adjoindre pour compagnon aux deux disciples voyageurs, et ouvrir leur esprit à l'intelligence des saintes Écritures. Que le divin Paraclet éclaire ton cœur de toute doctrine de vérité et de la science parfaite de la charité ! Très-cher frère, adieu. »

A notre seigneur et vénérable père en Jésus-Christ, Ebbon, archevêque, Halitgaire, le dernier des serviteurs de Dieu, salut.

« Quand j'ai reçu, vénérable père, la lettre de Votre Béatitude, en laquelle vous avez daigné m'exhorter à ne point laisser mon esprit s'endormir dans les langueurs de l'oisiveté, et à m'appliquer chaque jour avec vigilance à la lecture et à la méditation de la sainte Écriture, et aussi à recueillir les sentences des Pères et des canons, pour en former un pénitencier en un seul volume, je l'avoue, cet ordre m'a paru dur et difficile à remplir : j'ai tremblé à l'idée de me charger d'un fardeau qui a effrayé tous les prudens. J'ai lutté long-temps contre votre volonté, non par résistance et obstination, mais par le sentiment de ma faiblesse. Troublé de cette inquiétude, j'ai cru nécessaire de remettre à quelque temps ma témérité à écrire ; mais, en même temps que je pesais toute la difficulté de l'ouvrage qui m'était imposé, je n'ai pu, ni voulu, ni dû résister pour toujours à l'autorité de celui qui me l'impose, certain que ma faiblesse trouverait dans Votre Dignité un appui bien au-dessus des difficultés de mon ignorance. Adieu. »

Ebbon reçut à Rheims le pape Étienne et l'empereur Louis, après que Louis eut vaincu les Esclavons orientaux, et lorsque le pape Étienne, qui avait succédé à

Léon, envoya des ambassadeurs à ce prince, pour lui manifester le desir de le voir, en laissant à son choix le lieu de l'entrevue. Transporté de joie à cette nouvelle, l'empereur envoya à son tour des ambassadeurs au souverain pontife, et leur ordonna de tout préparer pour sa réception. Lui-même les suivit bientôt en personne. Le pontife et le roi se rencontrèrent dans la grande plaine de Rheims, et tous deux mirent pied à terre. L'empereur se prosterna trois fois aux pieds du pontife; puis ils se saluèrent avec pompe et majesté, se donnèrent le baiser de paix, et se rendirent ensemble à l'église, où, après qu'ils eurent fait leur prière, le pape se leva, et avec son chœur prononça à haute voix les louanges et acclamations royales. Ensuite il combla ce prince de riches présens, ainsi que la reine Hermengarde, les grands de la cour et les ministres. Le dimanche suivant, avant la célébration de la messe, en présence du clergé et de tout le peuple, il l'oignit et le sacra empereur, et lui mit sur la tête une couronne d'or d'une merveilleuse beauté, ornée de pierres précieuses, qu'il avait apportée avec lui. Il proclama la reine Auguste, et la couronna aussi d'une couronne d'or. Et tant que le pape apostolique séjourna en notre France, le roi et lui ne s'entretinrent que des intérêts de la sainte Église de Dieu. Quand il voulut partir, l'empereur le combla à son tour de magnifiques présens, beaucoup plus riches encore que ceux qu'il en avait reçus, et le fit escorter jusqu'à Rome par ses ambassadeurs, auxquels il recommanda de lui faire rendre sur toute la route les hommages et services convenables.

En ce temps, l'église de Notre-Dame tombait de

vétusté. Desirant réparer cette sainte basilique, où le roi Pepin et l'empereur Charlemagne avaient reçu l'onction apostolique, le premier, du pape Étienne II, le second, de Léon III, comme on le voit dans une lettre de l'empereur Lothaire, adressée à Léon IV pour lui recommander l'archevêque Hincmar, Ebbon supplia l'empereur Louis de lui accorder les murs de la cité de Rheims pour être employés à la réparation et à l'agrandissement de cette église. Et comme alors ce prince jouissait d'une paix profonde, et, fort de la toute-puissance de son empire, ne craignait aucune incursion des barbares, il ne refusa point le saint prélat, et lui accorda, au contraire, avec bonté sa demande, pour l'amour de Dieu et de sa sainte Mère, et voulant qu'acte restât de sa volonté, il rendit l'ordonnance dont la teneur suit :

« Au nom du Seigneur Dieu et de notre Sauveur Jésus Christ, Louis, par la grâce de la providence divine, Empereur Auguste; en remettant, par une religieuse libéralité, aux lieux saints, et leur rendant pour subvenir à leurs besoins et nécessités ce que les rois et empereurs nos prédécesseurs avaient cru devoir en exiger pour le service de l'État; en prêtant une oreille favorable aux saintes et salutaires requêtes et supplications des fidèles de Dieu à ce sujet, nous pourvoyons tout à la fois au salut de notre ame et au profit du roi et du royaume; car ce n'est point diminuer le bien public que d'y prendre pour subvenir à des actes pieux, à l'entretien des lieux saints, aux besoins des églises de Dieu et aux commodités de ses serviteurs. C'est pourquoi nous voulons qu'à tous les fidèles de Dieu, présens et à venir, et en particulier à nos successeurs à la souveraine puissance, lesquels seront placés sur le trône par la grâce du Seigneur des seigneurs, comme nous y avons été placé nous-même, il soit connu et appris qu'Ebbon, vénérable archevêque de l'église de Rheims, et du très-révérendissime siége de saint Remi, très-glorieux prélat et notre patron particulier, a fait connaître à notre clémence que notre sainte mère l'église métropolitaine, dédiée en l'honneur de la bienheureuse Marie toujours vierge, tombait de vétusté. Comme en cette sainte basilique, par la grâce de Dieu et la coopération de saint Remi, notre nation des Francs et son roi du même nom que nous furent lavés dans les eaux du baptême, et méritèrent d'être éclairés de la lumière et des sept dons du Saint-Esprit; comme ce grand roi fut trouvé par la clémence de Dieu digne d'y recevoir l'onction sainte; comme enfin nous-même y avons reçu de la munificence divine, par les mains d'Étienne, souverain pontife de Rome, la couronne impériale avec le titre et la puissance d'empereur, il nous a plu, en reconnaissance des grands bienfaits dont le Seigneur nous a comblé en ce lieu, rétablir cette basilique. Considérant d'ailleurs la difficulté des lieux et les obstacles de l'entreprise, nous accordons, pour cette construction et pour édifier tout ce qui sera nécessaire aux besoins des serviteurs de Dieu y demeurant, tous les murs de la cité avec leurs portes, toutes les redevances et charges que les biens de l'église et de l'évêché de Rheims payaient à notre palais royal d'Aix. Donnons le tout en aumônes à notre intention, et pour le salut de l'ame de notre seigneur et père, et autres rois nos prédécesseurs, lesquels, au préjudice de leur salut, ont quelque temps retenu entre leurs mains ledit évêché, et en ont détourné à leur usage les biens et revenus, au mépris de la règle ecclésiastique, et ainsi ont empêché les divers lieux saints situés en ce diocèse de profiter comme ils l'auraient dû. Voulons de plus que tous nos vassaux et fidèles qui possèdent quelques biens provenus de cet évêché concourent à cette sainte entreprise; et, comme il a été arrêté par notre seigneur et père, de bienheureuse mémoire, et aussi par notre seigneur et aïeul Pepin, de pieux souvenir, qu'ils paient à l'église de Rheims les dîmes et nones des biens qu'ils tiennent d'elle. Entendons que toutes routes ou voies publiques qui avoisinent cette église, et pourraient gêner la construction des cloîtres et habitations des serviteurs de Dieu, soient détournées et changées, si besoin est; et si notre fisc y a quelques droits, en faisons concession à perpétuité par la présente ordonnance, et défendons que jamais aucuns juges, comtes ou commissaires osent inquiéter l'église de Rheims et lui susciter quelque trouble ou empêchement. Conjurons nos successeurs de songer à leur salut présent et éternel, de se souvenir des bienfaits qui ont été en ce saint lieu accordés à notre nation, à nos prédécesseurs et à nous, par les mérites de la bienheureuse Marie mère de Dieu, et par l'intercession de saint Remi; les requérons que, comme ils desireraient que le bien qu'ils auraient fait fût maintenu par leurs successeurs, ainsi il leur plaise conserver et maintenir inviolablement et à toujours ce que nous octroyons à ce saint lieu tant de fois dénommé, pour l'amour de Dieu, de sa sainte Mère, et de notre bienheureux protecteur, saint Remi. Et afin que cette concession de notre plein pouvoir obtienne dans l'avenir, au nom de Dieu, une plus ferme et entière autorité, avons ordonné et ordonnons qu'elle soit scellée du cachet de notre anneau royal. »

A tant de bienfaits l'empereur ajouta encore, à la prière d'Ebbon, la cession de son architecte Rumald, qu'il donna à l'église de Rheims, pour la servir tout le reste de sa vie, et lui consacrer le talent qu'il avait reçu du Seigneur. Cette donation fut aussi scellée du cachet et de l'anneau royal. Il donna de plus une nouvelle autorisation pour le changement de quelques voies publiques où l'on avait besoin de construire quelques clôtures assez près de la ville, et il y apposa aussi son sceau. Enfin il donna, de concert avec son fils Lothaire, une ordonnance pour la restitution des biens qui avaient autrefois été enlevés au siège de Rheims. Elle est ainsi conçue :

« Au nom du Seigneur Dieu et de notre Sauveur Jésus-Christ, Louis et Lothaire, par la grâce de la providence divine, Empereurs Augustes; si de notre libéralité nous accordons quelques bienfaits aux lieux consacrés à Dieu, et si nous venons au secours des besoins de l'église, c'est parce que nous croyons fermement que cela nous profitera pour passer heureusement notre vie temporelle, et obtenir la vie éternelle. C'est pourquoi nous voulons qu'à tous nos fidèles sujets, présens et futurs, il soit connu et appris qu'il nous a plu, par révérence pour la foi chrétienne, et pour le salut de notre ame, rebâtir de fond en comble la sainte église de Rheims, où les rois de France, nos prédécesseurs, ont reçu le bienfait de la foi et la grâce du saint baptême ; où nous-mêmes avons pris les marques de la dignité impériale, après l'imposition des mains du seigneur pape Étienne ; avons résolu de la consacrer en l'honneur de Notre-Seigneur Jésus-Christ, le sauveur du monde, et de la bienheureuse Marie toujours vierge, sa mère. A ces causes, cédant à l'inspiration de la grâce, et embrasés de l'amour de la patrie céleste, nous avons ordonné que les biens qui avaient été distraits de ce saint siége lui seraient dévotement rendus, à savoir : dans les faubourgs de l'église même, les titres et cures de Saint-Sixte et de Saint-Martin avec leurs dépendances ; hors de la ville, dans le même diocèse, le titre baptismal de Vouzy, le titre baptismal de Saint-Jean avec ses dépendances ; Bretigny, Épernay et ses dépendances ; divers biens situés aux villages de Lude et de Prouilly, pays de Rheims ; les villages de *Covera* et de *Verna*, aux territoires du Dormois et de Vertus. Et si par hasard il reste encore de notre temps quelque chose à ordonner touchant les biens de ladite église de Rheims, ordonnons par les présentes que les recteurs et ministres de cette sainte église puissent ordonner et disposer, comme ils l'entendront, de tous les biens déjà restitués et à restituer, les possèdent à perpétuité, en fassent tel usage qu'il leur plaira ; en un mot, sans aucune contradiction, ordonnent, disposent et fassent tout ce qu'ils croiront convenable et utile aux intérêts de ladite église. Et afin que cet acte de notre volonté obtienne dans les temps présens et à venir une plus entière et pleine exécution, nous l'avons soussigné de nos propres mains, et avons voulu qu'il fût scellé de notre anneau royal. »

Le même évêque Ebbon obtint encore du même empereur Louis une ordonnance d'immunités pour l'église de Rheims, dans la forme et teneur des anciennes ordonnances des premiers rois; une exemption du péage du pont de Bisonce, et d'autres impôts et charges publiques; et une confirmation de l'ordonnance donnée par Charlemagne au sujet des chartes brûlées. Il obtint de Pepin, roi d'Aquitaine, des lettres d'immunités pour les biens de l'église de Rheims situés en Auvergne; et une exemption particulière pour le village d'Épernay, d'abord de l'empereur Louis, et ensuite de son fils Lothaire. Enfin, du conseil de l'empereur Louis, et avec l'autorisation du pontife de Rome Paschal, Ebbon alla jusque chez les Danois, pour les prêcher; et en effet, il en convertit grand nombre à la foi, et leur donna le baptême.

La guerre étant survenue entre le père et le fils, l'empereur Louis et Lothaire, Ebbon suivit le parti du fils, et, avec tous les autres évêques, censura l'empereur Louis pour quelques fautes qui lui furent reprochées, quand ses fils l'eurent fait prisonnier, et que Lothaire l'eut emmené au palais de Compiègne, où il l'accabla d'humiliations, de concert avec les évêques et quelques autres grands du royaume, qui ordonnèrent qu'il fût confiné dans un monastère pour y passer le reste de ses jours. L'empereur résista et s'opposa à leurs volontés; alors tous les évêques qui étaient présens accablèrent le malheureux prince, lui reprochèrent ses fautes avec amertume, lui ôtèrent son épée, et le vêtirent d'un cilice.

Comme pendant tous ces débats Ebbon fréquentait la cour, et y restait la plupart du temps, la vision suivante apparut à son sujet au monastère de Saint-Remi. Il y avait en ce temps-là au monastère un moine, nommé Raduin, Lombard de nation, lequel avait été abbé d'un monastère en Italie, célèbre par la mémoire de saint Remi, et fondé par le zèle de Modéramne, évêque de Rennes. Après avoir longtemps rempli avec fidélité les devoirs de la vie monastique, Raduin, entraîné par sa dévotion aux mérites de saint Remi, était venu visiter le tombeau de ce grand évêque; et là, vivant dans toutes les rigueurs de la vie religieuse avec les frères, il s'efforçait de se rendre digne d'être admis dans la milice céleste. Un jour, c'était la fête de l'assomption de la sainte mère de Dieu, après l'office de matines, tous les autres frères étant allés reposer, et les gardiens de l'église étant allés aussi dormir, Raduin resta seul au chœur pour prier. Après avoir longtemps psalmodié, la fatigue le prit, et il ne put résister au sommeil. Pendant qu'il dormait, il vit sortir du sépulcre de saint Remi la bienheureuse mère de Dieu toute brillante de lumière, et ayant à ses côtés saint Jean l'évangéliste et saint Remi : il lui sembla qu'ils venaient vers lui à pas lents et solennels. La glorieuse Vierge lui mit doucement la main sur la tête et lui dit: « Que fais-tu ici, frère Raduin ? » A ces mots, le moine se jeta à ses pieds pour les baiser, et la Vierge continua: « Où est l'archevêque Ebbon?—Il est » à la cour, répondit le moine, où il suit les affaires,

« selon l'ordre du roi. — Pourquoi fréquente-t-il tant
« le palais? ajouta la Vierge; en vérité ce n'est pas là
« qu'il acquerra de plus grands mérites de sainteté. Un
« temps viendra, et il n'est pas loin, où toutes ses
« menées lui prospéreront peu. » Raduin n'osant rien
répondre, la Vierge l'interrogea en ces termes : « Quel
« différend vos rois ont-ils donc entre eux? — Votre
« incorruptible Sainteté le sait mieux que moi, sainte
« mère du Sauveur du monde, repartit le moine. —
« Pourquoi donc, continua-t-elle, se laissent-ils ainsi
« séduire au mal de la cupidité, et emporter à une vaine
« audace? » (Or c'était précisément le temps où l'empereur Louis était si outrageusement tourmenté par ses propres enfans). Puis prenant la main de saint Remi : « Voici, dit-elle, voici celui à qui toute autorité a
« été donnée à toujours par Jésus-Christ sur l'empire
« des Francs. Comme il a reçu la grâce de retirer par
« sa doctrine cette nation de l'infidélité, c'est lui seul
« aussi qui a le don inviolable de lui constituer un
« roi ou un empereur. » La bienheureuse mère de
Dieu finissait à peine que Raduin s'éveilla tout-à-coup.

CHAPITRE XX.

De la déposition d'Ebbon.

Quand Louis eut été rétabli sur son trône et dans sa dignité par celui de ses fils qui portait son nom, Ebbon fut déposé de son siége, comme coupable d'infidélité envers l'empereur; ainsi que l'empereur avait, pour le même fait, déposé long-temps auparavant Jessé, évêque d'Amiens, depuis rétabli.

Le pape Nicolas ayant pris des informations sur la déposition d'Ebbon auprès des évêques de France, et surtout de ceux de la province belgique, voici la réponse qui, entre autres, lui fut faite. On accusait Ebbon d'avoir reçu de Lothaire l'abbaye de Saint-Waast pour trahir son père, et d'avoir été l'instigateur des fausses accusations dont on avait accablé l'empereur; enfin de l'avoir, avec ses complices, rejeté du sein de l'Église, condamné à une pénitence publique, et tenu prisonnier, jusqu'à ce qu'enfin, l'an de l'incarnation de Notre-Seigneur 834, Lothaire, effrayé de la ligue de ses frères et d'un grand nombre de fidèles de son père et empereur, s'enfuit, laissant son père libre, mais encore interdit et sequestré de l'Église. Plusieurs évêques, qui s'étaient attachés à Lothaire pendant l'adversité de son père, s'enfuirent avec lui, abandonnant leurs siéges, au mépris des règles saintes; on cite Jessé, d'Amiens; Herbold, d'Auxerre; Agobard, de Lyon; Barthélemy, de Narbonne. Quand Lothaire fut parti, ceux des évêques qui restaient réconcilièrent l'empereur à l'Église dans la basilique de Saint-Denis, et le rétablirent dans la communion ecclésiastique. A cette nouvelle, Ebbon confia la plupart de ses gens et serviteurs à quelques amis, et leur donna des instructions pour déterminer où et quand ils devraient venir le rejoindre. On ajoute que, prenant tout ce qu'il lui fut possible d'emporter d'or et d'argent du trésor de l'église, il s'enfuit de Rheims pendant la nuit, sans que personne cherchât à l'arrêter ou le poursuivre, avec un petit nombre de domestiques, et quelques Normands qui connaissaient les ports de mer et le cours des fleuves qui se jettent dans la mer. Ainsi, il abandonna non seulement son diocèse, mais même la province belgique, et prit sa route vers les Normands, auxquels il avait été destiné pour prédicateur de la foi par les papes Paschal et Eugène, comme il résulte des lettres qu'ils lui adressèrent à ce sujet. Mais l'empereur fut averti de sa retraite par ceux mêmes qui étaient entrés dans son projet; il le fit rappeler par Rothade, évêque de Soissons, et Erchenrade, évêque de Paris, et lui ordonna de se retirer, en attendant le prochain synode, au monastère de Saint-Boniface, où il lui fit fournir tout ce qui était nécessaire à ses besoins et à ceux des clercs et laïques de sa suite. Hildemann, évêque de Beauvais, accusé d'avoir, ainsi que les évêques cités plus haut, formé le projet de se retirer auprès de Lothaire, fut détenu aussi au monastère de Saint-Waast jusqu'au synode, lequel fut tenu l'an 835 de l'incarnation de Notre-Seigneur. Tous les évêques qui y assistèrent donnèrent chacun leur opinion par écrit signée de leur main, et, d'un consentement unanime, se déclarèrent pour le rétablissement de l'empereur. Ebbon donna son opinion par écrit, comme les autres; comme il n'était point encore déchu de sa dignité, il signa avec le titre d'archevêque. Dans cette déclaration il protesta que tout ce qui avait été attenté contre l'honneur de l'empereur avait été fait contre droit et raison. Peu de temps après, quand chaque évêque eut ainsi donné sa déclaration, ils se rendirent tous à Metz avec l'empereur et grand nombre de ses fidèles et de grands du royaume; et là, dans la basilique de Saint-Étienne, l'évêque Drogon fit une lecture publique de tout ce qui avait été arrêté à l'unanimité touchant le rétablissement de l'empereur. Après cette lecture, l'évêque de Rheims, Ebbon, qui avait été, pour ainsi dire, le porte-étendart de la révolte, monta dans la chaire que Drogon venait de quitter, et, en présence de tous, protesta que l'empereur avait été déposé injustement; que tout ce qui avait été fait contre lui était une œuvre d'iniquités et de machinations sans autorité, et qu'enfin rien n'était plus juste et plus légitime que sa réintégration et son rétablissement sur le trône. Ensuite, après avoir chanté tous ensemble les louanges du Seigneur, et terminé tout ce qu'ils avaient à faire en ce lieu, ils s'en retournèrent au palais de Thionville, où s'assembla le synode. Là Hildemann se présenta, se disculpa, dans toutes les formes canoniques, de l'accusation qui lui était intentée, et satisfit le synode, et par ce moyen l'empereur lui-même. Ebbon aussi se présenta, et fut accusé par l'empereur en personne de lui avoir intenté de fausses accusations; de l'avoir précipité du trône ainsi chargé de crimes imaginaires; de lui avoir ôté ses armes; enfin de l'avoir séparé de l'Église et banni de la société des Chrétiens, sans qu'il eût auparavant fait aveu ni été convaincu, ainsi que lui-même l'avait confessé d'abord dans la déclaration signée de sa main, ensuite dans sa protestation hautement et publiquement prononcée à Metz en présence de tous. Outre cette première et principale accusation, il y avait encore plusieurs autres crimes dont il ne pouvait manquer d'être accusé. Déjà même il avait à ce sujet été accusé devant l'empereur long-temps auparavant, et n'ayant pu se purger canoniquement, ainsi qu'il résulte d'une lettre des évêques au pape Serge, il avait été pour quelques-uns de ces crimes chassé du conseil de l'empereur. Sentant donc l'impossibilité de nier alors que la vérité était connue de tous, Ebbon demanda la permission de se retirer, et de plaider sa cause devant les évêques, dans une séance où n'assisterait point l'empereur. Sa demande lui ayant été accordée, il fit appeler en particulier quelques évêques, et là, de son propre mouvement, sans que personne l'y contraignît, se conformant à la règle de ceux qui suivent le concile d'Afrique, afin de s'épargner la honte à lui-même, et de sauver à l'Église l'ignominie et les insolentes insultes du siècle, dans la crainte aussi que la dignité du sacerdoce ne fût souillée s'il faisait aveu, ou s'il était convaincu publiquement des crimes dont il était accusé, et de ceux dont il pourrait l'être, il dicta sa déclaration, la fit écrire sous ses yeux, la signa de sa main, conformément à la discipline ecclésiastique ; puis la présentant de lui-même au synode, et l'appuyant par une confession nouvelle et de vive voix, sans que personne l'en requît ou l'y contraignît, il demanda qu'il lui fût permis d'abdiquer ; et, comme tous ceux qui étaient présens purent le voir, il se démit lui-même du sacerdoce, cherchant le remède de la pénitence, ainsi qu'il est écrit dans sa déclaration et confession signée, dont la teneur suit :

« Moi Ebbon, évêque indigne, reconnaissant ma
« fragilité et la gravité de mes péchés, prends à té-
« moins mes confesseurs, Aïulfe archevêque, Bada-
« rade évêque, et Modoin aussi évêque, lesquels j'ai

« constitués juges de mes fautes, et auxquels j'ai
« fait confession sincère, que cherchant le remède de
« la pénitence et le salut de mon ame, je me démets
« de l'office et ministère pontifical, dont je reconnais
« m'être rendu incapable, indigne, par les fautes dont
« je leur ai fait l'aveu en secret. Qu'ainsi donc ils
« soient garans qu'un autre peut être ordonné et con-
« sacré à ma place, qui gouverne dignement et fasse
« prospérer l'église que jusqu'ici j'ai indignement gou-
« vernée. Et afin que je ne puisse à l'avenir invo-
« quer l'autorité canonique ni révoquer et rétracter
« ce que dessus, j'ai ratifié et signé de ma main la pré-
» sente déclaration. Ainsi signé, Ebbon, jadis évêque. »

Et afin que, selon les lois qui gouvernent l'Église, il accomplît légalement toutes choses au synode, afin aussi de se conformer à la parole de l'Apôtre qui défend de recevoir aucune accusation contre un prêtre sans la déposition de deux ou trois témoins, outre les évêques qu'il avait choisis pour ses juges selon les canons du concile d'Afrique, il demanda trois autres évêques pour constater l'accusation qu'il faisait de lui-même et sa démission du sacerdoce. Les trois nouveaux appelés en témoignage furent Thierri évêque, Achard, un des évêques de la province de Rheims, et Nothon, archevêque. Et ainsi lui-même protestant, et les six évêques attestant sa protestation, il présenta sa déclaration au synode, comme nous l'avons dit plus haut; et chacun des évêques présens lui dit en particulier et à son tour: *Suivant ta déclaration et ta protestation signée, sois démis du ministère.* Ensuite, en présence de tous, l'évêque Jonas prononça, au nom de tous, la déclaration des évêques, et la dicta au notaire Élie, afin qu'elle fût conservée aux âges futurs. Ce notaire était le même qui avait écrit la confession d'Ebbon, ensuite signée par Ebbon lui-même selon les articles 59 et 74 du concile d'Afrique. Le notaire Élie dressa donc acte, ainsi qu'il suit : « A été faite la « confession d'Ebbon, signée de sa propre main, dans « l'assemblée du synode général tenu à Thionville, l'an « de l'incarnation de Notre-Seigneur 835, et du règne « glorieux de l'empereur Louis le vingt-unième. »

Quelque temps après, le synode remit à Foulques, successeur d'Ebbon au siége de Rheims, la déclaration faite par Ebbon après sa condamnation, avec l'acte synodal; laquelle est encore conservée aux archives de l'église de Rheims, et dont une copie fut envoyée alors au pape Léon, de bienheureuse mémoire.

Après sa déposition, Ebbon se retira, dit-on, dans les régions cisalpines, et y demeura jusqu'à la mort de l'empereur Louis, laquelle arriva l'an de l'incarnation de Notre-Seigneur 840. Son père étant décédé, Lothaire vint d'Italie en France, et aussitôt Ebbon alla le joindre à Worms. Là, quelques jours après, il lui rendit par édit impérial les siége et diocèse de Rheims. Cet édit est ainsi conçu :

« Au nom de notre Seigneur Jésus-Christ, Dieu « éternel, Lothaire, par la grâce de la providence di- « vine, empereur Auguste. Comme la confession des « fautes n'est pas pas moins nécessaire dans l'adversité « que dans la prospérité, que Dieu ne rejette point « le cœur contrit qui s'humilie, et que c'est au con- « traire une grande réjouissance pour les anges dans « les cieux, quand un seul pécheur se repent; nous « faibles mortels sur la terre, ne pouvons rejeter ceux

« dont la conversion, ainsi que le témoignage divin
« nous l'apprend, réjouit les anges dans les cieux. D'ail-
« leurs la clémence divine nous prescrit, non de con-
« damner, mais de relever et consoler ceux qui s'ac-
« cusent eux-mêmes et détestent leurs fautes, puis-
« que, non seulement notre seigneur Jésus-Christ a re-
« mis à la femme adultère la peine portée par la loi,
« mais encore n'a point condamné le publicain humi-
« lié et s'accusant lui-même, et au contraire l'a exalté
« en le justifiant ; aussi le Seigneur n'a point dit :
« *Quiconque s'humilie sera condamné,* mais bien,
« *sera exalté.* C'est pourquoi Ebbon, à la prière des
« enfans de ton église, et à la requête des évêques ici
« présens, nous te rendons le pouvoir que tu as perdu
« par ton zèle pour notre cause, et te rétablissons en
« ton siége et diocèse de Rheims, afin que jouissant de
« tous les droits et honneurs du *pallium* anciennement
« obtenu de la libéralité apostolique, tu exerces avec
« nous en accord et bonne union ton saint et pieux mi-
« nistère, ayant humblement satisfait et obtenu grâce
« par acte solennel de notre libéralité. Ont signé et ap-
« prouvé : Drogon évêque, Otgaire archevêque, Hetti
« archevêque, Amalwin archevêque, Audax archevê-
« que, Joseph évêque, Adalulfe évêque, David évêque,
« Rodingue évêque, Giselbert évêque, Flothaire évê-
« que, Badarade évêque, Haganon évêque, Hartgaire
« évêque, Adon évêque, Samuel évêque, Rambert évê-
« que, Haimin évêque, Ratold prêtre, évêque désigné,
« Amalric évêque désigné, en présence de plusieurs
« autres prêtres et diacres réunis en assemblée publi-
« que. Fait au palais public d'Ingelheim, le vingt-qua-
« trième jour de juin, régnant et gouvernant l'empe-

« reur Lothaire, de son retour en France et de sa suc-
« cession à son père l'an premier, indiction troisième. »

Le synode dont nous avons parlé plus haut se rassembla à Soissons, et mit opposition à cet acte de restitution, déclarant que, condamné par lui-même et par quarante-trois évêques, Ebbon ne pouvait être rétabli par un nombre moindre. Ebbon n'en porta pas moins à Rheims l'édit, en donna connaissance aux évêques et à plusieurs de tout état et condition, et enfin le fit lire publiquement dans l'église de Rheims; et comme en ce temps Lothaire vainqueur chassa Charles du royaume et le contraignit de se retirer derrière la Seine, Ebbon remonta sur le siége de Rheims, six ans après sa déposition, et exerça de nouveau tous les pouvoirs et fonctions du ministère épiscopal, faisant des ordinations. Il resta maître de l'évêché environ un an, jusqu'à ce qu'enfin Charles, ayant rassemblé ses forces, rentra en Belgique. Aussitôt Ebbon abandonna le siége de Rheims, et s'enfuit vers Lothaire, auprès duquel il vécut dans l'intimité et l'obéissance domestique, jusqu'à ce qu'il alla à Rome avec Drogon évêque de Metz; alors il demanda au pape Serge de le réconcilier, et de lui rendre le *pallium;* mais le pape lui refusa le *pallium*, et l'admit seulement à la communion. A son retour de Rome, il obtint de la libéralité de l'empereur Lothaire l'abbaye de Saint-Colomban en Italie; mais ayant refusé une ambassade dont l'empereur voulut le charger en Grèce, il perdit son abbaye avec tous les bienfaits dont il avait été comblé, et se retira auprès de Louis, roi de Germanie, qui le nomma à un évêché en Saxe, où il a vécu depuis exerçant le saint ministère.

LIVRE TROISIÈME.

CHAPITRE Ier.

De l'élection et de l'ordination d'Hincmar.

L'an de l'incarnation de Notre-Seigneur huit cent quarante-cinq, Charles (le Chauve) convoqua le synode des évêques de son royaume à Beauvais, ville de la province de Rheims. Là, entre autres affaires de l'Église et du royaume, le roi entretint les évêques de la désolation de l'église de Rheims, long-temps administrée par Foulques, prêtre, et après lui par Nothon, mais cependant toujours demeurée sans pasteur depuis la déposition d'Ebbon. Or, ceux-ci racontant l'histoire de cette déposition comme ils l'avaient vue ou entendu raconter, et rappelant les sentimens et l'autorité des saints Pères sur des affaires du même genre, par nécessité et en même temps avec tout pouvoir et autorité, arrêtèrent d'un consentement unanime qu'après dix ans depuis la déposition d'Ebbon il était temps enfin de donner un évêque au siége de Rheims. En conséquence, Hincmar fut élu par le clergé et le peuple de la métropole, par les évêques de la province, du consentement de Wénilon, archevêque de Sens, et d'Ercamrade, évêque de Paris, avec l'approbation de son abbé et des frères de l'abbaye de Saint-Denis, où il était moine, enfin avec l'autorisation du roi Charles.

Dès sa plus tendre enfance Hincmar avait été élevé sous la discipline monastique, et instruit aux belles-lettres au monastère de Saint-Denis, sous l'abbé Hilduin : de là, tant à cause de la noblesse de son origine que de l'élévation de son esprit, il avait passé à la cour de l'empereur Louis, et avait mérité d'être admis dans sa familiarité. Là, de concert avec l'empereur et son abbé, et sous l'autorité des évêques, il ne cessa de travailler à la réforme de son monastère, qu'un parti de voluptueux avait depuis long-temps jeté dans le relâchement; et pour confirmer par sa conduite ce qu'il prêchait dans ses discours, il se soumit le premier à toutes les rigueurs de la vie religieuse, mortifiant son corps et se condamnant à une servitude spirituelle. Dans la suite, lorsque l'abbé Hilduin, grand aumônier de l'empereur Louis, encourut avec d'autres grands du royaume la disgrâce de ce prince au point d'être dépouillé de ses abbayes et exilé en Saxe, Hincmar, avec la permission de son évêque et la bénédiction de ses frères religieux, le suivit en exil ; et bientôt par les liaisons et l'intimité que le Seigneur lui avait fait la grâce de se ménager auprès de l'empereur et des grands, il parvint à force de soins à faire rappeler son maître, et à lui faire rendre deux de ses abbayes. Plus tard, quand le pape Grégoire vint en France, et que le royaume se détacha de l'obéissance de l'empereur, son abbé fit tout ce qu'il put pour l'entraîner avec lui dans la révolte : mais ce fut en vain, Hincmar resta fidèle ; et quand Louis fut rétabli, il ne cessa de faire tout son possible pour être utile à son abbé. Enfin, établi sans contradiction gardien des reliques et des corps des saints martyrs de l'église, il vécut paisiblement en son monastère jusqu'au temps où le roi l'appela à son service, et où il prit le gouvernement du monastère de Notre-Dame et de Saint-Germain, du commandement du roi, de son évêque, et du diacre Louis, son abbé. Il reçut aussi alors de la libéralité du roi quelques propriétés, soit en terres, soit en serfs, lesquelles, quand il fut évêque, il laissa par testament au monastère de Saint-Denis, où il avait milité sous Jésus-Christ.

CHAPITRE II.

De la révision du jugement d'Ebbon.

Un an s'était écoulé depuis l'ordination d'Hincmar, lorsque l'empereur Lothaire, qui ne cessait de disputer le royaume à son frère Charles, auquel cet évêque restait inviolablement fidèle, irrité contre lui, sollicita du pape Serge des lettres de révision sur le procès d'Ebbon. En conséquence, le pape écrivit au roi Charles, et lui manda d'envoyer Gondebaud, évêque de Rouen, avec quelques autres évêques du royaume choisis par Gondebaud lui-même, pour venir à Trèves discuter cette querelle avec les légats qu'il enverrait lui-même ; il enjoignait au roi de donner l'ordre à Hincmar de se rendre à ce synode. Il écrivit aussi particulièrement à Gondebaud pour le prévenir que, comme il envoyait ses légats rendre hommage à l'empereur après le jour de la Résurrection de Notre-Seigneur, il eût à se trouver à Trèves à cette époque, avec les évêques, afin de prononcer définitivement sur cette cause. Enfin il écrivit à Hincmar lui-même de ne pas manquer d'assister à la conférence. Mais les légats du pape ne vinrent point, comme il l'avait promis. Alors Gondebaud, avec le consentement du roi Charles, et de concert avec les autres évêques, convoqua un synode auquel il cita Ebbon par lettres et par envoyés, et le somma d'y comparaître au nom du pape. Mais celui-ci ne comparut ni en personne, ni par procureur, et n'adressa même aucunes lettres canoniques. Néanmoins Gondebaud et les autres évêques qui s'étaient réunis à Paris, entre autres Wénilon, métropolitain de l'église de Sens, avec ses évêques diocésains, Lanfranc archevêque de Tours, avec ses suffragans, et particulièrement Hincmar, avec tous ses coévêques de la province de Rheims, écrivirent à Ebbon, lui interdirent le diocèse de Rheims, lui défendirent d'y solliciter désormais personne ni par écrit, ni par parole, ni par messager, avant qu'il se fût présenté devant eux, selon le mandement du pape Serge, pour entendre en pleine assemblée sa sentence définitive, conformément aux constitutions canoniques et apostoliques. Mais depuis Ebbon n'éleva jamais, soit devant un synode, soit auprès du Saint-Siége, ni réclamation, ni prétention sur le siége de Rheims et sur son ancienne dignité. Enfin, sur un rapport de l'affaire adressé au pape Léon, et sur des lettres du roi, l'ordination d'Hincmar fut ratifiée et approuvée après qu'il eut envoyé à Rome sa profession de foi, et il reçut le *pallium*. Ebbon survécut environ cinq ans, jusqu'en l'an de l'incarnation de Notre-Seigneur huit cent cinquante-un.

CHAPITRE III.

De la vision de Bernold.

Quelque temps après, un homme du diocèse de Rheims, nommé Bernold, eut au sujet d'Ebbon la vision suivante. Cet homme tomba malade, et fut si près de mourir que pendant quatre jours il ne put ni manger, ni boire, ni parler. Le quatrième jour, sur les neuf heures, il demeura comme mort : on ne pouvait s'apercevoir qu'il respirait encore, si ce n'est par intervalles ; et à peine en passant la main sur sa bouche, ou l'appuyant sur son cœur, y sentait-on un léger mouvement. Cependant il avait une grande rougeur au visage. Il resta dans cet état jusqu'à minuit. Alors ouvrant les yeux avec force, et adressant la parole à sa femme et aux assistans, il leur commanda d'aller promptement lui chercher un prêtre. Un instant avant que le prêtre entrât, il ordonna de lui préparer un siége, parce qu'il allait arriver ; et en effet, le prêtre entra au moment même. Quand il eut fini ses prières pour le malade, celui-ci lui dit de s'asseoir auprès de son lit, et d'écouter attentivement ce qu'il allait lui dire, afin que s'il ne vivait pas assez pour publier ce qu'il avait vu, le prêtre pût au moins le faire à sa place. Alors il se mit à pleurer à chaudes

larmes, et dit en sanglottant : « J'ai été enlevé de ce monde en l'autre, et j'ai été transporté dans un lieu où j'ai trouvé quarante-un évêques, parmi lesquels j'ai reconnu Ebbon, Pardule et Æneas. Ils étaient tous couverts de haillons sales et noircis, comme s'ils avaient été brûlés; parfois ils tremblaient horriblement d'un froid glacial en pleurant et grinçant des dents; parfois ils brûlaient d'une chaleur dévorante. Ebbon m'appela par mon nom, et me dit : « Comme
« il te sera permis de retourner dans ton corps, nous te
« prions, mes confrères et moi, de vouloir bien nous
« soulager. — Et comment puis-je vous soulager ? lui
« répondis-je. — Va, reprit-il, trouver ceux de nos
« hommes clercs et laïques à qui nous avons fait du
« bien; dis-leur qu'ils fassent pour nous des aumônes
« et des prières, et offrent des messes à notre inten-
« tion. » Et comme je lui disais que je ne savais pas où étaient leurs hommes, il me dit : « Nous te donnerons un conducteur qui te mènera vers eux. » Et en effet ils me donnèrent un conducteur qui marcha devant moi, et me mena dans un grand palais, où était une grande multitude d'hommes appartenant à ces évêques, qui même s'entretenaient entre eux de leurs évêques. Je leur racontai ce que j'avais à leur dire de la part des évêques, et ensuite je m'en retournai avec mon conducteur, et je revins au lieu où je les avais laissés. Comme si déjà ce qu'ils avaient demandé eût été fait, je les trouvai le visage riant et frais, comme s'ils venaient de faire leur barbe et de sortir du bain, vêtus de blanc, parés de belles étoles, et chaussés en sandales. Et l'évêque Ebbon me dit : « Vois combien
« ton message nous a soulagés; jusqu'ici nous étions

« soumis à un gardien trop rigoureux et à une garde
« trop sévère; maintenant nous avons saint Ambroise
« pour gardien, et notre garde est douce. » Le malade
vit encore et entendit beaucoup d'autres choses, lesquelles, d'après son récit, ont été écrites par l'évêque
Hincmar.

CHAPITRE IV.

De la restitution des biens ecclésiastiques faite par le roi Charles.

Quand enfin Hincmar eut été ordonné archevêque
de Rheims, comme nous l'avons raconté ci-dessus, le
roi Charles restitua à cette sainte église tous les biens
de l'évêché, qu'il avait concédés ou laissé usurper
aux seigneurs de sa cour; et, pour cette restitution, il
rendit l'ordonnance suivante :

« Au nom de la sainte et indivisible Trinité, Charles, par la grâce de Dieu, roi. Si nous confirmons par
nos édits ce qui, par nos prédécesseurs ou par la dévotion des fidèles, a été bien et sagement disposé,
ordonné et confirmé; si pareillement nous corrigeons
par notre autorité royale, et changeons en mieux ce
qui a été corrompu par une nécessité quelconque, ce
faisant, nous pourvoyons à notre salut, et nous exerçons le ministère royal que nous tenons du Seigneur.
Sachent donc tous fidèles serviteurs de Dieu et nôtres
que les biens de l'évêché de Rheims, que dans une
extrême nécessité, et malgré nous, nous avions pen-

dant la vacance de ce saint siége donnés pour un temps en commande à nos fidèles sujets, afin qu'ils trouvassent quelques douceurs temporelles en notre service, nous les rendons et restituons, maintenant que par la grâce du Saint-Esprit, et par la volonté de Dieu et la nôtre, Hincmar a été établi archevêque de ce saint siége; et par la présente ordonnance restituons en intégrité tout ce dont avions gratifié nos fidèles, à savoir : Épernay et Juliers; tout ce que Richuin tenait de cet évêché, tout ce qu'a possédé le comte Odon; le village de Chermisy et celui de Chapelle, concédés à Raban, prêtre; enfin tout ce qui était occupé par Pardule, l'abbesse Adalgarde, Rothbert, Amalbert clerc, Altmar Jean, le médecin, Raban et le petit nain, Ratbold et Goderamne, Herenbold, Donat et Gilbuin; enfin tout ce qui a été entre les mains de clercs ou de laïques qui pendant quelque temps ont été soumis à notre domination, et que nous remettons sous l'autorité dudit archevêque Hincmar. Et pour tout dire en un mot, après nous être fait représenter le testament de saint Remi en assemblée générale, et en présence de tous nos fidèles tant de l'ordre ecclésiastique que de l'ordre laïque, nous rendons et restituons en toute intégrité à l'église de Notre-Dame et de Saint-Remi, et à l'archevêque Hincmar, l'évêché tel que nous l'avons reçu de Foulques, prêtre; abrogeons toute concession faite à nos fidèles, et voulons que sans opposition aucune, et nonobstant toute disposition contraire, ledit archevêque en reprenne la propriété, pour en disposer, lui et ses successeurs, comme on doit toujours disposer des biens de l'Église, c'est-à-dire pour l'utilité de l'Église de Dieu. Promettons que désormais nous ne nous permettrons rien de semblable contre la maison de Dieu ; et, au nom du Seigneur tout-puissant, fils de la sainte Vierge, conjurons nos successeurs de ne jamais rien entreprendre contre cette sainte église. Et afin que cet acte de notre autorité soit plus certain et stable dans l'avenir, et que son authenticité prévale contre les ennemis de cette sainte église, nous l'avons signé de notre main, et y avons fait apposer le sceau de notre anneau. Donné le premier octobre l'an sixième du règne du très-glorieux Charles, indiction huitième. Fait en Anjou, à Avegy. »

Quant aux autres biens qui ne furent pas rendus, le roi rendit ensuite une ordonnance ainsi conçue :

« Au nom de la sainte et indivisible Trinité, par la grâce de Dieu, Charles, roi, à tous comtes, abbés, abbesses, commissaires, vassaux, et à tous fidèles de l'Église de Dieu et aux nôtres, présens et à venir, savoir faisons que Hincmar, religieux pontife de la sainte église de Rheims, lequel nous est tout à la fois cher et vénérable, s'est jeté aux pieds de Notre Majesté, et a fait connaître à notre mansuétude que l'on ne paie point, comme il est dû, les nones et dîmes des biens de Notre-Dame et du saint et pieux confesseur Remi, dont l'église de Rheims a été dépossédée, soit par donation des rois nos prédécesseurs, soit par imprudence ou concession des évêques, soit enfin par machinations ou pratiques des malveillans. C'est pourquoi ledit évêque a supplié notre magnificence pour qu'il nous plût donner une ordonnance à ce sujet, pour l'amour de Dieu, de sa sainte Mère, et de saint Remi, notre précieux patron. Acquiesçant donc, et cédant librement et avec plaisir à ses gracieuses et instantes prières, nous lui avons octroyé le présent mandement de notre grande autorité. Ordonnons donc expressément à tous fidèles du Dieu tout-puissant et nôtres, qui se trouvent posséder quelque partie des biens de la bienheureuse vierge Marie, mère de Dieu, ou du saint confesseur de Jésus-Christ, Remi, ou de notre très-religieux et bien-aimé vénérable archevêque Hincmar, soit par octroi de notre libéralité, soit par brigue ou menée quelconque, soit par prière et concession, enfin à quelque titre que ce soit, qu'ils aient à verser nones et dîmes en présence de nos commissaires, entre les mains de l'officier de la sainte vierge Marie, de saint Remi de Rheims, ou du vénérable archevêque Hincmar, et à payer ainsi chaque année à l'église de Rheims en toute diligence et sans contestation; et quiconque osera contrevenir à notre présente ordonnance, sache qu'il sera sévi contre lui selon les capitulaires de notre aïeul et de notre père, de pieuse mémoire, et qu'il perdra lesdits biens, sans espérance de pouvoir jamais les recouvrer. Et afin que cet acte de notre autorité obtienne plus ferme et plus pleine vigueur, et que tous sujets de la sainte Église de Dieu et nôtres, présens et à venir, y ajoutent plus de foi, nous l'avons fait sceller de notre anneau. Donné le deuxième jour de septembre, du règne du très-glorieux Charles, l'an huitième; indiction dixième. Fait au monastère de Saint-Quentin. »

Charles accorda en outre à l'église de Rheims des lettres d'immunité conformes à celles qui avaient été données par les rois ses prédécesseurs ; il confirma la remise que son père Louis avait faite à ce siége des tributs dus au fisc, ainsi que les ordonnances sur les ouvriers et architectes, et la concession des murs de la ville pour la restauration de cette sainte église. L'ordonnance était ainsi conçue :

« Au nom de la sainte et indivisible Trinité, Charles, par la grâce de Dieu, roi. Si nous accueillons avec bienveillance les requêtes de nos fidèles, et particulièrement des prêtres du Seigneur, surtout en ce qui peut contribuer à la prospérité de l'Église, ce faisant, nous croyons avancer notre salut éternel : à tous fidèles du Seigneur et nôtres, présens et à venir, savoir faisons que le vénérable Hincmar, archevêque de Rheims, a remis sous les yeux de Notre Sérénité une ordonnance rendue par notre père et seigneur Louis, de pieuse mémoire, en augmentation de ses aumônes, et en faveur de l'église de Notre-Dame et de saint Remi, touchant les ouvriers et architectes, et la remise des tributs que, d'après les décrets de notre seigneur, cette sainte maison de Dieu payait pour notre palais d'Aix :

« Laquelle ordonnance consacrant les dites redevances à la construction et restauration de l'église de Dieu dans l'avenir et jusqu'à la fin des siècles, et à l'accroissement de ses aumônes, défend que dorénavant les redevances soient exigées ni pour le palais d'Aix, ni pour tout autre lieu, mais au contraire demeurent et profitent à la sainte église : nous donc, jugeant bons et équitables les actes de notre seigneur et père, donnons la présente pour les confirmer, et voulons que tout ce qu'il a réglé et arrêté sur les architectes employés à la construction de ladite église, et touchant les murs de la cité, les rues et voies publiques servant à l'utilité du cloître des chanoines, soit de nouveau concédé, octroyé et maintenu à perpétuité par notre présente. Et pour que cet acte de confirmation et de concession obtienne une plus certaine authenticité, et soit rendu plus inviolable dans les temps à venir, nous l'avons signé de notre main, et avons ordonné qu'il soit scellé du sceau de notre anneau. Donné le vingt-septième jour de mai, l'an du règne du très-glorieux Charles le dixième, indiction treizième. Fait au palais royal de Vermerie, au nom de Dieu et heureusement. Ainsi soit-il!

CHAPITRE V.

De la réparation de l'église de Rheims par Hincmar.

Après avoir obtenu ces divers témoignages de la libéralité royale, se voyant confirmé sur le siége épiscopal, jouissant d'une paix profonde et de la faveur du roi, Hincmar songea à poursuivre la restauration du temple de Notre-Dame, commencée par Ebbon, et termina par de grands et magnifiques travaux cet édifice dont son prédécesseur avait jeté les fondemens. Il couvrit d'or l'autel de la Sainte-Vierge, l'enrichit de pierres précieuses, et y fit graver l'inscription suivante :

« Cet autel consacré en l'honneur de la mère du

« Seigneur, l'évêque Hincmar, son constant adora-
« teur, qui a été prêtre dans ce siége et s'est acquitté
« des offices sacrés, l'a fait élever, huit cents ans déjà
« écoulés, et la quarante-cinquième année près de s'y
« ajouter, pendant que le jeune Charles portait le
« diadême du royaume, et les fidèles de la ville ayant
« demandé Hincmar pour pasteur [1]. »

Auprès de l'image de la sainte Vierge placée sur l'autel, furent inscrits les deux vers suivans :

« La Vierge Marie porte dans ses flancs l'homme,
« le roi, le Dieu, né du Saint-Esprit [2]. »

Il fit couvrir de plomb le toit de l'église, orna la voûte de peintures, éclaira le temple par des fenêtres vitrées, et le fit paver en marbre. Il couvrit la grande croix de pierreries et d'or, et garnit toutes les autres d'or et d'argent. Il fit faire un grand calice d'or, avec une patène et une cuillère en même métal, enrichies de pierres précieuses. Le calice a été donné dans la suite aux Normands pour la rançon et le salut de la patrie : la patène existe encore aujourd'hui. Il fit écrire le livre sur la nativité de la sainte Vierge, avec le sermon de saint Jérôme sur l'assomption de cette reine céleste, et le couvrit de tablettes d'ivoire revêtues d'or. C'est lui encore qui fit construire, et garnir d'argent doré et

---

[1] *Hanc aram Domini genitricis honore dicatam*
Cultor ubique suus decoravit episcopus Hincmar,
Muneribus sacris functus hac sede sacerdos.
Jam bene completis centenis octies annis,
Quadraginta simul quinto volvente sub ipsis,
Cum juvenis Carolus regeret diademata regni
Hunc sibi pastorem poscentibus urbis alumnis.

[2] *Virgo Maria tenet hominem, regemque, Deumque,*
Visceribus propriis, natum de flamine sancto.

ciselé la grande châsse que deux clercs portent ordinairement dans les cérémonies, et dans laquelle il déposa les reliques de plusieurs saints pour placer la ville sous leur protection. Il fit écrire l'Évangile en lettres d'or et d'argent, le fit couvrir de tablettes d'or parsemées de pierreries, avec cette inscription :

« Sainte mère de Dieu et toujours vierge Marie, « moi Hincmar, évêque, je te présente ces dons ; quelles « ont été tes pieuses vertus, chaste Vierge, c'est ce que « nous a enseigné Jésus-Crist, né de ton sein [1] ! »

Il orna d'or et d'argent le livre des sacremens et le livre des prières qu'il fit écrire, fit garnir les candelabres en argent, para le temple de lampes, de voiles, de rideaux, de tapis de toutes espèces, et fit faire des ornemens d'autel pour les ministres ; enfin, en présence de plusieurs évêques convoqués exprès, et du roi Charles venu aussi à Rheims, il dédia solennellement l'église en l'honneur de l'incomparable Marie toujours vierge et mère de Dieu, comme autrefois l'avait été l'ancienne église, et assisté de ses co-évêques, il la consacra sous l'invocation de la toute-puissante Trinité.

---

[1] *Sancta Dei genitrix et semper virgo Maria,*
Hincmarus præsul defero dona tibi.
Hæc pia quæ gessit, docuit nos Christus Jesus,
Editus ex utero, casta puella, tuo.

CHAPITRE VI.

Des miracles qui ont été opérés depuis dans cette église.

Un grand nombre de miracles ont été en divers temps opérés dans cette église par la grâce de Dieu, et à l'honneur de l'ineffable Mère de Notre-Seigneur Jésus-Christ; la plupart, ayant eu lieu avant nous, nous sont inconnus; mais nous croyons qu'il ne nous est pas permis de passer sous silence ceux que nous avons vus nous-mêmes, ou que nous avons entendu raconter aux personnes qui les avaient vus, quoique cependant nous les ayons déjà rédigés et mis en vers.

Une femme de la cité, nommée Altrude, avait une fille unique toute petite, qu'elle nourrissait et qui devint aveugle pendant qu'elle tétait encore le sein de sa mère. Après avoir vainement essayé de tous les remèdes, et n'en obtenant aucun bien, la pauvre mère s'avisa enfin d'avoir recours au souverain médecin, et pour s'adresser à lui elle ne crut pas pouvoir trouver parmi les saints de meilleur intercesseur que la sainte et unique Mère, dont elle était elle-même la servante fidèle. Elle fit donc préparer des cierges pour elle et pour sa fille, et s'en alla à l'église pour invoquer la bonté de la Reine des anges. Là, plaçant d'abord ses cierges sur les candelabres, puis se prosternant contre terre, elle répandit son cœur en oraison ; et ne présumant pas que ses prières seules suffiraient, elle supplia instamment les ministres de l'autel de l'aider de leurs prières. Comme elle pria avec dévotion et confiance, elle obtint que ses vœux fussent exaucés, et la vue fut rendue à son enfant; et depuis nous l'avons vue, avec les saints ministres qui l'avaient aidée en prières, rendant grâces à Dieu et à sa très-sainte Mère, et nous montrant sa fille parfaitement guérie et jouissant de la vue.

Un clerc de notre congrégation, nommé Hugues, noble de naissance, était depuis quelque temps tourmenté d'un si violent mal de dents qu'il ne pouvait ni dormir ni rien prendre. Un bon vieillard, auquel il racontait sa douleur, lui donna le conseil d'aller se prosterner devant l'autel de la sainte Mère de Dieu, et d'implorer du fond du cœur son assistance; puis, quand sa prière serait finie, d'embrasser l'autel, et de poser à nu sur le marbre la joue malade; enfin, de s'en retourner plein de confiance en sa guérison, de se mettre au lit en se faisant bien couvrir, et d'essayer de dormir. Hugues, ayant accompli de point en point ce qui lui avait été ordonné, s'endormit. Or c'était le jour de la Nativité de Notre-Seigneur, et après les vêpres dites, les frères étaient au réfectoire, où ils étaient, selon leur coutume, rassemblés pour se chauffer. Frère Hugues se vit, en dormant, debout au pied de l'escalier du réfectoire, et au haut de l'escalier, à la porte d'entrée, la bienheureuse mère de Dieu. D'autre part à gauche, sur le dernier degré, il vit l'esprit malin sous la figure d'un chirurgien. Ne doutant point que celle qu'il voyait ne fût la reine des cieux, sans craindre le perfide ennemi, il monta jusqu'à elle, et se jeta à ses pieds. Lors la Vierge le relevant, et lui passant la main sous le menton, toucha la joue qui le faisait souffrir, et le consola avec bonté, lui disant qu'il ne l'avait point trouvée à l'église parce qu'elle était obligée de rester en ce lieu pour veiller à la garde des frères. « Ce malin, ajouta-t-elle, que tu vois au bas « des degrés, veut monter ici et venir troubler nos frè- « res. » Après ces paroles, elle lui commanda de s'en retourner, et d'avoir confiance, qu'il serait guéri. Mais comme il allait de nouveau se prosterner à ses pieds, elle le releva encore, et il ne put embrasser que la robe de pourpre dont elle était vêtue; et à ce moment il s'éveilla, et demanda à manger. Les domestiques étonnés, et croyant qu'il avait le délire, en le voyant si vivement demander à manger, commencèrent à s'inquiéter; mais lui leur assura qu'il venait d'être guéri par la bienheureuse Mère de Dieu, et qu'il n'était ni malade ni fou. Subitement ainsi rendu santé, on l'a souvent entendu affirmer hardiment qu'il ne serait jamais attaqué du mal de dents, puisqu'il avait été guéri par une si puissante reine; et en effet, jamais depuis, quoiqu'il ait vécu longues années après, il n'a senti la moindre atteinte.

Everard, clerc et diacre du même Hugues, était agité d'une fièvre violente. Un jour épuisé de fatigue et de souffrance, il se reposait dans la chapelle de Saint-Remi, qui est sous l'église de Notre-Dame, pendant qu'on y célébrait le mystère de la messe. Après l'accès, le sommeille prit, comme il arrive à tous ceux qui ont la fièvre; et voilà que tout-à-coup il aperçoit auprès de lui la bienheureuse Mère de Dieu, la voit passer en lui mettant la main sur la tête, et se retirer derrière l'autel. Aussitôt il ouvre les yeux, se lève, et comme la messe finissait, il se trouve guéri, et répond *amen;* puis s'acquitte avec diligence de son ministère. Au moment où la vierge miraculeuse le toucha, il sentit sa tête doucement baignée, comme si on venait d'y répandre quelque parfum ; ce que nous avons aussi admiré nous-même, qui le vîmes ce jour-là même gai et bien portant, et prenant sa réfection avec nous.

Nous avons vu à différentes époques trois boiteux frappés de paralysie aux genoux, et qui ne pouvaient faire un pas, recevoir leur guérison dans cette même église ; l'un sous l'épiscopat de notre seigneur Hérivée, qui avait été apporté à bras, et s'en retourna de son pied ; le second, sous l'épiscopat de Séulphe, nommé Maganère et Breton de naissance, boiteux des deux genoux, et ne marchant qu'à l'aide de béquilles, qui vivait parmi nous des aumônes des fidèles, depuis près d'un an. Le jour de la fête de tous les saints nous chantions matines, il était à terre au milieu du peuple ; tout-à-coup les nerfs de ses genoux se détendirent si vivement que les courroies qui lui tenaient les jambes attachées aux cuisses se rompirent, et la peau s'étant déchirée, le sang jaillit en abondance ; aussitôt se levant, il se mit à marcher au milieu du peuple étonné, et depuis il a toujours continué. Le troisième, sous l'épiscopat d'Artaud, fut guéri pendant que ce prélat célébrait la sainte messe à la solennité du jour où l'archange Gabriel descendit du ciel pour annoncer à la sainte Vierge son enfantement miraculeux. Ce pauvre et misérable boiteux se tenait avec peine sur le marbre du pavé, quand tout-à-coup il sentit ses nerfs se détendre ; après avoir mesuré la terre de son corps, il se releva, se prit à marcher, et par sa guérison, augmenta l'allégresse du peuple : il existe encore parmi nous, et vit des aumônes de l'évêque.

Enfin, un paysan nommé Gerlay, serf de Notre-Dame, venant un jour en ville, entra dans cette église pour faire sa prière. Pendant qu'il priait, il fut tout-à-coup frappé de langueur, et paralysé de presque tous ses membres. Dans ce triste état, il promit de rester en cette sainte église, et d'y servir tant qu'il vivrait, s'il recouvrait l'usage de ses membres. En effet, un mois après, il se trouva libre et dispos, et fut admis au nombre des serviteurs de l'église : pendant cinq ans, il servit plein de force et de santé, soit à Notre-Dame, soit à l'église de Saint-Denis hors de la cité; mais après ce temps, précisément le même jour que celui de son accident, le jour de la Purification, étant entré à Notre-Dame, et s'étant mis à prier, ses membres se roidirent de nouveau, et il demeura étendu sur le pavé du temple sans pouvoir ouvrir la bouche, ni faire le moindre mouvement. Les assistans le relevèrent, mais il avait perdu l'usage des bras et des jambes. Quinze jours après il fut de nouveau guéri et rendu libre, et mourut quelque temps après. Mais qui pourrait dire combien de malades sont journellement guéris en ce saint lieu? combien de fiévreux, combien de possédés, combien d'affligés de toute espèce de maladies? Qu'il nous suffise, entre tant de miracles, du petit nombre que nous venons de raconter.

CHAPITRE VII.

De la vision du prêtre Gerhard.

Un prêtre du district de Portian, nommé Gerhard, était depuis si long-temps malade qu'on le croyait empoisonné. Pendant sa maladie il fut consolé et honoré de la visite de quelques saints. Deux fois l'apôtre saint Pierre lui apparut et lui recommanda de faire réparer l'église qui porte son nom et dont Gerhard était pasteur, et lui reprocha d'avoir si souvent recours aux médecins pour le rétablissement de sa santé. Une autre fois il vit saint Remi qui se présentait à lui, et lui promettait guérison. Etant donc allé à Rheims, après avoir visité les basiliques de Notre-Dame et de Saint-Remi, il s'arrêta pour passer la nuit au bourg de Saint-Remi. Advint qu'en dormant, il se vit transporté dans un temple magnifique où la bienheureuse vierge Marie se rendait accompagnée, de saint Remi et de saint Martin. Dans l'église une multitude de prêtres et de lévites attendaient la Reine des anges, les diacres revêtus de dalmatiques, les uns tenant des palmes en main, les autres sans palmes. On y voyait aussi une longue file de saints de tous les rangs. Gerhard ne reconnut aucun d'eux, excepté saint Pierre, qui lui était déjà apparu auparavant. Quand la sainte Mère de Dieu entra dans l'église, où Gerhard l'attendait, elle demanda qui il était, et ce qu'il voulait. « C'est un de mes serviteurs qui vous

« demande guérison, reine toute-puissante, » dit saint Remi. Selon ce que raconte Gerhard, il ne put entendre ce qu'elle répondit. Mais il y avait un grand voile tendu derrière lequel la vierge se retira ; et à peine se fut-elle placée derrière qu'il se répandit à l'entour une lumière plus éclatante que le soleil, et dont l'éclat éblouissant ne permettait pas aux yeux de de se fixer sur cet endroit. Quelques jours après saint Martin lui apparut, et lui dit qu'il venait de la part de saint Remi lui annoncer qu'il conserverait la vie, et que sa guérison lui était accordée. Cependant il lui restait quelque doute si c'était bien la vierge Marie qu'il avait vue, parce qu'il n'avait point entendu prononcer son nom. Il priait donc continuellement le Seigneur qu'il daignât lui révéler si celle qu'il avait vue était bien la Mère de Dieu. Six mois après, une nuit, pendant qu'il dormait, il fut saisi d'une attaque si violente qu'il désespéra de sa vie. Dans ces angoisses, il lui prit idée de poser sur lui quelques reliques de la Vierge, et de prononcer cette prière.
« O bienheureuse Mère de Dieu, dont je porte en ce
« moment les reliques, si, comme je le crois, ces reli-
« ques sont vraiment les vôtres; si la vision que j'ai eue
« naguère vient de vous; si vous êtes la dame qui
« allait à ce temple magnifique, accompagnée de saint
» Martin et de saint Remi, et que j'ai vu recevoir avec
« tant d'allégresse par ce chœur brillant de saints qui
« vous attendaient, prêtez secours à votre serviteur
« indigne, rendez-moi vie et santé, afin que je puisse
« célébrer la messe, et recevoir les fruits de vie en re-
« cevant le corps de Notre-Seigneur Jésus-Christ; et
« vous, saints pontifes de Jésus-Christ, que j'ai vu

« accompagner sa sainte Mère, soyez mes intercesseurs
» auprès d'elle, vous qui avez daigné me visiter et me
« consoler. » Cependant un léger sommeil l'assoupit au
milieu de ses prières et de ses souffrances, et tout-à-coup
la bienheureuse Reine lui apparut sous les mêmes traits
et avec le même vêtement qu'il avait vus la première
fois, environnée du même cortége, et toute brillante
de lumière. Ébloui et effrayé de tant d'éclat, il n'osait parler, et les yeux baissés vers la terre, il semblait frappé de stupeur. Lors saint Remi lui adressant la parole : « Ne vois-tu pas que la vierge Mère
« de Dieu, Notre-Dame, est disposée à te secourir ?
« pourquoi hésites-tu à t'approcher d'elle ? » Ces paroles dissipèrent ses craintes : levant les yeux, et
prenant courage, il se précipita aux pieds de la bienheureuse Mère de Dieu, laquelle le relevant avec
bonté, et imprimant sur son front le signe de la croix,
ajouta ces paroles: « Sois sans crainte, ne désespère
« pas, confie-toi au Seigneur, car de lui tu recevras
« santé. Fais sonner la messe, afin que tu célèbres le
« saint sacrifice, et que tu rendes grâces à Dieu, qui
« te guérit après t'avoir châtié. » A ces mots, elle disparut avec sa suite ; et aussitôt le prêtre se trouva guéri et
se leva plein de joie pour accomplir ce qui lui avait
été ordonné ; et depuis il a joui de la santé la plus parfaite dont un homme puisse jouir. Nous tenons de
Gerhard lui-même ce récit, et nous avons cru à propos de l'écrire tel qu'il nous l'a raconté.

CHAPITRE VIII.

De quelques autres miracles.

Si cette glorieuse reine du ciel aime à secourir ceux qui la prient avec humilité de cœur, elle se plaît aussi quelquefois à tirer vengeance des présomptueux et des arrogans ; ce que nous croyons encore un acte de sa bonté ; car si les coupables souffrent en ce monde des peines proportionnées à leurs fautes, c'est pour leur en éviter de plus terribles en l'autre. Je n'ai pas vu moi-même ce que je vais raconter, mais je l'ai souvent entendu dire à plusieurs de nos anciens. Un clerc de notre congrégation, nommé Bernard, était gardien de l'église de Notre-Dame ; des gens de peu de sens (comme il l'a lui-même écrit) le prièrent de leur donner quelques reliques de saints. Un jour donc qu'il était seul dans le temple avec un enfant, il prit une boîte où il y avait des reliques, et porta la témérité jusqu'à l'ouvrir. Mais à peine fut-elle ouverte qu'une obscurité profonde se répandit dans l'église ; l'horreur le saisit, et il fut si frappé de terreur qu'il crut qu'il allait mourir. Et en effet, lui et l'enfant qui était avec lui perdirent la parole, et ne purent jamais raconter ce qu'ils avaient vu. Un autre gardien de la même église nous a raconté à nous-même qu'un jour après matines, voulant se reposer dans l'église, il osa prendre les tapis du temple, s'en fit une espèce de lit, s'y coucha et s'endormit. Pendant son sommeil, une dame lui apparut, ayant l'air déjà vieille, et portant des herbes en sa main. D'abord elle lui parla avec douceur et bonté ; mais quand elle aperçut les tapis sous lui, changeant tout-à-coup de visage, elle lui adressa ces paroles sévères : « Comment ! tu as osé « fouler superbement aux pieds et souiller les sacrés « ornemens de la sainte Mère de Dieu, et tu n'as pas « craint cette reine puissante ! Pour cette fois je te par- « donne ; mais garde-toi de recommencer jamais. » Et elle lui cita l'exemple d'un autre qui avait l'habitude de se faire ainsi un lit avec les tapis sacrés, et que nous avons vu depuis, réduit à la plus extrême pauvreté, mourir sur un misérable grabat. Le prêtre se réveilla tout effrayé, et confessant sa faute, alla remettre les tapis sur les bancs, et remercia Dieu et sa sainte Mère de la réprimande. Il ne reconnut point la dame qui lui avait apparu ; mais nous croyons qu'elle lui fut envoyée par la sainte Vierge. Nous avons connu des enfans que leurs parens avaient voués au Seigneur, et consacrés à son service en cette église, et quand les parens ont voulu changer leur vœu, les enfans sont tombés en telle langueur qu'ils ont été forcés de tenir leur promesse.

Il fut un temps où les paysans des environs de la ville venaient chaque année, après Pâques, implorer la protection de Notre-Dame, et apporter leurs vœux et offrandes. Une année, quelques villages négligèrent de remplir ce devoir. Aussi, presque au moment de les recueillir, leurs moissons furent battues de la grêle et de l'orage, et périrent presque en entier ; leurs vignes furent brûlées, et perdirent leurs fruits.

Au contraire, la grêle respecta et n'osa franchir les limites de ceux qui s'étaient assuré la protection de la sainte et clémente Reine. Et depuis ce temps, ceux-ci, aussi bien que leurs voisins, se sont montrés plus dévots et plus prompts à venir chaque année visiter la cité de Rheims, et implorer l'assistance de la sainte Vierge, de saint Remi et des autres saints.

CHAPITRE IX.

De la seconde translation du corps de saint Remi.

L'évêque Hincmar fit aussi construire aux pieds de saint Remi une chapelle d'un riche et beau travail; et, levant de son premier sépulcre le corps de ce grand saint avec sa châsse, il le transféra dans ce nouvel asile, assisté de tous les évêques de la province, exprès convoqués, ainsi que nous l'avons déjà raconté. Il fit faire aussi, pour orner le devant de la chapelle, un ouvrage d'or exquis et enrichi de pierreries, fit ouvrir une fenêtre par laquelle on pût voir la châsse du saint, et à l'entour fit graver les vers suivans :

« Grand Remi, l'évêque Hincmar, plein d'amour
« pour toi, t'a fait élever ce tombeau, afin que le
« Seigneur, ô mon vénérable maître, m'accorde le re-
« dos en l'honneur de tes mérites et de tes prières [1]. »

---

[1] *Hoc tibi, Remigi, fabricavit, magne, sepulcrum*
Hincmarus præsul, ductus amore tuo,
Ut requiem Dominus tribuat mihi, sancte, precatu
Et dignis meritis, mi venerande, tuis.

Il fit présent à l'église d'un Évangile écrit en lettres d'or, parsemé de pierreries, et orné d'une inscription en vers aussi écrite en or; d'une grande croix garnie d'or et de pierres précieuses; d'un livre des sacremens à couverture d'ivoire revêtue en argent; d'un lectionnaire pour la messe embelli et paré de la même manière; enfin de plusieurs autres livres et ornemens. Mais il n'osa rien prendre des reliques de saint Remi, comme lui-même le témoigne dans une lettre adressée au roi Louis d'outre-Rhin, qui en demandait quelques portions. Le prélat assure qu'il croirait se rendre coupable de la plus grande témérité s'il osait détacher quelque partie du corps que le Seigneur s'était plu à conserver entier et intact.

CHAPITRE X.

Hincmar reçoit de l'évêque de Rome l'autorisation de se servir ordinairement du *pallium*. — Concessions faites à l'église sous son épiscopat.

En récompense de sa sainteté et de sa sagesse, et par l'intervention de l'empereur Lothaire, le vénérable évêque Hincmar reçut du pape Léon IV, un nouveau *pallium*, avec autorisation d'en user ordinairement, comme auparavant le même pontife lui en avait envoyé un dont il ne pouvait user qu'à des jours de fête prescrits et déterminés. Dans la lettre qu'il lui adresse à ce sujet, le pontife affirme qu'il n'a accordé à aucun archevêque avant lui l'usage ordinaire et quotidien du *pallium*, et qu'il ne l'accordera à aucun désormais. Hincmar a écrit six ou sept fois au pape Léon, ainsi qu'il le dit dans une de ses lettres au même pontife. Dans cette lettre, il dénonce au souverain pontife la témérité des chorévêques qui se permettent de faire des ordinations, et se flattent de transmettre le Saint-Esprit ; il se plaint des torts que la puissance terrestre fait ainsi souffrir à l'Église, parce que lorsqu'un évêque vient à mourir, on fait remplir par les chorévêques le ministère qui n'est permis qu'aux seuls évêques, et l'on détourne les biens et les richesses de l'Église à l'usage des mondains, comme cela était déjà arrivé à notre église. Il parle aussi de ceux qu'Ebbon avait ordonnés après sa déposition. Dans une autre lettre, il se plaint d'un certain Fulcric, vassal de l'empereur Lothaire, qu'il avait déjà signalé au pape comme troublant et persécutant plusieurs églises du royaume; et qui, après avoir été excommunié pour avoir renvoyé son épouse, avait osé en prendre une seconde. Il parle des priviléges dont a joui l'église de Rheims dès les premiers temps où les églises ont commencé à en obtenir ; il rappelle que l'évêque de Rheims a toujours été au premier rang entre les primats, et l'un des premiers primats des Gaules ; qu'il n'a jamais reconnu d'autre supérieur que l'évêque de Rome ; en conséquence, il supplie le pontife de maintenir et augmenter les priviléges qui de temps immémorial ont été octroyés et conservés au siége de Rheims par les papes ses prédécesseurs. Hincmar obtint aussi de l'empereur Lothaire une ordonnance au sujet de quelques biens situés aux lieux de Mirvaulx, de *Termedo*, de *Roseroles* [1], qui au temps de l'empereur Charles avaient été, je ne sais à quelle occasion, enlevés à l'église de Rheims, et donnés au fisc, et que par cette ordonnance l'empereur Lothaire restitua au domaine de Notre-Dame et de Saint-Remi. Le même empereur recommanda plusieurs fois honorablement au pape Léon l'évêque Hincmar, soit par lettres, soit par messagers; et quand ce prélat se disposa à aller à Rome, l'empereur l'annonça par une lettre au souverain pontife, le priant de le recevoir honorablement et avec bienveillance, et de lui accorder libéralement tout ce qu'il demanderait. Dans une autre lettre au sujet des décisions synodales, Lothaire demande au pape confirmation de ceux qui ont été ordonnés par Ebbon après sa déposition, et concession de quelques priviléges à Hincmar et au siége de Rheims; il dit que son frère Charles, roi de France, et lui, n'ont pas voulu laisser partir Hincmar pour Rome, parce qu'il leur était trop nécessaire pour étouffer les troubles qui s'étaient élevés en ce temps. Dans cette lettre l'empereur dit que c'est dans cette église de Rheims, qui eut pour premier évêque saint Sixte, que deux papes, ses prédécesseurs et disciples des apôtres, Étienne et Léon, ont conféré l'onction apostolique à Pepin et à Charlemagne, qu'un autre Étienne a proclamé le roi Louis, Auguste, et a placé sur sa tête le diadême impérial. Outre ces recommandations, afin d'obtenir ce qu'il demandait pour Hincmar, l'empereur avait envoyé à Rome Pierre, évêque de Spolette, chargé de ses instructions, et avait écrit à un autre Pierre, évêque

[1] Inconnus.

d'Arezzo, ainsi qu'à quelques autres également attachés au pape Léon et à lui, pour leur recommander le succès de cette affaire. Hincmar écrivit aussi trois lettres à l'empereur Lothaire au sujet de ce Fulcric qu'il avait excommunié; dans la première, il expose par quels moyens il doit faire pénitence; dans la seconde, il raconte les fautes de Fulcric, et prouve qu'il a eu raison de l'excommunier, puisqu'il a refusé de faire pénitence; dans la troisième, il le félicite de son humilité, le loue beaucoup d'avoir écouté ses conseils, et obéi à ses instructions contre ce vassal excommunié, et lui accorde l'absolution qu'il avait humblement demandée pour les communications qu'il avait eues avec le coupable. Hincmar écrivit à l'empereur Lothaire sur sa convalescence au sortir d'une maladie; et dans cette lettre il lui parle de son salut avec l'autorité d'un évêque, quoiqu'en peu de mots et avec réserve. Enfin il lui a écrit encore en différentes occasions.

Hincmar obtint du roi Charles la restitution à l'église de Rheims d'une chapelle dédiée à saint Martin, au bourg de Vouzy, avec toutes ses dépendances, et la fit confirmer par une ordonnance royale. A sa sollicitation, Charles donna quelques biens à l'abbaye de Saint-Remi et aux moines qui y servaient le Seigneur, savoir : au pays de Portian, au village de Baudricourt, deux manses; à Mont-Dodelin, deux manses; à Vaudoncourt, deux manses avec leurs serfs et toutes leurs dépendances. Il obtint encore du même roi une ordonnance touchant la voie publique, qui empêchait de faire les agrandissemens nécessaires au cloître des chanoines de Saint-Remi, dont il avait augmenté le nombre. Il fit rendre à l'évêché des biens qui depuis long-temps lui avaient été enlevés, entre autres le village de Neuilly, que Carloman avait donné à l'église de Saint-Remi pour le salut de son ame, et dont divers personnages s'étaient partagé, avec l'autorisation du roi, les habitations et les serfs ; quelques biens situés à Chermisy et Baisiu ; d'autres sur la rivière de Retourne et autres lieux voisins. Le roi Louis d'outre-Rhin lui accorda pareillement restitution de quelques propriétés qui avaient été autrefois données à Saint-Remi, savoir: au pays de Worms, Stadtenheim et ses dépendances; Cosle et Gleni, dans la forêt des Vosges; en Thuringe et en Austrasie, le lieu nommé Schonerunstadt, et celui d'Eisleben avec toutes ses dépendances. Il se fit aussi rendre par justice des biens, des droits et des serfs dont l'évêché avait été dépouillé ; il fit avec diverses personnes des échanges utiles aux deux parties, et eut soin de les faire confirmer par des lettres du roi. Il fit bâtir pour les chanoines de l'église de Rheims un hôpital pour recevoir les étrangers et les pauvres, et assura tout ce qui était nécessaire à son entretien, avec le consentement des évêques de la province, et leur déclaration signée, à condition que jamais nul évêque ou autre personne ne pourrait donner à qui que ce fût les biens de l'hôpital à titre de bénéfice, ou les détourner à un autre usage; qu'il ne fût prélevé sur ces biens aucune charge ou redevance ; et que tout ce qui en pourrait justement revenir fût consacré aux besoins des chanoines et des pauvres, selon le mode prescrit dans le privilége accordé et confirmé par lui et les autres évêques. Il eut soin de faire confirmer cette fondation par le roi Charles. Enfin il soumit à une nouvelle circonscription presque tous les biens et villages de l'évêché, et en distribua les colons d'une manière raisonnable.

CHAPITRE XI.

Du synode comprovincial tenu à Soissons.

L'an septième de son épiscopat, l'honorable évêque Hincmar tint un synode comprovincial à Soissons, au monastère de Saint-Médard, dans l'église de la Trinité ; là se trouvèrent, parmi les évêques, Wénilon, archevêque de Sens ; Amaury, archevêque de Tours ; Thierri, évêque de Cambrai ; Rothade, de Soissons ; Loup, de Châlons ; Immon, de Noyon ; Erpuin, de Senlis ; Hermanfried, de Beauvais ; Pardule, de Laon ; Hilmerade, d'Amiens ; Hubert, de Meaux ; Agius, d'Orléans ; Prudence, de Troyes ; Hermann, de Nevers ; Jonas, d'Autun ; Godelsade, de Châlons-sur-Saône ; Dodon, d'Angers ; Guntbert, d'Évreux ; Hildebrand, de Séez ; et Rigbold, chorévêque de Rheims ; parmi les abbés et les prêtres, Dodon, abbé de Saint-Sabin ; Loup, abbé de Ferrières ; Bernard, abbé de Fleury, de la règle de saint Benoît ; Odon, abbé de Corbie ; Hériae, abbé de Corbion ; Bavon, abbé d'Orbay ; et enfin grand nombre de prêtres, abbés, diacres et clercs de tout rang. Le glorieux roi Charles y assista aussi en personne. Il fut traité dans cette assemblée de plusieurs affaires importantes de l'Église de Dieu. Quelques chanoines et moines de Rheims, savoir : Radold, Gislold, Vulfade et Friedbert, chanoines de l'église métropolitaine; Sigismond, du couvent de Saint-Thierri ; Nortwin, Heinrade, Mauring, Anthée, Tetland, Hairohald, Radulfe et Wicpert, moines de l'abbaye de Saint-Remi, portèrent plainte contre Hincmar devant le concile, et l'accusèrent de les avoir suspendus de l'exercice des fonctions ecclésiastiques auxquelles ils avaient été promus et ordonnés par Ebbon. Sur cette plainte, Hincmar choisit pour ses juges les archevêques Wénilon et Amaury, ci-dessus dénommés, et Pardule, évêque de Laon, pour le remplacer et tenir son rang de métropolitain. Les réclamans eux-mêmes acceptèrent les mêmes juges, et leur adjoignirent Prudence, évêque de Troyes. Or voici quelle fut leur décision : ils jugèrent que, si les réclamans avaient été ordonnés canoniquement par Ebbon lorsqu'il était encore revêtu de toute son autorité, ils devaient exercer leur ministère; que si Ebbon avait été injustement déposé, ou canoniquement rétabli, et les avait ordonnés après sa réintégration canonique, leur droit ne faisait pas question non plus, et qu'ils devaient exercer. En conséquence, ceux qui avaient ordonné Hincmar furent interpellés de déclarer ce qu'ils savaient de la déposition d'Ebbon et de l'ordination d'Hincmar. Alors Thierri, évêque de Cambrai, se leva, et mit sous les yeux du prince et du synode l'acte de déposition. Ensuite on examina dans quelles formes un évêque déposé devait être rétabli, et il fut prouvé qu'Ebbon n'avait pas été rétabli canoniquement; qu'au contraire, il avait été condamné par le Saint-Siége, puisque le pape Serge avait confirmé sa déposition, et lui avait permis seulement de rester dans la communion des laïques. Après ces premières informations, on donna lecture des canons qui règlent l'ordination des métropolitains ; on produisit les lettres canoniques d'Ercamrade, évêque de Paris, confirmées et signées de sa main ainsi que par son archevêque et ses chorévêques, et données par lui à Hincmar à la requête du peuple et du clergé de l'église de Rheims ; le décret canonique signé de tous les membres du clergé et de la noblesse de l'église de Rheims, par lequel ils demandaient Hincmar pour évêque ; et il fut démontré qu'il avait été ordonné archevêque canoniquement, en présence et du consentement de tous les évêques de la province de Rheims. Ensuite Hincmar se leva, et mit sous les yeux du prince et du synode les lettres canoniques que les sacrés canons enjoignent aux ordonnés de recevoir de ceux qui les ordonnent, avec la date du jour et du consul en exercice ; il produisit aussi une lettre signée de tous les évêques de la province de Rheims et de presque toute la Gaule, et adressée au Saint-Siége pour obtenir confirmation de son ordination ; enfin le diplôme sacré de confirmation, signé de la main même du roi, scellé de son sceau, et adressé aussi au Saint-Siége de l'Église romaine. Par toutes ces causes, il fut jugé et confirmé qu'Hincmar avait été ordonné évêque selon toutes les règles canoniques. On examina alors ce qu'il convenait de décider sur ceux qui avaient été ordonnés par Ebbon depuis sa déposition et sans qu'il eût été légitimement rétabli. Alors Immon, évêque de Noyon, se leva et présenta un registre de toutes les autorités canoniques et apostoliques, desquelles il résulte que nul de ceux qui avaient été ordonnés par Ebbon n'avait pu recevoir de lui ce qu'il n'avait pas lui-même, etc..... En conséquence, il fut décrété que toutes les ordinations faites par Ebbon depuis sa déposition seraient nulles et non avenues, conformément à la tradition du Saint-Siége apostolique, excepté toutefois le baptême, qui est donné au nom de la sainte Trinité; et que tous ceux qu'il avait ordonnés demeureraient privés de leurs grades ecclésiastiques. Friedbert, l'un des réclamans, lut au nom de tous une déclaration dans laquelle ils protestaient qu'ils n'avaient consenti à se laisser ordonner par Ebbon que parce qu'ils avaient vu les évêques suffragans Rothade, Loup, Siméon et Erpuin se rassembler en l'église métropolitaine de Rheims avec lettres et mandemens de l'empereur Lothaire, et rétablir Ebbon sur son siége. Ils produisirent en outre des lettres données, disaient-ils, et signées par Thierri, Rothade, Loup, Immon et autres évêques de la province, lesquelles étant lues par les évêques, furent déclarées fausses; et pour avoir osé ainsi calomnier des évêques, les réclamans furent excommuniés. Cette affaire terminée par le décret des juges, et du consentement du roi, Hincmar reprit son rang d'archevêque et de primat. Ensuite on passa à l'examen des titres d'un abbé du monastère de Haut-Villiers, nommé Halduin, qui avait été ordonné diacre par Ebbon, et ensuite prêtre par Loup, évêque de Châlons-sur-Marne. Alors l'évêque Loup se leva, et présenta des lettres du roi Charles, par lesquelles ce prince lui mandait de remplir, autant qu'il pourrait, toutes les fonctions du ministère sacré en l'église de Rheims, puisqu'elle était privée de pasteur. En conséquence, attendu qu'il n'avait ordonné Halduin que sur l'ordre du roi, qui lui enjoignait de l'ordonner prêtre, et de le sacrer abbé de Haut-Villiers, sur la présentation de l'archidiacre de Rheims et de tous les chanoines ou moines, le synode déclara que l'évêque de Châlons n'avait enfreint aucune règle, ni mérité aucune peine; mais que celui qui de plein saut s'était élevé à la prêtrise sans avoir auparavant passé par le grade de diacre, devait être dégradé. On s'occupa ensuite de ceux qui avaient communiqué avec Ebbon après sa déposition; et après avoir lu la formule de pénitence à laquelle ils devaient se soumettre, il fut trouvé, d'après les institutions canoniques, qu'après satisfaction et après avoir obtenu absolution, ils pourraient être admis à la sainte communion, purifiés et guéris par la seule bénédiction de leur évêque, avec l'aide de Notre-Seigneur Jésus-Christ; ce qui fut ainsi fait par le vénérable archevêque Hincmar. Quand toutes ces affaires furent terminées, le généreux et clément roi Charles demanda à l'archevêque Hincmar et aux autres prélats que, puisque les frères dégradés étaient privés de leur rang ecclésiastique, ils pussent au moins participer à la communion par l'indulgence du synode. La charité sacerdotale y consentit aisément, et le synode leur pardonna miséricordieusement. Enfin tout ce qui avait été fait fut enregistré, relu en présence du synode, ratifié et signé par les évêques et par tous ceux qui y avaient assisté. Les actes du synode furent ensuite expédiés à Rome par Hincmar, et confirmés par le pape Benoît, successeur de Léon. Ce pontife conféra même à Hincmar, de l'autorité de l'apôtre saint Pierre et du Saint-Siége apostolique, un privilége portant que nul sujet du diocèse de Rheims ne pourrait impunément recourir ou se soumettre à une autre autorité ou justice que la sienne. Mais le pape Nicolas, successeur de Benoît, à la requête des déposés, annula et censura les actes du synode, déclarant qu'on avait fait un crime de ce qui n'était qu'un acte de pure obéissance de la part de sujets; que l'on punissait avec une extrême sévérité des hommes qui, loin d'opposer une résistance téméraire au jugement de leur évêque, s'étaient soumis avec humilité; et que quand ils étaient venus implorer miséricorde, on les avait jugés avec injustice. Le pontife rappelait en outre qu'Hincmar avait adressé au pape Léon plusieurs suppliques pour en obtenir confirmation des actes du synode; mais que celui-ci l'avait toujours refusée, parce que, pour lever tous les doutes, les actes du synode auraient dû être portés à Rome par quelques-uns des évêques qui avaient siégé, et surtout parce que les légats du Saint-Siége n'avaient pas été présens; il ajoutait que les déposés étaient appelans au Siége apostolique, et demandaient à être entendus par devant le souverain pontife; que le pape Léon avait en conséquence invité Hincmar à se présenter avec les appelans à un concile où il avait envoyé son légat *à latere*, Pierre, évêque de Spolette, pour siéger à sa place, et reviser le jugement; qu'Hincmar n'avait point comparu, et que sur ces entrefaites Léon était mort sans avoir pu accomplir ce qu'il desirait; que lorsque Benoît, homme en tout point apostolique, avait été appelé au pontificat, on l'avait circonvenu dès les premiers jours de sa consécration, et obsédé pour qu'il confirmât les actes du synode; mais que cependant on n'avait pu lui persuader de s'écarter du sentier d'une décision légitime et sage; que tout en confirmant lesdits actes il avait pourtant réservé au Saint-Siége la souveraine autorité, puisqu'il s'était borné à ordonner que tout ce qui avait été fait demeurât réglé selon l'arrêté du synode, et que toute question à ce sujet fût désormais interdite, pourvu toutefois que les choses se fussent passées comme Hincmar le mandait; que puisqu'au contraire il était prouvé que toutes choses ne se rapportaient pas à la relation qui avait été faite, il s'ensuivait nécessairement que tout ce qui n'avait pas été décidé avec franchise et loyauté contre les appelans était et demeurait nul. En conséquence, le pape Nicolas manda à Hincmar de s'efforcer de ramener à lui par la douceur les dénommés ci-dessus, Vulfade et ses collègues; de traiter fraternellement avec eux de leur réintégration, et de tout terminer à l'amiable et en usant de miséricorde; autrement qu'il eût à comparaître à un concile avec les évêques auxquels il écrivait à ce sujet, afin d'examiner ensemble la cause des clercs appelans, et s'il ne survenait aucune difficulté nouvelle, de la décider définitivement, en ayant sans cesse Dieu devant les yeux; que s'il survenait quelque différend entre les parties, alors il attirerait la cause au tribunal du Saint-Siége, et jugerait après avoir entendu les procureurs de l'une et de l'autre. Le jugement ayant été rendu avec l'aide de la grâce de Dieu, le pontife déclara avoir reçu de tous les évêques présens au synode des lettres pleines de piété et d'affection filiale, par lesquelles ils lui annonçaient que les clercs déposés avaient été d'une voix unanime déclarés dignes d'être rétablis dans leurs grades. Aucune contradiction, disaient les évêques, aucune diversité d'opinion n'avait éclaté, comme on le craignait; personne n'avait élevé la voix pour accuser ou pour condamner; tous s'étaient accordés à rétablir les appelans, et les avaient d'une commune voix déclarés innocens. Cependant le pape Nicolas censura encore ce concile, parce que toutes les solennités qu'il avait ordonnées n'y avaient pas été observées, et qu'on n'avait point adressé au Saint-Siége un récit complet et exact de ce qui s'était fait. « Vous « deviez, dit-il aux évêques, m'adresser un récit ap- « prouvé de tous, entier et fidèle, de tout ce qui regarde « la déposition d'Ebbon et sa réclamation, la promo- « tion des clercs, la seconde expulsion d'Ebbon et son « ordination à un autre siége; enfin de tout ce que « vous avez agité dans le concile. » Il prétendit d'ailleurs avoir déclaré dans ses lettres de convocation qu'il se réservait un plus ample examen et une plus complète connaissance de ces différens. En conséquence il ordonna que tout ce qui avait été écrit à ce sujet, soit par le Saint-Siége, soit par nos évêques; tout ce qui avait été allégué, soit par Hincmar, soit par les clercs déposés, fût rassemblé en un seul volume, et rédigé dans l'ordre où les choses s'étaient passées, et que le tout fût adressé au Saint-Siége, les évêques en gardant copie de leur côté; et il ajouta que, s'il arrivait à l'avenir quelque événement qui rendît nécessaire la convocation d'une assemblée des prélats du royaume, on n'oubliât plus désormais de se conformer à cette règle établie par l'usage et fondée sur la coutume des Pères. Obéissant donc aux ordres du Saint-Siége, les évêques qui avaient assisté au concile s'empressèrent de rédiger un récit exact et entier de la déposition d'Ebbon, de son rétablissement et de sa seconde expulsion, et adressèrent ensuite au vénérable pontife la lettre qui suit :

« *Au très-révérend et très-saint seigneur, père et*
« *pape Nicolas, les évêques qui l'an passé se*
« *sont, avec la grâce de Dieu et par mande-*
« *ment du très-saint Père, rassemblés à Sois-*
« *sons, ainsi que ceux qui n'ont pu s'y trouver.*

« Nous adressons à votre très-sainte Paternité et
« très-excellente Autorité le récit de tout ce qui s'est
« fait au sujet de la déposition d'Ebbon, autrefois ar-
« chevêque de Rheims, de son rétablissement, de la pro-
« motion de notre frère Vulfade et de ses collègues,
« enfin de la seconde destitution d'Ebbon et de son
« ordination à un autre siége, ainsi que vous nous
« avez mandé et ordonné d'en faire la recherche et de
« vous en instruire. Comme aucun de nous n'a pris part
« à ces actes en qualité d'évêque, excepté notre frère
« Rothade, nous avons été obligés de nous en rap-
« porter aux mémoires et écrits laissés par les rois et
« évêques qui y avaient assisté, desquels nous avons
« recueilli sommairement le présent récit. Nous n'a-
« vions pas cru nécessaire de recueillir plus tôt ces
« faits, et d'en adresser la relation à votre Autorité,
« parce qu'ainsi que nous vous l'avons fait connaître
« par l'écrit qui vous a été remis par le vénérable ar-
« chevêque Égilon, et dans lequel nous ne faisions

« ni n'avions cru devoir faire aucune mention d'Eb-
« bon et de ses dépositions, aucune contradiction,
« aucune opinion divergente ne s'était élevée parmi
« nous sur la réintégration des frères déposés, et qu'au
« contraire nous n'avions tous eu qu'un même et uni-
« que sentiment, que nous avons pris soin de sou-
« mettre à votre discrétion, conformément à la tradi-
« tion et pratique des Pères; et nous nous serions
« empressés de rétablir dans leurs grades et dignités
« ceux que votre haute sagesse a déclarés innocens,
« qui n'ont point péché par esprit de révolte ou d'or-
« gueil, et qui n'ont fait qu'obéir en acceptant. Mais
« notre respectable confrère l'archevêque Hincmar a
« présenté à notre unanimité des priviléges du Saint-
« Siége romain, qui ont statué diverses choses sur les
« clercs déposés, et auxquels nous avons cru devoir
« déférer. Par ces priviléges, ainsi qu'il nous a paru,
« et comme d'ailleurs il est juste, souveraine, pleine
« et entière autorité est réservée au Saint-Siége aposto-
« lique; et notre confrère nous a présenté les chartes
« desdits priviléges authentiques, avec leurs sceaux et
« écritures saines et entières; non que par cette exhibi-
« tion il ait voulu nuire aux frères déposés, ou élever
« quelque opposition, mais afin de faire rendre au Saint-
« Siége l'obéissance qui lui est due. Il nous a montré en
« outre les actes des évêques et le récit de la déposi-
« tion des frères, que vous avez lu et examiné vous-
« même, ainsi que vous avez daigné nous le mander.
« Ces actes n'ont point été souscrits par Hincmar,
« parce qu'il n'a point déposé lesdits frères par son
« jugement, selon ce que vous avez pu voir par nos
« lettres et les siennes, et par les actes même du sy-

« node; et, comme nous l'avons déjà fait entendre
« à votre très-sainte Paternité, nous n'avons pris au-
« cune décision définitive en cette affaire, et nous
« n'avons fait qu'élever la question et effleurer la
« matière, laissant à votre haute et souveraine Auto-
« rité restitution, réformation, réintégration, à vous
« seul appartenant. En laquelle unanimité nous avons
« persisté et persistons; et si, par quelque cause que
« ce soit, quelques-uns se sont séparés de l'opinion
« générale, déclarons que c'est à notre insu. En
« conséquence, nous avons recueilli des actes des
« rois et évêques le présent récit du jugement d'Eb-
« bon, et nous le transmettons à votre Autorité, ainsi
« que vous nous l'avez prescrit. » Après avoir exposé
par ordre tout ce qui s'était fait, les évêques ajou-
taient : » Voilà ce que, selon votre ordre, nous avons
« pu recueillir des écrits de ceux qui nous ont précé-
« dés devant Dieu, et des relations véridiques de ceux
« qui existent encore, sur la première déposition
« d'Ebbon, ancien archevêque de Rheims, laquelle eut
« lieu il y a environ trente-trois ans; sur son rétablisse-
« ment; sur la promotion de Vulfade et de ses collè-
« gues; enfin sur la seconde expulsion d'Ebbon, et
« son ordination à un autre siége. Ces détails sont
« extraits en grande partie des actes des évêques de
« Belgique, de France, de Neustrie et d'Aquitaine,
« rédigés pour être envoyés au pape Serge, et qui
« l'ont été plus tard au pape Léon, avec une lettre de
« ces évêques; vous les trouverez pareillement dans
« les lettres de l'empereur Lothaire et du roi Charles
« au Saint-Siége, que nous croyons conservées aux
« archives de Rome. Enfin, nous avons réuni, selon

« votre ordre, dans le même volume les divers mes-
« sages envoyés par votre Autorité, ainsi que les ré-
« ponses adressées à votre Sainteté, dont nous avons
« eu connaissance, absolument dans le même ordre
« où ils ont été envoyés ; et s'il existe sur cette affaire
« quelque autre écrit adressé par nous ou à nous,
« nous n'en avons pas connaissance. Nous joignons
« en outre tout ce que notre confrère Hincmar nous
« a remis pour envoyer à votre Autorité, nous con-
« formant à ce que vous nous avez ordonné, en nous
« disant : « Prenez soin de réunir en un seul volume
» tout ce qui a été écrit, soit sur cette affaire, soit par
« nous-même autrefois, soit par vous maintenant ; les
« diverses lettres ou réclamations adressées au Saint-
« Siége apostolique par l'évêque Hincmar et les clercs
« déposés, et envoyez ce recueil au Siége apostoli-
« que, seul juge compétent, en ayant soin d'en gar-
« der copie, etc. »

CHAPITRE XII.

De la vacance du siége de Cambrai, et du mariage de
Baudouin avec Judith, fille du roi.

Hincmar eut encore à traiter avec le Saint-Siége de
la vacance du siége de Cambrai et de l'union illégitime du comte Baudouin et de Judith, fille du roi
Charles. Cette princesse avait été mariée à Édilulfe,
selon d'autres Édelbold, roi d'Angleterre, et honorée
du titre de reine. Après la mort de son mari, elle

vendit tous les biens qu'elle possédait en Angleterre, et revint en France auprès de son père, qui la reprit sous sa royale tutelle. Mais bientôt séduite par Baudouin, et d'accord avec son frère Louis, elle s'enfuit avec le comte. Charles assembla les évêques et les autres grands de son royaume, pour demander leur avis; et après le jugement selon les lois humaines, il fit prononcer par les évêques la sentence d'excommunication contre Baudouin et Judith, suivant les ordonnances de saint Grégoire. Dans la lettre adressée à ce sujet au souverain pontife, Hincmar lui fait aussi son rapport sur la déposition de Rothade, évêque de Soissons, qu'il avait interdit du ministère épiscopal, d'après jugement des évêques; enfin sur la commémoration du nom d'Ebbon au canon de la messe, et sur la condamnation de l'hérétique Gottschalk. Cette lettre est ainsi conçue :

« *Au seigneur des seigneurs, père des pères, et*
« *par-dessus tous honorable et très-révérend pape*
« *Nicolas, Hincmar, de nom et non de mérite,*
« *évêque de Rheims, et serviteur du peuple de*
« *Dieu.*

« Dans la lettre que votre Sainteté a envoyée
« par l'évêque Odon aux évêques du royaume de
« Lothaire touchant le préjudice et les souffrances
« de l'église de Cambrai, j'ai lu que votre Autorité
« desirait savoir par la faute de qui cette église est
« ainsi, depuis dix mois et plus, veuve de son pasteur.
« Dans la crainte d'être accusé de négligence par vo-
« tre Apostolat, je crois devoir vous faire connaître
« que, malgré vos lettres à Lothaire, aux évêques de

« son royaume, et à Hilduin qui s'est emparé irré-
« gulièrement de l'administration de cette église, le
« préjudice se perpétue encore jusqu'ici comme avant
« que vous eussiez écrit. J'ai admonesté, autant que je
« l'ai pu, le roi Lothaire par messagers et par lettres,
« et je n'ai cessé que lorsqu'il m'a enfin répondu
« qu'Hilduin avait envoyé un messager à votre Auto-
« rité, et qu'il n'avait pas dû disposer de l'église ci-
« dessus dénommée autrement qu'il avait fait avant
« d'avoir reçu votre réponse.

« Le vingt-huitième jour du mois d'octobre dernier,
« Baudouin m'a fait remettre, par deux de ses fidèles,
« des lettres de votre Autorité, dont vous m'ordonnez
« de donner lecture aux évêques de ma province, et
« dans lesquelles vous nous recommandez de recevoir
« Judith pour la présenter à son père et à sa mère,
« si toutefois nous étions assurés que le très-excel-
« lent roi Charles fût dans l'intention de tenir les
« promesses qu'il a faites à votre Apostolat, soit par
« lettres, soit par l'organe de vos messagers. Que si
« au contraire nous venions à découvrir qu'il n'eût
« d'autre dessein que de traîner en longueur, vous
« nous défendiez de la recevoir. Et dans le cas où nous
« agirions autrement, vous entendez que nous soyons
« privé de votre grâce et de votre communion. J'ai
« reçu les susdites lettres de votre Autorité avec tout
« le respect que je devais; et conformément à vo-
« tre ordre, j'en ai donné lecture à mes coévêques :
« ensuite tous ensemble nous sommes intervenus en
« faveur de Judith auprès de son père et de sa mère,
« et la leur avons présentée, après avoir obtenu le
« pardon que nous voulions. Il nous a semblé que

« d'après les saints canons, au moins comme nous les
« entendons, les deux pécheurs devaient d'abord sa-
« tisfaction à l'Église, qu'ils avaient offensée, et que
« ce n'était qu'après cette satisfaction qu'ils pouvaient
« accomplir ce que prescrivent les lois mondaines ;
« car nous ne pensons pas que celui qui est lié par
« les liens de l'anathème puisse être délié et absous
« sans une pénitence proportionnée à l'offense. Mais
« comme vos lettres ne prescrivaient rien sur cet ob-
« jet, et que même elles semblaient indiquer que le
« mariage devait être célébré sans délai, ils ont pré-
« tendu qu'elles suffisaient. De notre côté nous n'a-
« vons pas cru que, s'ils ne se soumettaient pas autre-
« ment, on dût les contraindre sans l'aveu de votre
« Autorité, à laquelle ils avaient eu recours. Je leur
« ai fait remarquer, en leur citant une autre lettre
« de votre Sainteté, que vous n'aviez pas entendu
« anéantir l'effet des lois ecclésiastiques, et n'aviez
« fait qu'intercéder en faveur d'un coupable qui pou-
« vait être puni selon les lois mondaines, afin qu'il
« eût le temps de se repentir de ses fautes contre les
« lois divines ; que c'était ainsi que Notre-Sauveur,
« qui veut que tous les hommes soient sauvés et que
« personne ne périsse, avait sur la croix, en sa qualité
« de pontife, intercédé auprès de son père pour ses
« persécuteurs, et qu'il obtint en effet grâce pour ceux
« qui, après sa passion, crurent en lui et firent péni-
« tence ; qu'à l'exemple de ce divin maître, vous, vi-
« caire des apôtres au pied du trône desquels les cou-
« pables avaient cherché secours, et souverain pontife
« de l'Église catholique et apostolique, vous aviez
« imploré pour eux la remise des fautes qu'ils avaient

« commises contre le roi de la terre et les lois hu-
« maines, afin qu'ils eussent le temps de se repentir
« de celles qu'ils avaient commises contre le Roi du
« ciel et les lois divines. Au contraire, des hommes
« charnels, et même quelques-uns de ceux qui au-
« paravant s'étaient opposés à ce mariage, croyant se
« couvrir d'une sainte défense, ou plutôt, comme il
« n'est que trop vrai, sacrifiant leur salut, objectaient
« toujours votre dernière lettre, et soutenaient qu'elle
« ordonnait de célébrer le mariage sans délai. Quoi
« qu'il en fût, je déclarai que, pour aucune puis-
« sance du monde, je ne me départirais de la disci-
« pline ecclésiastique telle que je l'entendais ; sur-
« tout lorsque le roi notre seigneur, votre fils Charles,
« était sur ce point d'accord avec moi, ou plutôt avec
« Dieu. Alors quelques-uns (ce n'est pas moi qui parle ;
« je répète leurs paroles, que pour l'exemple, et pour
« nous enseigner la discipline du Seigneur, votre Man-
« suétude, si douce et si humble de cœur, saura souf-
« frir avec patience) quelques-uns, dis-je, me disaient,
« comme par forme de conseil, de faire attention que
« c'était la puissance ecclésiastique et non la séculière
« qui commandait en cette circonstance, et de me gar-
« der d'embrasser trop vivement la résistance, dans la
« crainte que quelque envieux ne fît entendre à votre
« Sainteté que je n'agissais ainsi qu'en mépris de votre
« Apostolat et du Saint-Siége apostolique, et par ses
« insinuations ne parvînt à vous aigrir contre moi, et
« à obtenir encore quelque excommunication, comme
« il m'est arrivé dans l'affaire de Rothade (chose qui
 « n'est parvenue à ma connaissance que par le message
 « que m'ont transmis d'abord l'évêque Odon, et ensuite

« Luidon, bien avant que j'eusse pu adresser à votre
« Autorité le compte rendu de ce qui s'était passé, ou
« que vous eussiez pu l'apprendre vous-même par vos
« messagers); d'autant plus, disaient-ils, que la lettre
« de votre Autorité porte expressément que, si nous
« agissions autrement qu'il ne nous est commandé,
« nous serions privés de votre grâce et de votre com-
« munion. A cela je répondais que vous n'aviez ainsi
« parlé dans votre lettre que pour empêcher que cette
« femme ne fût trompée par nous, et non pour l'exemp-
« ter de donner satisfaction à l'Église. Alors ils insis-
« taient, et me demandaient pourquoi je voulais ab-
« solument interpréter votre lettre autrement qu'il ne
« vous avait plu de l'écrire, puisque je pouvais ai-
« sément en comprendre le sens d'après celles que
» vous m'aviez écrites auparavant. C'est pourquoi,
« en rappelant en ma mémoire des lettres que vous
« avez par le passé adressées à moi et aux évêques du
« royaume de votre fils le seigneur roi Charles, et ré-
« fléchissant à celle que dernièrement vous m'avez fait
« remettre par Luidon (car c'est depuis son arrivée que
« nous avons entamé cette affaire à Auxerre), suspendu
« entre la crainte du passé et l'espérance que me fai-
« sait entrevoir votre dernière lettre, beaucoup plus
« douce, j'ai pris le parti d'éviter toute discussion dans
« cette dernière cause, et j'ai cru devoir dissimuler
« mon opinion, en remettant mon consentement à un
« autre temps, attendant à voir, par la décision que vous
« prendriez dans la cause de Rothade, aujourd'hui pen-
« dante devant vous, quel parti je devrais suivre moi-
« même dans celle-ci. En conséquence, nous n'avons
« interdit aux deux époux rien de ce qui touche le mi

« nistère ecclésiastique ; seulement nous nous som-
« mes dispensés de rien autoriser par notre présence ;
« Baudouin et Judith ont contracté mariage selon les
« lois humaines, comme ils l'ont entendu. Notre sei-
« gneur roi, votre fils, n'a pas voulu non plus assister
« à la cérémonie ; mais il y a envoyé les ministres et les
« officiers de l'État, et il a permis, comme il vous l'a-
« vait promis, qu'ils contractassent mariage selon les
« lois humaines ; il a même accordé des honneurs à
« Baudouin, seulement par égard pour votre interces-
« sion. »

CHAPITRE XIII.

De la cause de Rothade, évêque de Soissons, déposé.

« Quant aux lettres de votre Autorité, que vous
« avez adressées par les mains de l'évêque Odon à
« tous les évêques du royaume de notre seigneur roi
« Charles, au sujet de Rothade, et à la lecture des-
« quelles vous m'ordonniez d'assister avec obéissance,
« je me suis rendu à l'assemblée pour les entendre,
« ainsi que votre Sainteté l'a prescrit à mon exiguïté ;
« et avec tous les vénérables évêques présens, autant
« qu'il a été en moi, avant que le synode fût dissous,
« j'ai mis tous mes soins à exécuter vos ordres rela-
« tivement à Rothade, dans la crainte qu'il ne survînt
« quelque retard à leur accomplissement, soit par
« quelque incursion des païens, soit par toute autre
« cause : c'est ce que pourront faire pleinement con-

« naître à votre Sainteté et les messagers du roi et
« les miens, et les lettres que vous recevrez ; mais
« par des incidens que les messagers eux-mêmes
« vous expliqueront, quoique j'eusse sur-le-champ
« donné mes lettres et choisi mes vicaires, ils n'ont
« pu partir avec Rothade, et ont tardé à comparaî-
« tre devant vous plus long-temps que je ne l'aurais
« voulu. Sur ces entrefaites, est arrivé de Rome Lui-
« don, messager de notre seigneur roi, votre fils, le-
« quel lui a remis des lettres de votre part en la ville
« d'Auxerre, où il m'avait appelé auprès de lui pour
« son service. Car son fils Charles, du même nom
« que lui, qui l'avait offensé, ayant, d'après l'avis de
« quelques-uns, tardé à se présenter devant lui, et
« n'osant venir seul, avait fait prier son père, par mes-
« sagers, de charger ma petitesse et quelques autres
« fidèles de le conduire et accompagner à la cour,
« afin que, par notre intervention, il pût trouver son
« père plus clément et plus favorable. Aussitôt que
« j'ai été arrivé le roi m'a donné vos lettres à lire.
« Quoique votre sublimité y traite mon humilité avec
« une bonté bien au dessus de mes mérites, et daigne
« louer ce que mon insipience a écrit à votre sa-
« pience, beaucoup au-delà de ce que je sais et puis
« croire, non toutefois sans nous effleurer adroite-
« ment de votre sage critique, il me semble que vous
« avez trouvé que nous nous laissions aller à quel-
« que superfluité de langage. C'est pourquoi je sup-
« plie votre Sainteté qu'elle daigne agréer de notre
« part l'excuse que saint Augustin a osé donner au
« Seigneur des seigneurs, beaucoup parler n'est pas
« superflu, pourvu que cela soit nécessaire.

« Supportez donc, très-saint seigneur et très-révé-
« rend Père, un peu de mon insipience; et souffrez-
« moi, si je me répète encore au sujet de Rothade, et
« si je viens de nouveau vous entretenir d'une cause qui
« vous est si bien connue. Puisque donc ainsi vous plaît
« (comme je sais que toutes choses bonnes vous plai-
« sent), nous vous envoyons avec lui nos vicaires, non
« comme accusateurs pour contester et débattre, mais
« plutôt comme accusés par Rothade et par ceux de
« nos voisins qui ne connaissent pas ou ne veulent pas
« connaître pleinement la vérité; nous avons voulu
« expliquer humblement à votre souveraine Autorité,
« que, loin d'avoir, comme on nous en accuse, jugé
« et condamné au mépris de vos droits en appelant au
« Saint-Siége, selon les canons du concile de Sardi-
« que, nous n'avons fait que juger canoniquement,
« puisqu'il avait requis, pour certains articles, la déci-
« sion d'un nombre de juges choisis, nous conformant
« en ce point aux statuts des conciles d'Afrique et de
« Carthage, et aux décrets du bienheureux saint Gré-
« goire. Car loin de nous la pensée de faire si peu de
« cas des priviléges du pontife, du premier et souve-
« rain Siége de l'église romaine, que nous voulions fati-
« guer votre suprême Autorité de tous les différends et
« controverses, tant d'un ordre supérieur que d'un or-
« dre inférieur, qui, d'après le concile de Nicée et
« d'autres sacrés conciles, d'après les décrets du pape
« Innocent et autres pontifes de l'église romaine, doi-
« vent être réglés et terminés par les métropolitains
« dans les synodes provinciaux; mais s'il s'élève au su-
« jet des évêques quelque question dont nous ne trou-
« vions pas la décision certaine et expresse dans les sa-

« crés canons, et qui, par conséquent, ne se puisse
« discuter ni juger en synode provincial ou compro-
« vincial, c'est alors que nous devons recourir à l'oracle
« de Dieu, c'est-à-dire au Siége apostolique. De même
« si en cas majeur un évêque provincial n'en a point
« appelé à la décision de juges délégués, ou si, jugé
« et condamné, c'est-à-dire déposé de son grade, il
« croit sa cause bonne, en appelle à l'évêque de Rome,
« et demande à être entendu devant lui, enfin s'il
« croit juste de faire reviser son procès, alors c'est un
« devoir pour ceux qui ont examiné la cause, après la
« sentence de l'évêque, d'écrire au souverain pontife,
« et que la cause soit rappelée de nouveau, et remise
« à sa décision, ainsi qu'il est ordonné par le septième
« chapitre du concile de Sardique. Quant au métro-
« politain canoniquement institué, et qui, selon l'an-
« tique coutume, reçoit du Siége apostolique le *pal-*
« *lium*, il faut premièrement et avant tout jugement
« attendre la sentence du souverain pontife, ainsi que
« Léon l'a écrit dans son épître à Anastase, comme le
« veut le concile de Nicée, et comme le déclarent plu-
« sieurs autres papes en leurs décrets fondés sur les
« sacrés canons; car c'est vraiment l'évêque de Rome,
« qui, selon la parole du prophète Ezéchiel, a sa de-
« meure « dans la chambre qui regarde vers le midi,
« et c'est lui qui veille à la garde du temple [1]. » Pour
« nous, métropolitains, nous ne sommes, en comparai-
« son de lui, que les ministres servans à l'autel qui est
« devant la face du temple, et sur lequel brûlent les
« chairs des sacrifices; aussi est-ce à nous de juger et
« terminer les différends des hommes charnels dans les

[1] Ezéchiel, chap. 40, v. 45.

« synodes provinciaux, renvoyant la décision des cau-
« ses majeures à l'évêque du premier et souverain Siége;
« car nous qui sommes sous sa puissance, nous en avons
« aussi d'autres sous nous, et nous disons à celui-ci :
« Va, » et il va; et à celui-là : « Viens, » et il vient ;
« parce que, comme le dit le pape Léon, même entre
« les apôtres, quoique tous égaux en honneur, il y a
« toujours eu quelque distinction de pouvoir; et quoi-
« que tous fussent également élus, il a fallu que l'un
« d'entre eux eût la prééminence sur les autres ; d'où
« est née la distinction entre les évêques; et par une
« grande et sage disposition, il a été arrêté que tous
« ne s'attribueraient pas tout pouvoir, mais que dans
« chaque province il y aurait un évêque primat, dont
« les décisions prévaudraient entre ses frères, et par
« l'intermédiaire duquel le gouvernement de l'Église
« universelle remonterait au Siége suprême et unique
« de saint Pierre, afin que jamais, et en aucune chose,
« l'Église ne se séparât de son chef. Donc, celui qui
« sait qu'il est le supérieur de plusieurs ne doit pas trou-
« ver mauvais d'avoir lui-même un supérieur; et c'est
« son devoir de rendre l'obéissance qu'il exige lui-
« même. Or Rothade a fait autrement; il a mieux aimé
« se faire obéir des siens que d'obéir lui-même aux sa-
« crés canons, quand les anges mêmes du ciel obéissent
« à leurs supérieurs; et par son obstination il a mérité
« d'être déposé. Pendant plusieurs années j'ai tout em-
« ployé pour le ramener à la soumission, les bienfaits,
« les avertissemens, les exhortations, soit par moi-même,
« soit par ses chorévêques, et par tous ceux que j'ai crus
« ses amis; je l'ai rappelé à l'observation des saints ca-
« nons; plusieurs fois je l'ai menacé de toute l'autorité

« métropolitaine, et de celle du Saint-Siége; je me suis
« efforcé de lui montrer toute l'énormité de sa faute,
« par les leçons tirées des docteurs catholiques; et toute
« la réponse que j'en ai pu obtenir, c'est que je ne sa-
« vais faire autre chose que l'obséder tout le jour de
« mes lettres et de mes écrits. Aussi ai-je essuyé de plu-
« sieurs de fréquens reproches. On me blâmait de sup-
« porter si long-temps et sciemment, contre la volonté
« de Dieu et la sainte autorité de l'Église, un homme
« incorrigible et inutile au ministère ecclésiastique.
« Cependant, quoiqu'il eût semblé prendre à tâche de
« provoquer et d'irriter le roi, ses coévêques, tous
« ses voisins, et moi surtout, il n'a pu y parvenir;
« je savais qu'il n'y a rien de si dangereux pour un
« ministre du Seigneur que de se laisser entraîner à la
« colère et à l'emportement, et de porter un jugement
« précipité; je savais que la cruauté des persécutions
« n'est pas plus funeste à l'Église que les divisions, les
« dissemblances de mœurs, les luttes de désobéissance
« et les traits des langues malignes. Aussi l'ai-je sup-
« porté long-temps, non sans craindre pour le péril des
« ames qui lui étaient confiées. Quand enfin il ne m'a
« plus été permis de le tolérer, je l'ai cité au tribunal
« d'un grand nombre d'évêques pour entendre leurs re-
« montrances. Loin d'écouter leurs conseils, il a pré-
« féré requérir jugement contre moi. Pour le satisfaire,
« et en même temps pour le faire rougir et renoncer à
« sa folle obstination, je me suis soumis au jugement,
« comme je l'ai déjà exposé plus amplement dans d'au-
« tres lettres à votre Sainteté; mais je suis forcé de me
« répéter pour la satisfaction de votre Autorité, afin que
« vous connaissiez bien que je n'ai point agi contre lui

« par animosité, mais par un zèle pur et sincère, autant
« du moins que je peux lire au fond de ma conscience.
« D'ailleurs, tout ce que je vous dis est à la connaissance
« du roi notre seigneur, des évêques du royaume, et
« d'une foule de personnes, tant de l'ordre ecclésiasti-
« que que de l'ordre séculier. Après la déposition de Ro-
« thade, je lui ai fait accorder une bonne abbaye par le
« roi et les évêques; et tous nous étions disposés à pour-
« voir à ses besoins comme à ceux d'un père, car nous ne
« voulions pas qu'après avoir vécu dans toutes les déli-
« catesses de la fortune, il eût à souffrir; nous n'avions
« d'autre vue que de l'empêcher d'agiter et de troubler
« l'église qui lui avait été confiée. Il se soumit d'abord;
« mais bientôt, comme disent ceux qui savent ce qui
« en est, quelques évêques du royaume de Lothaire,
« animés de ressentiment contre moi parce que dans
« l'affaire de Waldrade je n'ai point été d'accord avec
« eux; et, comme disent encore plusieurs, quelques
« autres évêques de Germanie, à l'instigation de leur roi
« Louis, dont je n'ai point, ainsi que Rothade l'a fait,
« servi les desseins dans son invasion du royaume de
« son frère, ont persuadé à Rothade de s'obstiner dans
« sa révolte, en lui faisant espérer qu'ils obtiendraient
« de vous son rétablissement. Enfin, conformément à
« vos ordres, j'ai obtenu du roi notre seigneur, votre
« fils, que cet évêque vous fût conduit pour en ordon-
« ner selon votre sagesse, persuadé que le Seigneur
« daignera inspirer à votre cœur ce qui lui sera le plus
« agréable, et en même temps le plus juste.

« Quant à l'ordre que votre très-bénigne Dignité a
« daigné transmettre à votre serviteur par Luidon,
« que j'eusse à rassembler le collège complet des évê-

« ques nos frères, et, d'après votre sentence apos-
« tolique, à réintégrer et rétablir Rothade en son
« ministère selon les formes prescrites en vos lettres,
« sache votre très-révérente, très-honorée et très-
« douce Paternité, qu'il ne m'a pas été possible de
« vous obéir pour beaucoup de raisons. Première-
« ment, Rothade était déjà parti avec ceux qui étaient
« chargés de le conduire à votre Autorité, et de vous
« le présenter avec nos lettres ; secondement, il m'é-
« tait impossible de réunir tous nos frères, parce que,
« comme je vous l'ai dit plus haut, j'étais alors bien
« loin de mon diocèse, occupé au service de notre roi,
« votre fils ; parce qu'ensuite Rothade ne pouvait être
« régulièrement rétabli sans le concours de ceux qui
« avaient pris part à sa déposition, et que les évêques
« des autres provinces, occupés de mille soins, ne
« pouvaient se réunir sur ma convocation. Les évê-
« ques mêmes de notre province de Rheims avaient
« été obligés de quitter subitement le synode où nous
« avions entendu la lecture de vos lettres, et de re
« tourner en toute hâte à leurs siéges, pour s'opposer
« aux ravages des Normands. Enfin le petit nombre
« d'évêques qui étaient avec moi auprès du roi, et
« employés à son service, quand je leur donnai con-
« naissance de la recommandation de votre Bénignité
« en faveur de Rothade, me répondirent qu'ils ne
« lui connaissaient ni une si bonne vie, ni tant de sa-
« voir et de zèle pour le saint ministère, qu'ils vou-
« lussent rien prendre sur eux en cette affaire ; « Car,
« disaient-ils, si, quand sa déposition le forçait en-
« core à garder quelque mesure, il n'en a pas moins
« été toujours rebelle aux sacrés canons, à l'autorité

« royale, et aux priviléges de son métropolitain, il n'en
« vivra que plus effrénément dans la négligence de
« tout devoir et dans la perversité, donnant mauvais
« exemple à plusieurs, et scandalisant les fidèles,
« maintenant qu'il pourra suivre en toute liberté ses
« volontés. »

« Votre Bénignité estime que cet homme n'est pas
« une brute, mais qu'il a un cœur humain, et vous
« m'écrivez que peut-être il reconnaîtra sa faute et se
« soumettra de lui-même au jugement qui l'a frappé;
« que s'il agit ainsi, vous m'engagez à obtenir du roi
« Charles, votre fils bien-aimé, qu'il lui accorde quel-
« ques bénéfices pour pourvoir à ses besoins et à
« ceux des siens, afin qu'il puisse vivre honorable-
« ment. Mais que votre Dignité sache bien que tel
« n'est point le caractère de Rothade. Jamais il ne
« revient sur ce qu'il a une fois commencé. Permettez-
« moi donc, à moi très-humble serviteur de votre Do-
« mination, d'exposer à votre sage Autorité ce que j'ai
« avisé en cette cause, soit en méditant en moi-même,
« soit en conférant avec votre fils très-fidèle, mon sei-
« gneur, notre glorieux roi. M'appuyant des lettres
« que votre Autorité a fait remettre à mon exiguité
« par Luidon, dont vous faites mention dans votre let-
« tre à notre roi, votre fils et notre seigneur, et dont je
« lui ai moi-même donné lecture, j'aurais pu obtenir
« de Sa Majesté qu'elle donnât ordre à ses envoyés char-
« gés de conduire Rothade devant vous, de s'arrêter
« et de suspendre leur voyage vers Rome, jusqu'à ce
« qu'il vînt un moment favorable pour réunir tous les
« évêques de nos contrées; mais il n'y avait pas de
« raison de faire connaître les motifs du retard de la

« translation de Rothade à des étrangers, avant que
« la lettre de votre Autorité eût été lue aux évêques.
« Il était à craindre aussi que ceux qui, par la grâce
« de Dieu et par pure bonté, me portent affection et
« m'estiment, quoique je ne sois rien, apprenant que
« ce retard était mon ouvrage, fussent scandalisés
« en moi, et me soupçonnassent de négliger et mé-
« priser votre recommandation, quand au contraire
« j'avais fait toute diligence pour hâter l'accomplis-
« sement de vos ordres, au terme prescrit dans la
« lettre que vous nous aviez adressée par l'entremise
« de l'évêque Odon. D'autre part, si dans une assem-
« blée des évêques qui connaissent et qui savent que
« je connais comme eux la négligence de Rothade et
« sa longue inutilité dans le ministère sacré, je m'a-
« visais de parler de son rétablissement, tous me
« siffleraient et croiraient que j'ai tout-à-fait perdu la
« raison. Il en serait de même encore si je promettais
« de lui obtenir des bénéfices pour prix de sa sou-
« mission (soumission qu'il ne fera jamais dans la
« seule vue de son salut); car c'est une chose connue
« de presque tout le monde en ces provinces, que,
« selon les conciles de Carthage et les décrets de saint
« Grégoire, il s'en remit d'abord à la décision de
« juges de son choix; et plus de cinq cents personnes
« de tout ordre et de tout rang étaient présentes
« quand le calice d'or et les pierreries engagées par
« lui ont été saisis entre les mains d'un cabaretier et
« de sa femme par le messager du roi, et apportés en
« plein synode; tous ont su qu'on a également retiré
« des mains d'un Juif des couronnes d'argent qu'il lui
« avait données; que plusieurs des rentes et revenus

« qu'il avait retranchés à l'église, pour les donner se-
« crètement en commande, ont été retrouvés avec un
« assez grand nombre de vases d'argent d'un poids con-
« sidérable qui avaient été autrefois suspendus en of-
« frande dans l'église. C'est encore une chose notoire
« que beaucoup d'autres dons faits à l'église par ses
« prédécesseurs et autres fidèles pour le salut de leur
« ame, ont été détournés par lui, et dissipés selon son
« caprice, sans le consentement de son métropoli-
« tain et de ses coévêques, à l'insu du trésorier, des
« prêtres et des diacres de son église. Et cependant le
« bienheureux saint Grégoire a souvent répété dans
« ses lettres, d'après les sacrés canons : « Tout ce
« qu'un évêque acquiert après son ordination à l'épis-
« copat appartient à l'église dont il est le pasteur. »
« D'où il suit qu'il ne peut en disposer sans l'aveu du
« trésorier et du clergé de son église. Tous les habi-
« tans de la ville et les peuples qui avaient suivi le
« roi et les évêques au synode, et étaient accourus
« comme à un spectacle, l'ont vu venir jusqu'à la
« porte de l'assemblée, et s'en retourner tout-à-coup
« comme un furieux; tous savent quel mépris il a
« affecté pour la clémence du roi et celle de nos
« frères les évêques; comment il a été jugé d'après
« les chapitres des saints canons qui règlent les juge-
« mens; enfin, comment, au milieu des larmes du
« roi et des évêques, il est sorti plus insensible qu'un
« rocher. En un mot, après avoir jugé selon notre
« intelligence des sacrés canons, après avoir, confor-
« mément encore à ce qu'ils prescrivent, envoyé un
« de nos coévêques, membre du synode et témoin du
« jugement, pour vous rendre compte; après avoir,

« selon votre ordre, envoyé Rothade lui-même avec
« nos lettres et nos vicaires au Siége apostolique, qui
« nous fait une loi d'observer les canons et les décrets
« des Pères comme lui-même les observe, changer de
« conduite ce serait faire croire à tous que nous dou-
« tons de la justice et de l'équité de votre Autorité;
« promettre à Rothade une existence heureuse et assu-
« rée pour prix de sa soumission, ce serait nous faire
« taxer de folie ; car, quand même (ce que ne feront
« jamais, nous l'espérons, le premier et très-saint Siége
« et votre Apostolat) quand même vous pourriez le réta-
« blir, maintenant que vous le connaissez, notre con-
« science demeurerait toujours calme et sans reproche
« sur les périls des ames que vous seul lui auriez
« commises; et comme tout le monde en nos contrées
« sait jusqu'à quel point il a poussé la négligence et
« le mépris des saints canons, combien de temps et
« avec quelle patience il a été toléré; comme tous sa-
« vent que le jugement ne nous a été arraché qu'à
« regret et comme par force, parce qu'il n'a pas voulu
« se corriger, comme le lui prescrivaient les saints
« canons, nous ne pourrions encourir aucune honte
« de son rétablissement, s'il avait lieu par l'autorité
« de votre souverain Pontificat; parce que jeunes et
« vieux nous savons tous que nos églises sont sou-
« mises à l'église de Rome, et que nous autres évê-
« ques nous sommes subordonnés au pontife romain
« par la primauté de saint Pierre, et qu'ainsi tant que
« demeurera sauve la foi qui a toujours fleuri et,
« Dieu aidant, fleurira toujours en cette église, nous
« devons obéissance à votre Autorité apostolique,

¹ Évang. selon saint Luc, chap. 2, v. 51.

« car c'est pour nous, comme pour tous, qu'il a été
« écrit : « Obéissez à vos conducteurs, et soyez sou-
« mis à leur autorité [1]; ne faites rien par un esprit
« de contention ou de vaine gloire [2]. » Et encore :
« Si quelqu'un aime à contester, ce n'est point là no-
« tre coutume ni celle de l'Église [3]. » C'est pourquoi
« j'ai souvent dit à votre fils très-fidèle, mon seigneur,
« notre glorieux roi, et je ne me lasse pas de le lui
« répéter, comme il aime à l'entendre : « De même que
« la terre et toute sa plénitude, l'univers et tous ceux
« qui l'habitent, appartiennent au Seigneur, car c'est
« son royaume qu'il donne à qui il veut, ainsi il a
« fondé son Église sur le fondement de la pierre
« apostolique, et, avant sa passion comme après sa ré-
« surrection, il l'a, par une sollicitude spéciale et
« privilége singulier, confiée à saint Pierre, et en
« lui à ses vicaires. Et quiconque honore le siége de
« saint Pierre et le pontife qui l'occupe, honore celui
« qui a dit : « Quiconque reçoit celui que j'aurai
« envoyé me reçoit moi-même [4]. » Et il sera aussi
« honoré par celui qui dit : « Je glorifierai quicon-
« que m'aura rendu gloire, et ceux qui me mépri-
« sent tomberont dans le mépris [5]. » Comme donc
« beaucoup connaissent les réclamations de Rothade,
« comme d'autres en parlent différemment, comme
« tous en général savent que votre Autorité a donné
« l'ordre de le faire conduire à Rome avec nos vicai-

---

[1] Épit. de saint Paul aux Hébreux, chap. 13, v. 17.
[2] Épit. de saint Paul aux Philip., chap. 2, v. 3.
[3] Première Épit. de saint Paul aux Corinth., chap. 11, v. 16.
[4] Évang. selon saint Jean, chap. 3, v. 20.
[5] Rois, liv. 1, chap. 3, v. 30.

« res, pour y entendre votre jugement; comme enfin
« il est juste et convenable que tout évêque mandé
« devant le Saint-Siége par l'évêque de Rome y com-
« paraisse, à moins qu'il n'en soit empêché par quel-
« que infirmité, ou nécessité majeure, ou impossibi-
« lité, toutes exceptions prévues et réglées par les
« saints canons, à plus forte raison convient-il que
« celui qui a fait appel à l'autorité apostolique dans
« une controverse de la nature de celle-ci, s'y rende
« et se présente. Quand on verra le roi et les évêques
« obéir avec empressement, et faire honneur au sou-
« verain pontife, leurs sujets leur obéiront aussi avec
« plus d'empressement et d'humilité; car, comme dit
« saint Grégoire, « quand la tête est languissante,
« c'est en vain que les membres inférieurs sont bien
« portans; mais quand elle est couronnée de gloire et
« d'éclat, c'est-à-dire quand on lui rend honneur et
« hommage, ils brillent de son éclat et de sa gloire. »
« Et que pouvait-on faire de mieux pour contenter
« Rothade, que de vous l'envoyer et de lui prouver
« devant votre Autorité, par le témoignage écrit et si-
« gné de tant d'évêques, qui ne voudraient mentir ni
« à Dieu ni à vous, et par l'attestation de tous leurs
« vicaires, qu'il défend une mauvaise cause? C'est
« à lui seul et non à vous qu'il devra s'en prendre
« d'avoir sans raison causé tant de peine à lui-même
« et aux autres; car votre très-discrète Piété, qui sait
« qu'elle doit compassion au prochain, conseil et
« censure aux vices, l'a bien assez averti par ses let-
« tres apostoliques. Mais, outre ses autres défauts,
« tel est son endurcissement, que, sans amour ni
« crainte du Seigneur, sans respect pour les hommes,

« depuis tant d'années et en mille occasions il n'a
« jamais cessé de se montrer rebelle aux sacrés ca-
« nons, aux décrets des pontifes du Saint-Siége ro-
« main, aux priviléges de sa métropole, et aux arrêts
« synodaux; toléré pendant tant d'années et par tant
« de personnes, mille fois supplié par le roi et les évê-
« ques, il n'a jamais voulu reconnaître ses fautes ni se
« résoudre à écrire et signer de sa main qu'il serait
« désormais obéissant aux saints canons, aux décrets
« des souverains pontifes et aux priviléges de sa mé-
« tropole, ainsi qu'il est ordonné par ces mêmes ca-
« nons et décrets, sans l'observation desquels per-
« sonne ne peut être évêque : à ce prix cependant
« il eût été en toutes choses en paix avec ses frères.
« Depuis, dans sa protestation et dans son appel au
« jugement de juges choisis, il a impudemment et
« mensongèrement, à la connaissance de tous, osé
« écrire au synode qu'il avait toujours observé toutes
« les règles ecclésiastiques, lorsque, tout en formant
« appel, il n'a jamais voulu signer l'engagement de les
« observer à l'avenir, de crainte d'être jugé, et, comme,
« nous l'ont rapporté ceux qui le lui ont entendu dire
« à lui-même, comme nous l'avions bien nous-même
« soupçonné, « de peur d'être condamné; » et en-
« fin, si le roi et nous autres évêques nous per-
« sistions dans notre jugement, pour se ménager la
« ressource d'aller à Rome avant de céder, et là, de
« signer et prendre tout engagement qu'il vous plai-
« rait lui imposer, après avoir été absous par vous,
« malgré nous. Insensé ! qui ne comprend pas, qui
« ne peut pas même comprendre, tant sa malice
« l'aveugle, que votre Autorité a bien entendu l'exem-

« ple du Seigneur, lorsque adressant la parole à
« Paul du haut du ciel, et celui-ci lui demandant :
« Seigneur, que faut-il que je fasse ? » il ne lui ex-
« posa point tout ce qu'il avait à faire, mais l'adressa
« à Ananie, pour qu'il se fît instruire et diriger. De
« même l'ange du Seigneur, après avoir annoncé à
« Corneille qu'il était exaucé, l'envoya à saint Pierre
« pour recevoir ses instructions et ses ordres; et quoi-
« qu'il eût été en quelque sorte baptisé par l'Esprit-
« Saint avant le baptême, saint Pierre lui commanda
« de se faire baptiser du baptême de celui qui bap-
« tise au Saint-Esprit, et en qui les cœurs de ceux qui
« croient sont purifiés par la foi. De même encore
« lorsque ses inférieurs, bien que toujours fidèles,
« informèrent contre saint Pierre, et le sommèrent
« de leur dire pourquoi il était allé chez les Gentils,
« ce prince des apôtres, comblé de tous les dons de la
« grâce, et fort de la puissance d'innombrables mi-
« racles, ne répondit point à leur demande par au-
« torité, mais par raison, et exposa ses motifs avec la
« même humilité qu'il disait à Corneille, qui voulait
« l'adorer : « Garde-toi d'en rien faire, car je ne suis
« qu'un homme comme toi; » car s'il n'eût répondu à
« la plainte des fidèles qu'en s'appuyant de son auto-
« rité et de sa puissance, certainement, comme dit
« saint Grégoire, il n'eût pas été docteur de douceur
« et de mansuétude. Il répondit donc avec modestie,
« rendit humblement compte de sa conduite, et pro-
« duisit même des témoins pour se justifier, disant :
« Voici six frères qui sont venus avec moi. » Aussi,
« imitant l'autorité humble, le pouvoir modeste et la
« sage prédication de ce même saint Pierre, qui dit

« ailleurs : « Nous ne sommes point les seigneurs du
« clergé, mais les pasteurs du troupeau, » saint Ge-
« lase dit en ses décrets adressés à tous les évêques,
« touchant les institutions ecclésiastiques : « Puisque
« nous sommes bien loin de nous permettre aucune
« liberté contraire au respect de ces saintes et salu-
« taires ordonnances; puisque le Siége apostolique,
« qui a été établi par le Seigneur au dessus de tous
« les autres, s'efforce d'observer pieusement et dévo-
« tement les règles prescrites par les canons des Pè-
« res, il serait indigne que quelqu'un, ou des évê-
« ques ou des autres rangs inférieurs, osât refuser
« l'obéissance qu'il voit pratiquée et enseignée en la
« chaire de saint Pierre; et c'est une chose juste et
« convenable que le corps de l'Église s'accorde en
« l'observation des règles qu'elle voit suivre au lieu
« où le Seigneur a établi la principauté de toute son
« Église. » Il est écrit aussi de Barnabé et de Saul,
« qui se dit avec vérité Paul, apôtre, non de la part
« des hommes, ni d'un homme, mais de Jésus-Christ
« et de Dieu le père, qu'après avoir long-temps joui
« du commerce des apôtres, le Saint-Esprit dit non
« aux apôtres eux-mêmes, mais, comme l'Histoire
« sainte le témoigne, aux prophètes et aux docteurs
« qui servaient le Seigneur à Antioche : « Prenez Bar-
« nabé et Saul, et ordonnez-les à l'œuvre du minis-
« tère auquel je les ai appelés. » Et alors les pontifes
« et docteurs, jeûnant et priant, et imposant les mains
« aux deux élus, leur ordonnèrent de partir. Et ainsi
« ils s'en allèrent ayant reçu leur mission du Saint-
« Esprit lui-même, et furent appelés *apôtres*; et l'an-
« née suivante, c'est-à-dire treize ans après la passion

«*de Notre-Seigneur, quoique celui qui avait opéré en
« Pierre pour l'apostolat des circoncis, eût aussi opéré
« en Paul pour l'apostolat des Gentils; cependant ce
« ne fut que sur l'ordre de Jacques, Céphas et Jean,
« que Paul accepta avec Barnabé la charge de prê-
« cher les Gentils. Le même saint Paul écrivit aux
« ministres de Corinthe, qui se montraient négligens
« à punir un incestueux : « Assemblez-vous avec mon
« esprit, et livrez cet homme à Satan, pour le faire
« mourir en sa chair, afin que son ame soit sauvée
« au jour du Seigneur; » et les ministres de Corinthe
« livrèrent cet homme à Satan pour le faire mourir
« en sa chair, comme saint Paul, connaissant ses
« œuvres coupables, le leur avait enjoint de son au-
« torité; et quand ils eurent éprouvé son repentir, ils
« le rétablirent, et avec eux aussi saint Paul le con-
« firma de son autorité, disant : « Ce que vous accor-
« dez à quelqu'un par indulgence, je l'accorde aussi;
« car si j'use moi-même d'indulgence, j'en use à
« cause de vous, au nom et en la personne de Jésus-
« Christ [1]. » Ce qui fait faire cette remarque à saint
« Grégoire : C'est comme s'il disait : « Je ne me sépare
« point de ce que vous faites de bien; que ce que
« vous avez fait me soit imputé. » Et si nous osions
« lui demander : « Pourquoi t'unis-tu si étroitement
« et avec si pleine discrétion à tes disciples? pourquoi
« te conformes-tu si soigneusement à leurs œuvres,
« et eux aux tiennes? — Afin que nous ne soyons
« pas circonvenus par Satan, nous répondrait-il; car
« nous n'ignorons pas ses ruses perverses, et ce que
« l'esprit a bien commencé, Satan sait le dépraver et le

[1] Seconde Épit. de saint Paul aux Corinth., chap. 2, v. 18.

« faire tourner à mal. » Innocent remarque aussi sur
« le même sujet : « Cette bénignité apostolique est
« déclarée aux Corinthiens, afin que les bons suivent
« toujours de concert toute sentence portée à l'unani-
« mité et dans un même esprit. » Et Léon dit après
« l'Apôtre : « Que nul ne cherche son bien, mais le
« bien d'autrui; et que chacun cherche à plaire en
« bien à son prochain pour l'édification ; car notre
« union ne pourra subsister si le lien de la charité
« ne nous serre d'un nœud indissoluble; de même
« que dans un seul corps nous avons plusieurs mem-
« bres, et que tous les membres n'ont pas les mêmes
« fonctions, ainsi nous sommes plusieurs dans le
« corps unique de Notre-Seigneur Jésus-Christ, et
« nous sommes chacun membres les uns des autres.
« L'harmonie de tout le corps fait la santé et la
« beauté ; mais pour que cette harmonie existe, il
« faut l'unanimité, et surtout l'accord parfait des mi-
« nistres ; et quoiqu'ils soient tous du même ordre,
« ils n'ont pas tous la même dignité. » Or ces pré-
« ceptes ont été observés avec une haute intelligence,
« pratiqués envers les personnes ci-dessus mention-
« nées, et enseignés par les saints personnages que
« nous venons de citer, afin que l'on sache comment
« les inférieurs doivent obéir à leurs supérieurs, et
« les supérieurs pourvoir à leurs inférieurs, et afin
« que l'ordre établi par Dieu soit par tous et en tout
« observé et maintenu. C'est pourquoi le souverain
« pasteur de l'Église, saint Pierre, nous enseigne en
« ces termes : « Si quelqu'un exerce quelque minis-
« tère, qu'il n'y serve que comme agissant par la
« vertu que Dieu lui donne, afin qu'en tout ce que

« vous faites, Dieu soit glorifié par Jésus-Christ [1]. »
« Il est écrit de l'Esprit-Saint, qu'il distribue et di-
« vise ses dons à chacun comme il veut. De là vient
« que, selon le concile de Sardique, le souverain pon-
« tife du premier et saint Siége romain, quand un évê-
« que provincial déposé en appelle à sa justice et ré-
« clame une révision de sa cause devant lui, ne le
« rétablit pas sur-le-champ par acte de prééminence et
« privilége d'autorité, mais le renvoie devant les évê-
« ques de la province où la faute a été commise, et où,
« selon le concile de Carthage et les préceptes de la
« loi romaine, la cause peut être informée avec plus
« d'exactitude, et la vérité plus pleinement connue,
« parce qu'il y a toute facilité de produire des témoins;
« ou bien le pontife daigne en écrire aux évêques voi-
« sins, ou il envoie des légats qui, chargés de ses pleins
« pouvoirs, jugent avec les évêques, et, après une en-
« quête exacte, décident la question; ou enfin il dai-
« gne croire qu'il suffit des évêques pour tout terminer.
« Ainsi nous lisons dans un mandement du pape Inno-
« cent : « Si quelque différend s'élève entre clercs, soit
« de l'ordre supérieur, soit de l'ordre inférieur, qu'il
« soit jugé et vidé par les évêques de la province, assem-
« blés selon le concile de Nicée. » De même, le pape Bo-
« niface écrit au sujet de Maxime, « qu'il soit contraint
« de se rendre en sa province, et de s'y présenter pour
« être jugé; » et il ajoute que tout ce que les évêques
« provinciaux auront décidé, lui-même le confirmera
« de son autorité, quand le rapport lui en aura été fait;
« afin, écrit-il à Hilaire, que chaque province attende
« toujours et en toutes choses l'ordonnance de son mé-

---

[1] Première Épît. de saint Pierre, chap. 4, v. 11.

« tropolitain, comme il est prescrit par le concile de Ni-
« cée, et que de même qu'à Alexandrie et à Rome, où l'é-
« vêque suit et pratique cette coutume, les églises d'An-
« tioche, et des autres provinces jouissent de tous leurs
« priviléges. » Aussi a-t-il été sagement ordonné qu'il se
« tiendrait deux synodes par an dans chaque province,
« afin que tous les différends de la nature de celui qui
« nous occupe fussent discutés et terminés par les évê-
« ques de toute la province ainsi rassemblés. Et quand
« je rapporte tous ces exemples, à Dieu ne plaise que je
« veuille porter aucun préjudice à l'autorité du Saint-
« Siége apostolique ni à votre saint Apostolat, auquel au
« contraire je suis prêt à obéir en toutes choses, ainsi
« qu'il convient; mais je crois rendre hommage et obéis-
« sance à votre souveraine Autorité, en soumettant hum-
« blement ce que je pense à votre Sagesse, pour qu'elle
« l'approuve ou le corrige, et en faisant mes efforts pour
« vous faire connaître les mœurs de Rothade, de peur
« que par ma négligence vous n'ignoriez ce que je sais,
« et enfin pour que vous puissiez ordonner de son sort
« avec une plus pleine certitude. Si votre jugement
« maintient sa déposition, nous sommes assez certains
« de la bénignité, de la modestie et piété de votre fils,
« notre seigneur et roi Charles, pour affirmer que
« tout ce que vous lui commanderez et qu'il pourra
« raisonnablement faire, il le fera sans contradiction.
« D'autre part, nos coévêques assureront amplement
« de quoi vivre à Rothade sur les revenus de leurs
« églises; et quant à mon Exiguité, comme je n'ai ja-
« mais voulu rendre le mal pour le mal, malgré ses mé-
« pris et les affronts qu'il m'a faits, je m'efforcerai de
« lui prouver toute la bienveillance dont je suis capa-

» ble, et de pourvoir à ses besoins avec plus de gé-
« nérosité que jamais. Mais si, sans aucune satisfac-
« tion pour un si long mépris des sacrés canons, des
« décrets du Saint-Siége apostolique, des priviléges de
« la métropole, et des jugemens synodaux auxquels il
« a refusé d'obéir, et qu'il n'a pas voulu prendre l'en-
« gagement écrit et signé de respecter et suivre à l'a-
« venir; si, sans déclaration, sans protestation signée
« de repentir et d'obéissance faite en présence de ses
« frères, dont il a tant de fois méprisé les avertisse-
« mens canoniques, comme l'attestent divers passages
« des lettres de Léon et de Grégoire ; si enfin (pour
« ne pas rapporter ici les choses que, selon le concile
« d'Afrique, afin d'éviter l'opprobre du sacerdoce et
« la censure des séculiers, nous n'avons pas voulu
« laisser révéler en plein synode), passant légère-
« rement et sans aucune punition sur les griefs qui
« vous ont été dénoncés sous la garantie de la vérité
« et de la bonne foi, et pour lesquels il avait été jugé
« par les évêques auxquels il en avait appelé, selon
« les exprès et formels décrets des sacrés canons et
« du Siége apostolique, et selon ces saintes paroles de
« Célestin : « Quelles choses respecterons-nous désor-
« mais, si, au gré des caprices de quelques-uns, nos
« règles décrétales et constitutions sont livrées au mé-
« pris des peuples et impunément violées? » Si, dis-je, il
« plaisait à votre Autorité de le rétablir, comme il con-
« vient de se soumettre au jugement régulier du pon-
« tife de la première chaire, mère et maîtresse de tou-
« tes les églises, de l'évêque père et maître de tous
« les évêques, je le supporterais patiemment et avec
« résignation. Mais cependant j'estime que votre très-

« diligente Discrétion songera au funeste encourage-
« ment qu'un tel exemple pourrait donner en nos con-
« trées, ainsi que plusieurs le craignent, au mépris et
« à la révolte des sujets envers leurs prélats, et à la
« licence de violer impunément les saints canons. Sur-
« tout votre très-sage Autorité ne peut ignorer que
« le concile de Sardique, en son septième chapitre,
« ordonne que lorsqu'un évêque déposé en appelle à
« Rome, le Saint-Siége, en exécutant la sentence,
« soit de restitution, soit de confirmation de la déposi-
« tion, doit indemnité pleine et entière à ceux qui
« ont jugé avec franchise et simplicité. Innocent,
« Boniface, Léon dans ses décrets, Grégoire plus évi-
« demment encore dans ses lettres, professent la
« même opinion, se conformant aux décrets du con-
« cile de Carthage, et aussi du Siége apostolique,
« dont les vicaires présidèrent en ce concile; à savoir :
« Toutes les fois qu'on interjetera appel de certains
« juges ecclésiastiques à d'autres juges ecclésiastiques
« revêtus d'une plus grande autorité, la sentence
« ne pourra nuire à ceux dont elle met le jugement
« à néant, à moins qu'on ne puisse les convain-
« cre d'avoir jugé avec un esprit de haine, par pas-
« sion ou par faveur. » Or, notre conscience nous est
« témoin, tous ceux qui ont assisté au synode peuvent
« attester que nous aurions bien mieux aimé sauver
« et maintenir Rothade que le condamner, si nous n'a-
« vions pas craint d'être cités comme coupables de mé-
« pris envers les saints canons au tribunal de ceux qui
« les ont promulgués par l'inspiration du Saint-Esprit,
« et de nous voir condamnés avec celui que nous ne pou-
« vions corriger; voilà pourquoi, sans esprit de haine,

« sans être prévenus de passion ou de faveur, mais au
« contraire, déplorant son incorrigible négligence et
« son inflexible obstination, nous nous sommes enfin
« décidés à procéder selon les saints canons et à porter
« une condamnation que nous n'osions prendre sur
« nous de retarder plus long-temps. Votre sage et sou-
« veraine Autorité, en donnant son jugement, se rap-
« pellera aussi ce que nous enseigne l'apôtre, que
« quelquefois les fautes précèdent le jugement, et
« quelquefois le suivent. Aussi, selon le conseil de
« saint Ambroise, quand on juge, il faut placer dans la
« balance les bonnes et mauvaises œuvres, afin que,
« si les bonnes œuvres à récompenser l'emportent, le
« petit nombre des mauvaises soient remises avec mi-
« séricorde ; et que, si au contraire les mauvaises
« l'emportent, le petit nombre des bonnes ne compte
« pour rien, et que condamnation s'ensuive. Ainsi nous
« avons fait selon notre faible capacité, et nous avons
« mis l'inutilité et les fautes de Rothade en balance
« avec ses bonnes œuvres ; et avec grand regret et
« douleur de cœur, nous avons jugé qu'il devait être
« coupé comme le figuier stérile, occupant inutile-
« ment et trop long-temps la bonne terre, et, après de
« longs délais et de vains efforts pour le sauver, re-
« fusant de profiter de l'engrais qui lui a été ménagé,
« et persévérant en sa stérilité. Puisqu'il en est ainsi,
« j'ai confiance que le décret de votre Modération
« n'outrepassera point ce qui est ordonné au chapitre
« déjà cité du concile de Carthage, et ici rapporté sans
« aucune interpolation : « Si, y est-il dit, des juges
« ont été choisis du consentement des deux parties,
« même en moindre nombre que ne le veulent les ca-

« nons, l'appel ne sera pas permis. » Or le nombre fixé
« à douze au chapitre précédent du même concile,
« et le consentement des parties ont été scrupuleu-
« sement observés dans le procès de Rothade. Que si
« pour quelque cause, sans doute plus raisonnable
« et à nous inconnue, votre souveraine Autorité, à
« qui sont révélées beaucoup de choses qui nous de-
« meurent cachées, juge à propos d'annuler ce juge-
« ment, comme il est de mon devoir, non de dis-
« cuter vos jugemens, mais d'y soumettre les miens
« avec obéissance, je me résignerai, et l'on ne me
« verra point lutter contre la restitution régulière et
« canonique que vous aurez prononcée; sûr que,
« si vous la prononcez, votre Autorité saura pour-
« voir à ce que Rothade, vainqueur selon son ha-
« bitude, après avoir obtenu gain de cause, rem-
« plisse à l'avenir tous les devoirs d'un évêque; trop
« heureux, je vous l'assure, de pouvoir enfin respirer
« de tant et de si long chagrins que j'ai soufferts de
« lui et à cause de lui; et à Dieu ne plaise que ja-
« mais il m'arrive de m'opposer à ses révoltes, et de me
« fatiguer en vain, d'autant que mes jugemens sont
« désormais méprisés et comptés pour rien, non seule-
« ment par les ecclésiastiques, mais encore, et beau-
« coup plus, par les séculiers; et les uns et les autres
« tiennent des propos que je ne veux pas répéter à
« votre Autorité, dans la crainte d'aigrir l'esprit de vo-
« tre Douceur, ce que je veux surtout éviter. Or si
« dans notre province quelques-uns dont les plaintes
« pourront bien parvenir à votre Sainteté, quand ils
« auront vu Rothade rétabli, commettent à l'avenir
« quelques fautes graves, comme il arrive trop sou-

« vent de nos jours, et beaucoup plus fréquemment que
« dans les temps passés, j'aurai soin de les admones-
« ter, afin que Dieu ne m'impute pas mon silence;
« et s'ils veulent se corriger, je m'en réjouirai; sinon, je
« les renverrai à votre jugement. S'il veulent aller à
« Rome, votre sainte Sagesse avisera ce qu'il y aura
« de mieux à ordonner : s'ils refusent, ils en feront
« comme bon leur semblera. Quant à moi, puisse la
« sentence de saint Ambroise me garantir du juge-
« ment de Dieu : « Quand, dit-il, quelqu'un n'a pas de
« puissance, parce que l'accusé n'en tient compte, ou
« quand il ne peut prouver, il est exempt de blâme. »
« Or, occupé de mille soins, et de plus le voyage à
« Rome étant long et mal sûr, je ne puis souvent faire
« mon rapport au Siége apostolique avant que la
« plainte des insolens vous parvienne : ainsi donc
« j'espère qu'accablé d'infirmités, et, grâces à Dieu,
« proche de ma fin, je n'aurai pas à craindre que
« quelqu'un aigrisse l'esprit de votre Sainteté contre
« moi, et que quelque sentence d'excommunication
« me vienne frapper. Et quoique je sache bien, se-
« lon l'Évangile de l'apôtre, que le Seigneur rendra à
« chacun selon ses œuvres, le jour où la conscience
« portant elle-même témoignage, et les pensées s'ac-
« cusant et se défendant entre elles, il jugera les se-
« crets des hommes, et comme dit Léon : « Si par
« notre service et ministère sacerdotal quelque chose
« se fait de bon ordre et bonne affection, ne doutons
« pas que cela nous a été donné du Saint-Esprit, et
« que tout ce qui est autrement ne sera point ratifié
« et n'aura permanence; » cependant, autant qu'il
« sera en moi, et autant que celui de qui vient

« tout don parfait m'en fera la grâce, je tâcherai de
« faire en sorte que mon dernier jour, qui est incer-
« tain, et qui peut venir soudainement, ne me sur-
« prenne pas (Dieu m'en garde) retranché de la
« communion du Siége apostolique. Car, quoique plus
« tard qu'il ne faudrait, puisque moi, grand pécheur,
« je suis détenu trop long-temps captif en cette fâ-
« cheuse prison du corps, et livré justement à beau-
« coup d'afflictions, un temps viendra sans doute,
« grâces à la très-sage providence du Seigneur, et
« aussi, je l'espère, un tel personnage montera sur le
« siége de Rheims, que le privilége qui lui a été
« accordé dès les premiers temps par le Siége apos-
« tolique, sera renouvelé et rendu dans son intégrité
« à notre église, laquelle n'a jamais reconnu d'autre
« primat que l'évêque de Rome, excepté lorsque son
« pontife lui ayant été arraché sans motif par la vio-
« lence du tyran Milon, au temps de Charles Martel,
« elle demeura veuve de son pasteur, et fut confiée
« pendant quelque temps à Boniface, légat du Saint-
« Siége, ainsi que l'église de Trèves. Et entre ces
« églises de Rheims et de Trèves, lesquelles com-
« prennent à elles seules toute la province belgique,
« cette distinction a toujours existé, ainsi que nous
« lisons aux chartes et monumens ecclésiastiques, et de
« tout temps cette coutume a été observée, que la
« prééminence se règle non par la dignité du lieu,
« mais par l'ancienneté de l'ordination, et que des
« évêques de ces deux métropoles, celui-là est re-
« connu pour primat qui a été ordonné le premier.

« Au reste, je me conduirai de manière à ne plus
« m'attirer désormais de votre Autorité, aussi souvent

« que j'en ai reçu dans ces derniers temps, sans doute
« pour le démérite de mes péchés, de ces lettres com-
« minatoires d'excommunication et pleines de repro-
« ches, lesquelles pourtant nous avons lu dans les écrits
« d'hommes apostoliques ne devoir être adressées que
« rarement et en cas d'extrême nécessité. Que s'il plaît
« à votre Sainteté, vous n'aurez pas besoin d'agir ainsi
« à l'avenir, tant que quelqu'un de vos mandemens
« apostoliques ne m'aura pas surpris, ce qu'à Dieu ne
« plaise, en désobéissance ou mépris de nos saintes
« institutions canoniques; car celui qui comprend la
« parole de l'Évangile du centenier : *Seigneur, dites*
« *un mot et mon enfant sera guéri,* et qui sent toute
« l'efficacité de la parole de l'évêque, ou plutôt de
« Jésus-Christ qui parle en l'évêque, comme dit saint
« Paul de lui-même, connaît et comprend combien
« est plus pleine encore de vertu et d'autorité la pa-
« role du pontife du Siége apostolique, et avec quelle
« obéissance on doit déférer à son simple mande-
« ment, sans qu'il ait besoin d'user d'adjurations ou
« menaces; et c'est ce que nous autres évêques som-
« mes tenus d'inculquer à ceux qui le savent et à
« ceux qui ne le savent pas, sages ou insensés ; mais
« si les paroles des méchans prévalent contre nous,
« comme ils osent s'en vanter, nous n'aurons pas be-
« soin de nous donner tant de peine pour les synodes
« provinciaux, comme nous avons fait jusqu'ici, puis-
« que chacun sera à lui-même sa loi et son espérance.

« Quant à ce que votre Sublimité écrit à notre Hu-
« milité, que vous avez été surtout ému à reprendre
« et revoir le procès de Rothade, par cette solllici-
« tude que vous portez à tous vos frères, je m'en

« réjouis et l'apprends avec reconnaissance, persua-
« dés que nous autres aussi, métropolitains tels quels,
« nous devons être comptés au nombre de vos frères.
« Et si votre Discrétion doit pourvoir à ce que les
« évêques diocésains ne soient pas condamnés injus-
« tement par les métropolitains, elle doit aussi em-
« pêcher que les métropolitains ne soient (contre les
« institutions canoniques) méprisés et bravés par les
« évêques leurs inférieurs. En second lieu, dites-
« vous, Rothade s'est porté appelant au Saint-Siége,
« et vous n'avez pas voulu qu'on eût de vous cette
« opinion que de vos jours vous ayez laissé faire dé-
« triment aux priviléges de votre église. Vous avez
« raison, et c'est à quoi aussi nous devons tous nous at-
« tacher et tenir avec persévérance. Quant à moi, selon
« ma petite puissance, j'en ai toujours fait et en fais
« toujours mon devoir ; et, Dieu aidant, je persiste-
« rai en cette dévotion, sachant bien que le privilége
« du siége métropolitain de Rheims, auquel le Seigneur
« a daigné m'appeler, s'appuie sur le privilége souverain
« du Saint-Siége de Rome, mais que c'est aussi le pri-
« vilége du Siége de Rome de n'user de son autorité
« que pour maintenir et faire respecter le privilége
« du siége qui lui est inférieur. En troisième lieu,
« vous citez des exemples ; à cela je n'ai à répondre
« qu'une chose, c'est que la cause de Rothade est
« presque de tout point différente des causes que
« vous citez. Enfin, quant à ce que votre Bénignité
« apostolique daigne écrire à mon Indignité, que j'aie
« à entrer dans vos opinions et à approuver le juge-
« ment que vous porterez sur Rothade, et que je ne
« pense pas que vous ayez voulu en rien me faire in-

« jure, j'en rends grâces immenses, autant que je puis,
« de toutes les forces de mon cœur, en toute sou-
« mission et humilité, à votre saint Apostolat, vous
« assurant, dans toute la sincérité de mon ame, que je
« crois en tout point ce que vous voulez bien m'é-
« crire. En ordonnant que Rothade fût conduit devant
« vous, vous n'avez fait que maintenir les priviléges
« de votre souverain pontificat comme il convient, et
« comme nous le desirons tous, puisque aucun de
« nous ne s'y est opposé ; je desire donc voir que vous
« daigniez lui accorder pardon, et je m'assure que je
« le verrai. Mais aussi, et je ne vous demande, ainsi
« que je vous l'ai prouvé plus haut, rien que ne pres-
« crivent les saints canons, que je ne doive deman-
« der, et que vous ne puissiez accorder ; je prie en
« grace votre Autorité de faire en sorte, tout en té-
« moignant votre compassion pour Rothade, que la
« discipline ecclésiastique n'en soit pas énervée, et
« qu'au contraire elle soit si bien maintenue, que
« vous ne lui accordiez que la pitié et le juste néces-
« saire que vous ne pouvez refuser, dans la crainte
« que son exemple ne provoque les autres à sortir du
« devoir, et que ceux à qui, dans ces contrées si éloi-
« gnées du Siége apostolique, le gouvernement de
« la discipline ecclésiastique est confié, n'y croient
« voir un motif de s'alentir et laisser aller à la lan-
« gueur, ou n'en prennent occasion d'outre-passer
« les limites posées par les Pères, et que nous croyons
« n'avoir jamais transgressées. Au reste, c'est à vous de
« voir ce qu'il y a de mieux à faire, et nous ne de-
« vons voir en votre jugement que la volonté de Dieu.
« Car les jugemens divins ne pourront être injustes,

« qui seront en droit et justice émanés de la solidité
« de la pierre de la confession apostolique, contre
« laquelle les portes de l'enfer, c'est-à-dire les mau-
« vaises suggestions et manœuvres, ne prévaudront
« pas. Quant à la lettre que votre Autorité m'a com-
« mandé avec obtestation de faire tenir à Rothade,
« aussitôt qu'elle a été arrivée, le roi notre seigneur,
« votre fils, la lui a envoyée par son abbé.

« Je dois aussi vous dire que le onzième jour de dé-
« cembre dernier, au moment où je me retirais très-
« tard sur le soir de la cour de notre roi, aux maisons
« que nous avons sur la Loire, non loin des confins
« du royaume d'Aquitaine, Rodolphe, oncle de notre
« seigneur roi, votre fils, revenant d'auprès de Louis,
« roi de Germanie, m'envoya un de ses hommes,
« aussi nommé Rodolphe, et me manda que le roi Louis
« avait confié à sa garde et protection un des gens de
« Rothade chargé de lettres de votre Sainteté, avec
« prière de le faire conduire avec ses lettres devant
« notre roi Charles, afin qu'il ne lui arrivât aucun
« mal. Car cet homme était accusé devant le roi no-
« tre seigneur d'avoir volé les biens et le trésor de
« l'église, d'avoir pris la fuite après s'être parjuré, et
« cherché un asile auprès du roi Louis. Rodolphe me
« priait de protéger cet homme auprès de notre roi
« Charles, et puisqu'il l'avait pris sous sa garde,
« d'empêcher qu'il lui fût fait aucun mal. Je lui ré-
« pondis de le garder près de lui, pour prévenir tout
« accident, jusqu'au moment où je retournerais à la
« cour, et qu'alors je ferais tout mon possible pour
« lui être utile. Depuis, je n'ai ni vu cet homme, ni
« su ce qu'il était devenu avec ses lettres. C'est pour-

« quoi j'ai cru devoir en écrire à votre Sainteté, afin
« que si quelqu'un de nos envieux cherchait, comme
« ils ne manquent jamais de le faire, à vous insinuer
« quelque mauvaise idée à ce sujet, vous connussiez
« la vérité, et ne prissiez aucune humeur contre
« moi.

« Enfin les vénérables évêques transmettent à votre
« Autorité les explications et défenses que j'ai données
« aux juges devant lesquels Rothade m'avait cité par
« sa protestation d'appel. Quant à ses actes depuis son
« excommunication, lesquels ont été recueillis dans
« le synode provincial, et qui, comme je l'apprends,
« vous ont été transmis par nos voisins dans la vue
« de me nuire, les évêques de la province ont bien
« voulu prendre la peine de faire connaître à votre
« Sainteté ce qu'ils savent par des envoyés communs. »

Après avoir donné quelques détails sur sa promotion au siége de Rheims, que nous ne répéterons pas ici, parce que nous les avons déjà rapportés plus haut, Hincmar continue :

« Enfin depuis la mort d'Ebbon, dans tout notre
« diocèse, et même dans notre église diocésaine,
« selon la coutume suivie même pour ceux qui
« ne sont pas restés jusqu'à leur mort évêques de
« cette église, on a pris l'habitude de nommer Eb-
« bon, par piété, à la commémoration des morts entre
« les saints mystères, et de l'insérer au catalogue des
« évêques ; et la chose a continué jusqu'à ce moment.
« Car j'ai craint de scandaliser les personnes dévotes,
« qui pourraient m'accuser de porter envie au salut
« d'un frère, et surtout d'un frère qui est mort dans
« le Seigneur, et n'a point été anathématisé pour

« s'être écarté de la pureté et intégrité de la foi ca-
« tholique; mais qui, poussé par sa propre conscience,
« s'est condamné lui-même, et ne l'a été que depuis
« par le synode et le Siége apostolique. Je n'ai pas
« osé prendre sur moi de retrancher son nom sans
« une autorisation du Saint-Siége; car, comme dit
« le pape Célestin, il ne faut pas faire souffrir les
« ames des trépassés, dont nous devons au contraire
« ressentir les afflictions, puisqu'ils sont nos mem-
« bres. Cependant, dans les lettres que votre Sain-
« teté m'a fait remettre par le diacre Engelwin, vous
« me mandez de ne pas recevoir au catalogue Teut-
« gaud et Gunther. Vous savez aussi mieux que nous
« ce que prescrit le concile d'Antioche au sujet de
« ceux qui, après avoir été condamnés, ont la pré-
« somption d'exercer comme auparavant leur charge
« épiscopale; or, il est constant qu'Ebbon a malheu-
« reusement commis cette faute. Je prie donc votre
« Autorité apostolique de vouloir bien me répondre
« si je dois laisser dorénavant nommer Ebbon entre
« les évêques, ou si je dois le rayer du catalogue, afin
« qu'appuyé de votre Autorité, je puisse, selon ce
« que vous déciderez, faire cesser toute incertitude
« et régler ce que notre église devra observer. »

CHAPITRE XIV.

Suite de la lettre d'Hincmar au pape Nicolas. Du schismatique Gottschalk.

« Luidon m'a rapporté que vous lui aviez parlé de
« la condamnation et de la réclusion de Gottschalk ;
« comme j'avais déjà su par d'autres que votre Sain-
« teté en avait appris quelque chose, je me suis em-
« pressé d'envoyer à votre Autorité, par l'évêque Odon,
« un recueil de passages tirés des docteurs catholi-
« ques, et qui appuient mon sentiment contre l'opi-
« nion de cet homme pestilentiel, et cependant vous
« n'avez point encore daigné me répondre. Toutefois
« certains évêques, que cette affaire ne touchait en
« rien (car ils ont assez manifestement prouvé depuis
« qu'ils n'étaient conduits ni par la charité, ni par
« aucun principe d'autorité), m'ont, il y a quelque
« temps, appelé à rendre compte de ma conduite, et
« m'ont convoqué, par lettres qui m'ont été remises
« par un laïque, à un conciliabule assemblé à Metz ; je
« dis conciliabule, parce que vous avez défendu de
« le nommer synode ; et cela, irrégulièrement, quatre
« jours seulement avant l'ouverture, lorsque j'étais
« éloigné de Metz de plus de quatre-vingts milles, et
« Gottschalk de plus de cent, et sans m'avoir aupa-
« ravant donné le moindre avertissement. Je crois
« donc devoir donner en peu de mots quelques dé-
« tails à votre Sainteté. Bien avant que j'eusse été

« élevé à l'épiscopat, dans un monastère de la métro-
« pole de Rheims, nommé Orbay, au diocèse de Sois-
« sons, vivait le moine Gottschalk, homme félon et
« trompeur, selon le témoignage que rendent de lui
« son abbé et les moines au milieu desquels il a vécu,
« n'ayant de moine que l'habit, et le cœur d'un mons-
« tre, impatient du repos, aimant la nouveauté des
« paroles, et connu parmi les siens comme dangereu-
« sement remuant. Cet homme s'était fait un choix et
« un recueil de certains articles de toutes les fausses
« doctrines qu'il savait être répandues par le pays en
« ce temps-là; et prétendant à se distinguer par la
« nouveauté du langage, pervertissant le sens des
« hommes simples et dévots, usurpant le nom de
« maître, il s'efforçait d'attirer à lui des disciples,
« d'imposer, par les dehors d'une vie religieuse et
« l'appareil du savoir, à ceux qui ont les oreilles cu-
« rieuses et cherchent toujours des maîtres pour les
« guider, s'élevant ainsi illégitimement, puisqu'il ne
« pouvait y parvenir par des voies légitimes. Ordonné
« prêtre, au mépris des institutions ecclésiastiques,
« par celui qui était alors chorévêque de l'église de
« Rheims, il sortit de son monastère contre la règle
« monastique, et se mit à courir le pays, semant par-
« tout ses semences de mort. Enfin, un synode fut
« convoqué en la cité de Mayence, et là, après avoir
« présenté une déclaration de ses erreurs à l'arche-
« vêque Raban, il fut condamné par tous les évêques
« de Germanie, et renvoyé, avec des lettres du sy-
« node, à la métropole de Rheims, au siége de laquelle
« je venais d'être appelé par la grâce de Dieu. Cité
« devant les évêques réunis de la Belgique, de Rheims

« et des autres provinces de France, et convaincu
« d'hérésie, il refusa de se rétracter; et dans la crainte
« qu'il ne nuisît aux autres comme il se nuisait à lui-
« même, il fut, d'un jugement unanime, condamné
« à être détenu dans un monastère de notre diocèse,
« parce que Rothade, du diocèse duquel il dépendait,
« ne savait pas lui résister; et d'ailleurs, connaissant
« Rothade enclin aux nouveautés, nous craignions que
« n'ayant pas voulu apprendre à enseigner les bonnes
« doctrines, il ne fût trop facile à se laisser prendre
« à de mauvais sentimens sur la foi. Quant à Gotts-
« chalk, il était à craindre que, vivant au milieu des
« hommes, il ne les infectât de ses erreurs ; c'est
« pourquoi nous décidâmes de le tenir en prison dans
« un monastère, selon l'enseignement de l'Apôtre :
« Évitez celui qui est hérétique, après l'avoir averti
« une première et une seconde fois, sachant que qui-
« conque est en cet état est perverti, et qu'il pèche
« comme un homme qui se condamne lui-même par
« son propre jugement [1]. » Et comme le pape Léon
« disait autrefois d'Eutychès : « Puisqu'il voyait que
« le sens de sa téméraire ignorance déplaisait à des
« oreilles catholiques, il aurait dû renoncer à son opi-
« nion, et ne pas exaspérer les prélats de l'Église, jus-
« qu'à mériter une condamnation que nul ne pourra
« révoquer, s'il s'obstine dans son sens coupable. » Que
« s'il eût voulu revenir à la doctrine catholique, j'ai
« toujours été et je suis encore tout prêt, car les vé-
« nérables évêques l'ont ainsi ordonné, à le recevoir
« dans la communion de l'Église catholique, comme
« je prends soin de fournir à toutes ses nécessités cor-

[1] Épît. de saint Paul à Tite, chap. 3, v. 10, 11.

« porelles. Si votre Sagesse catholique veut savoir les
« points qu'il prêche contre la foi orthodoxe, et qu'il
« semble avoir tirés de la vieille hérésie des Prédes-
« tinatiens, laquelle, née en Afrique, et de là passée
« en Gaule, à peu près dans le même temps que celle
« de Nestorius, fut étouffée sous le pontificat de Cé-
« lestin, par son autorité et par l'active diligence de
« saint Prosper, je vais vous en exposer sommaire-
« ment quelques-uns, au moins les plus importans.

« Il dit, avec les anciens Prédestinatiens, que, de
« même que Dieu prédestine aucuns à la vie éter-
« nelle, il en prédestine d'autres à la mort éternelle;
« que Dieu ne veut pas que tous les hommes soient
« sauvés, mais ceux-là seulement qui sont sauvés.
« Or, tous ceux qu'il veut sauver sont sauvés; et par
« conséquent s'il en est qui ne sont pas sauvés, c'est
« qu'il n'était pas dans sa volonté qu'ils le fussent. Car
« si tous ceux que Dieu veut être sauvés ne le sont
« pas, Dieu ne fait donc pas tout ce qu'il veut; et s'il
« veut ce qu'il ne peut pas, il n'est donc pas tout-puis-
« sant, au contraire il est impuissant. Mais celui-là
« est tout-puissant qui a fait tout ce qu'il a voulu, et
« l'Écriture dit : « Le Seigneur a fait tout ce qu'il a
« voulu dans le ciel, dans la terre, dans la mer et dans
« tous les abîmes [1]; » et ailleurs : « Seigneur, toutes
« choses sont soumises à votre pouvoir, et nul ne peut
« résister à votre volonté si vous avez résolu de sauver
« Israel [2]. »

« Il dit encore, avec les anciens Prédestinatiens,
« que Notre-Seigneur et Sauveur Jésus-Christ n'a pas

[1] Psaum. 134, v. 6.
[2] Esther, chap. 13, v. 9.

« été crucifié et n'est pas mort pour la rédemption du
« monde entier, c'est-à-dire pour la rédemption et le
« salut de tous les hommes, mais seulement pour ceux
« qui sont sauvés.

« Il s'accorde, avec les anciens Prédestinatiens, sinon
« dans les termes, au moins dans la même erreur,
« dans l'explication de cette parole de l'apôtre saint
« Pierre : « Niant le Dieu qui les a rachetés. » Il les
« a rachetés, dit-il, par le sacrement de baptême ;
« mais ce n'est pas pour eux qu'il a été mis en croix,
« qu'il a souffert la mort, et qu'il a versé son sang.
« Or l'apôtre des Gentils, saint Paul, reconnaît ou-
« vertement que la réception du baptême s'appelle ré-
« demption, quand il dit: « N'attristez pas l'Esprit saint
« de Dieu, dont vous avez été marqués comme d'un
« sceau pour le jour de la rédemption [1]. » Mais la ré-
« demption propre et spéciale aux seuls élus, celle
« que leur miséricordieux Rédempteur n'a entendu
« accorder qu'à eux, c'est celle de la croix, laquelle
« a racheté, délivré et purgé du péché tous les élus à
« la fois, passés, présens et à naître, les vivans et les
« morts. Voilà le monde pour qui le Seigneur a souf-
« fert, comme il dit lui-même : « Le pain que je don-
« nerai, c'est ma chair, que je dois donner pour la vie
« du monde [2]. »

« Gottschalk dit encore ailleurs : « A Dieu ne
« plaise que je veuille murmurer seulement une fois,
« ou qu'il m'entre un seul instant dans la pensée que
« l'ancien serpent puisse ravir, pour être à jamais
« perdu avec lui, aucun de ceux pour la rédemption

[1] Épît. de saint Paul aux Éphés., chap. 4, v. 30.
[2] Évang. selon saint Jean, chap. 6, v. 52.

« desquels le Seigneur a répandu un sang si pré-
« cieux à Dieu son père : ainsi soit-il ! » Et ail-
« leurs, parlant à Dieu, il s'écrie : « N'est-il pas assez
« manifeste que nul ne périt qui a été racheté du
« sang de ta croix? »

« Plus audacieux et plus pernicieux que les anciens
« Prédestinatiens, il dit ce qu'ils n'avaient point dit,
« que la divinité de la sainte Trinité est triple. Il est
« encore beaucoup d'autres opinions que lui et d'au-
« tres répandent dans nos contrées, et qui nous sem-
« blent contraires à la vraie foi. Quand votre Autorité
« en aura été avertie par d'autres que par la petitesse
« de notre personne, peut-être y prêtera-t-elle plus
« d'attention, et s'empressera-t-elle de nous enseigner
« promptement ce qu'il faut croire. La nécessité s'en
« fera bientôt sentir. Car quoique leurs cœurs bouil-
« lonnent de la folie d'un sens corrompu, cependant,
« tant que dure le règne de notre roi orthodoxe,
« ils n'osent exprimer leurs coupables sentimens, et
« nous voyons vraiment s'accomplir ce qui est écrit :
« Il rassemble comme dans une outre les eaux de la
« mer. » L'eau de la mer en effet a été rassemblée
« comme dans une outre, car, sous notre très-fidèle roi
« Charles, les hérétiques contiennent toutes leurs
« funestes opinions, les compriment au fond du
« cœur, et n'osent éclater. Ils déchirent aussi se-
« crètement mon Exiguité de leurs morsures enveni-
« mées ; mais, avec l'aide de Dieu, je les supporterai
« facilement. Il me reste peu de temps à vivre désor-
« mais, et si Dieu venait à permettre qu'ils eussent
« le pouvoir de m'affliger un jour en ma personne,
« entre tous les fils de la véritable Église, ils servi-

« raient alors, Dieu aidant, à exercer ma patience.
« S'ils ne se montrent nos ennemis que par les mau-
« vaises doctrines, ils exerceront du moins le peu de
« savoir que j'ai, et aussi ma charité, puisque le Sei-
« gneur nous fait un devoir d'aimer nos ennemis.
« Quant à Gottschalk, si votre Autorité desire que
« je le fasse sortir de prison, ou que je vous l'envoie
« pour que vous examiniez sa doctrine par vous-
« même, ou enfin que je le remette entre les mains
« de quiconque il vous plaira nommer; comme vous
« savez mieux que qui que ce soit, que de même que
« tout le monde sans distinction ne peut pas être or-
« donné régulièrement, ainsi quiconque, soit moine,
« soit soumis à une vie régulière, a été remis en
« charge à quelqu'un, et détenu en certain lieu, ne
« peut être tiré de sa détention que du consentement
« de celui à qui il appartient; que votre Autorité
« m'écrive, et je m'empresserai d'obéir à ses ordres.
« Seulement je desire être autorisé par vous, afin de
« de ne pas faire croire que j'aie la présomption de ne
« tenir compte du jugement de tant d'évêques respec-
« tables; car je suis loin de me réjouir de le voir
« tenu en prison, quoique son obstination ne mérite
« que trop cette peine, d'ailleurs légère; et ce qui
« m'afflige, c'est la perfidie en laquelle il s'obstine.
« Que si votre Autorité juge à propos de le remettre
« entre les mains de quelque autre, elle avisera, je
« pense, à ce que ce soit à quelqu'un bien sincère-
« ment catholique, qui tienne à la gravité et la dis-
« cipline ecclésiastique, et possède la science des
« saintes Écritures. Car Gottschalk sait par cœur et
« peut vous débiter tout un jour, sans prendre ha-

« leine un seul instant, non seulement les Écritures,
« qu'il détourne violemment à son sens, mais toutes
« les autorités catholiques, qu'il tronque et mutile. Et
« c'est par là surtout qu'il excitait non seulement
« l'admiration des idiots et des simples, mais qu'il
« séduisait même et entraînait à son opinion des
« personnes assez éclairées, mais imprudentes, qui
« avaient le zèle de Dieu, non selon la science. Car
« il ne cherche pas seulement à briller comme le maî-
« tre de ses maîtres, mais il sait encore avec adresse
« enlacer et surprendre ceux qui confèrent avec lui,
« même dans une simple conversation; et quand il
« ne peut leur faire accepter ses doctrines comme
« vraies, il affirme obstinément par serment qu'en
« causant avec lui, ils lui ont dit ce que peut-être ils
« n'ont pas dit, afin de paraître franc et sincère, et
« de faire passer ceux qui le contredisent pour des
« menteurs et des fourbes prêchant contre leur pro-
« pre doctrine. »

CHAPITRE XV.

Des livres composés par l'archevêque Hincmar.

Hincmar a écrit aussi au pape Nicolas des lettres contenant sa profession de foi, et la défense qu'il préparait pour la foi catholique contre les erreurs de Gottschalk. On a de lui encore beaucoup d'autres ouvrages, entre autres un recueil des maximes des Pères orthodoxes, adressé aux fidèles de son église, et où il prouve encore, contre les blasphèmes de Gottschalk, que la divinité de la sainte Trinité ne peut être dite triple, puisqu'il y a parfaite unité en cette souveraine Trinité; un livre, dédié au roi Charles, sur le même sujet; un poëme excellent, également dédié à Charles, où il traite de la prédestination et de la grâce de Dieu, des sacremens du corps et du sang de Notre-Seigneur Jésus-Christ, de la manière de voir Dieu, de l'origine de l'ame, et de la foi en la très-sainte Trinité : cet ouvrage porte le titre de *Ferculum Salomonis*. Il a en outre composé un grand ouvrage en plusieurs livres sur la prédestination et le libre arbitre, en réponse à quelques évêques qui attaquaient sa doctrine, et surtout à Gottschalk, et Ratramne, moine de Corbie. Ce livre, adressé encore au roi Charles, est précédé de l'épître qui suit :

« *Au glorieux seigneur et roi Charles, Hincmar, de nom et non de mérite, évêque de Rheims, serviteur du peuple de Dieu, avec mes seigneurs collègues et frères les vénérables évêques, dévots intercesseurs pour votre salut et prospérité.*

« Grâces soient rendues au Seigneur, qui a embrasé votre cœur de son amour, et enflammé votre zèle pour la connaissance de la vérité et la science de la foi orthodoxe; qui vous a doué du don de sagesse et d'intelligence des lettres inspirées de Dieu; qui vous excite à donner à l'étude et à la méditation de ses livres sacrés tout le temps que vous laissent les affaires publiques, et chaque jour augmente l'ardeur de votre

dévotion pour l'utilité de la sainte Église. Nous avons lu et médité les capitulaires synodaux qui vous ont été adressés par nos vénérables confrères de trois provinces, ainsi que vous lirez ci-dessous, et que Votre Majesté, suivant l'exemple des rois ses prédécesseurs, et par désir de connaître la vérité, nous avait donnés à lire et à méditer, vous conformant en cela à l'Écriture, qui dit : « Interroge les prêtres sur ma loi, » et à ce que nous lisons que c'est aussi une règle de foi. Quoique dans ces capitulaires, notre nom ne soit pas exprimé, cependant nous y sommes désignés clairement, repris comme non catholiques, et traités avec mépris sans égard pour la fraternité. Les capitulaires que j'ai extraits des Pères catholiques, pour m'opposer à l'hérésie qui vous est connue, et que je vous ferai mieux connaître encore en ce livre, y sont rejetés et repoussés avec abomination comme inutiles, et même nuisibles. Et non seulement ils se sont gardés d'insérer dans leurs écrits ces divers capitulaires tels que je les ai extraits, dans la crainte qu'ils ne fussent lus par ceux entre les mains desquels les leurs tomberaient, mais ils ont altéré le sens et jusqu'aux paroles de quelques-uns, afin de les rendre abominables ; ils ont supprimé les autres, ou n'en ont fait mention que de manière à faire croire que mon sentiment est contraire aux sentimens professés par les saints Pères aux conciles d'Afrique. Ils ne disent pas un mot du chapitre où je prouve que Dieu veut que tous les hommes soient sauvés, quoique tous ne le soient pas : et cependant le Seigneur a dit : « Je vous établis aujourd'hui sur les na-
« tions et sur les royaumes, pour arracher et pour dé-
« truire, pour perdre et pour dissiper, pour édifier et

« pour planter. » Si donc ils avaient la conscience d'une droite et légitime interprétation, ils devaient mettre sous les yeux des lecteurs ce qu'ils voulaient attaquer, tel qu'il était écrit et dans toute son intégrité; puis démontrer ce qu'il fallait rejeter et condamner; et après avoir ainsi détruit et fait ruine par la force des autorités, établir leur édifice raisonnablement et avec ordre et l'élever jusqu'aux cieux. Il est un autre capitulaire qui semblerait insinuer qu'il peut y avoir une sorte de jeu dans les sacrés mystères, et dont ils parlent de manière à faire croire que j'en suis l'auteur, tandis que je n'ai jamais rien dit sur ce sujet. Je vous dirai en temps et lieu pourquoi je n'en ai pas parlé, et dans les livres de qui je l'ai trouvé, depuis que j'ai écrit mes capitulaires. Ils parlent aussi de seize capitulaires qui sembleraient devoir m'être imputés, et dont je n'avais rien vu ni rien entendu dire avant que le vénérable Ebbon, évêque de Grenoble, vous les eût remis en votre palais de Vermerie de la part de votre frère Lothaire de bienheureuse mémoire. L'auteur n'y est point nommé, et malgré beaucoup de recherches, je n'ai pu parvenir à le découvrir; ce qui m'a fait croire, ainsi que je l'ai lu souvent, qu'ils avaient été compilés par quelqu'un dans la vue de nuire et de jeter de l'odieux sur l'opinion d'un ennemi. Nous n'avons que trop d'exemples de pareilles fraudes, et pour n'en citer que quelques-uns entre mille, il fut autrefois répandu un recueil de capitulaires qu'on attribuait au vénérable Ibas, et que ce saint évêque renia en plein synode. Quelques envieux de saint Augustin, même pendant sa vie, tirèrent de ses écrits quelques propositions qu'il réfuta victorieusement et catholiquement, quand il en eut connaissance; après sa mort, d'autres détracteurs recueillirent, de ceux de ces écrits mêmes dont il s'agit maintenant, certains articles, dans la vue de déprécier et avilir, en jetant de l'odieux sur sa personne, sa doctrine si orthodoxe et si utile à l'Église, et de détourner les lecteurs dévots de la lecture de ses livres, de l'amour qu'ils lui portaient et de la croyance à son autorité. Sur la délégation du Saint-Siége de Rome, donnée par le pape Célestin, saint Prosper démontra, dans un style tout catholique et prudent, la fausseté de ces mensonges de l'envie, l'imprudence des accusations et la pureté orthodoxe du saint évêque, si célèbre et si digne de l'être. Il se pourrait donc que ces capitulaires qui vous ont été apportés et transmis, au nom de nos confrères, par d'autres que par eux-mêmes, ne fussent pas leur ouvrage, mais qu'au contraire ce fût l'œuvre du démon, qui, au milieu des autres maux qui se multiplient de nos jours en ce monde, cherche à jeter la discorde entre les prêtres du Seigneur, parce qu'il craint surtout et nous envie la charité, quand il nous voit l'entretenir ici-bas entre les enfans de la terre, lui qui, ne voulant pas la garder dans les cieux parmi les anges, a été déchu de son rang. Comment en effet concevoir que nos frères s'emportassent à nous censurer avec tant de colère et un si profond mépris, eux qui ont sans cesse sous les yeux les préceptes évangéliques sur la douceur avec laquelle chacun doit reprendre son frère? Ne savent-ils pas qu'il est écrit : « Avant « que de vous être bien informé, ne blâmez personne, « et quand vous l'aurez fait, reprenez-le avec équité. » Quand saint Augustin trouvait dans les écrits des hérétiques et de ses détracteurs quelque chose de juste, il l'acceptait avec bienveillance : souvent il s'efforçait de les interpréter selon le bon sens, mais jamais on ne l'a vu détourner et altérer un passage pour le rendre coupable. Comment nos frères pourraient-ils agir ainsi avant de nous avoir interrogés selon la règle évangélique, soit de vive voix, soit par écrit, afin de nous instruire, docile que nous sommes et disposé à apprendre? Si nous avions persisté dans notre sens corrompu, et négligé de rentrer dans le sentier de la vérité et de la foi, ne savent-ils pas qu'avant d'éclater, leur devoir est de nous admonester fraternellement et souvent, de nous remettre sous les yeux les autorités des divines Écritures et les écrits des saints Pères, et enfin de nous inviter avec mansuétude et douceur à nous réunir avec eux en assemblée, sachant que les synodes ne sont établis que pour que les évêques qui y viennent s'instruisent ou instruisent les autres? D'ailleurs nous avons reçu de plusieurs d'entre eux des lettres pleines de bénignité et de fraternité, comme aussi nous leur en avons envoyé; et jamais nous n'avons rien vu, ni entendu, ni compris, ni senti qui pût faire présumer une pareille conduite de leur part. Mais si ce sont bien réellement eux qui sont les auteurs de ces capitulaires, ils n'ont écrit que pour montrer leur sagesse aux dépens de notre insipience; et ils ont plutôt cherché à acquérir de la gloire, qu'à s'appliquer à faire leur bien, en s'appropriant par la charité ce que je pouvais avoir dit de bon et de profitable; et s'ils ont trouvé en mes écrits quelque opinion digne de blâme, ils ont préféré la publier que de me reprendre fraternellement.

C'est ce qui m'étonne de la part de tant et si dignes hommes, vénérables archevêques et les plus distingués entre les évêques, surtout de la part d'Ebbon, que l'on dit si religieux; car, presque dès le berceau, il a été élevé en religion et sous l'habit régulier au monastère de l'église de Rheims, où repose le grand saint Remi; et il a vécu en ce saint lieu jusqu'au temps où il fut consacré diacre par son oncle Ebbon, alors archevêque de Rheims, et ordonné abbé par décret épiscopal pour maintenir la discipline régulière et gouverner les moines. Or nous pensons qu'élevé dans une si sainte humilité, il ne desire qu'une place d'humilité et s'y tient, comme il est écrit pour lui et pour tous : « Si l'esprit de celui qui est en pou-« voir monte sur toi, garde-toi de quitter ta place. » Car l'esprit de celui qui est en pouvoir est un esprit d'orgueil, et notre véritable place c'est l'humilité que nous enseigne de garder, à son exemple, celui qui est vraiment le lieu fort et la tour de courage : « Ap-« prenez de moi, dit-il, que je suis doux et humble « de cœur. » On nous a dit, et nous croyons certain, que cet homme religieux veut se tenir en son humilité comme dans un lieu sûr contre l'esprit de jactance et d'orgueil; c'est pourquoi nous ne pouvons penser que ces capitulaires, soient son ouvrage, surtout parce que, seul entre tous ceux de ses confrères dans le sacerdoce, le nom d'Ebbon est inscrit avec orgueil entre les archevêques, ou pour faire croire que c'est lui qui est le principal auteur, ou pour donner à penser qu'on l'a inscrit entre les archevêques, comme plus instruit et supérieur aux autres en science et en sagesse. Or c'est ce que nous ne voyons pas

même saint Augustin se permettre, lui qui dans les conciles d'Afrique s'éleva si haut au dessus des autres par sa science, ses travaux et sa vigilance. Non seulement il ne mit et ne souffrit pas qu'on mît son nom au dessus de ses coévêques par desir de se faire remarquer, mais au contraire, quoiqu'il eût à lui seul travaillé plus que tous ensemble, il signa toujours au dessous des autres, ainsi que pourront voir ceux qui voudront se donner la peine de lire ses lettres écrites au saint pape Innocent et autres pontifes du Siége apostolique. Nous ne voyons pas non plus qu'en aucun concile, aucun évêque en ait jamais agi ainsi, à moins toutefois que les lettres apostoliques n'aient, pour quelque cause importante, ordonné de désigner par son nom un des coévêques pour traiter l'affaire avec son archevêque, comme nous lisons dans les lettres de saint Grégoire au sujet de l'évêque d'Autun. Comment donc un homme aussi religieux et aussi prudent qu'Ebbon aurait-il pu se laisser aller à tant d'orgueil, et permettre que son nom fût ainsi inscrit seul, au mépris de ses coévêques oubliés et passés sous silence? Joignez à cela que nos frères et nos collègues dans le sacerdoce n'auraient pas dû fermer l'oreille aux conseils que nous donne le roi Salomon ; s'ils avaient appris en secret quelque chose de mauvais sur moi, soit en paroles, soit par écrit, il ne leur convenait pas de se hâter ainsi de le répandre dans le public, pour en faire un sujet de contention et de querelle, quelque sensible que leur eût été l'erreur de ma doctrine, dont, en tout cas, je n'ai pas conscience ; car le Sage nous dit : « Ne découvrez pas si tôt dans une que-
« relle ce que vous avez vu de vos propres yeux, de

« peur qu'après avoir ôté l'honneur à votre ami, vous
« ne puissiez plus le réparer. » Nous savons cependant qu'il en est plusieurs qui, dans leur zèle de savoir plus qu'il ne faut savoir, renoncent souvent à la paix de leur prochain, méprisant, comme ignorant et insensé, ce qui nous a fait donner cet avertissement par celui qui est la vérité même. « Ayez du sel en vous
« et conservez la paix entre vous.[1] » Saint Paul aussi nous donne cet avis redoutable : « Tâchez d'avoir la
« paix avec tout le monde et de vivre dans la sain-
« teté, sans laquelle nul ne verra Dieu.[2] » C'est surtout à nous qu'il appartient d'observer la paix, de la chercher et maintenir en perfection, nous qui devons chaque jour sacrifier au Seigneur, et à qui le Dieu de vérité a particulièrement ordonné que si, au moment où nous portons notre offrande à l'autel, nous nous rappelons qu'un de nos frères a quelque chose contre nous, nous laissions aussitôt notre offrande devant l'autel, pour aller nous réconcilier d'abord avec notre frère, et revenir ensuite présenter notre offrande; et voilà que notre guide et notre maître ne veut recevoir ni sacrifice ni holocauste, si nous sommes en discorde. Par là nous pouvons juger combien est grand le mal de la discorde, puisqu'à cause de lui seul le Seigneur n'admet pas ce qui peut nous délier de nos fautes. Pour nous, nous ne gardons rien contre nos frères, s'ils ont pu écrire ainsi contre nous avant de nous avoir appelé en conférence ; mais il faut croire que, s'ils étaient réellement les auteurs de ces écrits, ils nous les au-

---

[1] Évang. sel. saint Marc, chap. 9, v. 49.
[2] Épît. de saint Paul aux Hébreux, chap. 12, v. 14.

raient au moins adressés, à nous contre qui ils les auraient écrits. Comment donc pourrions-nous leur répondre, lorsque nous ne savons pas si ce sont eux qui ont écrit ou non? Quoi qu'il en soit, afin que votre Domination ne reste pas sans réponse de notre part, comme c'est de vos mains que nous avons reçu ces écrits, nous croyons devoir vous répondre de cœur, de bouche et par écrit, sans aucune crainte des censures de nos détracteurs. Nous vous envoyons premièrement ce qui a été écrit par nos frères dans le synode, quoique déjà auparavant beaucoup d'autres écrits aient été publiés. Mais comme ces écrits ont été composés pour me flétrir, et contre les capitulaires que j'ai donnés moi-même, j'ai pensé qu'il convenait de les placer en première ligne, parce qu'ils ont un plus grand nom, quoique sans avoir plus d'autorité, puisque la plus grande partie manque de vérité; et de leur donner la plus grande importance, parce qu'ils sont dits émanés du synode. Nous joignons ensuite ceux que nous avons reçus de plusieurs personnes, et par des mains étrangères, sur divers points de la querelle : ce qui nous a mis dans la nécessité d'extraire de nouveau ces quatre capitulaires des écrits des Pères catholiques, avec l'attention de rétablir au besoin quelques-uns des passages cités dans mes capitulaires, tirant chaque pensée de chaque ouvrage auquel elle appartenait, et la transcrivant fidèlement. Viendront après les capitulaires que nous avons extraits nous-même des pensées et des paroles des Pères, tels que nous les avons extraits; et si nous pouvons démontrer que notre sentiment exprimé en ces capitulaires concorde avec les Écritures divines et authentiques, avec l'autorité du Saint-Siége catholique et apostolique de Rome, siége de la foi, et avec le sens des Pères orthodoxes qui ont gouverné cette sainte Église mère, et qui nous ont été donnés et imposés comme règle dans les canons par le Siége apostolique de Rome, nous nous efforcerons d'exposer nos preuves avec vérité, humilité et dévotion. Pour appuyer le sens de notre interprétation catholique, nous ne voulons recevoir ni citer l'opinion d'aucun autre, puisqu'il est constant que cela est vrai et catholique, que la mère de toutes les églises a cru devoir approuver. De même, parmi ceux qui ont été proclamés docteurs de l'Église, nous n'admettons et ne citons pour prouver la pureté de notre foi que ceux dont la mère Église catholique a déclaré les opinions probables. Si, depuis que le Saint-Siége a donné à tous les fidèles le canon des saintes Écritures et des docteurs catholiques, quelques-uns ont apparu qui, occupant la chaire doctrinale, ont pensé autrement que ne pensaient et n'enseignaient ceux que la mère catholique a reçus, qu'elle embrasse et réchauffe dans son sein catholique, il n'y a pour nous ni devoir ni nécessité de nous autoriser de leur sentiment, de les citer ou admettre, puisque dans les anciens et par les anciens nous avons tout ce qu'il faut pour le salut. Si d'autres dogmatisent ou ont la présomption de dogmatiser contre le sens fixé par les anciens avec tant de sagesse et de maturité, nous croyons que tout ce qui diffère de cette antique et salutaire doctrine est contraire à la foi et au salut. Quant à ceux qui, depuis que le canon a été rédigé par saint Gélase, ont, par la grâce de Dieu, fleuri dans l'Église par leur sens et doctrine catholique, et par la sainteté de leur vie; qui n'ont rien écrit ni enseigné de contraire à la fidèle doctrine catholique des Pères orthodoxes cités en ce canon, nous les embrassons dans un même respect, entre autres le vénérable Bède, prêtre imbu de la foi par les disciples du saint pape Grégoire, et instruit avec grand soin par le saint archevêque Théodore, si habile dans les deux langues grecque et romaine, et envoyé par la sainte Église de Rome après les disciples de saint Grégoire, pour prêcher et instruire les Anglais; entre autres encore Paulin, de vénérable mémoire, patriarche d'Aquilée, et le religieux et savant Alcuin; car le Siége apostolique de Rome n'a pas seulement accueilli avec bienveillance leur foi et leur doctrine, mais il l'a encore comblée de louanges, ainsi que nous lisons, dans les écrits du Saint-Siége lui-même, que nos églises la reçurent de cette mère de toutes les églises, au temps de l'empereur Charles, de sainte mémoire, quand un synode fut tenu pour convaincre l'infidélité de Félix, et ses actes envoyés à l'Église de Rome, comme la première des églises. Et qui lit leurs ouvrages apprend combien ils sont dignes d'être loués et acceptés. Enfin, si nous ne pouvons démontrer que nos capitulaires concordent avec les sentimens de tous ceux que nous venons de citer, nous sommes prêts à ouvrir l'oreille aux leçons de plus savans et meilleurs catholiques, à soumettre notre sens à leur sens, et à nous ranger sans résistance à leur doctrine.»

« Comme il nous a été remis, de la cassette de votre frère Lothaire, de bienheureuse mémoire, un livre sans nom d'auteur, où nos capitulaires sont notés à part, passage par passage, repris et condamnés par l'auteur ; quel qu'il soit, nous les confirmerons, quand il nous sera possible, par des autorités des Pères catholiques ; et en même temps nous nous efforcerons de réfuter ses jugemens, autant du moins que le Seigneur nous le permettra.

« A propos du cinquième capitulaire de nos frères, où ils nous ont imprimé une note d'hérésie comme par insinuation, je rapporterai ce que j'ai trouvé dans les écrits de Gottschalk, depuis que j'ai publié les quatre capitulaires si souvent cités, et, avec l'aide de Dieu, je dirai ce que je pense. Enfin, je terminerai par ces dix-neuf capitulaires pour lesquels, sans aucune faute de notre part, nos confrères ont résolu de nous mettre, seulement pour cette cause, à la bouillie d'Écosse ; et je développerai ce que je pense de ces capitulaires, d'après l'autorité des Pères catholiques. »

CHAPITRE XVI.

Des livres d'Hincmar dédiés au roi Charles.

HINCMAR a encore composé et dédié au même roi un autre beau livre contre Gottschalk et autres Prédestinatiens ; sur quoi il lui écrit en ces termes :

« *Au glorieux seigneur et roi Charles, Hincmar, de nom et non de mérite, évêque de Rheims, serviteur du peuple de Dieu, avec mes seigneurs collègues et frères les vénérables évêques, vos dévots orateurs et intercesseurs pour votre salut et prospérité.*

« Au mois de juin dernier, en l'indiction septième,

l'an de l'incarnation de Notre-Seigneur huit cent cinquante-neuf, vous avez remis entre nos mains certains capitulaires qui, comme vous l'avez dit à notre Humilité, ont été présentés à votre Sublimité par Remi, révérendissime archevêque de Lyon; et nous avez enjoint que nous eussions à vous répondre, en temps convenable, si, d'un même consentement et d'un même avis, nous nous accordions aux sentimens contenus en ces capitulaires; ou si, comme ils vous semblaient en quelques points différer de la foi pure et candide des Pères, notre sens, que vous croyez n'avoir jamais dévié du sentier catholique, y répugnait en quelque chose; vous conformant, en agissant ainsi, aux préceptes du Seigneur et à la coutume chrétienne des rois vos prédécesseurs; car il est ordonné par les lois divines, et établi par l'antique coutume des rois vos devanciers, que toutes les fois que dans la foi catholique ou dans la religion divine quelque nouveauté apparaît, le prince doit en référer à l'assemblée des évêques, et que tout ce que par leur jugement les vicaires de Notre-Seigneur Jésus-Christ et prélats de la sainte Église ont déclaré conforme à l'autorité des saintes Écritures, à la doctrine des maîtres orthodoxes, à la foi canonique et aux décrets des pontifes romains; tout ce qu'ils ont décidé devoir être cru, suivi, pratiqué et prêché, soit partout cru de cœur pour justice, confessé de bouche pour salut, suivi pour vocation, pratiqué pour couronne, et prêché pour mérite et profit. Or, deux jours avant que ces capitulaires vous fussent présentés, ils ont été, en l'assemblée des évêques tenue dans la ville de Savonières, au territoire de Toul, récités, lus et déposés entre les mains du synode par Remi, archevêque de Lyon. Et comme il le dit lui-même, comme il est aussi porté au titre même du livre, ils ont été composés et publiés par lui et ses évêques provinciaux pour l'instruction du peuple, en la même présente année, aux calendes cotées audit titre, et dans le faubourg de Langres. Le lendemain furent encore lus d'autres capitulaires dont nous parlerons ci-après. Plusieurs de nos frères en conçurent des scrupules ; et, je dois le dire, quant à la lecture des premiers qui avaient été présentés au synode par l'archevêque Remi, nous rappelâmes en notre mémoire la tradition des docteurs catholiques, et nos consciences furent fortement ébranlées. Quelques-uns mêmes des nôtres, poussés du zèle de la foi chrétienne, voulaient faire quelques remontrances au synode ; mais le vénérable archevêque Remi calma bientôt nos alarmes, en nous représentant avec modestie et dignité que, si quelqu'un des nôtres se trouvait offensé dans ses sentimens en quelque point par les capitulaires que l'on venait de lire, chacun de nous eût soin d'apporter au prochain concile les livres des docteurs catholiques, afin de nous entendre tous ensemble, et d'arrêter d'un commun consentement ce que nous regarderions comme la véritable doctrine catholique et apostolique. Or, de la dévotion de Remi et des évêques de son diocèse, dont nous connaissions d'ailleurs, ainsi que vous, la doctrine et les sentimens catholiques, même avant leur ordination, nous avons conclu, autant du moins que nous osons ajouter foi à la faiblesse de notre jugement, que les capitulaires ne venaient pas d'eux, pour ne pas dire que ce n'était pas même eux qui les présentaient. C'est pourquoi quelques-uns voulaient les effleurer d'une légère censure, en leur appliquant le reproche que saint Célestin adressait autrefois aux évêques de France : « Que peut-on espérer, disait-il, quand les maîtres « se taisent, et laissent parler ceux qui n'ont pas « même été leurs disciples? Je crains bien qu'un tel « silence ne soit connivence; je crains que ceux qui « laissent ainsi parler ne parlent bien plus eux-« mêmes. En de pareilles causes le silence n'est pas « exempt de soupçon, car la vérité se manifesterait « si l'erreur déplaisait. Et en vérité nous sommes « réellement coupables, si par notre silence nous « favorisons l'erreur. » Mais plusieurs d'entre nous, qui connaissons la foi, la doctrine et la prudence de Remi et de ses coévêques, nous avons rappelé à ceux qui les connaissaient moins la sentence touchant la controverse du baptême, tirée des écrits de saint Cyprien, laquelle est si souvent citée avec éloge et répétée par saint Augustin en son deuxième livre du baptême. « Comment, dit-il, une question, envelop-« pée des obscurités de tant d'altercations, aurait-elle « pu arriver à une solution claire et à la décision « d'un concile général, si d'abord elle n'eût été pen-« dant long-temps et en tout pays agitée en tous sens « dans les discussions et les conférences des évêques? « Tel est l'avantage de la paix que, quand des ques-« tions obscures sont agitées pendant long-temps, et « par leur obscurité engendrent des opinions diffé-« rentes entre frères, jusqu'à ce qu'enfin on arrive à « l'évidence de la vérité, elle maintient le lien d'u-« nité, et empêche que la plaie de l'erreur ne demeure « incurable dans la partie retranchée. » Et la plupart du temps Dieu ne permet pas que la vérité se révèle aux plus savans, afin d'éprouver la patience et l'humilité de leur charité, qui est d'un bien plus grand fruit ; ou bien afin de voir comment ils restent fidèles à l'unité, quand, dans des matières « obscures, ils sont « d'un avis différent, ou enfin comment ils reçoivent « la vérité, quand ils en voient donner une déclara- « tion contraire à leur sentiment. » Ainsi nos vénérables, catholiques et doctes confrères, sachant que cette pernicieuse doctrine était renouvelée en beaucoup de pays, n'ont pas voulu imposer silence à l'erreur dans leurs provinces, quoique peut-être cela leur eût été facile, afin que la question parvenant ainsi au grand nombre, elle fût aussi décidée et éteinte par le grand nombre. Car, comme dit saint Célestin dans son épître à Nestorius, « tous doivent connaître ce « qui se fait, quand il s'agit de la cause de tous. » Afin, sans doute, que, puisque sur la proposition d'un seul tous ont été appelés à décider, la décision de tous oblige aussi chacun en particulier.

« Vous pouvez facilement vous souvenir qu'il n'y a pas encore trois ans, pendant que nous étions dans un village de l'évêché de Rouen, nommé Melpse, occupé à nous opposer aux ravages des Normands, vous m'avez remis ces capitulaires, portant en leur titre qu'ils avaient été rédigés au synode de Valence, l'an de l'incarnation de Notre-Seigneur huit cent cinquante-cinq, sous l'empereur Lothaire, et vous m'avez ordonné d'y répondre catholiquement d'après les maîtres de la foi orthodoxe, ainsi qu'à tous autres écrits qui parviendraient à votre connaissance. Et de fait, nous en avons reçu plusieurs ; mais nous avons différé de les publier, parce que nous desirions maintenir l'unité d'esprit et les liens de la paix, jusqu'à ce que nous eussions eu avec ceux qui vous les avaient adressés une conférence amicale, et que nous eussions fait notre possible pour les détourner de l'erreur, et, Dieu aidant, les ramener à l'unité de la foi catholique. Mais nous n'avons pu les détourner de leur intention, partie à cause de nos occupations, partie aussi parce que nos remontrances fraternelles n'ont pas été accueillies comme il convenait. Et comme dit l'Apôtre : « Il y a des personnes dont les péchés sont connus « avant le jugement et l'examen qu'on en pourrait « faire[1]. » En effet la discussion a tellement éclaté, que le différend est parvenu à votre connaissance ; et que, dans votre zèle pour la foi et votre amour de l'union, avant de nous confier l'examen de ces questions, vous avez décrété le synode, et nous avez enjoint de recueillir, entre nous évêques, quatre capitulaires extraits des écrits des Pères catholiques et de les signer de notre main. Mais depuis, plusieurs même qui avaient signé ces capitulaires et beaucoup d'autres ont porté si loin la témérité, qu'il est devenu nécessaire, et pour l'exécution de vos ordres, et pour la soumission de notre obéissance, de ne pas tarder plus long-temps à répondre aux écrits et aux propositions de ceux dont nous parlons. Nous avons aussi, entre autres, répondu, selon la faible capacité de notre esprit, aux capitulaires que vous nous avez remis dernièrement ; toutefois sans nommer personne, car nous ne pouvons croire qu'il fût permis à nos frères et collègues dans l'épiscopat d'écrire de telles choses contre nous, au

[1] Ire Épître de saint Paul à Timothée, chap. 5, v. 24.

mépris de la discipline ecclésiastique ; surtout quand ils ne pouvaient ignorer que les institutions canoniques et les lois promulguées par le Saint-Esprit leur prescrivaient, si nous avions blessé la foi dans nos capitulaires, de nous citer et appeler à comparaître, et ensuite, par un jugement synodal, condamner nos opinions et nous séparer de leur communion. Maintenant donc que nous savons à qui nous devons répondre sur les questions tant de fois nommées, réservant pour l'avenir la discussion des erreurs contre lesquelles votre Domination nous a ordonné d'informer, à raison de notre ministère, nous nous bornerons à répondre à ces capitulaires, gardant autant qu'il sera en nous la paix avec tous, exposant avec simplicité ce que nous croyons d'après l'autorité des saintes Écritures et le sentiment des Pères catholiques; afin que celui qui ne pourra ou ne voudra pas lire tout le différend, trouve ici une réponse abrégée, la seule que le temps nous permette; car nous écrivons à la hâte et tumultuairement, dérobant à peine quelques heures aux nombreuses occupations qui nous accablent, et nous ôtent la liberté de nos pensées; et jetant ce petit livre en courant, seulement pour que votre chrétienne dévotion ne nous accuse pas de négligence ou de désobéissance. Comme dans les écrits de nos adversaires nous avons été l'objet de beaucoup d'attaques diverses, nous sommes obligé d'opposer argumens à argumens, et de multiplier les citations et les comparaisons des textes : ce qui nous a entrainé à écrire trois livres d'un style diffus, au grand ennui du lecteur ; nous le sentons nous-même, mais du moins nous ne lui offrirons jamais que le sens catholique.

Nous croyons surtout satisfaire le lecteur bienveillant, en ce que nous rapportons toujours fidèlement l'opinion de chacun, et répondons, en suivant l'ordre que chacun a suivi, aux divers points qui s'écartent de la foi ; et nous avons confiance que, quand il aura attentivement considéré notre travail, il nous excusera. Quant à l'auteur de ces capitulaires, à qui nous sommes forcé de répondre comme de nouveau, il sera bien contraint de se faire connaître quand il lui faudra venir à la lumière de la vérité. Car l'artisan des œuvres de ténèbres (et l'Apôtre comprend en ce nombre les hérésies) hait la lumière, et ne vient pas à la lumière, dans la crainte que ses œuvres ne soient révélées. Au contraire, celui qui fait de bonnes œuvres (et l'Apôtre comprend la foi entre les bonnes œuvres) vient à la lumière, afin que ses œuvres soient manifestées, parce qu'elles sont faites selon le Seigneur. Quel que soit donc l'auteur, il viendra à la lumière, et s'il consent du fond du cœur à la vérité, il pourra redevenir un enfant de lumière; mais s'il persiste à contredire à la vérité, il s'imposera lui-même le nom d'hérétique, par son obstination dans l'infidélité, et la témérité de sa résistance. Car ce n'est pas hérésie que d'avoir par ignorance un sentiment contraire à la foi : ce qui fait l'hérétique, c'est l'obstination. »

CHAPITRE XVII.

Du synode de six provinces de France tenu à Troyes.

L'an de l'incarnation de Notre-Seigneur huit cent soixante-sept, un synode des provinces de Rheims, Rouen, Tours, Sens, Bordeaux et Bourges, fut assemblé en la ville de Troyes, le vingt-cinquième jour d'octobre. Là, quelques évêques, pour plaire au roi, comme il arrive trop souvent, se déclarèrent en faveur de Vulfade, et ourdirent plusieurs menées contre Hincmar, au préjudice de la vérité et de l'autorité des saints canons. Mais Hincmar opposa à leurs intrigues la raison et l'autorité, et fit décréter, par la majorité de l'assemblée, que les évêques présens au synode rédigeraient d'un commun accord, et enverraient au pape Nicolas, par Actard, vénérable évêque de Nantes, une épître contenant un compte exact de toutes les matières en délibération. La teneur de cette lettre fut tout-à-fait conforme à celle qu'Hincmar avait envoyée à Rome, le mois de juillet précédent, par ses clercs déguisés en pélerins, afin d'éviter les embûches des adversaires. Quand Actard eut reçu des mains du synode la lettre rédigée en commun, et scellée du sceau des archevêques présens, il s'en retourna auprès du roi Charles, avec quelques évêques, comme celui-ci en avait donné l'ordre. Oubliant la fidélité d'Hincmar, et les travaux que pendant tant d'années il avait endurés pour l'honneur et la défense de la couronne, Charles exigea que la lettre du synode lui fût remise, brisa les sceaux des archevêques, prit lecture des actes; et, comme il trouva qu'Hincmar n'avait pas été réfuté et condamné, ainsi qu'il l'aurait voulu, il fit dicter en son nom une autre lettre au pape Nicolas, en haine et contradiction d'Hincmar, la scella de son anneau, et l'envoya à Rome par le même Actard, avec l'épître du synode. Or les clercs d'Hincmar, arrivés à Rome au mois d'août, trouvèrent le pape Nicolas grandement vieilli et infirme, et tout entier à la querelle qu'il soutenait alors contre les empereurs grecs Michel et Basile, et contre les évêques d'Orient. C'est pourquoi ils furent obligés de demeurer jusqu'au mois d'octobre. Le pape Nicolas accueillit avec bienveillance ce que lui mandait Hincmar, et lui répondit qu'il était satisfait en toutes choses. Dans une autre lettre adressée en même temps à Hincmar et à tous les archevêques et évêques du royaume de Charles, il leur dénonçait les empereurs grecs et les évêques d'Orient comme calomniant l'Église romaine, et même toute l'Église latine, à cause que nous jeûnons le samedi, que nous disons que le Saint-Esprit procède du Père et du Fils, que nous interdisons le mariage aux prêtres, et leur défendons d'oindre de chrême le front des baptisés; disant en outre que nous faisons du chrême avec l'eau des rivières, et nous reprochant de ne pas nous abstenir de chair huit semaines avant Pâques, et sept semaines, de l'usage du fromage et des œufs, ainsi qu'ils font eux-mêmes; prétendant qu'à l'exemple des Juifs, à la solennité de Pâques, nous bénissons et offrons un agneau sur l'autel avec

le corps de Notre-Seigneur Jésus-Christ ; enfin s'emportant contre nous parce que nos clercs rasent leur barbe, et disant que chez nous le diacre est ordonné évêque sans avoir auparavant reçu la prêtrise. Sur tous ces points le pape demandait l'avis des métropolitains et des évêques de leurs provinces; et à la fin de sa lettre, s'adressant à Hincmar, il lui disait :
« Hincmar, quand ta charité aura lu cette lettre, fais
« diligence pour qu'elle soit communiquée à tous les
« archevêques du royaume du glorieux roi Charles,
« notre fils, afin que chacun d'eux en son diocèse exa-
« mine avec ses suffragans ces divers sujets, et qu'ils
« nous fassent part ensuite de ce qu'ils auront avisé.
« N'épargne ni sollicitations ni exhortations pour les
« encourager, de manière à ce que tu sois un actif
« et diligent exécuteur de tout ce que te prescrit
« notre présente lettre, et en même temps fidèle et
« prudent rapporteur de la vérité en ce que tu nous
« manderas. » Hincmar reçut cette lettre au palais de Corbeny, où il se trouvait alors avec Charles ; et après en avoir donné lecture au roi et à plusieurs évêques présens, il la fit tenir aux autres archevêques, ainsi qu'il en avait reçu l'ordre. Le pape Nicolas mourut le treizième jour du mois de décembre suivant; Adrien lui succéda au pontificat, de l'élection des clercs et du consentement de l'empereur Louis; et quand Actard arriva à Rome avec les lettres dont nous venons de parler, il trouva le nouveau pontife déjà installé sur le Siége apostolique.

CHAPITRE XVIII.

Du roi Charles.

Hincmar écrivit encore et dédia au roi Charles un livre extrait des saintes Écritures et des Pères catholiques, lequel divisé en trois parties, savoir : de la personne du roi et du ministère royal dans le gouvernement de l'État; de la discrétion qu'il faut garder en faisant miséricorde; de la punition de certaines personnes. L'ouvrage contenait trente-trois chapitres. Il lui adressa en outre une instruction très-utile pour apprendre à fuir le vice et pratiquer la vertu, lui envoyant en même temps l'épître de saint Grégoire à Reccared, roi des Visigoths. Il a encore composé pour le même roi un recueil d'un grand nombre d'autorités touchant les églises et chapelles, contre les établissemens de Prudence, évêque de Troyes; un Traité des douze abus, pour l'instruction du roi, dans lequel il rassemble les avis des Pères et les constitutions des rois ses prédécesseurs, et rappelle à Charles la promesse qu'il avait faite avant son sacre aux primats et aux évêques. Enfin il a écrit à ce même roi une foule de lettres sur différens sujets, parce que ce prince consultait l'archevêque presqu'en toute occasion, et se conduisait la plupart du temps d'après ses conseils et sa prudence. Quand son fils Carloman, lequel était clerc, se souleva contre lui, et que le roi lui-même marcha en personne à Vienne contre le comte Gérard, qui secondait la révolte, il écrivit à notre prélat, et lui manda de rassembler les évêques de son royaume, et les seigneurs laïques, ses fidèles, afin que les évêques usassent de leur ministère et autorité pour défendre à Carloman de faire dommage au royaume, et que les laïques se missent en devoir de lui résister et de l'en empêcher. En conséquence Hincmar écrivit aux comtes Enguerrand, Josselin et Adelelme, pour leur demander avis, et en même temps leur donner conseil sur ce qu'il y avait à faire en cette circonstance. Cependant il adressait au roi des lettres de supplication en faveur de Carloman, et faisait tout son possible pour ménager la paix entre le père et le fils, quoiqu'il souffrît beaucoup de maux et de ravages en ses domaines de la part de Carloman et de ses complices. Enfin il alla, avec quelques autres fidèles du roi Charles, parlementer avec le prince Carloman, lui donna des otages et en reçut de lui, et il fut convenu entre eux qu'il y aurait paix dans tout le royaume, que les hommes de Carloman se comporteraient pacifiquement en tous lieux, et que lui Carloman demeurerait en paix, avec un petit nombre des siens, aux villages appartenans à saint Médard, jusqu'à ce que des envoyés du roi fussent venus; qu'ensuite il irait trouver son père avec les fidèles de Charles et les siens, ferait un traité avec lui, ou s'en reviendrait sain et sauf à son armée, sans rien conclure. Quand Hincmar eut reçu les envoyés du roi, il écrivit à Carloman pour qu'il eût à venir entendre ce que mandait son père. Il convoqua en même temps les fidèles du roi, pour aviser aux moyens de faire ce qu'il ordonnait pour le rétablissement de la paix, laquelle fut en effet conclue. Mais quelque temps après le roi fit excommunier son fils par tous les évêques du royaume, parce qu'il ne voulait point renoncer à ses déportemens et ravages; et en outre, l'ayant fait prendre, il lui fit crever les yeux. Non seulement le roi chargeait Hincmar de toutes les affaires ecclésiastiques, mais quand il fallait lever le peuple contre l'ennemi, c'était toujours à lui qu'il donnait cette mission ; et aussitôt celui-ci, sur l'ordre du roi, convoquait les évêques et les cómtes.

Nous avons déjà raconté en ce livre une partie de la vision du ressuscité Bernold; mais il eut aussi une révélation sur le roi Charles, et voici ce qu'on raconte. Il se trouva en un lieu obscur et noir, où perçait la lueur d'une lumière qui resplendissait vis-à-vis en un lieu voisin, tout brillant, très-bellement fleuri et odoriférant. Là, il vit le roi Charles étendu dans la fange de sa putréfaction et rongé de vers qui avaient déjà consumé presque toutes ses chairs, et l'on ne voyait plus en son corps que les nerfs et les os. Ledit roi apercevant Bernold l'appela par son nom, et lui dit : « Pourquoi en me secours-tu pas? — Et en « quoi puis-je vous secourir? répondit Bernold. « — Prends cette pierre qui est près de moi, et mets-« la sous ma tête : » ce que fit Bernold; après quoi Charles lui dit : « Va trouver l'évêque Hincmar, et « dis-lui que, pour n'avoir pas voulu suivre ses bons « conseils et ceux de quelques autres fidèles, je souf-« fre les maux que tu vois, en punition de mes fau-« tes. Dis-lui bien que j'ai toujours eu confiance en « lui, et qu'il m'aide de son secours, afin que je « sois délivré de mes peines, et qu'aussi, à tous ceux

« qui m'ont été fidèles, il demande de ma part leur
« aide et secours, car s'ils veulent s'y employer avec
« zèle, je serai bientôt délivré de cette peine. » Alors
Bernold lui demanda quel était ce lieu d'où resplendissait la lumière, et apprit que c'était le repos des
saints : il en voulut donc approcher de plus près;
lors il vit une telle clarté, et sentit un parfum si
doux et d'une telle suavité, qu'il n'y a langue humaine qui puisse l'exprimer. Il vit aussi une multitude
d'hommes de toute condition vêtus de robes blanches,
qui s'éjouissaient; et aussi quelques bancs lumineux,
où aucun de ceux pour qui ils étaient préparés n'était encore assis. Continuant sa route, toujours en vision, il entra dans une église, où il trouva l'évêque
Hincmar, avec ses clercs tout habillés, prêt à célébrer
la messe, et il lui dit ce que Charles lui avait recommandé. De là soudain retournant au lieu où il avait
vu le roi si misérablement étendu, il trouva le lieu
tout brillant, et le roi sain de corps, revêtu de ses habits royaux, lequel lui dit : « Vois comme ton mes-
« sage m'a profité, » et autres choses. Et cette vision fut
écrite par Hincmar telle qu'elle lui avait été racontée;
et en faisant faire le récit partout où il crut nécessaire, il en communiqua la connaissance à plusieurs,
et tant par lui-même que par les autres fidèles du roi
qui lui étaient soumis, travailla dévotement et fidèlement pour la délivrance et le repos de l'ame du roi
Charles.

En beaucoup de circonstances Hincmar rappelait
le roi à son devoir, et lui donnait de sages avertissemens. Ainsi il lui écrivit pour l'élection de l'évêque
de Beauvais, après la mort d'Hildemann, pasteur de

cette cité. En cette lettre il s'efforce de détourner le roi du crime de simonie, lui assurant qu'il aimerait mille fois mieux perdre cet évêché, selon le siècle, que d'avoir à y bénir un évêque contrairement aux institutions canoniques, ou plutôt à le maudire d'une malédiction éternelle. Une autre fois, il réclama le domaine et le monastère de Flavigny, que le roi lui avait donné et confirmé par une ordonnance sa vie durant, pendant qu'il était à son service, avant d'être évêque. Un usurpateur avait détruit ce monastère; Hincmar l'avait fait rebâtir et y avait rétabli la religion, autant qu'il avait été en lui; et, depuis, le roi voulait le lui reprendre injustement. Un rebelle fugitif avait enlevé une religieuse et l'avait épousée; Hincmar écrivit au roi et le supplia de le faire arrêter par son autorité royale et d'ordonner la séparation, parce que cet incestueux refusait d'obéir au jugement de son évêque. Il lui écrivit encore au sujet de l'évêque Rothade, que le roi avait cité devant lui, et auquel il avait ordonné d'envoyer un avocat, pour plaider contre un homme de Rothade, appartenant en même temps à un bénéfice royal, d'où venait le procès entre eux. Hincmar reprit le roi avec adresse et franchise en même temps, et s'efforça de le faire renoncer à cette intention, en interposant toutes les autorités sacrées.

Il écrivit aussi au roi au sujet du message qu'il remplit auprès de l'empereur Lothaire et de Louis le Germanique, tous deux frères du roi Charles, afin de conclure un traité de paix entre les trois frères; et sur le même sujet encore, une autre lettre dans laquelle il instruit Charles de la manière dont il doit se conduire envers ses frères, et traite de leur réception et de leur renvoi, dont il était alors question ; — *item*, au sujet de l'empereur Lothaire ; comment il est traité à Rome, et quand il doit venir en ces contrées; enseignant au roi comment il doit se conduire devant Dieu et devant les hommes, et avertissant la reine d'exhorter le roi à une vie honnête et vraiment digne d'un roi ; — *item*, sur les dispositions militaires à prendre pour faire lever le siége de Beauvais ; en cette lettre il lui expose de quelle manière il doit gouverner l'église qui lui est confiée ; à savoir, les affaires ecclésiastiques par les abbés des monastères et les archiprêtres, et l'administration des domaines et de sa maison, ainsi que celle des services qui lui sont dus, et la décision des plaintes soit en réclamation, soit en appel, par des laïques et très-fidèles ; — *item*, au sujet du voyage de Charles dans la France supérieure, comment il doit se gouverner en ce voyage, et quel ordre il doit établir en ce royaume; — *item*, à l'occasion du synode que le roi ordonna de convoquer au diocèse de Rheims; il montre pour quels motifs le roi doit le convoquer, et traite de quelques autres affaires importantes ; — *item*, au sujet de la mort de l'évêque Halduin ; au sujet du comte Gérard, de Louis, roi de Germanie, frère de Charles; de Lothaire, roi d'Italie, neveu de Charles; — *item*, sur la construction d'un pont que le roi faisait construire à Pistes sur Seine, à frais communs avec lui Hincmar et quelques autres fidèles ; — *item*, au sujet de son neveu Hincmar, évêque de Laon, contre lequel il a écrit plusieurs lettres, et qu'il poursuit sans cesse auprès du roi; — *item*, au sujet de ses infirmités, et de la réception de quelques moines étrangers qu'il prie le roi de vouloir bien recueillir ; — *item*, sur les biens de saint Remi, situés dans les provinces de Vienne et d'Aix; — *item*, sur l'ordination de quelques évêques et la dédicace de plusieurs églises; — *item*, à l'occasion du voyage du roi en Italie après la mort de son neveu l'empereur Louis, comment il doit se gouverner en ce voyage, et quel ordre il doit établir en ce royaume; — *item*, sur les questions élevées par un certain Mancion; — *item*, au sujet du village de Neuilly et de ses dépendances; — *item*, à l'occasion des lettres que le roi Louis, frère de Charles, lui avait écrites sur la vision dans laquelle son père lui était apparu; il en envoie copie à Charles, avec copie aussi de la lettre qu'il avait écrite en réponse à Louis; — *item*, au sujet de la mort de l'évêque Walther, homme d'une grande distinction, et sur une image du Sauveur; — *item*, pour les affaires de ceux de Laon, et sur l'ordination d'un nouvel évêque en cette ville après l'expulsion d'Hincmar; — *item*, sur le même sujet; — *item*, sur la passion de saint Denis, écrite en langue grecque par Méthode de Constantinople, et traduite en latin par Anastase, bibliothécaire du Saint-Siége; sur la vie et les actes de saint Sanctin, et ce qu'il y a trouvé sur la commémoration de saint Denis; — *item*, sur les domaines de saint Remi dans les Vosges, et sur le régime auquel ils ont été soumis jusqu'à ces derniers temps.

Enfin, il a écrit au roi Charles sur beaucoup d'autres sujets.

CHAPITRE XIX.

Des lettres écrites par Hincmar au roi Louis, fils de Charles.

Hincmar a aussi écrit beaucoup de lettres au roi Louis, fils de Charles, qu'il avait sacré ; par exemple, il lui écrivit sur le tribut à payer aux Normands pour les congédier ; sur les mesures utiles à prendre pour l'administration de son royaume, et pour l'engager à suivre les réglemens et l'exemple de l'empereur son père ; — *item*, après la mort de l'empereur, sur l'ordre à établir au commencement de son règne, lui proposant les exemples de ses prédécesseurs, et l'instruisant, par ordre et chapitres, des principes d'une juste administration, du respect qu'il doit à la sainte Église, enfin de tout ce qui peut être utile à lui ou à son royaume ; — *item,* sur les punitions à infliger à quelques rebelles audacieux, sur la modération à garder dans le châtiment, et autres sujets importans ; — *item,* pour l'exhorter à ne jamais rien entreprendre contre les institutions canoniques, à ne jamais rien ordonner de semblable à aucun évêque, enfin à ne jamais encourir les vengeances divines ; — *item,* pour l'instruire des avertissemens que, conformément à l'ordre du roi lui-même, il a donnés à Hugues, fils du roi Lothaire, sur ses méfaits, et de la sommation qu'il lui a faite de conduire les hommes d'armes au roi.

Après la mort du roi Louis, il écrivit à ses fils Louis et Carloman, pour en obtenir des élections canoniques pour l'église de Tournai et de Noyon, après la mort de l'évêque Ragenelin ; — *item,* au sujet de l'élection même, quand elle fut faite, parce que les deux rois étaient blessés de ce qu'il l'avait présidée et dirigée en sa qualité d'archevêque. — Dans une autre lettre sur le même sujet, il leur rappelle le consentement qu'il a donné à leur propre élection quand ils ont été élus au trône, et l'autorisation qu'il a reçue d'eux pour cette élection épiscopale; il leur fait sentir quel est le ministère royal, et quel est le ministère pontifical; quel doit être élu et ordonné évêque, quel ne doit pas l'être, et pourquoi; enfin, il les engage à se faire instruire des constitutions et autorités canoniques. — Dans une troisième lettre sur le même sujet, il leur démontre, par des autorités sacrées, combien ils se rendraient coupables envers Dieu, s'ils retardaient plus long-temps cette ordination; combat les objections qui lui ont été faites par Josselin, sur le consentement du roi Louis leur père; leur rappelle qu'il ne l'a point forcé de reprendre Ansgarde, son épouse répudiée, et ne l'a point empêché de retenir Adélaïde; enfin, leur cite les lettres que le roi lui a écrites pour l'intéresser à la fortune de ses fils, et leur reproche les lettres inconvenantes qu'ils lui ont adressées. — Il a écrit aussi au roi Louis en particulier, qui lui avait demandé les conseils qui peuvent être utiles à un roi sur la manière de rendre la justice et de procéder en jugement, sur le bien et le mal que l'observation ou la négligence des règles qu'il trace peuvent causer au royaume, etc.; — *item*, au jeune roi Carloman et aux évêques, une admonition par chapitres sur les devoirs du ministère royal et l'ordre à établir dans le gouvernement; — *item*, au même roi, une autre admonition, semblablement divisée en chapitres.

CHAPITRE XX.

Des lettres et écrits adressés par Hincmar à Louis, frère de Charles.

Hincmar a écrit aussi diverses lettres à Louis, roi de Germanie, frère de notre roi Charles. Ainsi, sur la demande du roi lui-même, qui lui avait adressé quelques questions au sujet d'un certain Fulcric, Hincmar lui rend compte avec dignité des motifs pour lesquels il l'a excommunié, et l'absout à condition qu'il fera pénitence. Dans une autre lettre, il implore sa protection et son appui pour les biens de l'église de Rheims situés en Thuringe. Une autre fois il lui écrit au sujet de l'invasion du royaume de son frère, et le dissuade, par les plus sages conseils, de cette entreprise, qui peut entraîner sa damnation. Sur le même sujet encore, en son nom et au nom de tous les évêques du royaume de France, il lui adresse une lettre pleine d'une modération toute épiscopale ; — *item* encore, à l'occasion des préparatifs que Louis lui avait ordonné de faire pour son arrivée à Rheims; il lui écrit de ne pas venir comme il en a le projet, ni surtout en de telles circonstances, lui montrant que ce dessein ne peut-être qu'inconvenant et en même temps funeste à son ame ; — *item*, pour lui exposer les soins qu'il se donne pour rétablir la paix entre son frère Charles et lui; lui rendant grâces de ce que les enfans de l'église de Rheims sont bien traités en son royaume, et demandant qu'il leur soit permis de garder les propriétés qu'ils y possèdent ; — *item*, au sujet du métal qu'il en avait reçu pour faire une cloche ; ajoutant une admonition pour l'engager à garder la paix et la charité, et à suivre la volonté du Seigneur ; — *item*, sur les biens de l'église de Rheims situés en Thuringe ; — *item*, sur quelques reliques des saints de l'église de Rheims, qu'il lui envoie comme il l'a demandé, et sur le livre de la vie et des vertus de saint Remi ; — *item*, sur les biens de saint Remi situés en Thuringe ; — *item*, sur la passion de plusieurs saints, et sur les biens de ses hommes situés en Germanie, afin qu'ils ne souffrent aucun dommage.

Conjointement avec ses confrères les archevêques Remi, de Lyon ; Arduic, de Besançon ; Érard, de Tours ; Adon, de Vienne, et Égilon, de Sens, il écrivit au même roi Louis en faveur de Bertulfe, archevêque de Trèves, lui démontrant qu'il tient envers ce prélat une conduite répréhensible et dangereuse, en permettant que la métropole de Trèves soit envahie, pillée et ravagée par un moine usurpateur : il lui rappelle que, bien que le pouvoir royal soit la première dignité parmi les hommes, il n'en abaisse pas moins sa tête avec dévotion devant les évêques ministres des choses divines, vient chercher auprès d'eux les moyens de son salut, et reconnaît que, dans l'administration et la dispensation des sacremens divins, ce n'est pas à lui de commander, mais d'obéir dans l'ordre de la religion ; qu'ainsi, en pareille matière, loin de vouloir soumettre les évêques à sa volonté, il doit au contraire se soumettre à leur jugement : « Car, dit-il, « de même que les pontifes s'exposent à de grands « dangers, s'ils gardent le silence sur ce qui est utile

« au culte du Seigneur ; ainsi le péril est grand pour
« la puissance royale, quand au lieu d'obéir elle re-
« fuse d'accomplir ce qui lui est commandé par les
« prêtres au nom et d'après la parole de Dieu. Car le
« Seigneur dit en son Évangile : « Celui qui est de Dieu,
« entend les paroles de Dieu. » Si quelque indévot et
« impie a cherché à vous faire croire qu'en ordonnant
« un pontife métropolitain en cette métropole, nous
« avons agi en mépris de votre autorité ou contre la
« fidélité que nous vous devons, pensez bien plutôt
« que cette ordination, faite de notre unanime con-
« sentement, est selon les saints canons : car il est
« écrit : « De même que Dieu n'est enfermé en au-
« cun lieu, ainsi la parole de Dieu n'est point en-
« chaînée ; » et ailleurs, notre Rédempteur et Sau-
« veur loue le centenier, qui lui dit : « Dites seu-
« lement une parole, et mon serviteur sera guéri ; »
« c'est-à-dire ce que vous direz ici s'accomplira là-
« bas ; enfin, tout indignes que nous sommes, le
« Seigneur parle aujourd'hui par notre bouche comme
« autrefois par celle de ses disciples, puisqu'il a dit :
« L'esprit de votre père parle en vous, qui remplit
« tout l'univers. » Gardez-vous donc de croire, nous
« vous en conjurons, à ceux qui vous donnent de
« mauvais conseils ; et soyez persuadé que ce n'est
« point en mépris de votre autorité et de la fidélité
« que nous vous devons, que nous avons ordonné un
« pontife en cette métropole ; mais considérant, ce
« que vous savez aussi bien que nous, combien et de-
« puis combien d'années cette église est désolée et
« abandonnée, et combien de maux contraires à la
« volonté de Dieu se sont multipliés et accrus non

« seulement dans la métropole, mais encore dans toute
« la province qui en dépend, parce que les évêques
« suffragans ne peuvent prendre aucune mesure sans
« leur primat, si ce n'est pour leur propre diocèse ;
« trouvant donc avantage et conformité aux règles
« canoniques, nous avons ordonné canoniquement un
« pontife ; et même, sans nous, les évêques suffragans
« de la métropole auraient pu et dû le faire s'ils avaient
« été en nombre suffisant ; mais pour que l'ordination
« soit régulière et ait vertu canonique, il faut être au
« moins trois. » Et à ce propos il poursuit en citant
les autorités des saints Pères sur lesquelles ils se
sont fondés pour faire cette ordination ; après quoi
il ajoute :

« Comme les évêques suffragans de la province
« n'étaient pas en nombre suffisant pour pouvoir or-
« donner canoniquement un métropolitain ; comme
« d'ailleurs les églises de Rheims et de Trèves
« sont, par autorité et coutume ancienne, regardées
« comme comprovinciales et sœurs, à telle condi-
« tion que celui des deux évêques qui a été or-
« donné le premier est aussi le premier, et a la
« prééminence au synode, et que ces deux églises
« se doivent l'une à l'autre conseil et assistance ; les
« évêques de la province de Trèves ont requis du
« primat de la province de Rheims appui et soulage-
« ment pour leur ordination, conformément aux rè-
« gles canoniques, et en particulier aux canons du
« concile de Sardique, lesquels disent expressément :
« Si, dans une province qui auparavant avait plu-
« sieurs évêques, il arrive qu'il n'en reste qu'un seul,
« et que les peuples s'assemblent, demandant des

« pasteurs, les évêques de la province voisine doi-
« vent s'adresser d'abord au seul évêque restant de la
« province, lui remontrer que les peuples demandent
« un guide, et qu'il est juste et convenable qu'ils
« aillent se joindre à lui, et ordonner ensemble un
« évêque. Si l'évêque restant, ainsi sollicité et appelé
« par lettres, se tait, dissimule et ne répond rien,
« alors il faut satisfaire aux peuples, et les évêques
« de la province voisine doivent venir et ordonner
« un évêque. » D'où il suit que si dans la province
« de Trèves il ne restait qu'un seul évêque, ou bien
« point, les évêques de la province de Rheims de-
« vraient, sur la demande et instance du clergé et
« du peuple de l'église de Trèves, lui ordonner un
« évêque. C'est pourquoi nous tous, dont votre Gloire
« lit les noms inscrits en tête des présentes, avons,
« d'un commun accord et consentement, canonique-
« ment ordonné pontife de cette église, Bertulfe, notre
« frère et collègue dans le sacerdoce; ce que pouvons
« justifier et justifierons, si besoin est, par l'autorité
« des saints canons et les actes de son ordination : c'est
« pourquoi nous maintenons et soutenons son ordina-
« tion et la disposition des biens et facultés de son
« église, comme il est porté aux canons; la soutien-
« drons et maintiendrons à toujours, comme notre
« propre autorité. Car s'il n'est pas évêque, nous ne le
« sommes pas non plus; et si quelqu'un trouve quelque
« chose à redire à son ordination, qu'il vienne et le dise;
« toutefois qu'il lui souvienne de sa communion, car
« de deux choses l'une : ou il cessera d'être en commu-
« nion avec l'ordre ecclésiastique et épiscopal, ou nous
« cesserons nous-mêmes d'être en communion avec le

« ministère épiscopal. C'est pourquoi, très-chrétien et
« vénérable roi, et de nous très-chéri et très-aimé,
« nous et nos confrères dans le sacerdoce vous adres-
« sons les paroles que le bienheureux Léon adres-
« sait autrefois à l'empereur Théodose : pleins de
« révérence pour votre Clémence, et ajoutant au res-
« pect de tous nos devoirs un sincère et véritable
« amour, desirant qu'en toutes choses vous soyez
« agréable à Dieu, vers lequel nous et nos églises fai-
« sons sans cesse monter nos vœux pour vous, afin
« que notre silence ne nous soit pas reproché devant
« le tribunal de Dieu, nous vous supplions et conjurons
« devant la sainte et indivisible Trinité d'un seul
« Dieu, laquelle est offensée d'un tel état de cho-
« ses, puisqu'elle est tout à la fois la protectrice et la
« source de votre puissance, aussi devant les saints
« anges de notre Seigneur Jésus-Christ, qu'il vous
« plaise ordonner que l'église de Trèves, et avec elle
« son pontife, soit et demeure aux mêmes état, di-
« gnité et privilége dont elle a joui sous vos prédé-
« cesseurs ; et que votre frère et votre neveu Lo-
« thaire, père et fils, lui ont canoniquement main-
« tenus et conservés; afin qu'ainsi vous acquerriez mé-
« rite auprès de Dieu et du bienheureux saint Pierre,
« prince des apôtres, et nous rendiez nous-mêmes de
« plus en plus vos débiteurs en prières et autres ser-
« vices qui vous sont dus. Car, n'était que par respect
« pour vous nous avons voulu différer, nous aurions
« déjà, ici-bas, lancé contre l'usurpateur la sentence
« que six cent trente évêques portèrent autrefois au
« grand concile de Chalcédoine, portent maintenant
« dans les cieux', et porteront au jour du jugement,

« contre lui, à sa damnation éternelle, s'il ne fait di-
« gne pénitence. »

Puis, après avoir cité les diverses autorités des canons, il continue :

« Sache donc bien votre religieuse et très-chère
« Domination, que tant que notre frère Bertulfe, par
« nous ordonné évêque en l'église de Trèves, vivra
« en ce corps mortel, autre que lui n'y sera ordonné
« évêque; à moins que, ce qu'à Dieu ne plaise, il
« n'allât lui-même à l'encontre des saints canons,
« et ainsi ne méritât d'être déposé; et de même cet
« usurpateur et moine apostat, Walton, du monastère
« de l'église de Trèves, en vertu du jugement du
« Saint-Esprit déjà donné contre lui pour cette
« cause, jamais ne pourra être évêque en cette église
« de Trèves, par lui si injustement usurpée et mor-
« tellement lésée; et n'était, comme nous l'avons déjà
« dit, que par respect pour vous nous avons voulu
« différer, non seulement nous ordonnerions, confor-
« mément aux institutions canoniques, que jamais ici
« ni ailleurs il ne parviendra aux grades ecclésiasti-
« ques; mais encore, le chargeant du poids de l'ana-
« thème, nous le ferions jeter dans une prison, sui-
« vant l'ordonnance canonique; ce que, sans aucun
« doute, nous ferons et poursuivrons par tous les
« moyens possibles, s'il s'obstine dans sa révolte.
« Quant à vous, nous prions et supplions de toutes
« les forces de notre cœur le Seigneur, par qui rè-
« gnent les rois, et duquel et par lequel le saint or-
« dre épiscopal a pris commencement, qu'il lui plaise
« vous maintenir exempt et innocent d'aucun atten-
« tat contre les saints canons; conjurons et requérons

« sa bonté qu'il vous accorde de vouloir et faire en
« bonne volonté ce qu'il commande, afin qu'ainsi vous
« méritiez de recevoir les joies éternelles, qu'il pro-
« met à ceux qui l'aiment. »

Une autre fois, répondant aux lettres que le même roi lui avait écrites pour le prier de faire par lui-même, et par tous ceux qu'il pourrait y engager, des prières en faveur du roi son père, qui lui était apparu en vision, afin d'obtenir qu'il fût délivré de ses souffrances, Hincmar prend occasion de lui adresser une lettre pleine d'autorités et de citations saintes sur la manière de prier et les qualités de la prière. Enfin il lui a écrit encore au sujet des biens de saint Remi situés dans les Vosges, et sur une foule d'autres sujets.

Il a aussi écrit au fils du roi Louis-le-Germanique, de même nom que lui, au sujet du village de Douzy, pour lui expliquer comment saint Cloud l'avait donné à saint Remi, comment ensuite Charles, fils de Pepin, le prit en redevance de l'archevêque Turpin, à condition que les chapelles de sa dépendance avec les nones et dîmes demeureraient à l'évêque de Rheims, et que le roi donnerait douze livres d'argent chaque année pour les luminaires de l'église; il prouva qu'en effet cette rente avait été payée par le roi Charles et tous ses successeurs, et que lui-même Hincmar l'avait perçue de son père Louis. Il lui a encore écrit au sujet du village de Neuilly, comment il fut donné à saint Remi par Carloman, et ce qui en est advenu depuis; — *item*, pour lui recommander de chercher et de suivre les conseils des saintes Écritures, de ne pas se fier à l'avis de conseillers inconsidérés, et l'exhorter, dans quelques embarras que se trouve le royaume de France, à bien se garder de l'envahir; — *item*, pour en obtenir sauve-garde pour la ville de Rheims et les lieux saints, s'il venait en France; —*item*, pour lui rendre compte de la conduite tenue par les évêques envers Louis, fils de Charles, quand ils le sacrèrent roi, et lui prouver qu'il avait été mal instruit; — *item*, au sujet des deux femmes de Louis, fils de Charles, sur les mesures prises à cet égard, etc., etc.

Il a aussi écrit à Pepin, roi d'Aquitaine, au sujet des biens de son église situés au pays d'Auvergne, de Limoges et de Poitiers, pour la protection desquels il venait d'obtenir des lettres du roi Charles au même Pepin, et dont il confia la défense à un homme illustre nommé Frigidolon; — à Charles, fils de Louis-le-Germanique, pour le féliciter de la bienveillance qu'il témoigne aux jeunes fils de son cousin Louis, Carloman et Louis, le conjurant, pour l'honneur de l'Église de Dieu et la défense du royaume de France, de donner à ces royaux enfans des instituteurs sages et justes, qui leur enseignent à honorer les serviteurs de Dieu, à observer ses commandemens, à se gouverner eux-mêmes, et tenir avec sagesse les rênes de l'État; — *item*, au sujet de Sigebert, un de ses fidèles; — *item*, au roi Lothaire, fils de l'empereur Lothaire, au sujet du village de Douzy, que son père avait rendu à l'église de Rheims, pour l'engager à ne pas risquer son salut en donnant, comme le bruit courait qu'il le faisait, à quelques favoris les biens appartenans à cette église, et en se permettant d'affranchir les colons du village; que s'il avait commis quelque faute semblable, il eût à la reconnaître et la réparer;

—*item*, au sujet de quelques mauvais traitemens exercés envers ce village, et de la rente qu'il retient au péril de son ame, lui intimant que saint Cloud a donné ce village à saint Remi, et qu'il ait à se garder de rien faire qui pût mériter la condamnation de son ame; — *item*, pour en obtenir la permission à l'église de Cambrai d'élire un évêque ; — *item*, enfin, sur le salut de son ame et l'honneur de la dignité royale : à ce propos, il lui rappelle comment l'empereur Lothaire son père s'est recommandé à ses prières.

CHAPITRE XXI.

Des écrits d'Hincmar à divers archevêques ou évêques.

Il a aussi adressé à divers évêques ou archevêques une foule d'écrits de tout genre, et d'une grande utilité: à Hetti, archevêque de Trèves; il lui fait le récit des commencemens de son épiscopat, et s'offre pour coadjuteur et pour disciple à sa Paternité dans l'administration des affaires ecclésiastiques; — *item*, sur le même sujet, lui demandant de le guider de ses conseils, et de le regarder comme son fils; et lui faisant part du projet qu'il a de faire un voyage à Rome; — *item*, au sujet de Gondric, excommunié par Hetti, et aussi de Fulcric, excommunié par lui-même, qui semblait avoir trouvé un refuge dans l'évêché de Trèves;—à l'archevêque Gondebauld, en faveur d'un prêtre, pour le prier de lui conserver la dignité ecclésiastique; — *item*, sur les actes du synode, à Amole de

Lyon, au sujet du procès qu'il avait eu avec le roi et les grands du royaume, et de l'état des Juifs dans le royaume; — *item*, sur le synode convoqué par les trois rois sur Ebbon son prédécesseur et sur quelques autres; dans cette lettre il déclare qu'il l'aime par dessus tous, et lui est uni de cœur et d'affection comme à un père; — *item*, au sujet de Lothaire, et de quelques autres affaires; il se nomme le fils de sa Dilection; — *item*, au sujet de Gottschalk, il lui expose avec vérité la vie de cet hérétique, ses prédications, son arrestation et sa condamnation; — à Raban, évêque de Mayence, pour lui mander l'arrivée et l'examen de Gottschalk, que cet évêque venait de chasser de son diocèse à cause des semences d'hérésie qu'il répandait, et de renvoyer à Hincmar avec quelques-uns de ses complices; — *item*, sur le même sujet; il lui mande les mesures qu'il a prises contre cet hérétique lorsqu'il lui a été remis, dans quelle folle témérité il l'a trouvé, et lui demande ses conseils pour ce qui reste à faire; — *item*, sur la doctrine et l'hérésie du même; il lui rend compte de ce qu'il a fait contre lui, depuis qu'il a été convaincu d'hérésie dans le synode et a refusé de se corriger; il soumet à son examen ses sentimens contre la doctrine de cet hérétique, sa condamnation, les ouvrages qu'il a publiés contre lui, et lui demande comment il faut entendre les sentences de divers Pères catholiques sur la foi à la sainte Trinité et sur la prédestination; dans cette lettre il affirme que Raban est le seul qui reste, en ces temps, de l'école du bienheureux Alcuin; — à l'archevêque Landran, qui lui avait demandé conseil au sujet d'un monastère de filles que le roi lui commandait de confier à une personne incapable et indigne; il l'engage à remplir avec fermeté et sollicitude les devoirs de son ministère; — à Teutgaud, archevêque de Trèves, sur la prééminence que cet évêque prétendait devoir être déférée par lui au siége de Trèves; il lui insinue que jamais le siége de Rheims n'a reconnu cette prééminence, etc., etc.; —*item,* une seconde et une troisième fois au sujet de l'excommunication de Fulcric; —*item,* au sujet des biens de l'église de Trèves situés en Aquitaine, dont lui Hincmar avait vivement sollicité la restitution auprès d'un grand d'Aquitaine nommé Arnold, qui les tenait en son pouvoir; il annonce qu'il a réussi, et qu'ils vont être rendus à l'église de Trèves; — au dévot et religieux archevêque Amaury; il compatit à ses tribulations, le console et l'encourage à la patience, et le félicite de sa sainteté; il lui assure qu'il lui est le plus cher de tous ceux qu'il aime, et lui envoie quelques ornemens précieux, entre autres une chasuble pourpre, la seule qu'il eût; et d'autres présens, avec cent écus d'or; — *item,* au sujet des biens de l'église de Rheims situés en Aquitaine, dont le roi vient de lui accorder la restitution, et dont il confie l'administration à Amaury, avec pleine confiance; — à l'archevêque Roland, au sujet des biens de saint Remi situés en sa province, et en même temps au sujet d'un prêtre excommunié en synode, et d'un autre ordonné en sa place; — à Rodolphe de Bourges, sur les biens de l'église de Rheims situés au pays de Limoges; — *item,* au sujet de quelques excommuniés; — à Gunther de Cologne, pour le prier d'intercéder auprès du roi Lothaire, et d'en obtenir l'élection canonique d'un évêque de Cambrai, après la mort du vénérable Thierri; — *item,* une seconde et une troisième lettre sur le même sujet, où il affirme que tant qu'il vivra nul ne sera ordonné évêque en cette ville, si ce n'est canoniquement; — à Luitbert de Mayence, au sujet des biens de saint Remi situés dans les Vosges; il lui raconte comment un certain Gibert a perdu la raison en punition d'avoir usurpé quelques-uns de ces biens, et comment, après avoir été tourmenté sans relâche pendant un mois entier, il est mort enfin de douleur et en grand péril de perdition; — *item,* plusieurs lettres sur la protection qu'il lui demande pour les biens dont nous venons de parler, la défense et le gouvernement des serfs qui les cultivent; — *item,* sur l'entrevue qu'il a eue avec le pape Jean, et sur le bien qu'il a dit de lui au pape : il l'exhorte à recevoir avec bienveillance et bon accueil les lettres et le messager de Jean, et à faire tout son possible pour l'aller visiter; — *item,* au sujet d'un prêtre prévaricateur.

Le vénérable Hincmar a aussi écrit à Lothaire roi d'Italie, qui avait quitté son épouse légitime pour s'unir à une autre femme : il l'admoneste, et lui donne le conseil de la chasser de sa présence, lui signifiant qu'il a reçu à ce sujet des lettres et des ordres du pape Adrien; et il fait tous ses efforts pour persuader au roi d'obéir aux ordres du souverain pontife; — *item,* une autre lettre aux sujets d'hommes rebelles qui ne veulent pas rester en paix, et sur les mesures que le roi doit prendre contre eux; il le félicite d'avoir usé contre quelques-uns de sa puissance royale.

Il a composé une apologie contre ses détracteurs,

qui l'attaquaient et le calomniaient auprès du pape Jean, insinuant à sa Sainteté qu'il ne voulait pas se soumettre à l'autorité des décrets du Saint-Siége. Il répondit à ces accusations d'abord au synode de Troyes, ensuite dans l'apologie dont nous parlons, prouvant à ses ennemis qu'il recevait et suivait, comme on doit les suivre, les décrétales des pontifes romains, reçues et approuvées par les saints conciles. Il publia aussi un manifeste sur la déposition et le rétablissement d'Hincmar, évêque de Laon, avec un récit exact des faits, une réfutation d'une calomnie de quelques-uns de ses ennemis qui l'accusaient, auprès du même pape Jean, de dire que le pape n'avait ni plus d'autorité ni plus de dignité que lui ; — *item*, sur l'ordination d'Hédenulfe à l'épiscopat de Laon, à la place d'Hincmar, et sur la confirmation donnée par le pape à cette ordination ; — *item*, sur Carloman, et de quelques autres affaires, au sujet desquelles il s'excuse en racontant la vérité; il affirme qu'il n'a pas voulu répondre, quoiqu'il le pût, à certains calomniateurs, ni rendre outrage pour outrage, parce qu'il croit plus glorieux de leur échapper en gardant le silence, que de les vaincre en leur répondant, de peur qu'on ne dise qu'il ne cherche que sa propre gloire. Il a écrit plusieurs fois aussi au pape Adrien, qui lui-même rapporte qu'il a adressé plusieurs messages à Hincmar; et entre autres, par l'évêque Actard, une lettre pleine d'éloges, en laquelle il le nomme son légat en France, et le charge de le représenter dans la cause de Lothaire, et de faire en sorte que tous les arrêtés du pape Nicolas soient maintenus. Hincmar composa aussi sept capitulaires sur les priviléges des siéges, en réponse à ceux que le pape Jean avait adressés aux évêques de France. Le pape voulait à toute force établir Anségise, archevêque de Sens, primat et vicaire apostolique en France et en Germanie, et le vénérable Hincmar s'y opposa avec obstination et succès.

Il a écrit encore à divers évêques sur divers sujets : à l'archevêque Remi, au sujet des biens de saint Remi situés dans la province cisalpine, qu'il lui confie et le prie de prendre sous sa protection ; — *item,* pour l'ordination d'Isaac, évêque de Langres ; —*item,* sur les constitutions et réglemens synodaux contre les usurpateurs des biens de l'Église, et autres sujets ; — *item,* sur la cause du roi Lothaire, et les diverses affaires dont nous avons parlé plus haut ; —*item,* au même Remi et aux autres évêques, pour les inviter, au nom et par l'ordre du pape Nicolas, de se réunir en concile à Soissons pour examiner la cause de Vulfade et de ses collègues ; — *item,* à Adon, archevêque de Vienne, pour lui demander une lettre de saint Avite à saint Remi, qu'un moine nommé Rotfrid lui avait dit avoir lue et vue entre les mains d'Adon ; il le prie, s'il peut trouver encore quelques objets ou reliques qui aient appartenu à saint Remi, de les lui envoyer, comme plus précieux et mille fois plus chers à ses yeux que l'or et la topaze ; — à Hérard, évêque de Tours, pour l'engager à recevoir quelques apostats qui reviennent à la religion, et quelques autres pénitens ; — *item,* sur quelques autres sujets, et toujours comme à un ami très-cher : en effet, Hérard s'était lié à notre prélat d'une affection toute fraternelle, et s'était adressé à lui pour le prier de s'employer en toute circonstance auprès du

roi en faveur de son église : quelques instans avant de mourir, il dicta encore une lettre pour Hincmar, et la remit lui-même à la personne qui devait aller lui porter la nouvelle de sa mort : pleins de la même confiance qu'avait eue en lui ce prélat, les envoyés de l'église de Tours vinrent, après la mort de leur archevêque, présenter à Hincmar une requête du clergé et du peuple pour le prier d'être leur intercesseur auprès de la sublimité royale, afin d'en obtenir une élection canonique; et le digne évêque s'empressa de remplir leur vœu : il déclara même au roi qu'un certain prêtre, qui annonçait des prétentions, ne pouvait être admis; que les évêques de toute la province, le clergé et le peuple voulaient pour évêque Actard, qui avait été baptisé, élevé et ordonné en leur église ; à la vérité Actard avait été nommé évêque d'une autre ville ; mais chassé de son siége par l'invasion des païens, il avait été honoré du pallium par le Saint-Siége apostolique, afin que, si un des siéges de sa métropole, ou la métropole elle-même, venait à vaquer, il y fût intronisé; il donne en outre conseil au roi sur ce qu'il doit ordonner au clergé et aux laïques en attendant; lui mande comment l'évêque a disposé des biens qu'il tenait à bénéfice du roi, et le prie de lui dire ce qu'il veut faire de ceux qu'il lui a laissés en mourant; il lui parle aussi de certains livres de saint Augustin, qu'il l'avait prié de lui envoyer, et des reproches des Grecs contre l'église latine, sur lesquels le pape Nicolas lui avait demandé son avis, etc., etc. ;
—*item,* à Bertulfe, archevêque de Trèves, pour lui donner des instructions sur le gouvernement et l'administration de sa province et de son diocèse, etc., etc....

Sur la demande de ce prélat, il envoya Willebert, évêque de Châlons, à l'ordination d'Arnold, évêque de Toul, parce que Bertulfe étant malade, le nombre fixé par les sacrés canons pour l'ordination d'un évêque n'était pas complet; long-temps auparavant il avait déjà envoyé pour l'ordination de Bertulfe lui-même, et sur la requête d'Advence et d'Arnulf, évêques de la province de Trèves, Hincmar, évêque de Laon, Eudes de Beauvais, et Jean de Cambrai, avec des instructions sur la manière dont ils devaient procéder pour ne s'écarter en rien, par négligence ou présomption, des règles tracées par le Saint-Siége apostolique et les sacrés canons. — Il a écrit encore à Bertulfe au sujet de quelques chapelles dépendantes du village de Douzy qu'un habitant du diocèse de Trèves se permettait d'usurper par les intrigues et menées d'un prêtre; il réclame qu'il en soit fait justice; — *item*, au sujet des lettres qu'il adressait à Louis-le-Germanique pour le prier de les faire lire au roi et à la reine, et de lui mander ensuite ce qu'ils en auront dit; pareillement de prendre lecture des lettres qu'il avait adressées à l'évêque Arnon, et de recommander au roi, à la reine et au peuple lui-même de songer à leur salut, et de maintenir la paix de la sainte Église; — à Jean de Rouen, il répond aux questions que cet évêque lui avait adressées au sujet d'un clerc promu au gouvernement d'une église, et qui ne pouvait être ordonné canoniquement par défaut d'âge; — à Rostan d'Arles, qui lui avait écrit au sujet des vexations de son église et d'une certaine femme puissante qui usurpait les biens de l'Église; il lui mande ce qu'il doit faire en cette occurrence; — à Adelolde de Tours, qui lui demandait la permission de faire bâtir et consacrer un oratoire dans un village du diocèse de Rheims, nommé *La Tour*, dont le roi avait fait don à son église; il lui répond qu'il lui accorde sa demande, à condition que l'ancienne église du village et le prêtre qui la dessert n'en souffrent aucun détriment en leurs priviléges; — à l'évêque de Léon, gardien de la bibliothéque de l'église de Rome, pour le prier de bien recevoir ses envoyés, et d'obtenir du pape Léon que ses demandes soient favorablement accueillies, et que le saint Père lui réponde sur ce qui fait l'objet de son message; — à Grégoire, nomenclateur et chancelier de l'église de Rome, pour le prier de le compter au nombre de ses plus fidèles amis; — *item*, pour le prier de faire agréer ses demandes au saint Père apostolique; il lui envoie quelques petits présens; — à Formose, depuis pape et religieux pontife du Saint-Siége de Rome, pour le féliciter de sa grande réputation de sainteté et de savoir; il lui demande de le recevoir en sa familiarité, et de prier pour lui, lui promettant d'en faire autant pour lui, et lui envoyant quelques présens, pour qu'il fasse mémoire de lui en ses prières; — *item*, après une lettre de Formose, dans laquelle celui-ci lui promettait affection, Hincmar lui répond qu'il a en lui la plus grande confiance et compte désormais sur lui; — à Gauderic, aussi évêque de l'église de Rome, pour qu'il le reçoive dans le sein de son affection, et daigne implorer pour lui le Seigneur et les saints apôtres; — à Jean, évêque de la même église; il lui écrit presque les mêmes choses, le prie de lui envoyer les canons du pape

Martin, et l'évangile des Nazaréens pour le faire transcrire, et lui offre aussi quelques présens d'amitié; — à Vulfade, archevêque de Bourges; pour lui envoyer la sentence de Paulin contre ceux qui tuent leurs femmes, laquelle ce prélat lui avait demandée; et quelques autres lettres sur différens sujets; — à Frotaire de Bordeaux qui lui avait adressé le vers suivant :

Remus equum nobis, mulum Burdegala vobis

il lui renvoya son vers ainsi changé :

Remus equum misit, mulum Burdegala nullum.

il lui a écrit plusieurs autres lettres; par exemple, au sujet de l'élection d'une abbesse au monastère de Sainte-Radegonde, sur l'ordination de Fulcric, etc., etc.; — à Venilon de Rouen, sur les ouvriers et les travaux qu'il faisait faire à Pistes sur Seine; — *item,* sur le procès des évêques Rothade et Odon; — *item,* à Drogon, évêque de Metz, frère de l'empereur Louis, pour lui demander son amitié; — *item,* pour lui rendre grâces de la sollicitude qu'il prend de l'église de Rheims, priant en même temps un frère, ministre de cette église, de lui faire agréer ses services, afin que l'église pût profiter de son appui et de sa protection, etc., etc.; — à Rothade de Soissons, qui, soit délai seulement, ou négligence, différait de comparaître au synode; il lui écrit au sujet de quelques habitans du diocèse de Soissons, qu'il faut absoudre ou forcer à la pénitence; — *item,* pour l'ordination de quelques desservans des églises; — *item,* sur la réception et la mise en jugement de Gottschalk, que Raban avait envoyé au diocèse de Rheims, et qui appartenait au diocèse de Soissons, comme moine de l'abbaye d'Orbay; — *item*, pour la dédicace du monastère de Saint-Médard, et de la réforme à y établir. — *item*, au sujet de quelques moines fugitifs du monastère de Haut-Villiers; — *item*, au sujet de Godold, qui prétendait avoir été privé indûment de la communion : il a écrit jusqu'à trois lettres à ce sujet; — *item*, au sujet de quelques prêtres qui l'avaient accusé en plein synode, de les avoir privés injustement des biens de l'Église; et comme ils traitaient avec irrévérence les mandemens du synode, il les menace de les frapper des vengeances canoniques; — *item*, pour l'ordination d'Hincmar, après la mort de Pardule, évêque de Laon; — *item*, au sujet d'Adelold, prêtre que le synode lui avait ordonné de rétablir, et pour lequel il lui avait déjà écrit des lettres dont il ne tenait compte; — *item*, au sujet d'un message du roi Louis, et d'une autorisation par lui demandée, contraire aux règles du sacerdoce; — *item*, au sujet d'un clerc qu'il lui envoie pour l'ordonner et charger du ministère de l'église de La Tour; — *item*, au sujet d'une paroisse pour laquelle il y avait conflit entre lui et Erpuin, évêque de Senlis; — *item*, en son nom et au nom des évêques de la province de Rheims, sur les innovations que les Grecs s'efforcent d'introduire au mépris des sacrés canons, et au sujet desquelles le pape Adrien avait adressé des lettres, tant à lui Hincmar qu'à tous les archevêques du royaume; enfin une foule d'autres écrits sur différens sujets; — à Immon, évêque de Noyon, touchant le synode convoqué à Paris par le roi, et pour l'ordination d'Hermanfried, après la mort d'Hildemann, évêque de Beauvais; — *item,* pour l'ordination de Pardule, après la mort de Siméon de Laon; — *item,* pour l'engager à prêter conseil et secours à Thierri, évêque de Cambrai, contre un rebelle qui ne craignait point le Seigneur, et ne respectait point le ministère ecclésiastique; — *item,* en faveur d'un prêtre auquel il le prie de conférer les ordres canoniques; — *item,* pour une femme qui se plaignait d'avoir été injustement excommuniée par lui; enfin, pour avoir avec lui une conférence épiscopale; — à Erpuin de Senlis, au sujet d'un homme excommunié par lui sans motif; il l'engage à venir le trouver afin qu'ils puissent examiner ensemble ce qu'il y a de plus juste et de plus convenable à faire; — *item,* au sujet d'un prêtre injustement privé des biens de l'Église; — *item,* au sujet d'un clerc qui se plaignait de souffrir préjudice de sa part; — *item,* touchant un mandement du pape Adrien relatif au prêtre ci-dessus dénommé; — *item,* pour qu'il ait à exécuter ponctuellement les ordres du roi; — à Loup de Châlons, touchant la convocation d'un synode; — *item,* au sujet d'un père qui, trompé par dol et fraude, avait tenu son propre enfant pour le catéchiser; — *item,* touchant la décision du synode sur cette affaire : — Hincmar s'est plu aussi à rendre témoignage de la sainte vie de cet évêque dans la lettre qu'il adressa, après sa mort, au roi Charles, pour en obtenir une élection canonique pour l'église de Châlons; — à Prudence de Troyes; il se plaint de ce qu'il est privé de sa présence, lui exprimant le desir de le consulter sur l'état et la punition de Gottschalk; il lui rend compte des mesures prises et du jugement porté par le synode, qui condamne cet hérétique à la réclusion, des efforts qu'il a faits pour le convertir, de ses mœurs et de son orgueil; il lui demande si à la Cène du Seigneur, ou à la Pâque, il doit lui permettre d'assister au saint office, ou de recevoir la communion, et ce qu'il lui semble de la sentence du prophète Ezéchiel, qui dit : « Lorsque « le juste se sera détourné de sa justice, il mourra « dans les œuvres injustes qu'il a commises ; et lors- « que l'impie se sera détourné de l'impiété où il avait « vécu, il rendra ainsi la vie à son ame : » il le consulte aussi sur la manière de célébrer la Cène du Seigneur ; — *item,* au sujet des églises du siége de Rheims situées dans son diocèse, qu'il traitait autrement qu'il ne convient à l'équité épiscopale : il l'engage à s'entretenir avec lui de ces choses et de beaucoup d'autres qu'on lui impute; à s'instruire l'un et l'autre, et à se recommander mutuellement au Seigneur : — il existe aussi de lui un livre sur le même sujet, adressé à cet évêque; — à Pardule, évêque de Laon, au sujet de la mort d'Ebbon, son prédécesseur : il lui rappelle que la bienveillance sacerdotale doit se montrer envers lui par des vœux pleins de charité; — *item,* pour le féliciter de ne point avoir accordé à Luidon une réconciliation dont il est indigne, et de ne s'être laissé fléchir ni par les flatteries ni par les reproches d'hommes insensés; il l'encourage à se maintenir toujours dans la justice et la fermeté épiscopale par des témoignages tirés des saintes Écritures, à marcher toujours dans les voies de l'autorité, et lui donne son avis sur les mesures à prendre contre Luidon; — *item,* sur le même sujet; — *item,* touchant la pénitence, l'humiliation et l'absolution de Fulcric; — *item,* pour lui demander conseil sur l'absolution à accorder à un coupable; — *item,* sur un jeûne ordonné par la reine; — *item,* touchant la maladie et le repentir de Rothade de Soissons, et le conseil qu'il lui avait donné de fortifier en lui ces bonnes résolutions, et de l'engager adroitement à obéir; — *item,* au sujet de l'or qu'il lui envoie pour offrir à la reine, afin qu'elle en fasse quelque ornement pour la sainte mère de Dieu; — *item,* au sujet de son opuscule *Ferculum Salomonis,* qu'il lui avait lu : il lui demande ce qu'il en pense; — *item,* au sujet de l'église de Térouane, veuve de son pasteur, et pour laquelle il le prie de parler au roi, afin d'en obtenir la permission d'une élection canonique; il le prie en même temps de lui envoyer les livres de saint Ambroise sur la foi; — à Hermanfried de Beauvais, pour l'élection et la consécration canonique d'un pasteur de l'église d'Amiens, après la mort de l'évêque Ragenaire; — *item,* pour l'engager à gouverner avec prudence le vaisseau de l'Église, au milieu des guerres intestines dont il est battu sur cette mer orageuse du siècle; — à l'évêque Ebbon, élève de l'église de Rheims, au sujet d'un moine fugitif auquel il donne asile, et qu'il le somme de lui envoyer au plus vite; — *item,* pour l'ordination d'Isaac à l'évêché de Langres, afin qu'il exhorte l'archevêque Remi à la faire au plus tôt; — à Thierri de Cambrai, au sujet d'un certain Hecton, vassal du roi Lothaire, auquel ils avaient tous deux, d'un commun accord, infligé une pénitence, et qui prétendait avoir reçu l'absolution de Thierri ; et en même temps au sujet d'un prêtre que Thierri avait excommunié, et pour lequel le pape de Rome avait envoyé des lettres à Hincmar, qui les lui avait fait passer ; — *item*, pour l'absolution de cet Hecton dont nous venons de parler ; — *item*, au sujet de quelques biens de l'église de Rheims, que l'évêque Thierri lui demandait de lui donner en précaire ; — *item*, pour l'ordination de Honfroi à l'évêché de Térouane ; — *item*, pour l'ordination d'Ercamrad, après la mort de Loup, évêque de Châlons ; — *item*, sur l'arrivée de Louis-le-Germanique à Rheims ; il lui raconte pourquoi il y est venu, ce qu'il y a fait, ce qu'il y a ordonné ; — *item*, contre Baudouin, qui avait enlevé la veuve Judith, fille du roi Charles, afin qu'il sache qu'il l'a frappé d'anathème, et qu'il le fasse partout publier en son diocèse ; — *item*, contre un certain personnage qui s'était laissé persuader par le père d'une jeune fille de la prendre en concubinage ; — à Folcuin de Térouane, pour un prêtre ordonné par lui, qui se plaignait de souffrir préjudice de la part de l'évêque Immon ; il le prie en même temps de lui envoyer quelques reliques des saints qui reposent dans le diocèse de Térouane, parce que, dans la consécration de l'église de Notre-Dame, il fait construire un autel qu'il veut faire consacrer par Folcuin, et enrichir et honorer des reliques des saints de son diocèse ; — à l'évêque Rainier, au sujet d'un prêtre que Nothon, archevêque d'Arles, lui avait dénoncé par lettres comme ayant été déposé canoniquement et excommunié par un synode, lequel avait établi un autre prêtre à sa place; — à l'évêque Agius touchant les biens de l'église de Rheims situés à Aquitaine; — à Abbon d'Auxerre, au sujet de l'évêque Heribold défunt, lequel était apparu à un frère, et avait demandé des aumônes, des prières et des messes; — à Enée de Paris, au sujet de Rothade de Soissons, dont quelques actes inconvenans venaient d'être dénoncés au roi, pour lui annoncer que le roi l'a nommé pour aller discuter cette affaire avec Immon de Noyon; — à Amaury, évêque de l'église de Cumes, pour lui recommander le diacre Egilbert, moine du monastère de Saint-Remi, qu'il lui envoie pour l'ordonner et le former au saint ministère, comme il l'avait demandé.

CHAPITRE XXII.

Des préceptes de conduite, et des reproches adressés à son neveu Hincmar.

Il adressa à son neveu Hincmar, évêque de Laon, dans les premiers temps de son élévation à l'épiscopat, plusieurs instructions et enseignemens sur ses devoirs et sur la manière d'administrer l'église qui venait de lui être confiée. Il lui écrivit aussi pour l'avertir de ne pas laisser se former de trames et complots entre ceux qui lui étaient soumis; et s'il s'en formait, de chercher à les arrêter, d'abord par la modération et la raison, ou, si enfin cela devenait nécessaire, de l'en instruire, et de convoquer un synode. Mais ce neveu lui causa beaucoup de peines et de soucis : sans cesse il est occupé à lui écrire pour l'admonester et le réprimander sur la légèreté de ses mœurs et de ses actes; sans cesse il l'exhorte à rentrer en lui-même, et à prier Dieu de tout son cœur, pour qu'il daigne jeter sur lui un regard, et lui accorder de se reconnaître et de se corriger de sa perversité. Car le jeune prélat se croyait trop sage et trop habile, s'obstinait dans ses opinions, s'efforçait en toutes choses de faire fléchir les lois ecclésiastiques à ses volontés, et enfin croyait toujours les entendre mieux que les plus vieux évêques. Son zèle pour ce neveu alla si loin qu'il dit lui-même qu'il lui fit encourir la disgrâce de son roi, alors très-vieux ; et il poussa en effet la bonté jusqu'à souffrir que ce jeune téméraire lui résistât d'un front audacieux, la tête haute, les lèvres tremblantes, les paroles enflammées, et repoussât avec dédain ses douces prières en présence de plusieurs. Il le reprend de ce qu'il ne veut jamais se reconnaître le moindre tort, et est toujours prêt à se défendre ; il lui reproche le luxe de ses habits, sa démarche, ses rires, ses juremens, ses paroles brusques, ses emportemens, enfin tous ses défauts. Une autre fois, au sujet de quelques excès que son neveu se permettait dans le gouvernement de son église, contre l'autorité des saintes Écritures, et à dessein de lui faire injure, il lui écrit pour l'engager à se corriger, et lui montre de quelle manière il devrait se comporter par les paroles de l'Apôtre à Timothée ; — *item,* au sujet d'un sacrilége excommunié par lui, et auquel son

neveu avait donné des biens de l'Église en vue d'un gain honteux; — *item*, pour le prier en faveur d'un de ses clercs, nommé Hadulfe, qu'il avait excommunié; —*item*, touchant une lettre du pape Adrien qu'il le charge de faire parvenir à quelques évêques;—*item*, sur la disposition qu'il veut faire de quelques biens ecclésiastiques de son diocèse, il l'engage à attendre jusqu'au synode provincial;—*item*, touchant l'excommunication de Carloman, pour laquelle son neveu refuse de lui obéir : il le somme de se corriger enfin de son obstination, et de se soumettre à son autorité, ainsi qu'il l'a promis et signé de sa main au synode, en présence d'une foule de témoins;—*item*, au sujet du diacre Berthaire, qu'il se permet de tenir injustement en prison, malgré son appel au jugement du synode métropolitain et provincial : après lui avoir prouvé qu'il ne devait pas en agir ainsi, il lui enjoint, de l'autorité des saints canons et de la sienne, de mettre sur-le-champ en liberté le susdit diacre, ou tous autres clercs par lui détenus, et qui réclament un jugement régulier; de leur permettre de venir librement, et de se présenter lui-même avec eux au jugement des évêques et au sien; — *item*, pour le convoquer au synode où devait se discuter un mandement du pape Adrien. Enfin, il lui a écrit en une foule d'autres circonstances : il existe surtout une dernière et longue lettre dans laquelle il lui rappelle et lui remet sous les yeux comment il l'a pris orphelin, avec quelle tendre affection il l'a élevé dans sa religion, instruit dans les lettres, et élevé de grade en grade à la dignité épiscopale. « Mainte-
« nant, ajoute-t-il ensuite, tu me rends le mal pour
« le bien ; tu m'as en haine sans motif, parce que je ne

« favorise pas tes mauvaises œuvres : jusques à quand
« enfin aurai-je donc à souffrir tes outrages? Depuis
« le jour de ton ordination, soit par tes paroles et
« tes écrits, soit par ta conduite désordonnée et tes
« révoltes de tous les jours, tu m'as si cruellement dé-
« chiré et accablé, que je m'ennuie de la vie. Et mal-
« heureusement, je suis tellement lié et comme en-
« chaîné à ton insolence par les devoirs de ma place,
« que non seulement après la première et la seconde
« réprimande, selon l'Apôtre, mais même après mille
« avertissemens répétés en particulier, soit de vive
« voix, soit par écrit, en présence de nos communs
« amis, du roi lui-même, des évêques, et d'une foule
« d'autres, il ne m'est pas possible de t'échapper;
« et quoique je souhaite du fond du cœur d'avoir
« les ailes de la colombe pour m'envoler et m'aller
« reposer loin de toi dans quelque solitude, je ne
« puis trouver un asile où ton orgueilleuse pré-
« sence, ou les dures paroles de tes envoyés, ou tes
« coupables écrits, tes inutiles complaintes ou plutôt
« tes tragédies, ou enfin ce que j'entends dire de ta
« conduite indigne d'un évêque, ne me viennent sans
« cesse assiéger. J'avais cru un moment que tu com-
« mençais à te repentir; et voilà maintenant que le
« treizième jour de novembre, quatrième indiction,
« tu viens de m'envoyer un long volume rempli de
« mensonges, de sophismes et d'invectives contre
« toute vérité et toute autorité. J'admire en vérité
« que tu sois devenu si effronté que, comme le Sei-
« gneur disait autrefois en se plaignant des Juifs, tu
« ne sais plus rougir, et que le cœur ne te soulève
« pas d'écrire de pareilles choses ; apparemment tu

« n'as rien d'utile à faire, ni aucun devoir à rem-
« plir : si je voulais reprendre par ordre toutes tes
« actions, la lumière du jour te manquerait avant que
« tu eusses fini de lire ; cependant il en est quelques-
« unes que je ne puis ni ne dois passer sous silence. Et
« d'abord, à peine as-tu été fait évêque, et as-tu pris
« ton essor loin de l'asile paternel où tu avais été éle-
« vé, que tu as délaissé et moi et tous ceux qui t'ont
« élevé, tu as cherché et contracté des amitiés et des
« liaisons nouvelles dans le siècle ; puis, changeant
« chaque jour, délaissant les uns pour t'attacher à d'au-
« tres, tantôt parmi tes égaux, tantôt parmi tes infé-
« rieurs, tu en es venu enfin à ce point qu'au mépris
« des canons du saint concile d'Antioche, au mépris des
« antiques coutumes établies par nos pères, qui te dé-
« fendaient de rien faire sans moi ou sans mon con-
« seil, excepté en ce qui regardait particulièrement
« ton diocèse et les biens qui en dépendent, tu t'es
« fait donner une charge dans le palais du roi, sans
« mon consentement et sans celui de nos coévêques;
« et quand, d'après les saints canons, je t'en ai interdit
« les fonctions en présence du roi et de tous ceux qui
« étaient présens, tu l'as quittée pour quelque temps ;
« mais bientôt, par la faveur de puissances étrangères,
« c'est-à-dire du siècle, au mépris du concile de Sar-
« dique, tu t'es fait de nouveau redonner cette charge
« avec une abbaye dans la troisième province, hors de
« la province de Rheims, et encore sans mon consen-
« tement. Tu es allé à cette abbaye toutes les fois
« qu'il t'a plu, et tu y es resté tant que tu as voulu,
« sans ma permission, au mépris des décrets du pape
« Hilaire, qui disent : « Il est un point que nous ne

« pouvons passer sous silence, et qui doit être observé
« avec la plus scrupuleuse exactitude, c'est qu'aucun
« évêque ne se permette d'aller dans une autre pro-
« vince sans avoir auparavant obtenu des lettres de
« son métropolitain, et la même règle doit être suivie
« dans chaque église par tous les clercs, quel que soit
« leur grade ou office. » Zosime, avant lui, et après
« lui saint Grégoire, ont porté le même décret.

« En outre, je t'ai convoqué deux fois par lettres
« canoniques pour assister à l'ordination d'un évêque
« au diocèse de Cambrai, l'une des églises de notre
« province, depuis long-temps dépourvue de pas-
« teur, et que le Siége apostolique avait ordonnée avec
« empressement sur ma demande : tu n'es pas venu,
« et tu ne m'as envoyé ni vicaire, ni lettres de con-
« sentement, comme le prescrivent les saints canons;
« lorsque le pape Symmaque, se fondant sur les con-
« ciles, a écrit à Eonius : « Si un évêque convoqué
« selon les règles canoniques par son métropolitain
« refuse d'obéir, qu'il sache qu'il doit être retranché
« de l'Église; » ce qu'à Dieu ne plaise qu'il t'arrive
« jamais ! Quand enfin j'ai pu avoir avec toi un
« entretien à ce sujet, tu ne m'as donné, ni à moi ni
« à nos coévêques, la moindre satisfaction ou seule-
« ment la plus légère excuse d'humilité.

« Bientôt, entraîné par ton instabilité et ton incon-
« stance ordinaire, tu as osé t'élever et te révolter
« sans motif contre ton roi, et tu as porté si loin l'au-
« dace, qu'il t'a retiré ta charge du palais et ton
« abbaye, et que, poussé à bout, il se disposait à te
« frapper de quelque punition plus sévère. Soit par
« lettres, soit de vive voix, j'ai tant fait que je t'ai ob-

« tenu grâce près de lui ; mais, comme tout le monde le
« sait, tu t'es de nouveau révolté contre lui ; tu as mé-
« prisé ses ordres, quand il te sommait à comparaître de-
« vant lui ; enfin tu l'as tellement provoqué à la colère,
« qu'il a été obligé, comme tous le savent en ces con-
« trées, de faire marcher ses fidèles contre toi comme
« infidèle. Qu'as-tu fait alors ? sans mon consentement,
« au mépris de nos saintes lois, tu as lancé l'excom-
« munication la plus inouïe jusqu'alors, contre les peu-
« ples de mon diocèse, contre ceux de plusieurs
« autres archevêques et évêques, enfin contre le roi
« lui-même. Et ainsi tu as causé un grand scandale
« non seulement à l'Église, mais encore au roi et au
« royaume, quand la loi te défendait de porter la
« faulx dans la moisson d'autrui, et ne te permettait
« que de prendre en passant quelques épis, de les
« écraser dans ta main et de les manger. » Tu ne peux,
« dit saint Grégoire, porter la faulx dans la moisson
« qui est confiée à un autre : tout ce que tu peux faire
« par bonne œuvre, *c'est de purger le grain du Sei-*
« *gneur de la paille de ses vices, et de le manger,*
« *c'est-à-dire de convertir et ramener par conseil*
« *et persuasion dans le sein de l'Église.* » Après tant
« d'audace et d'insolence, je suis pourtant encore
« parvenu, par mon intercession et avec l'appui de
« nos confrères, à te réconcilier avec le roi et avec les
« évêques dont tu avais excommunié les diocésains ;
« non seulement j'ai obtenu d'eux qu'ils n'éclateraient
« point et ne te frapperaient point d'une condamna-
« tion synodale, mais encore je suis venu à bout, non
« sans peine, et avec le secours du roi, à faire rester
« en paix ceux que tu avais excommuniés. Mais, ajou-

« tant outrage à outrage, et mettant le comble à
« l'offense, comme il serait trop long de le rapporter,
« et comme d'ailleurs tout le monde le sait, tu as de
« nouveau tellement irrité le roi, que pour te châtier
« il t'a fait détenir quelque temps sans mon consen-
« tement, et sans que j'y eusse en rien donné les
« mains. Alors, sans me consulter, sans le consente-
« ment de nos coévêques de la province de Rheims,
« tu as, ainsi que le démontre une requête qui m'a été
« adressée par le clergé de l'église de Laon, tu as
« lancé un interdit général contre tous les prêtres et
« ministres de ton église et de ton diocèse, défendant,
« sous peine d'excommunication, de célébrer le saint
« sacrifice de la messe en aucune église, de donner
« le baptême aux petits enfans, même en danger de
« mort, de recevoir personne au tribunal de la péni-
« tence, de donner la communion et le viatique aux
« mourans, enfin de donner la sépulture et rendre les
« derniers devoirs à aucun mort, jusqu'à ce que tu
« fusses de retour en ton diocèse, ou qu'ils eussent
« reçu quelque mandement du Saint-Siége apostoli-
« que. Je l'avoue à ce dernier trait je fus saisi d'hor-
« reur, et aussitôt, dans ma sollicitude métropolitaine,
« je t'adressai une lettre pour t'engager et t'exhorter à
« lever au plus tôt cette damnable excommunication,
« horrible lien d'impiété, si imprudemment lancée au
« péril de tant de chrétiens et à ton propre péril. Mais
« en même temps, craignant la perte de tant d'hommes,
« j'adressai sur-le-champ aux prêtres et ministres de l'é-
« glise de Laon des décisions certaines et irréfragables
« émanées de la vérité évangélique, de l'autorité aposto-
« lique, des sacrés canons et du Saint-Siége, lesquelles

« ne peuvent être enfreintes ou violées par personne,
« et par lesquelles je leur prescrivais de ne se croire
« liés par une si périlleuse et irrégulière excommuni-
« cation, et de pourvoir en toute sûreté aux besoins
« de l'Église. Comme tu refusas d'écouter mes conseils
« et d'obéir à mon admonition, je t'adressai de nou-
« veau des lettres ainsi qu'au clergé du diocèse de
« Laon, et, malgré ces nouveaux efforts, je ne pus
« parvenir à te faire obéir. Enfin, cherchant un moyen
« de te soustraire à l'obéissance de ton métropolitain,
« tu t'avisas d'extraire un recueil de maximes des écrits
« des anciens Pères, publiés avant les canons du con-
« cile de Nicée et des autres sacrés conciles; et ras-
« semblant pêle-mêle des sentences contradictoires
« entre elles, et contraires à l'Évangile, à l'autorité
« apostolique et canonique, et aux décrets du Saint-
« Siége, tu as signé et fait signer ce recueil par les
« prêtres de ton diocèse, à l'insu de ton métropolitain
« et des coévêques de la province de Rheims, voulant
« ainsi faire croire que tu étais libre de toute obéis-
« sance envers ta métropole, et annulais tous les pri-
« viléges du siége métropolitain : comme si je n'avais
« pas le droit de lever une excommunication impie
« dans ton diocèse, sans ton consentement et sans une
« assemblée synodale, quand pour certaines causes
« évidentes et manifestes, lesquelles certainement ne
« sont douteuses ni obscures pour aucun de nous,
« et sur lesquelles nous avons des règles précises, et
« qu'aucun prétexte ne peut infirmer, émanées des
« saints Pères et par eux promulguées, je n'ai besoin
« d'attendre ni assemblée synodale, ni réunion des
« évêques de ma province, ni consentement de qui

« que ce soit; et ne dois m'écarter en rien, par négli-
« gence ou présomption, des règles établies, selon les
« préceptes du pape Léon, ni même en inquiéter aucu-
« nement le Saint-Siége, comme nous l'enseignent en
« leurs décrets Innocent, Zosime, Cœlestin, Léon,
« Hilaire, Gélase, Grégoire et autres pontifes du Saint-
« Siége apostolique. »

Après avoir cité les autorités du pape Gélase, il ajoute : « Après la publication de ce monstrueux li-
« belle, si monstrueusement composé, et signé par toi
« et les tiens, je t'ai de nouveau admonesté et sommé
« par lettres, dont j'ai conservé copie, de corriger et
« réformer tout ce que tu avais fait en ton diocèse,
« contre la raison et l'autorité; mais tu n'as tenu
« compte de mon avertissement. Ensuite tu m'as fait
« remettre par le vénérable archevêque Wénilon,
« en présence de plusieurs évêques, un exemplaire
« de ton Recueil des maximes des papes antérieures
« au concile de Nicée, portant en titre des vers en
« l'honneur de notre seigneur et roi Charles. Je te
« répondis alors par une lettre dont j'ai aussi con-
« servé copie, pour t'engager encore à te soumettre
« et prêter foi et obéissance aux sacrés canons, et
« aux décrets fondés sur les canons publiés par l'au-
« torité du Saint-Siége. Ensuite, au village d'Attigny
« et au diocèse de Rheims, je te remis en présence
« des évêques un livre divisé en quarante-cinq cha-
« pitres, et contenant toutes les autorités ecclésiasti-
« ques contraires à ce que tu avais recueilli dans tes
« deux livres ; t'avertissant de t'abstenir de pareilles
« discussions, et de suivre la paix et la sainteté,
« selon l'Apôtre. Loin de faire satisfaction à mes aver-

« tissemens, tu m'as au contraire présenté un nou-
« vel écrit très-prolixe, contraire à la vérité et l'auto-
« rité, avec un compte rendu de ton synode, ainsi
« que ton précédent libelle, souscrit par toi et les
« tiens en votre synode, lequel je conserve encore.
« Quand enfin je vis que je ne pouvais rien obtenir
« de toi après tant et d'inutiles avertissemens, je me
« décidai enfin à présenter requête dans un synode
« des évêques de dix provinces, pour demander leur
« avis sur ce que je pouvais faire contre ta rébel-
« lion obstinée : et je fis relire en leur présence les
« divers écrits, messages et admonestations que je
« t'avais adressés ainsi qu'à ton diocèse, contre ton
« excommunication impie. Alors te voyant convaincu,
« par l'autorité des évêques, d'avoir injustement et ir-
« régulièrement lancé une excommunication damna-
« ble et inouïe; accusé par le roi notre seigneur d'avoir
« violé les sermens d'obéissance que tu lui avais prêtés
« sur les saints évangiles, et criminellement envahi
« ses propriétés au mépris de toutes les lois divi-
« nes et humaines; convaincu aussi par un Normand
« de l'avoir expulsé des terres à lui concédées en bé-
« néfice par le roi Charles, avec consentement et con-
« cession de ta part, chassant sans autorisation du roi,
« avec une troupe de soldats, et une foule de peu-
« ple, à coups d'épée et de bâton, d'abord sa femme
« qui était seule et sans défense, ensuite lui-même,
« prenant et enlevant tout ce qu'il possédait, contre
« toutes les lois et réglemens; enfin, accusé par tes
« hommes même de leur avoir, contre les lois divines
« et mondaines, ravi leurs bénéfices; en cette extré-
« mité, pour échapper à la censure du synode, tu ne

« vis d'autre ressource que de présenter au roi et à
« moi une protestation de légitime et régulière obéis-
« sance, que j'ai entre les mains, et que tu ne peux
« nier, car je t'en ai remis une copie de ma propre
« main en plein synode, ainsi que je te le prouverai
« plus loin. Mais dès le lendemain, en homme dou-
« ble de cœur et inconstant dans toutes tes voies,
« tu me fis remettre par le vénérable Harduic, évê-
« que de Besançon, pour la reconnaître et signer, une
« courte déclaration ainsi conçue : Moi Hincmar, ar-
« chevêque de Rheims, promets et garantis à toi Hinc-
« mar, évêque de Laon, que je te conserverai tes
« priviléges, comme je le dois à un coévêque, et con-
« formément aux sacrés canons, et en toutes affaires
« ecclésiastiques dans lesquelles tu pourras en avoir
« besoin; te prêterai l'aide et assistance de mon auto-
« rité archiépiscopale, comme il est dû encore en tout
« droit et justice, selon les règles canoniques. Une
« pareille démarche n'était certainement ni d'un es-
« prit soumis, ni d'une tête saine. Car il est injuste
« et déraisonnable qu'un archevêque qui n'est point
« sorti des bornes que lui imposent les sacrés canons,
« aille, comme tu le demandais, donner satisfaction
« par une déclaration écrite et signée, à un évêque
« suffragant, ordonné par lui, et sorti des bornes du
« devoir. Car de même qu'il est écrit que l'inférieur
« est béni par le supérieur, ainsi l'inférieur est jugé,
« lié ou délié par le supérieur, comme Gélase le dé-
« montre en ses décrets, et non pas au contraire le
« supérieur par l'inférieur. On peut donc justement
« et en toute raison te répondre avec saint Jacques :
« Tu as demandé et tu n'as pas reçu, parce que tu as

« mal demandé. Dans cette déclaration, en effet, que
« tu me voulais faire donner et signer, pour assurer
« ce que tu appelais ton privilége, selon les sacrés
« canons, tu demandais ce que tu voulais, mais tu
« n'as pas su ce que tu disais; car, comme dit saint
« Jérôme, priviléges particuliers ne font pas loi gé-
« nérale. Or, les sacrés canons n'ont donné d'une ma-
« nière générale aux évêques provinciaux, à leurs
« églises et siéges, aucun privilége, c'est-à-dire au-
« cune loi particulière, aucun droit privé, parce que
« ce que la généralité des évêques possède en com-
« mun ne peut être appelé un droit spécial et une loi
« de supériorité privée. Mais au contraire ils ont at-
« tribué des priviléges aux évêques métropolitains et
« aux siéges métropolitains. »

Hincmar cite à l'appui de son dire divers passages des sacrés canons et des décrets du pape Léon; après quoi il ajoute :

« C'est pourquoi, quand tu m'envoyais une pareille
« déclaration à signer, tu aurais dû savoir ce que
« presque personne n'ignore en ces contrées, que la
« ville municipale de Laon, depuis son origine et sa
« fondation, attribuée par l'histoire au préteur Ma-
« crobe, n'a jamais été comptée entre les siéges pro-
« vinciaux de la province de Rheims, soit sous le pa-
« ganisme, soit sous le christianisme; et que c'est
« saint Remi, quinzième archevêque de Rheims, qui le
« premier y a ordonné un évêque, et qui enrichissant
« cette municipalité des biens de l'église de Rheims,
« et la dotant du comté qui compose tout son do-
« maine, lui concéda ainsi une partie du diocèse de
« Rheims; mais elle n'en resta pas moins municipa-

« lité, comme toutes les autres villes municipes du
« diocèse, qui sont encore de rang et de nom sou-
« mises à la cité de Rheims. Ce n'était donc pas un
« privilége que tu devais demander, mais seulement
« le droit de municipe, puisque, comme le rappor-
« tent nos pères et les maîtres de l'Église, l'apôtre
« saint Paul ne se donne pas le titre de citoyen, mais
« d'habitant d'un municipe, disant : *Je suis juif,*
« *natif de Tarse en Cilicie, municipe assez connu.*
« Et en effet l'apôtre était né à Giscal en Galilée; mais
« cette ville ayant été prise par les Romains, il émi-
« gra à Tarse avec ses parens, qui l'envoyèrent en-
« suite à Jérusalem étudier les lois sous Gamaliel,
« homme très-docte, dont il suivit les leçons, ainsi
« qu'il le rapporte ailleurs. C'est pourquoi il ne prend
« pas le titre de citoyen, mais d'habitant du muni-
« cipe, de la municipalité, c'est-à-dire du territoire
« de la ville où il avait été élevé. Et le mot de muni-
« cipe, ou municipalité, vient du mot *munia*, c'est-
« à-dire tribut ou charge, parce qu'en effet les villes
« ainsi nommées ne font que payer tribut, ou sup-
« porter des charges, tandis que toutes les affaires
« et dignités qui émanent du prince appartiennent
« aux cités. Et il ne faut pas s'étonner si saint Paul
« se dit de Tarse, et non pas de Giscal, puisque
« Notre-Seigneur lui-même, né à Bethléem, ne fut pas
« appelé le Bethléemite, mais bien le Nazaréen, de
« Nazareth, où il avait été élevé. De même donc toi,
« né au diocèse de Rheims, et ordonné dans la muni-
« cipalité de Laon, tu ne devais pas te prétendre évêque
« civil ou de cité, mais seulement évêque municipal,
« c'est-à-dire tributaire (et plût à Dieu que ce fût des

« dons spirituels!); et si ce n'est que tu as été ordonné
« par plusieurs évêques, tu devais te croire pour ainsi
« dire évêque-vicaire, ou chorépiscope, comme disent
« les Grecs, et par conséquent tu ne devais pas de-
« mander de privilége, mais le droit de municipe; et
« tu ne te serais pas révolté contre le privilége de ta
« métropole, si tu avais été un Paul selon le cœur,
« c'est-à-dire modeste et humble. Mais il est à crain-
« dre que tu n'imites en cela ce fils de la perdition,
« qui s'élève au dessus de tout ce qui porte le nom
« de Dieu, ou est honoré comme Dieu. Car autant
« qu'il a été en toi, tu lui as livré ceux que tu as irré-
« gulièrement et injustement excommuniés; ne cher-
« chant pas, selon le conseil de l'Apôtre, à procurer le
« salut de leurs ames, mais faisant au contraire tous
« tes efforts, autant que ta fureur et ton indignation
« l'ont pu, pour qu'ils fussent perdus au jour du Sei-
« gneur. Et tu ne t'es révolté contre moi que parce
« que, régulièrement et contre ton coupable vœu, j'ai
« rompu ce lien d'impiété, comme je l'ai déjà dit, et
« comme il faut le répéter toujours. »

A ce sujet il cite toutes les autorités sur les excommunications illicites, et ensuite continue :

« Quant aux sermens que tu as prêtés au roi, je
« n'ai pas besoin d'en rien dire, car presque tout le
« monde sait ce que le Seigneur dit du parjure (si
« toutefois tu as pu t'en rendre coupable) dans la loi
« et les prophètes, dans l'Évangile et par la bouche
« des apôtres et des maîtres et docteurs de l'Église.
« Et comme, ainsi que nous le prescrivent les dé-
« crets du Siége apostolique, nous ne voulons pas
« exagérer ce qui a été fait, dans la crainte d'être

« obligé de juger ce qui est juste ; comme d'ailleurs
« les accusations qui t'ont été intentées dans le sy-
« node n'ont pas été judiciairement prouvées, et que
« la bonté du roi a tout arrêté, je me garde de porter
« sur ce point un jugement canonique, et je te ren-
« voie à ta conscience. Quant à l'envahissement des
« biens du roi, il est manifeste, puisqu'on n'a pu
« prouver que ces biens aient jamais fait légalement
« partie du domaine de l'église de Rheims, ou qu'ils
« aient été possédés par cette église à titre de donation
« ou concession ; aussi a-t-on légalement et juste-
« ment informé contre ton homme Tédouin, auquel
« tu avais donné les biens envahis en bénéfice. Il a été
« aussi clairement prouvé que l'accusation du Nor-
« mand contre toi était fondée, et il n'a pas été besoin
« de témoins, car tu as mis si peu de retenue en tout
« ce que tu as fait contre les lois et les canons,
« que tout le pays en a été instruit, et qu'il ne t'est
« possible de couvrir ou excuser tes actions d'aucun
« prétexte ou subterfuge. Car c'est un fait connu de
« beaucoup, et tu l'avoues dans tes écrits adressés au
« roi et à moi, que lorsque le roi restitua à l'église de
« Laon ces biens qui lui avaient été enlevés depuis
« long-temps, tu les lui donnas à lui-même en béné-
« fice, à la prière de Rodolphe et de Conrad, sans mon
« consentement ni celui de nos coévêques, afin qu'il
« les donnât ensuite en bénéfice à ce Normand. »

Après quelques autres preuves, il ajoute : « Ce
« que tu avais fait illégitimement, tu l'as rompu illé-
« gitimement, puisqu'on t'a vu, ainsi du moins tous
« le racontent, à la tête d'une troupe de soldats et
« d'une foule de peuple, armés d'épées et de bâtons,

« exciter un affreux tumulte contre le Normand, et
« l'expulser violemment, sans autorisation, sans un
« mot, sans un écrit du roi, des biens par toi concé-
« dés au roi, et qu'il tenait du roi lui-même ; et après
« l'avoir expulsé, tu les as envahis, tu en as pris pos-
« session, tu en as joui, quand il y a des lois et des
« règles qui disent : « C'est au roi qui porte le glaive à
« punir les malfaiteurs ; c'est aux évêques et aux ca-
« nons à juger les sacriléges. » Si le Normand avait en-
« vahi les biens de l'Église, il devait être puni par le
« glaive, c'est-à-dire par la justice royale ; s'il s'était
« rendu coupable de sacrilége, il devait être frappé
« par un jugement épiscopal et canonique. Il y a des
« juges, il y a des lois, par le jugement et autorité
« desquels il pouvait être légalement et régulière-
« ment puni, s'il avait commis quelque injustice con-
« tre toi ou contre l'Église. »

Hincmar cite encore quelques autorités, principalement les décrets et ordonnances de saint Grégoire ;
après quoi il poursuit :

« Enfin, quant aux plaintes et réclamations adres-
« sées au roi par tes propres hommes, qui t'accusaient
« de leur avoir injustement et sans raison enlevé les
« bénéfices qu'ils avaient possédés et desservis sous tes
« prédécesseurs, après avoir remis au roi et à moi,
« en plein synode, une protestation d'obéissance con-
« forme aux sacrés canons et aux décrets des pontifes
« du Saint-Siége de Rome fondés sur les canons,
« tu m'as demandé de te choisir des juges entre les
« évêques, et conformément au concile d'Afrique ; je
« t'en ai proposé trois que tu as acceptés, savoir,
« Actard, Ragenolin et Jean. D'après leur jugement,

« et le jugement de quelques autres craignant le Sei-
« gneur, il a été arrêté, en présence de notre sei-
« gneur roi, comme tu l'avais demandé, que quel-
« ques-uns des plaignans recouvreraient les bénéfices
« qu'ils avaient injustement perdus. La cause des au-
« tres ne fut pas définitivement jugée pour je ne sais
« quels incidens survenus, et fut remise à une autre
« délibération, mais à jour fixe : et toi alors, avant la
« décision, au mépris des saints canons, sans aucune
« nécessité ou raison, tu as pris la fuite, et as dédai-
« gné d'attendre le jugement canonique que tu avais
« réclamé. »

Ensuite, après quelques citations des canons :

« Après t'être, ainsi que je viens de le dire, im-
« prudemment et honteusement dérobé au jugement
« des évêques de ton choix, tu me fis remettre, le
« treizième jour de juillet, troisième indiction, par
« ton diacre Ermenold, un placet rédigé contre toute
« raison, et signé de ta main, contraire en tout point
« à ta précédente confession, et ainsi conçu :

« Au très-révérend Hincmar, archevêque de Rheims,
« Hincmar, par la grâce et miséricorde de Dieu,
« évêque de l'église de Laon, salut et légitime dé-
« votion en Jésus-Christ. Vous savez que j'ai été
« cité deux fois à Rome par le pape universel de la
« sainte Église romaine, notre père et maître, Adrien;
« et vous-même, dans les cahiers que vous m'avez
« remis au palais d'Attigny, en présence des arche-
« vêques et évêques y réunis, vous m'avez blâmé de
« ce que je tardais de me rendre devant le Saint-
« Siége, en ayant deux fois reçu l'invitation (si tou-
« tefois, par la faute du copiste, au mot *détrectem*,

« qui signifie *hésiter*, *différer*, n'a pas été sub-
« stitué le mot *detractem*, qui ne saurait être admis,
« car loin de refuser j'ai toujours eu à cœur d'obéir) :
« c'est pourquoi, pour l'amour de Dieu tout-puissant,
« et pour le respect que nous devons à saint Pierre,
« comme déjà je vous l'ai demandé sans pouvoir l'ob-
» tenir au synode convoqué par vous au même pa-
« lais d'Attigny, comme je vous l'ai demandé en vain
« depuis une année entière, et particulièrement au sy-
« node tenu cette année même au palais de Verme-
« rie, je vous prie et vous supplie de nouveau qu'il
« vous plaise employer votre autorité archiépiscopale
« auprès de la clémence de notre seigneur et très-
« glorieux roi Charles, afin qu'il me soit permis d'o-
« béir aux ordres et instructions ecclésiastiques de
« notre seigneur et pape universel Adrien, ainsi qu'il
« convient que nous lui obéissions tous, comme à
« celui qui a jugement et autorité sur toute l'Église,
« afin que je puisse enfin toucher le seuil des saints
« apôtres Pierre et Paul, comme j'en ai fait vœu, et
« comme le très-saint Père m'y a invité et appelé.
« Autrement sachez que désormais il ne me sera plus
« possible de vous rendre canoniquement l'obéissance
« qu'un évêque doit à un archevêque, parce que,
« comme l'enseigne le bienheureux pape Gélase, ceux-
« là ne savent ce qu'ils disent, qui opposent les ca-
« nons aux décrets des évêques du Saint-Siège de
« Rome; et aller contre leurs décrets, c'est s'élever
« contre les canons mêmes. Le même saint et vé-
« nérable pape Gélase nous a fait un devoir de rece-
« voir avec respect toutes les lettres décrétales; et ce
« n'est pas les recevoir avec respect que d'incliner la

« tête devant le volume, lorsqu'on n'y obéit pas, ou
« plutôt lorsqu'on les rejette en portant sur elles une
« main téméraire, ce qui ne peut se faire sans grand
« péril; et qui agit ainsi ne voit pas qu'il porte sa
« propre condamnation. Car, bon gré malgré, ou nous
« obéirons, ou nous serons jugés par ceux entre les-
« quels nous ne pouvons pas, qui que nous soyons,
« en réprouver un seul. Quant aux archevêques Remi
« et Harduic, ce que vous me demandez par le dia-
« cre Teutland ne porte aucun préjudice au privilége
« de l'Église de Rome; mais ce que le Saint-Siége a
« voulu et entendu leur commettre à mon sujet, c'est
« à eux seuls qu'il l'a commis. Quant à vous, occupez-
« vous de ce qui vous regarde, et portez-vous bien
« en notre Seigneur Jésus-Christ. Souscrit, et, de
« mon propre mouvement, signé par moi Hincmar,
« évêque de l'église de Laon. »

« Je différai de répondre à ton placet, parce que je
« pensais que tu te reconnaîtrais et reviendrais de
« ton obstination; loin de là, tu n'as fait que conti-
« nuer et aggraver tes fautes. Mais je passe, pour
« abréger. Ensuite tu écrivis au roi par ton clerc
« Berthaire, pour t'excuser de ne pouvoir venir au-
« près de lui, comme il te l'avait mandé, parce que
« tu avais la fièvre, et ne pouvais t'exposer au soleil.
« Mais en même temps tu lui demandais la permis-
« sion d'aller à Rome, selon le vœu que tu avais fait
« lorsque tu avais eu la fièvre une première fois, afin
« qu'accomplissant ton vœu, et touchant le seuil des
« saints apôtres, tu pusses obtenir guérison. Le roi
« notre seigneur, en présence des évêques qui se trou-
« vaient sur les lieux, te fit répondre par ton clerc,

« qu'il était étonnant et peu croyable que tu ne pus-
« ses venir auprès de lui, et que tu eusses bien la
« force d'aller à Rome ; il te dit de venir le trouver, et
« que, s'il jugeait qu'il y eût des motifs raisonnables
« à ton voyage, il ne te refuserait pas la permission.
« Mais tu ne voulus pas venir, et ce ne fut que vers
« le premier septembre, troisième indiction, lorsque
« le roi revenait à Senlis de son entrevue avec son
« frère Louis, que tu te décidas enfin à venir à sa
« rencontre ; mais tu ne dis pas un mot ni à lui ni à
« moi, ni par messagers, ni par lettres, de la per-
« mission d'aller à Rome. Et quand les messagers
« apostoliques vinrent à Rheims, pendant sept jours
« tu as à toutes les heures parlé avec le roi ou avec
« moi, et tu ne nous en as rien dit encore. Quant
« à ce que tu dis qu'au synode de Vermerie, et en-
« suite à celui d'Attigny, tu m'as demandé la per-
« mission d'aller à Rome, et que tu n'as pu l'obtenir,
« tous les évêques qui ont assisté à ces synodes sa-
« vent que, toutes les fois qu'on t'adressait quelques
« reproches sur tes infractions à la discipline, et que
« tu craignais ou un jugement canonique, ou quel-
« que punition de la part du roi, alors tu demandais
« la permission d'aller à Rome. Mais dès que tu voyais
« le roi et les évêques apaisés et assez bien disposés
« pour toi, tu ne disais plus mot de la permission,
« comme tu fais maintenant, jusqu'à ce que, selon
« ton habitude, et comme je m'y attends toujours
« avec crainte, tu n'imagines quelque nouveauté qui
« t'attire des réprimandes ; alors tu ne manqueras
« pas de nous répéter ta chanson accoutumée sur
« la permission d'aller à Rome. Quand enfin tu es

« venu auprès du roi, ta requête, ainsi qu'un grand
« nombre et pour ainsi dire tout le monde le sait
« en ces contrées, n'a fait qu'ajouter faute sur faute
« et offense sur offense. Car, après avoir demandé
« toi-même, selon les saints canons, des juges de
« ton choix, pour juger des plaintes de tes hom-
« mes et diocésains, je ne sais par quelles intrigues
« et adroites menées tu es parvenu à arracher une
« ordonnance royale par laquelle, non seulement
« ceux dont la cause avait été renvoyée à une nou-
« velle délibération, mais encore ceux qui avaient
« obtenu jugement et gain de cause des évêques
« choisis pour arbitres, et en présence du roi, ainsi
« que je viens de le rapporter, ont été, à l'insu de
« ton métropolitain, et sans aucun jugement épi-
« scopal et canonique, envoyés devant des juges sé-
« culiers, savoir : Helmigaire, percepteur des douanes
« et marchés du palais; Flothaire et Ursion, maires
« et intendans des domaines et propriétés royales.
« Violant ainsi les canons, qui ne permettent l'appel
« d'un arrêt de juges ecclésiastiques qu'à des juges
« ecclésiastiques d'autorité supérieure, et non de
« supérieurs à inférieurs, ni d'ecclésiastiques à des
« séculiers, ni enfin d'un jugement rendu par des
« juges choisis du commun consentement des parties.
« Ces juges séculiers ont revisé et réformé certains
« points résolus et arrêtés, et statué sur d'autres qui
« étaient encore à juger, séduits par je ne sais quel
« système de nouvelle invention sur les sermens non
« obligatoires et inconvenans, proposé et soutenu
« par toi, disent les intéressés au procès, et comme
« en conviennent tes juges séculiers, devenus eux-

« mêmes tes accusateurs; en sorte que ceux en fa-
« veur desquels il avait été légalement et régulière-
« ment jugé qu'ils rentreraient dans les bénéfices
« dont tu les avais injustement dépouillés, en se-
« raient, grâces à ta nouvelle invention, de nouveau
« dépossédés ; et que ceux qui avaient été autorisés à
« garder leurs bénéfices jusqu'à décision légale, parce
« qu'après avoir toi-même demandé le jugement par
« arbitres, tu t'es dérobé à ce jugement, en seraient
« aussi dépossédés, et qu'ainsi tu parviendrais à con-
« sommer la spoliation que tu avais commencée,
« foulant aux pieds toutes nos règles et saints sta-
« tuts; car, de même qu'il n'est pas permis dans
« une accusation criminelle ou civile de renoncer au
« jugement ecclésiastique, et de plaider devant le
« juge civil, tu ne peux non plus, méprisant et re-
« gardant comme non avenu un jugement ecclésiasti-
« que rendu, en appeler à des juges séculiers, ni
« même citer ou poursuivre une personne laïque de-
« vant ses juges naturels, dès qu'elle consent à subir
« un jugement ecclésiastique, comme prescrit la loi
« de Valentinien, adoptée par l'Église. »

Puis, après avoir cité les autorités, il continue :

« Prends garde aussi, et fais réflexion quels ont pu
« être les motifs du roi pour céder à ta demande, et
« dans quel dessein, après t'avoir vu demander et
« recevoir des arbitres, conformément aux sacrés
« canons, il a pu, sans le consentement de ton mé-
« tropolitain et sans aucun jugement ecclésiastique,
« t'accorder des juges séculiers pour reviser ce qui
« avait été jugé, et statuer sur ce qui restait encore
« à examiner. Pour moi, je sais, à n'en pas douter,

« qu'il connaissait le jugement canonique, et je m'é-
« tonne et m'afflige que tu n'aies pas voulu le voir,
« ou que tu ne l'aies pas pu, frappé du jugement de
« Dieu, et aveuglé par ton arrogance. Frotte donc
« tes yeux de collyre, selon le conseil de Jean, dans
« l'Apocalypse, afin de voir, et d'arracher des yeux
« de ton esprit, c'est-à-dire de ton intelligence, la
« taie d'arrogance qui les couvre; réfléchis, et trem-
« ble que le roi ton seigneur, que tu as si souvent
« exaspéré et irrité, connaissant les jugemens et la
« parole de Dieu, n'ait consenti à tes desirs que dans
« l'intention d'attirer sur toi les sentences terribles
« portées contre ceux qui ont la tête dure et sont
« indomptables de cœur : *Que celui qui fait l'in-*
« *justice la fasse encore; que celui qui est souillé*
« *se souille encore. Je les ai abandonnés aux de-*
« *sirs de leur cœur, et ils marcheront dans des*
« *voies qu'ils ont inventées eux-mêmes. Ces choses*
« *ne sont-elles pas renfermées dans les secrets de*
« *ma connaissance, et ne les tiens-je pas scellées*
« *dans mes trésors ? C'est moi-même qui me ven-*
« *gerai, et je leur rendrai en son temps ce qui leur*
« *est dû. Le jour de leur perte s'approche, et les*
« *momens s'en avancent.*

« Puisque, sous le poids de si grandes et nom-
« breuses transgressions, tu ne cesses de me pro-
« voquer pour que je réponde à ce placet dont j'ai
« parlé, et auquel j'ai toujours différé de répondre
« jusqu'ici, ainsi qu'à toutes tes déclarations et pro-
« testations, quoique sans cesse harcelé, je vais le
« faire enfin, afin que ceux qui liront l'histoire
« de tes professions et protestations, si toutefois il

« est quelqu'un qui les ignore, en connaissent et
« en apprécient l'exactitude, la prudence et l'uti-
« lité. Et d'abord, quant à ce placet signé de ta
« main, où, pour te justifier, tu rappelles que tu as
« été repris et admonesté par moi, et où tu montres
« que je suis répréhensible; voici ma réponse : Je
« me ris de ta critique et de ta censure, lorsque,
« faisant semblant de m'excuser, et t'en prenant au
« copiste, tu cherches avec ta ruse ordinaire à me
« couvrir de ridicule, en faisant croire que je n'en-
« tends pas le sens du mot *detrectem*, dont je me
« suis servi dans un de mes écrits, ou que je ne sais
« pas corriger les fautes de mes copistes, ou enfin
« que je néglige de les revoir. Sans doute, nouveau
« fils de Noé, tu as voulu faire briller ta science aux
« dépens de ton père, non seulement dans l'expli-
« cation de ce mot, mais dans un autre encore que
« j'ai trouvé répété avec ostentation dans tes dia-
« tribes : mais en voulant montrer mon ignorance,
« tu as pris soin de faire éclater ta folie aux yeux
« des scolastiques. Je n'aurais donc rien à dire pour
« moi, car que me fait d'être jugé par toi, ou d'ê-
« tre repris sans affection ni égard par ta science?
« Mais pour que tu n'ailles pas, auprès de ceux qui
« comme toi sont à l'affût d'un peu de bruit, te
« glorifier de m'avoir fermé la bouche et réduit au
« silence, homme incomparable et qui seul de nos
« jours as pénétré dans les trésors de la sagesse et de
« la science! quand j'aurai le temps, car aujourd'hui
« je veux abréger, je te montrerai ce que les auteurs
« des règles de l'art grammatical, ce que les maîtres

« de l'orthographe et les interprètes de l'Écriture
« sainte pensent et disent à ce sujet. »

Puis, après quelques mots encore sur le même objet, il poursuit :

« Il est encore beaucoup d'autres autorités tirées des
« saints canons et des décrets du Siége apostolique,
« qu'il me serait trop long de rapporter ici, et que
« tu peux relire dans un opuscule de cinquante-cinq
« chapitres que je t'ai adressé pour ton avertissement,
« ta correction et ton instruction, ainsi que les lettres
« que je t'ai écrites pour réprimer ta témérité contre
« la vérité évangélique, l'autorité apostolique et ca-
« nonique, et les décrets du Saint-Siége, source de
« perdition pour toi et pour plusieurs, comme l'ont
« approuvé en synode une foule d'évêques; enfin
« toutes les lettres et autres écrits que je t'ai adres-
« sés, ou pour réprimer tes révoltes, ou pour avertir
« et instruire ta Dilection, et t'exhorter à agir selon
« la parole du Seigneur. Que demande de toi le Sei-
« gneur ton Dieu, si ce n'est que tu craignes le Sei-
« gneur ton Dieu, que tu fasses sa volonté, et que
« tu obéisses à ses commandemens? Crois-moi, mon
« frère, relis tous ces écrits avec sollicitude et inten-
« tion de cœur, et réfléchis à ce que tu m'as dit dans
« tes dernières lettres, que désormais il n'était plus
« possible de m'obéir, comme le doit canoniquement
« tout évêque à son archevêque; remets en même
« temps sous tes yeux ce que tu as déclaré et signé
« de ta propre main, en présence des évêques de dix
« provinces ; savoir, que tu promettais et faisais pro-
« fession d'obéir, autant que tu le saurais et pourrais,
« au privilége du métropolitain de la province de

« Rheims, conformément aux sacrés canons et aux
« décrets du Siége apostolique, promulgués d'après
« les sacrés canons. Dis-moi donc, mon frère, dis-
« moi quand, où et en quoi je t'ai requis ou t'ai
« voulu forcer de m'obéir en quelque chose contre
« ces saintes règles? moi qui n'ai jamais recherché
« tes biens, mais ton bien, selon le précepte de
« l'Apôtre, et qui, grâces à Dieu, suis prêt à te par-
« donner toutes mes injures, c'est-à-dire celles fai-
« tes à ma personne, comme je fais chaque jour, en
« priant Dieu pour toi avec dévotion. Mais quant aux
« outrages à l'ordination divine que commet ton in-
« discipline et ton insolence, en ne voulant pas te
« soumettre aux priviléges métropolitains, et qui re-
« tombent sur celui qui a institué les canons par son
« Saint-Esprit, que nous en croyons l'auteur et le pro-
« mulgateur, je ne puis ni dois les supporter, et je
« les poursuivrai tant que je pourrai; car de même
« que le soin et la primauté de toute l'Église catho-
« lique a été confiée au pontife du Saint-Siége de
« Rome, ainsi à chaque métropolitain et primat de
« province a été remis le soin de sa province, par
« les sacrés canons émanés de l'Esprit de Dieu, et con-
« sacrés par le respect du monde, etc., etc. » Suivent
encore diverses réflexions sur les professions et décla-
rations du même Hincmar de Laon, sur les réprimandes à lui adressées, et ainsi jusqu'à la fin de l'ouvrage.

Il lui adressa aussi un autre ouvrage qui commence ainsi :

Hincmar, évêque de Rheims, à Hincmar, évêque de Laon.

« L'homme accablé de douleurs par ses ennemis,

dit : « Ceux qui me rongent ne dorment pas. » C'est comme s'il disait, ne me laissent aucun repos. Ainsi toi, mon frère, tu ne cesses de me percer des traits de ta langue, et de m'infecter du poison de tes écrits, en me provoquant à la colère. Mais celui qui a su préserver son serviteur des murmures peut aussi, tout fragile et pécheur que je suis, mais plein de confiance en lui, me préserver de la rancune et du ressentiment contre tes fausses accusations. A tant d'autres douleurs que tu m'as causées, tu viens ajouter une nouvelle blessure, en disant dans tes écrits pervers que je désobéis au pouvoir du Siége apostolique; aucun homme sensé ne t'a jamais cru et ne te croira jamais; car les écrits que j'ai adressés au Saint-Siége, et ceux que je t'ai adressés à toi-même dans tes révoltes, te convaincront de fausseté devant le siècle présent et devant l'avenir. Jamais en aucun lieu, en aucun temps, tu ne pourras prouver que tu dis la vérité, lorsque tu t'écries contre moi : « Ceux qui de-
« vraient combattre jusqu'à la mort pour les priviléges
« du Siége apostolique, lesquels viennent de Jésus-
« Christ, sont ceux-là mêmes qui prêchent et ensei-
« gnent que ce qu'il a décrété doit être rejeté. » C'est bien plutôt toi qui es convaincu de révolte contre le Saint-Siége, toi qui, après avoir reçu un premier, un second, un troisième avertissement, conformément aux canons des sacrés conciles, approuvés par le premier et souverain Siége et toute l'Église catholique, comme réellement émanés de l'Esprit de Dieu et consacrés par la vénération du monde, et aux décrets du Saint-Siége promulgués d'après ces sacrés canons, as refusé d'obéir aux priviléges de ton métropolitain, et de bri-

ser le lien d'impiété dont, au mépris de la vérité évangélique, de l'autorité des apôtres et des prophètes, au mépris des sacrés canons et des décrets du Saint-Siége, tu as chargé ton église à ton grand péril et à celui de plusieurs; toi, qui, forcé de comparaître au synode devant les évêques de dix provinces, nous as présenté une protestation d'obéissance pour l'avenir, signée de ta propre main, et que je conserve, et n'as pas craint ensuite de la rétracter. Pour moi, au contraire, je reçois avec respect, et je dis et j'écris que tous doivent de même les recevoir avec respect, les lettres décrétales du Siége apostolique données à diverses époques par les souverains pontifes pour consoler ou conseiller différens pères de notre église; j'observe et maintiens les canons des sacrés conciles et les décrets du Saint-Siége, promulgués d'après les sacrés canons, comme aussi je prêche qu'ils soient observés et maintenus; et quand tu dis que tu entends contredire les jugemens du pape Nicolas, si c'est de moi que tu veux parler, tu dis un mensonge, car je ne me suis opposé à rien de ce qu'il a décidé au sujet de Rothade et de Vulfade; au contraire, je me suis empressé d'obéir. Quant à ce que tu dis de Rothade, que tu n'as pas consenti à sa déposition, ton propre seing te convaincra de mensonge, car je n'ai rien fait que tu n'aies fait avec moi, rien jugé que tu n'aies jugé, rien signé que tu n'aies signé, et j'ai entre mes mains toutes tes déclarations et approbations. »

Vers la fin de ce même ouvrage, on trouve ce qui suit :

« Quant aux autres reproches mensongers que tu me fais dans l'écrit que tu m'as remis à Attigny, je dédaigne d'y répondre; mais sache pourtant que je n'ai pas oublié ce qui est écrit dans le prophète Isaïe, que le saint roi Ézéchias, pressé d'angoisses, déploya dans le Temple les lettres blasphématoires qu'il avait reçues, cria vers le Seigneur, et fut exaucé. J'étendrai mes mains vers le Seigneur avec les lettres blasphématoires et les écrits orgueilleux que j'ai reçus de toi, et je le supplierai que, quand il jugera et quand il voudra, comme il jugera et comme il voudra, il te convertisse à l'amour de la véritable paix, de la charité et de l'obéissance, et me délivre des lèvres méchantes et des langues menteuses; et par les mérites et l'intercession de notre bienheureuse et glorieuse reine Marie, mère de Dieu, par les prières de saint Remi, dont tu braves et méprises le privilége, celui en qui je mets mon aide m'exaucera dans ma tribulation. Et comme saint Grégoire a dit à ceux dont tu as si gratuitement rempli le rôle contre moi : *Écoutez, mes chiens,* toi qui de mon fils es devenu mon frère, ensuite mon coévêque, et enfin as poussé l'orgueil de ton élévation jusqu'à te faire mon chien, reçois cette longue réponse, devenue nécessaire à ton pervers placet de révolte et d'obstination. Quand j'aurai le loisir, je répondrai plus succinctement à tes autres libelles pernicieux et insensés, où m'accusant tantôt faussement et mensongèrement, tantôt contre toute justice et raison, tu feins l'humilité, et ne respires que l'orgueil; et puisque je lis que le Seigneur a dit : *Je ne m'irriterai plus désormais,* je n'aurai plus, j'espère, à prolonger l'altercation qui nous occupe, et j'y mets fin dans cet écrit. Tu me dis que les hommes disent de moi : « Quel est donc cet oncle qui écrit

« de telles choses à son neveu ? » Les hommes aussi
disent de toi : « Quel est donc ce neveu qui, tiré de
« son obscurité par son oncle, et élevé par lui au de-
« gré d'honneur où il est aujourd'hui, exige de telles
« choses de son oncle, et le force, pour ne pas être
« estimé par les autres tel que son neveu le dépeint,
« pour empêcher que le nom du Seigneur ne soit
« blasphémé par lui, et que son ministère ne soit
« blâmé, à suivre malgré lui l'exemple de l'Apôtre
« écrivant contre les Corinthiens qui blasphémaient
« contre lui, et s'efforçaient de l'avilir aux yeux des
« peuples ? le saint docteur, en se faisant recon-
« naître tel qu'il était, frappa de mépris la vie et
« la langue de ses calomniateurs ; il les eût accrédités
« s'il se fût tenu en silence ; et s'il ne se fût pas mon-
« tré, il aurait donné lieu à l'erreur. » Les hommes
aussi disent de toi : « Quel est donc ce neveu qui
« pratique de telles menées contre son oncle qui l'a
« élevé et l'a fait évêque, qui lui fait autant de
« mal qu'il peut, voudrait en faire plus qu'il ne
« peut ? » ainsi que tu le verras manifestement au jour
du grand jugement, si auparavant tu ne te reconnais,
et n'effaces tes fautes par de dignes fruits de pénitence. Tu m'as bien fatigué, je le méritais, je ne te
le reproche pas, mais je me console de mes fatigues
avec ce que dit saint Grégoire : « L'Éthiopien entre
« noir au bain, et il en sort noir ; cependant le bai-
« gneur ne perd pas le loyer de son bain. » Et je crains
bien qu'il n'arrive à mon Alexandre ce que saint Paul
disait du sien : « Alexandre l'ouvrier en cuivre m'a fait
« beaucoup de maux, le Seigneur lui rendra selon ses
« œuvres. »

CHAPITRE XXIII.

Hincmar adressa aussi plusieurs lettres à Alfred, évêque de Germanie, au sujet des biens de saint Remi situés en Thuringe, et dont il lui avait confié l'administration; une entre autres, pour le prier de lui en faire passer les revenus à la première occasion favorable; il insiste sur l'injonction faite par saint Remi, pour qu'aucun des colons ne soit opprimé ni surchargé en son service : une autre fois, pour l'avertir qu'il vient de donner ces biens en bénéfice à un de ses hommes, et le prier de lui accorder tous les secours dont il pourrait avoir besoin; — *item,* à Advence, évêque de Metz, sur une question de foi sur laquelle cet évêque lui avait demandé son avis; — *item,* sur le voyage qu'Advence devait faire à Rome; sur son arrivée au synode convoqué par le roi, pour y traiter la question dont nous venons de parler; — *item,* au sujet du fils d'une de ses nièces qu'il lui avait confié; — *item,* en réponse à ce qu'Advence lui avait demandé au sujet d'Hincmar évêque de Laon; il y rappelle en peu de mots les bienfaits dont il a comblé son neveu, et l'ingratitude dont il est payé; — *item,* en réponse à la lettre qu'il lui avait adressée pour lui demander conseil sur la conduite qu'il devait tenir, Charles venant envahir le royaume du roi Louis son seigneur: Hincmar lui expose ce qu'il avait fait lui-même, quand Louis avait envahi le royaume de

Charles, et lui conseille de l'imiter ; — *item,* pour accélérer l'ordination de Bérard, évêque élu et nommé de l'église de Verdun ; — *item,* au sujet de l'excommunication de Carloman, qu'il lui transmet, avec des instructions sur la manière dont il doit se conduire ; — *item,* au sujet des messagers qu'Advence avait envoyés à Rome pour y soutenir les intérêts de Bertulfe, archevêque de Trèves ; il témoigne son étonnement qu'il ne lui ait pas fait part de la réponse qu'ils lui ont rapportée ; — *item,* au sujet des lettres du roi Louis, qu'Advence lui avait fait parvenir, et pour d'autres que lui-même Hincmar lui adresse, pour qu'il les fasse passer ou les remette lui-même au roi Louis ; — *item,* en réponse aux lettres par lesquelles Advence lui annonçait le retour de ses envoyés de Rome et l'octroi du *pallium* accordé à Bertulfe par le Saint-Siége, et en même temps l'exhortait à maintenir la concorde entre leurs deux rois ; Hincmar lui fait connaître tout ce qu'il a fait dans cette vue, et ce qu'il se propose de faire encore : il lui répond aussi, au sujet d'un mulet qu'il lui demande, qu'il n'a point de bête de cette sorte, qu'il n'en monte jamais ; il lui parle aussi de diverses autres choses ; — *item,* en réponse à ce qu'Advence lui avait mandé, qu'il venait d'excommunier quelques malfaiteurs de l'église de Metz, vassaux des comtes Walther et Lambert : il lui recommande d'user avec discrétion de l'excommunication, et de ne s'écarter jamais de la réserve apostolique et de la patience épiscopale ; — *item,* sur l'ordre à suivre dans la consécration d'un métropolitain et d'un évêque diocésain.

A Ercamrad, évêque de Châlons, pour lui faire

des reproches sur quelques rapports peu favorables qu'il a reçus sur son compte : il l'avertit et l'instruit de quelle manière il doit se conduire, et l'engage à suivre avec fidélité les préceptes apostoliques; — *item,* en faveur des habitans d'un village qu'il avait injustement privés de toutes les consolations du ministère sacré, à cause d'un homicide dont ils n'étaient pas les auteurs : il lui prouve qu'en agissant ainsi, il n'a gardé ni les lois de la charité, ni la modération d'une sage prudence ; — *item,* pour obtenir l'absolution d'un excommunié en faveur duquel Gunther, évêque de Cologne, lui avait déjà écrit une lettre de supplication qu'il n'avait pas voulu recevoir : il lui remontre quelle doit être la conduite d'un évêque envers les pécheurs rebelles, mais quelle aussi envers les pécheurs repentans.

A Hilmerade, évêque d'Amiens, au sujet d'un moine qui avait tué un prêtre et un moine au monastère de Saint-Riquier, et pour lequel le pape Nicolas avait adressé à Hincmar des lettres prescrivant la pénitence à laquelle il devait être soumis; — *item,* au sujet des lettres que le pape Adrien lui avait écrites sur un certain prêtre; il l'engage à obéir aux ordres apostoliques; — *item,* en faveur d'un prêtre qui réclamait sa protection, parce qu'Hilmerade lui avait enlevé son église et ses revenus, pour avoir, en arrachant les armes des mains à un homme ivre qui voulait le percer, terrassé cet homme, et ensuite pris la fuite; il lui reproche d'avoir agi contre l'autorité des saints canons, et lui prescrit ce qu'il a à faire pour ne s'écarter en rien des règles canoniques; — *item,* pour lui reprocher de se reposer dans les langueurs d'une funeste négligence, et d'écouter de mauvais conseils, quand par son âge et ses infirmités il semble toucher au terme de sa vie : il lui montre, d'après les préceptes des saintes Écritures, de quelles infractions il s'est rendu coupable ; — *item*, au sujet d'un certain prêtre ; il lui ordonne, au nom de l'autorité métropolitaine, de ne faire aucun préjudice à ce prêtre, et de se présenter devant lui, à jour fixe et précis, au synode qu'il vient de convoquer ; — *item*, sur le même sujet, pour lui intimer que s'il ne comparaît pas au synode, selon l'ordonnance du pape, lui Hincmar sera obligé de faire exécuter les mesures que le synode aura cru devoir prendre contre lui.

A Isaac de Langres, au sujet d'un homme d'armes du roi que cet évêque avait excommunié ; il lui conseille de le traiter avec plus de douceur, à cause de la nécessité des circonstances et des incursions des païens ; il lui expose de quelle manière il se conduit dans de pareilles excommunications, et comment il ne laisse durer l'anathème que tant que le coupable persévère dans son péché ; — *item*, au sujet de ses neveux qui avaient été élevés à Rheims, auprès de lui Hincmar, et sur divers autres objets.

A l'évêque Hungaire, au sujet de l'excommunication de Baudouin, qui avait enlevé la veuve Judith, fille du roi, en avait fait sa femme, et avait été pour cette cause excommunié par les évêques du royaume ; il l'engage à faire défense au Normand Roric, nouvellement converti à la foi chrétienne, de donner asile à Baudouin et de lui prêter secours ; et en même temps à exiger de ce chef une pénitence convenable, en expiation des ravages qu'une troupe de cent Normands, avait, disait-on, exercés en France par son conseil, depuis sa conversion à la foi de Jésus-Christ.

A Fulcric, évêque de Troyes, élève de l'église de Rheims, pour le remercier de l'envoi qu'il lui avait fait de quelques lettres de saint Augustin, et en même temps au sujet du livre de Didyme, que Fulcric lui demandait; — *item*, touchant les églises du monastère d'Orbay; il l'engage à ne jamais se permettre la moindre action perverse contre sa mère l'église de Rheims, et son patron saint Remi.

A Eudes de Beauvais, qu'il appelle souvent son fils chéri, beaucoup de lettres pleines de confiance et d'affection. Une entre autres au sujet d'une lettre que le pape Adrien lui avait adressée sur l'appel formé à Rome par un prêtre du diocèse d'Amiens; il prie Eudes de se charger de faire son possible auprès de l'évêque Hilmerade pour l'engager à obéir aux ordres du pape, et à traiter avec prudence et circonspection les écrits que ce prêtre avait rapportés de Rome; — *item*, au sujet des discordes existant entre certains hommes du roi, afin qu'il les somme de rester en paix, et leur déclare que, s'ils n'obéissent à ses conseils, ils seront excommuniés par lui Hincmar; — *item*, au sujet d'un synode que le roi avait convoqué en temps inopportun : il lui demande son avis sur ce qu'il doit faire; il le prie aussi de lui transmettre la réponse que le roi a faite relativement à ses hommes et vassaux qu'il avait menacés de son excommunication : il traite encore en cette lettre de plusieurs autres objets importans; — *item*, de différens écrits, des questions élevées par les Grecs, des Homélies de saint Pierre, etc.; — *item*, au sujet des réponses qu'Eudes avait faites aux objections et reproches des Grecs, et qu'il lui avait envoyées; il rend grâces à Dieu de ce qu'ils sont tous deux animés du même esprit, et lui exprime le desir d'avoir un entretien avec lui pour lui dire ce qu'il a pensé sur ce sujet : il le prie de l'excuser auprès du roi de ce que, retenu par diverses infirmités, il n'a pu se rendre auprès de lui comme il l'aurait desiré pour remplir son service ; il revient encore sur les vassaux en discorde, pour qu'il les somme de nouveau de rentrer en paix : il le félicite d'avoir, en homme qui aime Dieu et son frère, exécuté avec un zèle et une dignité toute épiscopale ce qu'il lui avait recommandé dans ses lettres à ce sujet; il l'engage à avertir le roi, et ensuite à user de toute la plénitude de son ministère : il lui demande aussi de lui faire réponse sur diverses affaires qu'il a avec le roi; il lui expose aussi, en le priant d'en faire part secrètement à l'évêque Jean, diverses raisons pour lesquelles le synode convoqué par le roi ne doit pas être tenu, et pourquoi il ne doit pas être convoqué à cette époque : enfin il ajoute quelques mots sur certains écrits qu'il lui renvoie, et d'autres qu'il le prie de lui renvoyer ; — *item*, au sujet de l'ordination de Willebert, auquel le roi avait donné l'évêché de Châlons : il l'avertit de prendre garde à ne s'écarter en rien des règles prescrites dans l'ordination de cet évêque, et l'instruit qu'après la mort de leur évêque ceux de Châlons ont, contre toute règle, pourvu eux-mêmes à leurs nécessités, qu'ils ont envoyé leurs lettres au roi pour l'élection de Willebert, mais qu'ils ont négligé d'envoyer leur arrêté à leur archevêque, comme ils devaient le faire, afin qu'il fît toutes les dispositions canoniques exigées en pareille circonstance : il lui fait voir de quelle manière ils auraient dû se conduire pour être en tous points fidèles à la règle; mais puisqu'ils n'en ont pas agi ainsi, il lui expose ce qu'il croit plus prudent et plus convenable de faire désormais, lui recommandant de bien faire attention à ce que toutes les règles soient observées dans l'élection, et se fiant du reste à sa sagesse pour la conduire comme il jugera convenable ;—*item*, au sujet d'une partie du diocèse d'Eudes, qui était disputée entre lui et Rothade, évêque de Soissons, et en même temps au sujet d'un prêtre qui avait apporté de Rome une lettre du souverain pontife : il le prie d'avertir le roi, et d'employer toute l'influence qu'il a sur son esprit pour le détourner de rien faire contre le Seigneur dans l'Église de Dieu et dans l'ordre épiscopal, affirmant que ce n'est pas tant à cause de son neveu Hincmar qu'il dit cela, que dans l'intérêt du roi, son seigneur, pour lui éviter de commettre quelque péché qui causerait sa mort éternelle; — *item*, pour la correction d'une lettre qu'il lui avait écrite, et qui avait été altérée et remplie de fautes par un copiste ignorant, et sur les accusations portées contre lui par son neveu Hincmar, cause de ses chagrins; — *item*, au sujet des lettres qu'il adresse au roi touchant ce même Hincmar; il prie Eudes de les présenter lui-même, de lui dire de quelle manière elles ont été reçues, et si le roi les approuve; enfin il lui demande réponse sur une foule d'autres choses qu'il desire savoir; — *item*, touchant le procès de l'évêque Erpuin, qui ne pouvait se rendre au synode devant lequel il était cité; il charge Eudes de décider entre cet évêque et ses accusateurs, et, s'il ne peut terminer entièrement l'affaire, de renvoyer Erpuin et ses accusateurs au prochain synode qui doit se tenir à Pistes, avec injonction de ne pas manquer de comparaître; — *item*, touchant une lettre qu'Eudes lui avait écrite, et dans laquelle il lui annonçait la révolte de certains moines contre la sainte discipline, et aussi touchant les priviléges du monastère de Corbie; — *item*, sur son voyage auprès du roi ; — *item*, pour rendre grâces au Seigneur, et le féliciter lui-même de la douceur avec laquelle ses lettres donnent satisfaction de quelques torts qu'il lui avait reprochés; — *item*, pour l'élection d'un évêque à Soissons, après la mort de Rothade; pour une assemblée synodale sur la réponse à faire à l'épître du pape Adrien; — *item*, au sujet des lettres du roi portant ordonnance de convocation des évêques du royaume par l'archevêque et seigneur Hincmar, afin qu'ils eussent à pourvoir aux moyens de punir et réprimer la révolte de Carloman contre son père; — *item*, pour l'ordination d'Anségise, moine du diocèse de Rheims, à l'évêché de Sens; — *item*, au sujet de l'Histoire de la naissance de la sainte Vierge Marie, et de l'homélie de saint Jérôme sur cette bienheureuse mère de Dieu, lesquelles un moine de l'abbaye de Corbie prétendait ne devoir pas être reçues : Hincmar oppose en réponse que cette Histoire de la naissance de la Vierge nous a été donnée comme bonne à lire, mais non comme autorité; quant à l'homélie de saint Jérôme, il soutient qu'elle a été dûment et catholiquement composée par lui, ainsi que le démontrent le style, la sagesse du sens et la droiture de l'intelligence, et comme aussi en fait foi le témoignage certain de ceux qui l'ont apportée des contrées de l'Orient en nos pays : il ajoute aussi, au sujet du livre d'Eudes sur les reproches que nous font les Grecs, qu'il y a noté quelques passages qui sont à revoir et à corriger, et il les lui rapporte ; — *item*, pour l'ordination d'Hédenulfe au siége de Laon, depuis long-temps vacant, conformément aux ordres du pape Jean ; — *item*, touchant la lune pascale et le livre composé sur ce sujet par l'abbé Adalard ; — *item*, sur le même sujet ; il rend grâces au Seigneur de la sollicitude avec laquelle Eudes a recherché l'observation mystique de la solennité de Pâques, etc. ; — *item*, au sujet de son voyage au concile indiqué par le pape Jean, pour l'inviter à y venir lui-même ; — *item*, touchant la révision du jugement rendu par Eudes et Hédenulfe sur le monastère d'Aurigny, et sur le gouvernement de l'abbesse Ricoare, laquelle avait usurpé ce monastère contre toutes les lois ; il le prie de conseiller au roi de ne rien faire qui puisse le mêler et impliquer dans les péchés d'autrui ; — *item*, de son prochain voyage pour comparaître non plus devant les rois de la terre, mais au tribunal du Roi éternel, devant lequel ses continuelles maladies ne tarderont pas, dit-il, à le conduire ; — *item*, pour l'ordination d'Hétilon, que le peuple de Noyon s'était choisi pour évêque ; enfin sur mille autres objets.

A Hildegaire, évêque de Meaux, au sujet de quelques-uns de ses diocésains qui avaient commis un meurtre dans le diocèse de Rheims ; il l'engage à employer tous les secours et moyens possibles pour les sauver, l'assurant qu'il l'aidera lui-même de tout son pouvoir pour leur obtenir paix et conciliation ; —

item, un traité sur le jugement par l'épreuve de l'eau froide.

A Jean de Cambrai qui, partant pour Rome, lui demandait des lettres de recommandation pour le pape Adrien ; il lui répond que, s'il ne veut aller à Rome que pour rendre obéissance à César, et de manière que l'obéissance à César ne soit pas contraire à l'obéissance due à Dieu, il est tout prêt à lui donner des lettres; mais que s'il y va seulement pour la cause du roi Lothaire, et le procès qui s'agite depuis si longtemps entre lui et sa femme, il se gardera bien de lui en donner, parce qu'il ne le pourrait sans se rendre coupable et blesser ses devoirs; surtout lorsque, tout récemment encore, le pape Adrien lui a fait remettre des lettres de son Autorité par Actard, évêque de Nantes, en lesquelles il lui mande qu'il est dans l'intention de soutenir le combat où le Saint-Siége a été engagé par ses prédécesseurs Benoît et Nicolas, et lui enjoint de ne pas consentir à ce qu'aucune atteinte soit portée à ce qui a été fait en cette affaire, et lui intimant comment Waldrade a été excommuniée; il ajoute qu'il ne peut lui donner des lettres de congé de ses coévêques, surtout pour un voyage dont il ne connaît pas les motifs ; — *item*, à l'occasion de la mort du roi Lothaire; il l'engage à se rendre sans délai auprès du roi Charles ; — *item*, au sujet d'un certain prêtre du diocèse de Cambrai qui s'était châtré lui-même, après en avoir plusieurs fois reçu l'ordre dans des visions, et ignorant les peines portées par les saints canons contre une pareille action ; il lui conseille de rechercher avec soin de quelle manière les choses se sont passées ; et en attendant, de souffrir par indulgence ce prêtre dans son rang et grade, jusqu'à ce qu'en synode provincial, il ait été décidé ce qu'on doit penser d'un acte qui n'est contraire ni aux préceptes de l'Évangile, ni aux décrets des saints Pères ; — *item,* pour le remercier des nombreux services qu'il lui a rendus, et pour le prier de rechercher un sermon de saint Augustin sur la chute d'un moine et d'une veuve ; de le lui envoyer pour qu'il le fasse copier, ou de le faire copier lui-même, et de le lui apporter au prochain synode ; il le prie aussi de lui apporter au même synode l'exposition de Bède sur les Proverbes de Salomon ; il lui annonce que le pape de Rome a adressé au roi Charles et aux évêques du royaume divers mandemens sur lesquels il est nécessaire de délibérer en synode, et qui ont fait que le roi a écrit à son tour aux métropolitains, pour qu'ils eussent à convoquer leurs coévêques à ce synode ; — *item,* pour une partie des dîmes que cet évêque avait, disait-on, enlevée à une ancienne chapelle royale, et transférée à une nouvelle qu'il venait de faire bâtir ; il l'engage, si réellement il en a agi ainsi, à remettre tout sur l'ancien pied, parce que ce changement est contraire aux règles ; — *item,* en faveur d'un prêtre qui en avait appelé au siége de Rheims, et accusait son évêque de lui avoir porté préjudice, en le privant de ses biens, et lui interdisant le ministère sacerdotal, sans qu'il eût fait aucun aveu, ou qu'il eût été régulièrement condamné ; seulement pour s'être trouvé en un tumulte où des meurtres avaient été commis, et où il avait été forcé de prendre les armes pour sa propre défense, où enfin il avait blessé un homme, lequel toutefois n'avait pas succombé à sa blessure. Hincmar montre, d'après l'autorité des saintes Écritures, quelle discrétion doit être gardée en une cause de ce genre, et quels chapitres des sacrés canons doivent être appliqués. Il a écrit encore à cet évêque sur d'autres objets.

A Ragenolin de Noyon, pour un prêtre qui lui avait apporté des lettres du pape Adrien, par lesquelles ce pontife lui enjoignait que si Ragenolin différait de réformer ce qu'il avait fait d'injuste contre ce prêtre, après une première et une seconde admonition, il eût à l'amener à satisfaction en le frappant de l'autorité canonique : c'est pourquoi Hincmar lui mande d'obéir aux ordres du pape, et lui déclare que tels mandemens ne viennent du Saint-Siége, contre lui et quelques autres, que parce que, dans le jugement de ceux qui leur sont soumis, ils ne suivent point le sentier de prudence qui leur est tracé par les canons, et négligent de recourir à l'autorité métropolitaine en lui soumettant la question et obéissant à ses décisions; — *item,* pour l'engager à visiter l'église de Térouane après la mort de l'évêque Honfroi, selon l'ordre du roi; — *item,* au sujet d'un certain Rothade, ami de Ragenolin, qui se plaignait d'avoir perdu par sa fraude un dépôt qu'il avait confié à sa foi : il le conseille sur ce qu'il doit faire pour éviter que l'affaire soit portée devant le synode.

A Willebert de Châlons, qui l'avait consulté sur les mesures qu'il devait prendre contre le comte Gangulfe pour le punir de certains délits dont il niait les uns et avouait les autres; Hincmar lui conseille d'agir avec douceur, selon les préceptes de l'Apôtre, d'accomplir la loi de Jésus-Christ, c'est-à-dire la charité; d'essayer par tous les moyens possibles de ramener le comte à satisfaction et à dilection de son évêque, en faisant éclater envers lui toute sa bénignité ; ajoutant qu'il est convenable qu'au commencement de son pontificat il se recommande par sa dévotion et sa charité; — *item*, pour un prêtre prévaricateur, afin que, suivant le conseil de saint Grégoire, il procède à son absolution, selon la sentence des prophètes sur la confession du pécheur repentant, et des apôtres sur le jugement et le pardon : quant au comte dont nous avons parlé plus haut, et qui lui annonce maintenant être tout-à-fait repentant de ses fautes, il l'engage à le recevoir avec bonté, imitant l'exemple du père de l'Évangile qui reçoit avec joie l'enfant prodigue, et à traiter le vicomte, chargé de procurer la paix entre le comte et lui, avec d'autant plus de bienveillance qu'il le reconnaîtra pour un fils de Dieu, selon la vérité de l'Évangile; — *item*, touchant deux salières d'or que le roi envoyait à Saint-Étienne, et touchant une croix d'or enrichie de reliques de saints, dont la reine faisait don à l'autel du même saint; — *item*, pour lui donner l'ordre d'informer, conformément aux volontés du roi, sur le différend élevé entre les évêques Eudes et Rothade ; — *item*, pour l'ordination d'Arnold, évêque de Toul, pour qu'il aille au devant d'Advence et de Bérard, en route pour le même objet, et que tous trois ils célèbrent l'ordination au pays de Metz, suivant l'ordre du roi ;—*item*, pour l'engager à se joindre à Eudes, pour décider le roi à convoquer un synode provincial ;—*item*, en réponse à la question qu'il lui faisait pour savoir si, en cas de nécessité, on pouvait faire d'un moine un archidiacre; — *item,* pour un de ses hommes excommunié par lui, et qu'il le prie d'absoudre au plus tôt, parce qu'il l'avait trop légèrement lié d'anathème; — *item,* sur l'invitation au synode du pape Jean, envoyée par l'empereur Charles, et transmise par Willebert; il l'engage à la faire parvenir à ses voisins les évêques Bérard et Arnold, etc., etc.

A Hildebald de Soissons, au sujet d'une église contestée entre lui et Eudes, évêque de Beauvais, et que le roi voulait faire détruire; — *item,* pour l'ordination de quelques ministres au monastère d'Orbay, et touchant certains frères qui étaient sortis du monastère contre toutes les règles, et y avaient été ensuite reçus de nouveau; — *item,* au sujet de quelques prêtres du monastère de Saint-Crépin, touchant lesquels le pape Jean avait écrit à Hincmar, et qui avaient été condamnés à ne jamais sortir du cloître: il le prie de tempérer paternellement cette sévère punition; — *item,* pour l'ordination d'Hadebert à l'épiscopat de l'église de Senlis; — *item,* touchant des lettres du pape Jean, apportées par un prêtre en accusation, et qu'il prétend être en opposition manifeste avec les sacrés canons et les décrets des saints Pères; il lui donne de salutaires conseils sur la manière dont il doit se conduire; — *item,* pour l'engager à venir avec lui trouver le pape Jean, qui était venu à Troyes pour régler certaines affaires; — *item,* pour le couronnement des deux jeunes rois fils de Lothaire: les évêques, les abbés et les comtes qui étaient auprès des jeunes princes avaient mandé à Hincmar de leur envoyer ses lettres et un messager: en conséquence, il écrit à Hildebald de se rendre auprès d'eux, et d'accompagner de ses vœux et de ses prières tout ce qu'ils feraient avec l'aide et l'inspiration de Dieu; — *item,* pour l'engager à se réunir à lui avec les évêques Walther, Gislebert et Angelin, pour eécuter le jugement du pape Jean sur Hédenulfe et Hincmar, évêques de Laon, conformément aux sacrés canons. Il adressa aussi à Hildebald, dans une grande maladie, une lettre de consolation et d'encouragement, dans laquelle, selon la demande qu'il lui avait faite dans une lettre de confession, il lui donne l'absolution et le réconcilie au Seigneur, quoique absent. — Il y a encore plusieurs autres lettres à ce même évêque.

A Atulfe de Troyes, au sujet de reliques de saints que celui-ci lui avait annoncé avoir retrouvées, guidé par les miracles qu'elles avaient opérés. Hincmar lui donne ses conseils sur la manière dont il doit les disposer et établir, et en même temps sur la construction d'une église de Saint-Pierre qu'il faisait rebâtir; il lui parle aussi d'une maladie qu'il vient d'essuyer, de son rétablissement, etc., etc.; — *item,* touchant deux villages qui refusaient de payer la dîme aux prêtres; — *item,* sur la manière dont il doit exécuter les ordres du pape Jean sur Hincmar de Laon, que le pontife lui envoie.

A Walon, évêque de Metz, qui l'avait prié de lui envoyer quelques paroles de consolation et d'assurance, en réponse aux lettres qu'il lui avait adressées pour lui demander de le guider dans sa vie pastorale, de s'unir à lui dans un parfait et fraternel accord, et enfin de le soutenir dans sa soudaine élévation; — *item,* pour un prêtre à qui Hincmar avait confié quelques biens de l'église de Rheims situés dans les Vosges, qui les avait mal administrés, et en avait par sa faute laissé tomber une partie au pouvoir de l'église de Metz; — *item,* pour lui donner conseil, comme il l'en avait prié, sur certains biens qui étaient en contestation entre l'église de Metz et celle de Trèves, touchant le *pallium* qu'il avait obtenu du Siége de Rome, et le refus que l'archevêque faisait de recevoir les lettres du pape; — *item,* pour l'ordination d'un évêque de Verdun, qu'il avait appris avoir été promu contre les règles après la mort de Bérard. Dans cette lettre, remplie de saintes et salutaires instructions, il lui remontre, d'après l'autorité des saintes Écritures, pour quels motifs et comment un évêque doit être ordonné ou non, etc., etc.

A Hédenulfe, qu'il avait ordonné évêque de Laon après son neveu Hincmar, au sujet de certains diacres qu'il lui envoie pour les élever au sacerdoce; — *item,* touchant un jeune orphelin que cet évêque adoptait pour son héritier, etc., etc.

A l'évêque Arnold, touchant quelques criminels qui avaient commis un meurtre dans le diocèse de Rheims, et ne pouvaient obtenir leur réconciliation, mais cherchaient à faire pénitence, ce qui leur était impossible en son diocèse; il lui prescrit comment il doit en agir avec eux; — *item,* pour lui donner les conseils qu'il avait demandés sur la conduite à tenir à l'arrivée en France de Louis-le-Germanique; il lui fait part de la réponse qu'il a cru lui-même devoir faire à ce roi, qui lui mandait de venir le trouver.

A l'évêque Francon, au sujet des lettres monitoires que par l'ordre du roi il envoyait à Hugues, neveu de l'empereur Lothaire ; il prie Francon d'envoyer avec son messager un messager qui puisse le conduire et le ramener sain et sauf ; — *item,* en faveur d'Évrard, qu'il nomme son ami et son fils, et pour lequel il le prie d'intercéder auprès de Louis-le-Germanique et de la reine, etc., etc.

A Bernon de Châlons, pour lui recommander les messagers de l'église de Noyon, qui, après la mort de leur évêque Ragenolin, étaient venus auprès de lui : il le prie de les présenter aux deux rois, de lire aux jeunes princes et de leur faire comprendre les lettres qu'il leur adresse ; en un mot, d'user de toute la puissance de son ministère pour faire réussir les demandes des envoyés de Noyon, soit auprès des rois eux-mêmes, soit auprès des seigneurs de la cour ; — *item,* pour l'élection d'un pasteur à l'église de Noyon et de Tournai : il lui annonce qu'il a transmis à l'évêque Adalberne toutes les règles à suivre dans cette visite, c'est-à-dire dans l'élection, et l'engage à voir les rois et l'abbé Hugues, pour obtenir que les lettres d'autorisation soient octroyées le plus tôt possible, parce que cette église ne pourrait, sans souffrir de grands dommages, rester veuve de son pasteur ; — *item,* sur le même sujet, et quelques autres.

A Adalberne, pour l'engager à visiter l'église de Tournai ; il le prie d'y donner tous ses soins, de faire relire fréquemment au clergé et au peuple les formes à suivre dans l'élection, dans la crainte qu'ils ne manquent par ignorance à quelques-unes des formalités ; — *item,* pour l'élection du pasteur de la même église : il le prie d'empêcher que beaucoup qui s'empressent *n'entrent par la porte*, selon la parole de saint Jean, et sans crainte ni retenue aucune, de voleurs deviennent brigands; il l'engage, puisqu'il doit aller à la cour, à s'entretenir avec lui quand il y sera, afin qu'ils puissent prendre ensemble des mesures pour la suite de cette affaire; —*item*, à l'occasion des plaintes et de l'appel formés par un prêtre de son diocèse : il lui remontre comment les évêques doivent administrer et gouverner les églises des paroisses rurales, et l'engage à relire souvent l'homélie de saint Grégoire sur ces paroles de l'Évangile : *Jésus en désigna soixante-douze autres*, la règle pastorale du même saint, ainsi que les sacrés canons, afin d'exécuter avec courage ce qu'ils prescrivent, et d'éviter avec prudence ce qu'ils commandent d'éviter.

A Hétilon de Noyon, pour l'engager à demeurer fidèle aux jeunes rois, et à leur prêter toute assistance par prières et secours; il lui annonce qu'il est dans la plus grande tribulation, assiégé par les barbares; et qu'après avoir tout pillé et ravagé, ils demandent une si forte rançon pour le salut de la ville, qu'il lui est impossible de la fournir; — *item*, pour lui mander que, retenu par les infirmités, il ne pourra se rendre à l'invitation que lui a faite Louis, roi de Germanie, de venir auprès de lui; il supplie cet évêque de prier sans cesse, soit par lui-même, soit par tous ceux qui lui sont soumis, pour la paix et la défense de l'Église; et s'il peut faire quelque chose d'utile contre les païens, de s'unir, en cette vue, de tous ses moyens, avec les grands du royaume : il lui exprime sa douleur sur la ruine des monastères dont on lui avait annoncé l'incendie, et ses inquiétudes sur ceux qui n'ont pas encore été incendiés.

A l'évêque Sigemond, sur la réconciliation de quelques pénitens; sur diverses instructions relatives au ministère sacré, qu'il a, dit-il, adressées à l'évêque Hildegaire; — *item,* pour l engager à protéger et traiter avec bienveillance les peuples qui lui sont soumis, lui rappelant que de médecin corporel il est devenu, par la grâce de Dieu, médecin spirituel; — *item,* en réponse à la question qu'il lui avait faite pour savoir quel degré de science il exigeait des prêtres de son diocèse.

Aux évêques rassemblés en synode à Soissons, sur l'ordre du roi Louis-le-Germanique; il leur envoie un de ses prêtres comme légat, s'excuse de ne pouvoir assister en personne à cause de ses infirmités, et déclare que tout ce qu'avec la grâce de Dieu ils auront justement et raisonnablement résolu selon les institutions canoniques et les droits du ministère épiscopal, il l'adopte, et y donne plein consentement; mais qu'il refuse son assentiment à tout ce qui pourrait être contraire aux sacrés canons, et s'écarter de la vraie foi et du sentier de la justice et de l'équité, et qu'il défend à son vicaire d'y jamais consentir, même lorsqu'on emploierait la violence.

Aux évêques de l'église de Sens, pour l'élection d'Anségise, moine du diocèse de Rheims à l'évêché de Sens : il donne son consentement à son ordination.

Aux évêques et aux grands de tout le royaume, pour les exhorter à garder une fidélité inviolable au roi Charles, quand ce prince alla à Rome.

Aux évêques, abbés, comtes, et autres fidèles de

Dieu, réunis dans une assemblée à laquelle il ne peut se rendre pour cause d'infirmité; il rend grâces au Seigneur de ce que quelques grands du royaume, qui avaient montré quelque dissentiment avec les évêques, s'y sont maintenant réunis par la grâce de Dieu, et vivent avec eux dans une concorde parfaite; il leur annonce qu'il leur envoie un des ministres de son église pour prendre part à leurs travaux; qu'il se félicite de leur zèle et de leurs bonnes dispositions; et leur demande avec instance que, selon la sagesse qui leur a été inspirée de Dieu, obéissant aux préceptes divins, insensibles à tout intérêt privé, à toute passion illégitime, à toute discussion nuisible, ils cherchent et s'empressent d'exécuter tout ce qui peut contribuer au salut, à la paix et à l'utilité générale; citant à l'appui de nombreuses autorités de la robe de Jésus-Christ, c'est-à-dire de l'Église de Dieu; il les engage à s'armer de toute leur vertu, et à s'animer du zèle de la justice, pour soulager de son fardeau l'Église leur mère, briser la verge de ses persécuteurs, et rompre les liens qui chargent le cou de ses enfans : si quelques-uns sont opprimés, qu'ils leur tendent une main de protection; si quelques autres se sont laissés corrompre par la passion ou la faveur, qu'ils s'efforcent de les ramener au sein du troupeau du Seigneur, et à l'union en Jésus-Christ; qu'ils suivent les conseils de saint Grégoire et des autres saints Pères : lui-même, dit-il, soutiendra de ses vœux et de son obéissance, autant que le Seigneur lui en fera la grâce, tout ce qu'ils auront décrété pour procurer la paix du peuple de Dieu et le maintien de la justice; il ajoute aussi quelques citations d'autorités sur les règles canoniques à suivre pour la promotion et l'élection d'un évêque.

CHAPITRE XXIV.

Des écrits adressés par Hincmar à divers abbés.

Hincmar a adressé encore à différentes personnes, tant clercs que laïques, différens écrits pour l'utilité de chacune d'elles, ne flattant jamais personne, et donnant toujours les conseils les plus utiles selon les circonstances. Ainsi il écrit à son abbé Louis, pour redemander le corps de saint Déodat, qu'un certain Gison, poussé du desir de s'emparer des biens du saint, avait fait furtivement transporter du diocèse de Rheims au diocèse de Paris, sans avoir auparavant obtenu le consentement de l'évêque en l'évêché duquel le corps du saint reposait : il proteste en ses lettres qu'il ne ménagera personne, ni lui-même, ni son propre sang, au préjudice des droits divins : son abbé s'étant indigné de ce langage, il n'en persista pas moins à l'admonester, et à l'exhorter de satisfaire aux règles canoniques ; — *item,* pour un de ses neveux qu'il lui avait confié, et touchant les biens donnés par le roi aux moines de Saint-Denis, par les mains d'Hincmar ; — *item,* à l'abbé Hilduin, touchant une lettre du roi Charles, qu'il le prie de faire parvenir à l'empereur Lothaire avec le messager qui en est porteur. Dans ces lettres il semble donner conseil à l'empereur sur son salut, et lui suggérer de réformer ce qu'il lui signale comme devant être réformé; il parle aussi de la rente à retirer du village de Douzy.

Conjointement avec le synode des évêques rassemblés à Kiersi (ou Quiersi), il écrit à Hilduin, grand-aumônier du roi Charles, pour l'église de Langres, dont Vulfade, élève de l'église de Rheims, s'était emparé au mépris des décrets canoniques. Le synode avait conseillé au roi d'en nommer un autre pour gouverner cette église, et le roi avait ordonné aux évêques de choisir un pontife capable de la servir et faire prospérer. Tous les vœux s'étaient réunis sur Isaac, disciple d'Hilduin, et les évêques demandaient à celui-ci son consentement et son intercession auprès du roi en faveur de l'élu.

A l'abbé Brunuard, pour les biens de saint Remi et les colons de l'église de Rheims établis en Thuringe.

A l'abbé Adalard, sur l'amitié qui les unit, et ce qui fait le véritable ami.

A l'abbé Grunold, pour Sigebert, un de ses fidèles, afin qu'il prenne sous son administration et sous sa protection les biens que Sigebert possède dans le royaume de Louis; et en même temps pour l'engager à conseiller au roi Louis de ne pas se laisser séduire à de mauvais conseils, et de ne plus désormais se livrer à des entreprises pareilles à celle qu'il avait formée contre son frère Charles, et dont il lui restait un déshonneur qu'il aurait évité, s'il avait voulu écouter ses conseils.

A Trasulfe, abbé de Corbie, et aux frères de son

couvent, en faveur d'un frère qui était sorti sans permission du monastère, que le roi avait reçu en grâce et faveur, et qu'Hincmar avait sommé de retourner sur-le-champ à son couvent : mais le roi avait intercédé pour lui, priant l'archevêque d'ordonner qu'il fût reçu et traité pacifiquement, jusqu'à ce que son genre de vie eût été réglé par le roi et Hincmar en temps et lieu ; — *item*, aux mêmes, pour leur rendre grâces de la bienveillance qu'ils lui portent, et leur témoigner qu'il a la plus grande confiance en leurs prières, et combien il leur est dévoué : il leur adresse en même temps des conseils de salut, exhortant tous ceux qui ont reçu le soin de gouverner un des vaisseaux du Seigneur, à le diriger avec une active sollicitude au milieu des orages et des tempêtes qui s'élèvent, et des persécutions dont les menacent les païens; et en quelque lieu qu'il faille se réfugier, à ne jamais se désister de leur bonne volonté et ferme propos, etc., etc.

A Hilduin, pour qu'il s'efforce d'obtenir du roi une élection canonique pour l'église de Térouane, tandis que lui-même de son côté s'y emploierait de son mieux.

A l'abbé Adalgaire, pour le remercier, lui et les frères de son monastère, des prières qu'ils ont bien voulu offrir pour lui au Seigneur, et en même temps sur la bénédiction des dons de cet abbé : il fait aussi mention des biens de l'église de Rheims situés en Thuringe, qu'il avait confiés à un certain Amaury, lequel en avait abusé, et avait ainsi encouru le jugement de Dieu : Adalgaire demandait à tenir ses biens en redevance; Hincmar refuse, parce qu'il ne peut rien faire sans le consentement de son clergé; mais il le prie de s'en charger en attendant, de lui en envoyer le plan et le rôle, et lui promet de lui écrire ce qui aura été décidé, après en avoir mûrement délibéré avec tous ses collègues dans le ministère ecclésiastique; — *item*, sur le même sujet, après avoir reçu d'Adalgaire le plan et le rôle qu'il avait demandés, il annonce qu'il a écrit au roi Louis, selon sa demande, pour lui notifier que ces biens sont confiés aux soins d'Adalgaire, et le prier de lui accorder aide et protection, pour qu'il puisse les administrer en paix : il écrit en même temps à un certain Poppon, pour qu'il ait à s'abstenir désormais de toute incursion ou ravage sur ces biens; et il demande aux serfs et colons y résidans de se montrer en toutes choses obéissans à l'abbé.

A Anastase, vénérable abbé et bibliothécaire de la sainte église de Rome, pour lui rendre grâces des très-saintes bénédictions qu'il lui a envoyées par l'évêque Actard : il lui envoie aussi ses bénédictions et quelques présens, avec quelques ouvrages de sa composition; — *item*, pour le remercier des bienfaits qu'il lui doit, et pour le prier de faire agréer ses demandes au souverain pontife, et d'avoir en mémoire la bénédiction qu'il lui envoie. — A Grégoire, nomenclateur et chancelier de l'église de Rome : il lui dit qu'Anastase lui a fait part en ses lettres des témoignages de bienveillance et de bonté qu'il a bien voulu lui donner en diverses circonstances, et lui a mandé avec franchise et sincérité qu'il peut mettre en lui toute sa confiance : en retour, il le prie de daigner le compter au nombre de ses plus fidèles amis.

A l'abbé Gunther, au sujet d'un moine irréligieux auquel il avait permis de quitter le monastère contre toute révérence et de son propre caprice : il le réprimande fortement, et lui prouve, d'après les règles et autorités canoniques, qu'il n'aurait pas dû le laisser ainsi partir : il lui ordonne de le faire rechercher par un messager du roi, arrêter, ramener au monastère, et jeter dans une étroite prison; enjoignant de plus que l'on fasse un rapport exact de ses fautes, et que ce rapport lui soit adressé avec des lettres de l'évêque diocésain, afin que, selon les règles canoniques, il en décide avec le conseil de ses coévêques.

A Josselin, au sujet de son neveu Bernard, que l'on disait prêt à se révolter contre le roi : il l'engage à faire tout son possible pour le détourner de cette intention, et surtout à ne s'écarter lui-même en rien de la droite voie, pour aucune affection charnelle; enfin, il lui conseille de donner les mêmes avertissemens à son frère Godefroi, afin que, pleins du souvenir de leurs aïeux, tous deux ne dégénèrent point de l'antique et sincère fidélité; — *item,* pour lui demander pourquoi il ne lui envoie pas ou un envoyé ou des lettres, comme il faisait ordinairement, et l'exhortant à reprendre cet usage, et à lui écrire fréquemment pour leur consolation et leur dilection mutuelle; — *item,* pour se plaindre que, de son fils de prédilection, il soit devenu son ennemi : il le nomme encore son cher fils, et lui assure qu'il supporte non seulement avec patience, mais avec résignation et bonne volonté, les injures dont il l'accable; il le prie de se souvenir que c'est l'église de Rheims qui l'a régénéré en Jésus-Christ, qui l'a élevé et instruit dans la religion et lui a donné la tonsure ecclésiastique, qui l'a racheté de la captivité des païens, élevé de grade en grade jusqu'au diaconat, et enfin constitué abbé d'un grand nombre de monastères qu'elle lui a fait concéder par les rois : il lui rappelle comment il a récompensé tant de bienfaits quand il a été élevé en puissance; comment il a excité et encouragé la sédition qui désolait l'église de Rheims et le royaume de France; de combien de fautes semblables il s'est rendu coupable, et à quelles peines il s'expose : il le conjure de reconnaître ses fautes, d'écouter la voix du Seigneur qui l'appelle à lui, d'avoir pitié de son ame, et de mériter enfin son salut ; — *item,* pour rendre grâces à Dieu de son amendement; il prie le Seigneur de confirmer ce qu'il a opéré en lui, et de lui accorder de vouloir et d'accomplir tout ce qui lui sera agréable en bonne volonté, etc., etc.

A l'abbé Grunthaire, touchant les biens de Notre-Dame et de Saint-Remi situés au pays d'Auvergne, lesquels il avait interdits au comte Bernard; il mande à l'abbé de dresser un plan de ces propriétés, et de le lui apporter.

A Adalgaire, évêque nommé, touchant les biens de l'église de Rheims situés en Aquitaine. Bernard, comte de Toulouse, s'en était emparé; voyant qu'il ne pourait les obtenir à prix d'argent, il les ruina par le pillage et les exactions, jusqu'à ce qu'enfin Dieu exerça sur lui sa vengeance. Hincmar les avait confiés à l'évêque Agilmar, dans le même temps où, par l'ordre du roi, il avait adressé à cet évêque un livre sur les incestueux et sur les usurpateurs des biens de l'Église.

Il mande en même temps à Adalgaire les instructions qu'il avait données à Agilmar, et le prie de s'entendre avec lui pour les mesures à prendre ; il lui désigne quelques-uns des territoires où sont situés ces biens : tels que ceux de Clermont, Limoges et Poitiers ; il dit qu'il en existe en d'autres pays qu'il ne se rappelle pas, et le prie d'en faire la recherche, et d'en dresser le rôle pour le lui envoyer.

A Lambert, qu'il appelle son enfant de prédilection et le fils de ses entrailles ; il lui donne des conseils sur la manière dont il doit se conduire envers ceux au milieu desquels il vit, et qui paraissent vouloir l'élire à l'évêché de Metz. Il l'engage surtout à se garder en toutes choses de l'hérésie de simonie, à lire avec zèle la règle de saint Grégoire, à la graver dans son cœur, et à se guider intérieurement et extérieurement, selon cette règle, dans le chemin qui conduit à l'épiscopat, et de l'épiscopat à la vie éternelle ; il lui annonce qu'il a écrit en sa faveur à ses amis, tant évêques que comtes, du royaume de Lothaire, et qu'il s'est donné garant qu'il ne déviera pas de ses conseils et salutaires exhortations ; il le prie de ne pas le faire mentir auprès de ses amis.

A l'abbé Hugues, pour l'élection d'un évêque de Noyon après la mort de Ragenolin ; il le prie d'exhorter les rois Louis et Carloman à suivre dans cette affaire la volonté de Dieu et la coutume de leurs prédécesseurs ; il lui annonce la mort de son neveu Hincmar, évêque de Laon, et l'engage à prier et faire prier pour le salut de son ame tous ses inférieurs et amis ; — *item,* pour l'engager à donner aux deux rois des gouverneurs sages et prudens, parce qu'ils ont un conseiller trop jeune; il lui mande ce qu'ils lui ont écrit relativement à la garde et à la surveillance du diocèse de Tournai, ce qu'il a fait d'après leurs instructions, ce qu'ils lui ont mandé en réponse, et ce qu'il leur a lui-même répondu pour vaincre leur refus de donner leur consentement à l'élection canonique de l'église de Noyon; il l'assure qu'il n'a rien fait que ce qu'il a toujours fait depuis trente-cinq ans en pareille circonstance; il lui rapporte ce qui lui a été mandé ensuite par le clerc Warin, soit de la part des rois, soit de la part de Hugues lui-même, et enfin les lettres que les rois lui ont adressées; il cite les autorités des sacrés canons sur l'élection canonique, et montre que les évêques ne doivent pas être pris dans le palais ni à la cour, mais bien dans le sein de l'église même qui a besoin de pasteurs; que dans l'ordination d'un évêque, ce n'est pas la recommandation du roi ou des seigneurs du palais qui doit faire loi, mais l'élection du clergé et du peuple, le jugement du métropolitain, ensuite le consentement des princes de la terre; et que c'est ainsi seulement que l'imposition des mains peut avoir lieu; il proteste qu'il n'a aucune vue ni dessein particulier sur personne, mais qu'il veut que, quel que soit celui qui sera appelé, il ne soit élevé à ce saint office que selon les règles et institutions canoniques, et qu'il sache et fasse ce qu'exige de lui le ministère spirituel, etc., etc.;—*item*, en lui envoyant une copie de la lettre qu'il avait écrite au roi Charles, fils de Louis-le-Germanique, en faveur des rois Louis et Carloman encore enfans, il l'engage à obtenir, s'il est possible, que Charles, qui n'a pas de fils, adopte un des jeunes rois pour fils, et le fasse élever par les soins d'un bon et habile instituteur, afin d'en faire son héritier pour tout ou partie de son royaume; il prie Hugues d'obtenir secrètement de Charles qu'il se charge de la tutelle et des intérêts des jeunes rois et du royaume, et prenne sur lui les soins du ministère royal, l'engageant à appuyer de son zèle et de sa prudence les lettres qu'il adresse lui-même à Charles, si elles lui semblent utiles et raisonnables; mais que, s'il trouve quelque chose à reprendre, il y fasse tous les changemens, corrections ou additions que sa sagesse lui suggérera;—*item,* au sujet des lettres de Louis roi de Germanie, et des conseils à lui donner; premièrement, il annonce qu'il donne l'ordre aux évêques du diocèse de Rheims d'aller au devant de ce roi jusqu'à Attigny; secondement, il le prie de lui envoyer ses conseils sur la manière dont il doit administrer le royaume, sur les réponses à faire aux envoyés du roi, enfin sur ce qu'il devra faire si Louis vient lui-même, et lui demande de le sacrer roi, etc., etc. Il a écrit encore à cet abbé sur une foule d'autres sujets.

CHAPITRE XXV.

Des écrits adressés à divers prêtres et monastères.

Il a écrit aussi à Gaussuin, prêtre, et aux autres frères servant Dieu et saint Denis, pour une maison dont une partie lui avait été concédée autrefois par eux, et dont il avait acheté le reste, laquelle un des moines avait usurpée; il s'étonne que les frères n'aient pas empêché qu'il lui fût fait un pareil dommage, à lui qui, autant qu'il s'en souvient, ne leur a jamais nui, mais au contraire leur a toujours été utile tant qu'il a demeuré avec eux, et leur a obtenu ou fait restituer de nombreux et précieux avantages. Et s'il leur parle ainsi, ce n'est pas qu'il attache aucun prix à la possession de cette maison : « Sans votre affection, « leur dit-il, je l'estime moins que la plus chétive « masure. »

A Wiligise et autres moines du même monastère, sur ce qu'il avait entendu dire qu'ils tiraient de l'argent d'un prêtre en échange de la dîme; il leur dit qu'il rougit de honte à l'idée que d'autres hommes peuvent apprendre de pareilles choses; il leur remontre à quels dangers ils s'exposent, en leur citant l'autorité des saintes Écritures et des règles canoniques. « A Dieu ne plaise, mes frères, que d'autres ecclé- « siastiques ou hommes de religion apprennent que « les moines de Saint-Denis vendent la dîme, afin « d'acheter l'enfer du prix qu'ils en retirent! puissent « surtout les laïques ne jamais apprendre que vous « vous rendez coupables d'une faute que personne « n'oserait commettre dans mon diocèse, pas même « l'homme chargé d'un péché public! Si quelqu'un « d'un autre monastère que du nôtre osait se permet- « tre de le tenter, à plus forte raison de le faire, « je lui interdirais toute communion avec mon dio- « cèse, etc.; » — *item*, aux mêmes moines, touchant la vision de miséricorde divine par laquelle il a été averti, dit-il, que ses jours ont passé comme l'ombre, et qu'il a séché comme l'herbe; il leur envoie, en retour de leur obéissance et de leurs bons services, une bien faible bénédiction, deux cents sous; il les prie de faire perpétuellement mémoire de lui dans leurs prières à leur commun patron, le bienheureux saint Denis, leur demandant aussi la même faveur pour Haimon, un de ses fidèles, presque à l'extrémité, qu'il nomme son fils chéri.

A Fulcramne, chargé du gouvernement de l'abbaye de Corbie, et aux autres frères du monastère, pour l'élection d'un abbé autorisée par le roi, touchant les lettres royales sur cette élection; enfin pour leur annoncer son arrivée. Il répond aux questions qu'ils lui avaient adressées, et leur enseigne comment ils doivent procéder en cette élection selon la doctrine de saint Benoît, suivre toujours la règle pour guide, et ne s'en écarter jamais, comme devant un jour rendre compte de toutes leurs actions devant le tribunal de notre Seigneur Jésus-Christ.

A Magénard, chargé du gouvernement du monastère de Saint-Riquier, et aux autres frères, touchant les lettres que le pape a adressées au roi Charles et à lui-même, au sujet d'un certain homme qui a tué un moine et un prêtre, et dans lesquelles le pontife prescrit la pénitence infligée au coupable, et mande au roi et à Hincmar d'assurer l'obéissance à ses ordres.

Aux moines du couvent de Saint-Médard, en faveur du moine Hainoard, qui avait demandé pardon au roi de ses fautes; il leur mande, d'après l'ordre du roi, ou de le recevoir pour habiter et vivre au milieu d'eux, selon la règle, ou de lui donner des lettres de congé, comme il le demande, et de le laisser partir, avec paix et absolution, pour quelque autre monastère.

A Sigebod, prêtre et préposé au monastère des religieuses de l'église de Laon, qui lui avait demandé son avis sur la manière de procéder dans l'information qu'il était chargé de faire au monastère de femmes d'Aurigny, sur l'abbesse et le directeur du couvent. Hincmar lui avait répondu qu'en de pareilles matières il ne devait répondre que par écrit, et non de vive voix. En conséquence, il lui écrit ces lettres, où il lui met sous les yeux ce qui est prescrit par les lois que suit l'Église catholique, et par toutes les règles ecclésiastiques ; il lui enjoint de lui envoyer le privilége du monastère, et de lui faire connaître, par des personnes dignes de foi, les accusations portées contre l'abbesse et le directeur, afin que, selon les règles canoniques, il en puisse consulter avec ses co-évêques et le visiteur de l'église de Laon, alors veuve de pasteur, et, avec eux et la grâce de Dieu, décider ce qui est juste.

A quelques doyens du diocèse de Soissons, au sujet d'un prêtre qui, ayant souffert préjudice, ne pouvait obtenir justice ni jugement de son évêque Rothade. Hincmar avait averti l'évêque que s'il ne pouvait, pour cause d'infirmité, venir en personne au synode, il eût à envoyer des messagers, ses collègues dans le ministère et service de son église, afin que l'affaire pût être jugée canoniquement. Dans ces lettres, il enjoint aux doyens, de son autorité métropolitaine, de donner aux prêtres de leurs doyennés l'ordre de se rendre à l'assemblée qu'il leur désigne, et d'y venir eux-mêmes avec eux ; s'ils n'obéissent pas, qu'ils sachent qu'ils encourront la censure synodale au prochain synode.

A un prêtre nommé Sigebert, au sujet de son évêque Heidilon. Sigebert se plaignait à Hincmar de ce qu'il courait sur cet évêque des bruits indignes même d'un laïque, et lui reprochait d'avoir ordonné un tel homme évêque ; Hincmar lui répond que c'est sur sa foi et son témoignage à lui-même, qu'il a cru à la vertu d'Heidilon, qu'il ne connaissait pas ; il lui mande de venir auprès de lui, afin de lui dire, de sa propre bouche, ce qu'il a entendu dire de son évêque, afin que, si les reproches sont fondés, ils avisent ensemble aux moyens de le corriger, ou d'en faire voir à tous le mensonge, si ce ne sont que de faux bruits.

CHAPITRE XXVI.

Des lettres d'Hincmar à quelques grands personnages.

Hincmar a écrit aussi à plusieurs grands personnages, entre autres à Éverard, très-illustre et très-noble homme, l'un des seigneurs de l'empereur Lothaire, pour lui demander la grâce de sa familiarité, qu'il lui avait offerte lui-même de pure bienveillance ; il le félicite du bien qu'il entend dire de lui par des personnes dignes de foi, et surtout par l'évêque Amole, qu'il appelle son très-affectionné et bien-aimé père, et il lui envoie, comme porteur de ses lettres, un de ses plus fidèles amis ; — *item*, pour le féliciter de sa dévotion sincère envers Dieu, et de son zèle pour le culte des saintes autorités, pour l'union et le parfait accord des grands, pour la paix de l'Église et les hommages dus à la religion; il l'exhorte, comme la charité lui en fait un devoir, à continuer de mieux en mieux comme il a commencé, parce que, dit-il, la nature humaine, comme Job nous l'atteste, ne persévère jamais dans le même état, et parce que, dans ce siècle, tout homme constitué en puissance nage contre le courant du fleuve; que s'il nage avec vigueur, il remontera; que si au contraire les mains lui manquent, il sera emporté. Qu'Éverard s'attache donc avant tout à plaire à Dieu; qu'ensuite il pourvoie à la paix de l'Église; qu'il ne se borne pas à inspirer de bonnes pensées aux grands, mais tâche de les leur inculquer; qu'il s'efforce d'assurer aux ecclésiastiques et aux lieux saints les priviléges qui leur sont dus, et de procurer la paix et l'union parmi le peuple chrétien; qu'il se réjouisse avec ceux qui font bien, et résiste à ceux qui font mal; qu'enfin il se garde lui-même avec vigilance, en vivant sobrement, justement et pieusement; et autres exhortations pieuses et salutaires. Il ajoute ensuite quelques mots sur certaines nécessités de ses monastères, et sur quelques autres abus à réformer dans son diocèse par l'autorité de l'empereur, et pour lesquels il a adressé des lettres à Lothaire; le reste roule sur le salut de son ame et sur la conservation de la prudence et sagesse spirituelle.

A un certain Fulcric, l'un des grands de l'empereur Lothaire, qui avait illégitimement répudié sa femme légitime et en avait pris une autre; il le cite au synode et lui expose le mode et les rigueurs de l'excommunication déjà lancée contre lui, et qui sera confirmée dans le synode comprovincial ; — *item,* lorsqu'après avoir paru se repentir de son péché, Fulcric est rentré dans ses voies et revenu à son vomissement, Hincmar lui notifie sa sentence d'excommunication, et l'adresse à tous les fidèles de Jésus-Christ qui ont pu être scandalisés de ses fautes, et surtout aux évêques dans le diocèse desquels il peut séjourner ou habiter.

A Vulfing, un des ministres de l'empereur Lothaire : il lui rappelle qu'il lui a demandé autrefois sa familiarité, et qu'il en a reçu promesse d'affection ; il le prie de dire à l'empereur de recevoir avec amitié la lettre que son frère Charles lui adresse, et de la lire en secret ; et d'obtenir qu'il ordonne qu'on lui envoie le revenu du village de Douzy de l'année dernière et de la présente année, avec lequel il se propose de faire, en mémoire de lui, quelques ornemens pour le sépulcre de saint Remi, qu'il s'occupe à orner, et dont il va transférer le corps dans une chapelle nouvellement bâtie.

A Nantaire, son fidèle ami, pour le charger de l'administration des biens de Saint-Remi situés au pays de Worms ; il lui dit que plusieurs lui ont demandé de leur prêter des colons pour différens travaux, et d'autres, de permettre que leurs chasseurs séjournassent quelque temps sur ces terres ; mais qu'il s'y est refusé et s'y refusera toujours, parce que ses prédécesseurs n'ont pas osé accorder cette permission, et que saint Remi l'a défendu avec grandes menaces et malédictions, etc., etc.

Au comte Immon, au sujet des biens de son église situés dans le royaume d'Aquitaine, pour le prier de prêter assistance à celui qui est chargé de les administrer.

Au très-illustre comte Gérard, en faveur d'Isaac, élu évêque de Langres, pour qu'il s'emploie à le faire ordonner, parce que Wulfade, qui s'était emparé de ce siége, ne pouvait canoniquement y être ordonné; — *item*, en réponse à ce que lui avait mandé le comte, à savoir que Charles, roi de France, voulait envahir le royaume de Charles, roi de la Gaule cisalpine, son seigneur. Hincmar le rassure et lui affirme qu'il n'en est rien. — Gérard aussi se plaignait d'avoir entendu dire qu'Hincmar avait formé appel au roi touchant les biens de Saint-Remi situés en Provence : celui-ci lui affirme qu'il n'en a rien fait, et que toutes les fois qu'il a eu quelque affaire au sujet de ces biens, il ne s'est adressé à aucun autre qu'à Gérard lui-même ou à ses fidèles. — Le comte écrivait que le bruit courait que Charles voulait envahir les monastères que lui Gérard avait voués et donnés au bienheureux apôtre saint Pierre ; que si les biens qu'il possédait en France lui étaient enlevés par le roi, il se verrait forcé, contre sa volonté, à s'emparer de tous les biens de France situés en son pays. — L'archevêque lui répond que jamais de son consentement personne n'envahira les biens de l'Église à son péril, affirmant qu'il ne craint rien tant sinon que le Seigneur ne le juge digne de cette affliction, et que l'église qui lui est confiée ne subisse cette souffrance du temps de son sacerdoce ; mais que si quelqu'un ose se porter à cet excès d'audace, il s'en afflige plus pour lui que pour lui-même; et pour le prouver il fait voir, d'après les autorités divines, à quels périls s'expose un usurpateur. Quant au conseil que lui donnait le comte d'user des droits de son ministère pour détourner le roi de pareils excès, Hincmar répond que, n'ayant rien pénétré de semblable dans ses dispositions, et ne pouvant se permettre de reprendre son seigneur sur de vains bruits, il s'est abstenu de toute remontrance; mais que maintenant qu'il y a des motifs et une personne digne de foi à alléguer, il s'efforcera d'avertir sa Domination avec la dévotion et la fidélité dont son devoir lui fait une loi. — *Item*, touchant les biens de Saint-Remi, dont nous venons de parler. Gérard témoignait sa douleur à l'archevêque de ce qu'ils étaient ravagés par plusieurs, et de ce que quelques-uns des auteurs de ces ravages disaient qu'ils étaient autorisés par le roi Charles et le seigneur Hincmar à s'en emparer. Hincmar lui certifie que depuis qu'il lui a confié ces biens, il ne les a jamais remis en la garde d'aucun autre, si ce n'est seulement qu'il a enjoint à un certain Hildoard, son élève, de prêter secours et assistance au principal village en ce dont il pourrait avoir besoin, mais toujours sous la protection et sauve-garde du comte Gérard; il ajoute ensuite ses instructions sur les mesures à prendre contre les usurpateurs; il répète qu'il n'oserait jamais donner ces biens en bénéfice à aucun de ses hommes ni à l'homme d'un autre, parce que saint Remi l'a défendu dans son testament avec des menaces terribles. — Que le comte, qui, par amour de la sainte mère de Dieu et de saint Remi, a bien voulu prendre ces biens sous sa protection, continue donc à procurer leur sûreté avec le même courage; et en récompense, dans l'église de Rheims, dans plus de dix monastères de chanoines, de moines, de religieuses, plus de cinq cents intercesseurs prieront pour son salut présent et à venir, en chantant des psaumes et des cantiques spirituels, ou offrant le saint sacrifice, etc., etc. — *Item*, sur le même sujet, presque les mêmes choses; — *item*, en lui envoyant, pour administrer ces biens, toujours sous sa protection et avec son secours, un moine et prêtre du monastère de Saint-Remi, nommé Rotfried.

A l'illustre comte Rodolphe, sur la maladie de sa femme, et sur le bruit qui lui était parvenu que le comte jetait des semences de discorde entre le roi et quelques-uns de ses sujets; Hincmar lui dit que les mêmes imputations lui sont faites à lui-même, qui se croyait pourtant à l'abri de pareils soupçons; qu'on lui mande sur ceux qui sont avec le roi des choses qui ne conviennent pas; qu'en conséquence il ne peut ni lui écrire, ni lui rien mander par messager, jusqu'à ce qu'ils aient eu une entrevue, et qu'ils aient avisé ensemble aux intérêts et à l'honneur de leur commun seigneur; qu'il se rende le plus tôt possible auprès du roi; que tant qu'il vivra auprès de lui il fasse tous ses efforts pour se garder, devant Dieu, pur de cœur et d'œuvre, et qu'il sache tenir sa langue, même devant ceux qu'il croit ses amis : il lui parle aussi de la convocation des fidèles du roi, de la direction de son esprit, des divisions qui déchirent le royaume, du meurtre des Bretons Hérispoé, Salomon et Almarque, et du voyage de la reine auprès du roi, que le comte lui-même lui avait annoncé; enfin il lui exprime ses craintes sur le roi; — *item*, sur la nouvelle que le comte lui donnait lui-même dans ses lettres d'un différend survenu entre le roi et lui, ce dont il est vivement affligé : il le prie de faire son possible auprès du roi pour l'affaire dont il lui parle dans ses lettres; et s'il lui répond, de lui mander tout ce qu'il aura découvert. Il raconte ensuite ce qui lui est arrivé au sujet de ses hommes qu'il a menés avec lui sur la Loire. Enfin il le console et le réconforte dans le Seigneur, l'engageant à ne pas se laisser émouvoir légèrement par des choses qui n'émeuvent que ceux qui ne savent pas craindre Dieu, et à conserver son nom pur et intact jusqu'à la fin, comme il a commencé; il connaît assez, dit-il, le cœur du roi pour assurer que, quoique ému de passion contre lui, aussitôt qu'ils auront eu une entrevue ensemble, et qu'il lui aura manifesté tout son dévoûment, le roi le traitera comme il convient et comme il le mérite. Il le conjure d'effacer en lui, selon l'Apôtre, tout ressentiment avec toute malice ; et forme le vœu qu'il ait d'autant plus d'affection pour le roi que le roi est son neveu; et qu'il soit d'autant plus soumis et humble envers lui, qu'il est son seigneur, etc., etc.

A un certain Welfe, homme noble, pour lui rendre grâces de lui avoir conservé son amitié, et de n'avoir pas voulu recevoir sans son consentement un de ses hommes qui s'était enfui sans motif et sans permission, ce qu'aucun des siens n'avait encore jusqu'ici osé faire : il lui raconte avec quelle bonté il a élevé et nourri cet homme, de combien de bienfaits il l'a comblé, et avec quelle irrévérence il s'est conduit, étant chargé d'une mission de son seigneur pour le roi : il le prie de ne pas le recevoir avant qu'il n'ait eu un entretien avec lui, et qu'il ne sache s'il a réellement de justes sujets de plainte contre lui ; ajoutant que s'il lui a parlé ainsi sur cet homme, ce n'est pas qu'il lui garde quelque haine, mais pour empêcher un ami de pécher contre Dieu et d'offenser son ami en recevant ce fugitif contre la justice, surtout lorsque sans blesser l'amitié, il pourra le conserver avec sa permission.

A Foulques, comte du palais du roi, au sujet d'un prêtre du diocèse de Soissons, qui, renonçant à ses juges ecclésiastiques, en appelait au jugement civil contre son accusateur, qui de son côté promettait qu'il prouverait ce qu'il avançait. Hincmar mande au comte de ne pas se mêler de cette cause avant qu'il n'ait lui-même examiné si cela peut se faire sans blesser les règles, parce que le jugement des causes des prêtres ou de l'Église appartient aux évêques et aux synodes, et non pas au *Mallum*[1] ou aux juges civils, etc., etc.

A l'illustre comte Maïon, pour le remercier de la bienveillance et de la sollicitude qu'il témoigne à Thierri, évêque de Cambrai, et à son église : il le prie, si de leurs jours ce digne serviteur de Dieu venait à être rappelé de ce monde auprès du maître commun, de faire son possible auprès de l'empereur Lothaire pour en obtenir au clergé et au peuple de Cambrai la permission de faire une élection. — Quant au maintien de la paix entre les rois, dont le comte l'avait entretenu dans ses lettres, il lui répond qu'il l'a toujours desirée, qu'il n'a négligé ni soins ni avertissemens pour qu'elle subsistât inviolable entre eux, et qu'il ne cessera d'y travailler autant qu'il le pourra avec l'aide de Dieu.

[1] Assemblée des hommes libres où se jugeaient les procès.

A Roric, Normand converti à la foi de Jésus-Christ; il l'engage à persévérer et avancer dans la volonté de Dieu et dans l'observation de ses commandemens, comme il entend dire par beaucoup qu'il en a l'intention et qu'il le fait; et à ne se laisser persuader par personne de donner conseils ou assistance aux païens contre les chrétiens, parce qu'il ne lui servirait de rien d'avoir reçu le baptême de chrétienté, si par lui-même ou par d'autres il pratiquait contre les chrétiens des menées perverses et funestes : il ajoute beaucoup d'autres choses, insistant toujours sur le péril où l'exposeraient de telles machinations : il lui enjoint de ne pas recevoir Baudouin, que l'esprit de Dieu, auteur des saints canons, a anathématisé par l'organe de l'autorité épiscopale, pour avoir enlevé la fille du roi, et en avoir ensuite fait sa femme; et de ne pas permettre que Baudouin trouve auprès de lui ni refuge ni consolation, dans la crainte que lui et les siens ne soient enveloppés dans son péché et dans son excommunication, et damnés; qu'au contraire il se montre toujours tel que les prières des saints lui puissent profiter.

A Luitard, homme de grande naissance, touchant les périls auxquels il lui est revenu qu'il expose son ame; particulièrement au sujet d'un prêtre qu'il avait expulsé de son église contre les lois, pour en mettre un autre à sa place : il l'avertit, avec une bonté et une autorité toute épiscopale, de s'abstenir de pareilles infractions, lui déclarant que, s'il n'obéit, lui-même fera contre lui ce que les lois de l'Église lui commandent, et le dénoncera comme excommunié, dans tous les royaumes et à tous les évêques, jusqu'au pape de Rome : il lui apprend que le prêtre étranger qu'il a mis à la place du prêtre légitime est excommunié de tout le diocèse de Rheims ; — *item*, dans une autre lettre il l'appelle son fils bien-aimé, et dit qu'il lui donne ce titre afin qu'il se conduise de manière à mériter toujours de rester dans son affection. Mais bientôt, apprenant qu'il ne se conduit pas comme il le devrait envers l'église de Rheims, qui l'a comblé de bienfaits, et qu'il porte l'ingratitude jusqu'à inquiéter sans cesse et ne pas laisser vivre en paix les colons et serviteurs de cette église, il lui ordonne, au nom de Dieu, de la sainte Vierge, et de saint Remi, de son autorité épiscopale, et du ban du roi, dont il est le messager et le ministre, de ne causer aucun trouble ou dommage, ni lui ni ses hommes, aux hommes de l'église de Rheims, soit par ruse secrète, ou seulement par consentement. Que s'il a quelques justes réclamations à faire contre l'église de Rheims, il s'adresse à la loi ; sinon qu'il s'attirera toutes les peines qu'il mérite, soit de l'autorité épiscopale, soit de l'autorité royale, dont lui Hincmar a mission. Il excommunie aussi un des diacres de Luitard, qui tourmentait les serviteurs de saint Remi, etc., etc.

Au comte Théodulphe, au sujet d'un attentat aux droits du ministère ecclésiastique. Il s'était permis, à la mort d'un prêtre, de prendre ce que ce prêtre avait ordonné de distribuer en aumônes pour le bien de son ame ; et en outre il avait usurpé les biens que le prêtre laissait à son église. Hincmar lui démontre, avec la plus grande évidence, qu'il a commis un sacrilège ; que les églises sont soumises à l'autorité et à l'administration des évêques par les sacrés canons et par les capitulaires impériaux. C'est pourquoi il lui enjoint,

conformément aux institutions canoniques et aux ordonnances royales, de rendre sur-le-champ à cette église tout ce qu'il lui a pris, de restituer aux divers prêtres les legs qui leur avaient été faits, ensuite de venir auprès de lui pour recevoir guérison et santé de l'ame, lui donnant sept jours après la réception de ses lettres, et lui ordonnant de comparaître le huitième, afin de se justifier, si ce qu'on lui impute est faux, ou de donner satisfaction convenable si l'accusation est vraie. Que si Théodulphe refuse d'obéir, lui Hincmar transmettra au roi copie des présentes lettres, afin que le prince remplisse son ministère; et qu'ensuite lui-même usera de toute son autorité. Et comme il avait entendu dire que le comte se disposait à vendre à un prix déterminé l'église dont il est question, il ajoute :
« Sache donc bien que si quelque clerc te donne même
« un seul denier, ou pour cette église, ou pour toute
« autre de mon diocèse, soit par lui-même, soit par
« quelque personne par lui envoyée, il n'y sera pas
« ordonné par moi. Que si tu veux avoir un prêtre
« en cette église, présente moi tel clerc que tu vou-
« dras, pourvu qu'il soit propre au saint ministère ;
« je l'examinerai, lui donnerai l'église', et l'ordonne-
« rai aussitôt qu'il m'aura prouvé qu'il n'a donné au-
« cun argent pour l'obtenir. Si tu ne veux pas faire
« comme je te dis, je prendrai des mesures pour que
« le peuple ait ministre et offices en attendant que
« j'ordonne définitivement. Et si, contre toutes les
« lois divines et humaines, tu y apportes quelque em-
« pêchement, le prêtre ordonné provisoirement de-
« meurera, et toi, et tous ceux qui seront d'accord avec
« toi, vous serez séparés de toute la chrétienté jusqu'à

« satisfaction. Je ne t'écris ainsi, et ne te donne ces
« avertissemens, mon cher fils, que parce que je de-
« sire te voir heureux et honoré, et pouvoir, entre
« tous les fils de l'Église, te traiter comme mon fils. Et
« si tu me forces, comme dit le Seigneur dans l'Évan-
« gile, à ne voir en toi qu'un païen et un publicain,
« c'est à toi et non à moi que tu devras l'imputer.
« Après que j'avais dicté cette lettre, il m'a été dit que
« tu as chassé de l'hôpital de cette église les pauvres
« qui y avaient été placés par mon ministre, que tu y
« as envoyé un nommé Bovaire, et que tu as reçu un
« âne pour prix de cette admission. S'il en est ainsi,
« non seulement tu as agi criminellement, parce que,
« contre toutes les lois, homme laïque, tu as usurpé
« le ministère ecclésiastique et vendu l'aumône, c'est-
« à-dire la miséricorde des pauvres, et par consé-
« quent, comme le traître Judas, Dieu lui-même, qui
« est la miséricorde des pauvres; mais encore tu t'es
« couvert de honte, en poussant l'avarice jusqu'à re-
« cevoir un âne pour prix de l'aumône dont doivent
« vivre de pauvres mendians, toi comte et conseiller
« honoré du roi. Tous ceux qui le sauront pourront
« juger quelles doivent être, en d'autres causes, ta
« justice et ta droiture, ton amour et ta crainte de
« Dieu, et ton respect pour ton ministère, quand tu
« ne rougis pas de tirer un gain honteux d'une telle
« et si profonde misère. »

A Anselme, homme d'illustre naissance, au sujet
d'un prêtre qu'il avait accusé auprès de lui, mais
contre lequel il n'avait pas comparu en personne au
jugement. Il lui annonce qu'il a purgé canoniquement
ce prêtre de l'accusation en présence des envoyés

d'Anselme lui-même, et d'un grand nombre, tant clercs que laïques, et que, s'il ne lui envoie pas plusieurs prêtres pour le lui attester par serment, c'est qu'il ne le doit pas. Il l'exhorte à rejeter de son cœur tout sentiment de rancune qu'il pourrait avoir contre ce prêtre, lui remontrant combien c'est un grand mal de garder de la haine au fond du cœur. Il lui défend, au nom de Dieu et de ses saints, de causer aucun préjudice et de susciter quelque machination à ce prêtre, sinon il sera obligé d'user envers lui de la puissance de son ministère.

A Bernard, comte de Toulouse, son parent, touchant les biens de l'église de Rheims situés dans le royaume d'Aquitaine, que Bernard demandait qu'on lui concédât sauf redevance; Hincmar répond qu'il ne peut lui accorder sa demande, parce qu'il n'ose à cause du testament de saint Remi, qui l'a absolument défendu.

A un autre Bernard, comte de Riom, pour qu'il ait un entretien avec Bernard de Toulouse, et l'engage à ne pas donner les biens de l'église de Rheims en bénéfice à ses hommes, comme il apprend qu'il le fait; il lui annonce aussi que c'est lui qui sera chargé de l'information, si le roi ordonne l'enquête; — *item,* à Bernard de Toulouse sur le même sujet; il l'adjure au nom du Dieu tout-puissant, de notre Seigneur Jésus-Christ, de sa sainte Mère et de saint Remi, de ne se permettre acte d'usurpation sur ses propriétés, de ne causer aucun dommage ou empêchement aux serfs qui les cultivent, ni de molester aucunement Bernard, comte d'Auvergne, qu'il a chargé de les défendre; que s'il refuse d'obéir, il l'exilera du seuil de l'Église et le séparera de la communion des fidèles, de concert avec tous les évêques d'Aquitaine et des autres royaumes ; — *item,* pour l'admonester encore sur le même sujet ; il l'engage à se concilier l'amitié et la protection de la sainte Vierge Marie et de saint Remi, en respectant leurs biens ; lui montre à quel péril on s'expose en retenant injustement les biens de l'Église ; et l'exhorte à faire tout son possible pour ne pas mériter l'animadversion de l'Église en ce monde, et sa perdition éternelle en l'autre ; — *item,* parce que Bernard continuait de causer préjudice et grand dommage à l'église de Rheims, il lui rappelle qu'il a déjà été condamné par les sacrés canons, par le jugement des saints, par lui et par les autres évêques dont il usurpe les biens ; il lui annonce qu'une ambassade est déjà partie, qu'une autre va partir avec autorisation de l'empereur pour porter plainte au pape de sa conduite, et en obtenir qu'un synode soit convoqué de son autorité, et que lui et tous autres usurpateurs des biens de l'Église soient frappés de la sentence de condamnation ; il l'avertit donc auparavant, selon la loi évangélique et de son autorité épiscopale, et lui défend, par la croix et le sang de notre Seigneur Jésus-Christ, de s'attribuer aucune autorité sur les biens de l'église de Rheims, ni de consentir à ce qu'aucun s'en attribue, si ce n'est pour les défendre contre les usurpateurs.

Aux comtes Engelramne, Josselin et Adalelme, pour leur envoyer copie des lettres du roi qui lui ordonnent de convoquer les évêques et les laïques ses fidèles, afin de résister au diacre Carloman, fils du roi, qui s'était révolté contre son père : dans ses lettres jointes à l'ordonnance du roi, examinant ce qu'ils doivent faire, il leur déclare que Carloman n'est pas de sa province, puisqu'il a été ordonné par Hildegaire, évêque de Meaux, et que, selon les canons, il n'a aucune autorité sur lui; qu'il n'a pas non plus le pouvoir de convoquer les évêques d'une autre province; que ce n'est pas d'ailleurs le moment de rassembler les suffragans de son siége, puisque c'est le temps de la nativité du Sauveur; enfin, quand même les évêques se rassembleraient et interdiraient leur diocèse à Carloman, il n'en croirait pas moins devoir persister dans sa résolution, si aucun pouvoir n'y apporte opposition: il les exhorte à peser mûrement ce qu'ils doivent faire d'après cette ordonnance, afin de ne pas empirer le mal; il leur indique de quelle manière ils doivent se réunir, et comment convoquer les autres; enfin il conseille à Carloman de ne pas provoquer contre lui la colère de Dieu, de son père, des évêques du royaume et du peuple, de peur que lui et ceux qui seront avec lui ne se perdent corps et ame; il exprime le desir que lui-même et les comtes envoient auprès du roi pour le rendre le plus favorable qu'ils pourront à son fils; que s'ils ne sont pas de cet avis, ils lui récrivent, etc., etc.; —*item,* aux mêmes sur le même sujet; il estime que ce qu'il y a de plus prudent, c'est de ne pas mettre le peuple en mouvement avant de s'être concertés ensemble, et d'avoir mûrement considéré si l'on ne peut rien obtenir de Carloman, persuadé qu'il se rendra peut-être à leurs conseils et aux siens, etc., etc.

A Carloman, Josselin et Conrad, pour leur transmettre le message du roi qui lui ordonne, à lui Hincmar, de venir avec ses autres fidèles pour prendre ses ordres et en faire part à Carloman : il leur désigne le lieu, le jour, l'heure où ils doivent se trouver ; il invite Carloman à envoyer Josselin et Conrad ; ou, s'il l'aime mieux, à venir lui-même pour entendre avec tous le message du roi, et examiner ensemble ce qu'il y aurait de mieux à faire pour son salut et son honneur.

Au comte Hardouin, encore sur les affaires de Carloman : il lui raconte où en sont maintenant les choses ; que de part et d'autre des otages ont été donnés ; qu'ils ont eu un entretien avec Carloman, et qu'ils lui ont conseillé de vivre en paix dans le royaume, et de venir avec eux au devant de son père : mais que le roi étant arrivé plus tôt qu'on ne l'attendait, il ne sait plus ce que fera Carloman ; cependant il l'engage à se tenir prêt à exécuter les ordres du roi ; — *item*, au sujet de quelques malfaiteurs dépendans d'un certain Wipert, qui commettaient des rapines, des meurtres, des incendies et autres crimes : il l'exhorte à prendre avec son frère Hadebold toutes les mesures nécessaires pour réprimer par les lois et faire cesser ces désordres, s'ils ne veulent encourir la disgrâce du roi, qui les a établis ses messagers et commissaires en ce royaume ; lui-même y mettrait tout son zèle s'il n'était pas empêché par ses infirmités : il lui ordonne de se procurer un entretien avec Gaulfe, un des fidèles du roi, qui passe pour donner asile à ces malfaiteurs ; de lui remontrer à quel danger il s'expose en les recevant, et de le sommer de s'en abstenir désormais ; — *item*, sur ce qu'il avait dit à Hardouin dans ses lettres qu'on l'accusait auprès du roi, mais ne s'était pas expliqué expressément sur l'accusation ; il lui mande de lui envoyer un messager fidèle et habile, qui lui fasse connaître exactement la vérité, afin qu'ensuite il lui donne les conseils qu'il croira les meilleurs, et le puisse aider de tous ses moyens en cette affaire.

A un certain Maingand, son ami, au sujet des biens de saint Remi situés dans les Vosges, dont quelques-uns voulaient retrancher et s'attribuer une manse avec ses dépendances. Déjà des envoyés du roi Louis avaient fait une enquête, et avaient reconnu que l'église de Rheims possédait légitimement cette métairie, et qu'aucune autre puissance que l'église de Rheims ne possédait un pouce de terrain dans l'enceinte des limites des biens que saint Remi avait achetés en ce pays ; en conséquence il le prie de faire rendre à l'amiable la propriété contestée au domaine de l'église de Rheims ; sinon, d'empêcher qu'elle ne soit rendue ou adjugée à aucun autre, jusqu'à ce que l'archevêque Luitbert et lui-même soient arrivés, et aient fait légalement plaider la cause par un avocat de l'église, etc., etc. ; — *item*, sur le même sujet, pour le prier de prendre le plus grand soin de ces biens, etc., etc.

A Erluin, aussi son ami, touchant les mêmes biens et la manse en question ; —*item*, pour le remercier de la protection qu'il accorde aux propriétés et aux colons de l'église de Rheims ; il le prie de continuer comme il a commencé, et de prêter son assistance aux monastères des serviteurs de Dieu, pour qu'ils puissent obtenir la poix qui leur est assignée sur ces biens ; et aussi de donner ses soins pour faire rentrer au domaine de son église quelques manses qu'on en détachait injustement ; il lui envoie des présens en or et en argent, et lui promet ses services, tant spirituels que temporels; — *item,* pour lui faire part des bruits qui lui parviennent au sujet de ces biens; il le prie de suggérer au roi Louis la pensée de restituer à l'église de Rheims les biens qui lui ont été enlevés, de s'en faire donner la charge, et de se faire nommer commissaire du roi pour informer et faire justice : il lui envoie en présent quelques vases d'argent; — *item,* sur ce qu'il lui est revenu qu'un certain Lantfried se vante d'avoir obtenu ces biens de l'empereur Charles, pour les tenir en bénéfice, avec le consentement de lui Hincmar; il proteste que tout cela n'est que mensonge, et que tous les rois qui sont sous le ciel n'obtiendraient pas de lui de consentir à ce que ces biens fussent tenus par quelqu'un, à cause des liens d'excommunication dont saint Remi charge en son testament quiconque l'oserait.

A Odalric, comte illustre et son ami, pour lui recommander ses hommes, dont Louis-le-Germanique, roi et seigneur d'Odalric, maltraitait les biens, commettant envers eux toutes sortes d'injustices : il le prie d'engager son roi à craindre le jugement du Roi des rois, et à réparer le mal qu'il a fait; et comme le roi affectait de croire que lui Hincmar conseillait à son roi de saisir les biens que les fidèles de Louis possédaient en France, et de dire que c'était pour cela qu'il s'emparait des biens de ses fidèles en Germanie, Hincmar objecte que le roi n'aurait pas dû croire pareille chose d'un évêque catholique, son fidèle, avant de connaître la vérité; qu'au contraire il a combattu l'avis de ceux des conseillers qui donnaient ce conseil à son seigneur : il rappelle comment Carloman, frère de Charlemagne, a donné ce village de Neuilly, à saint Remi, et comment, depuis ce temps jusqu'à ce jour, il a été régi et administré; enfin, il lui remontre qu'il ne s'agit de rien moins que du péril de son honneur et de son ame, s'il pouvait consentir à laisser dépouiller l'église qui lui est confiée, et s'il cachait au roi son seigneur les périls qu'il encourt, lui qui pour le monde entier ne voudrait pas perdre son rang et son ame, etc., etc.; —*item*, pour le remercier d'avoir eu égard à sa demande, et d'avoir rendu service à ses fidèles : il l'assure qu'il lui garde toute son affection, et l'engage à continuer et à ne jamais se désister de sa bonne conduite.

A Bertrand, comte du Tardenois, son parent, pour l'engager à prêter serment de fidélité au roi, qui se trouvait alors dans son canton; — *item,* au sujet du lieu où reposait le corps de sainte Patricie, et qui manquait de prêtre; il l'engage à désigner le plus promptement possible, aux ministres ecclésiastiques, un clerc apte au saint ministère, qui puisse être ordonné; qu'il tienne pour certain qu'il ne laissera pas ce lieu sans pasteur après l'ordination qui doit se faire prochainement, parce qu'il ne peut abandonner le peuple à un pasteur mercenaire et étranger; s'il ne lui présente pas le plus digne qu'il aura pu trouver, il ordonnera le meilleur qui lui tombera sous la main; — *item,* pour Haimon, un de ses fidèles, que le comte faisait citer devant lui par un ban, tandis que, par l'ordre du roi, il avait été donné à l'archevêque.

A l'illustre comte Boson, sur l'élection d'un évêque à Senlis; il lui remontre qu'il n'est pas de son ministère de désigner qui que ce soit particulièrement, etc., etc.

A Boson, personnage illustre, pour le remercier de la fidélité avec laquelle il tient la promesse qu'il lui avait faite de protéger les biens de l'église de Rheims. Il l'engage à se conduire toujours de telle manière que ses prières et celles de son église lui puissent profiter, et ne lui dissimule pas qu'on lui a dit qu'il se permettait des actions coupables et périlleuses, en donnant à ses hommes les biens de diverses églises, ce qui lui fait craindre que les prières que les fidèles adressent pour lui au Seigneur ne soient couvertes et étouffées par les clameurs des saints qui règnent avec Dieu dans les cieux, etc., etc.

Au comte Coiran, au sujet d'un de ses hommes accusé d'avoir commis quelques crimes graves; le prélat n'osant pas l'absoudre sans examen et sans discussion, le prie, au nom de l'affection qu'il lui porte, de donner l'ordre à cet homme de venir devant lui pour se disculper ; que s'il refuse, il le frappera beaucoup plus sévèrement, soit en sa qualité d'évêque, soit en sa qualité de commissaire du roi.

A Isambert, personnage illustre et son ami, pour lui recommander son neveu Hincmar, qu'il appelle malheureux, sans doute à cause des peines sévères que lui ont attirées ses fautes ; il le prie de le secourir en tous ses besoins. — Au comte Rainold, au sujet des biens de l'église de Rheims, dont celui-ci lui avait annoncé le recouvrement et la reprise sur les usurpateurs qui les désolaient.

A l'illustre comte Theuderic, en lui envoyant le rôle des hommes qu'il arme pour une expédition et pour le service du roi ; — *item*, à l'occasion de quelques présens en argent qu'il envoie au roi, obligé de séjourner pour le service de Dieu, dans un pays désolé par les païens; — *item,* sur la sollicitude que, du vivant du roi Louis, mort depuis peu, Theuderic avait témoignée aux fils de ce roi; il le prie de ne pas trouver mauvais qu'il l'avertisse, par amitié, qu'il doit être une sentinelle vigilante auprès de ces jeunes princes; il lui montre qu'il n'y a pas seulement une grande présomption, mais un grand péril à ce qu'un homme administre à lui seul tout le royaume, sans l'avis ou le consentement d'un grand nombre; sur quelques affaires qu'il lui avait mandées, il lui fait connaître de quelle manière les choses avaient été réglées autrefois entre les rois Louis, Lothaire et Carloman, et de quelle manière il conviendrait de les régler aujourd'hui; il cite et ajoute quelques capitulaires rédigés et arrêtés en commun par les trois rois, Louis, Charles et Lothaire; — *item,* pour lui recommander un évêque plein de vertu et de religion; il le prie de lui accorder un entretien, afin que par son intervention il puisse parvenir à être présenté au roi, et obtenir ce qu'il demandera avec justice et raison. Il lui a écrit encore sur beaucoup d'autres sujets.

A Hugues, fils du roi Lothaire; il lui rappelle qu'il a eu pour ami son père et son aïeul, l'empereur Lothaire; et que, desirant son salut, il croit devoir lui faire connaître par affection les périls auxquels il s'expose par sa conduite. On dit que de nombreux brigands ont formé avec lui une association coupable, et que sous la conduite ou par les conseils du prince, ils exercent d'innombrables et horribles ravages et une foule d'autres crimes qui tous retomberaient sur sa tête. Il lui remontre combien il est à craindre que de si grands crimes ne lui attirent les peines éternelles, et il lui déclare que sa conduite a été dénoncée au synode qui vient de se tenir en Neustrie. Il lui reproche aussi de méditer une invasion dans le royaume de France, et lui mande qu'il a été chargé par le synode de Neustrie de l'avertir et de le sommer, selon ce que les lois prescrivent, de se repentir d'une si insigne violence, de se séparer des malfaiteurs, et de renoncer à troubler et envahir le royaume; que s'il refuse de se rendre à ses avertissemens et aux ordres du synode, il convoquera les évêques de son diocèse et des diocèses voisins, et en assemblée synodale le frappera d'excommunication, lui et tous ses complices et fauteurs; qu'ensuite tous ces évêques réunis notifieront la sentence d'excommunication au pape de Rome, et à tous les évêques et princes des royaumes voisins. C'est pourquoi il l'avertit, avec toute la tendresse d'un père pour son fils, de réfléchir à quel péril il s'est exposé, lui proposant plusieurs sentences des saintes Écritures, afin qu'il puisse reconnaître son danger, l'exhortant et le conjurant de ne pas croire les flatteurs, de se garder de tenter l'invasion du royaume, et de se rappeler quel profit est revenu à ses oncles d'avoir entrepris l'invasion de la France contre la loi de Dieu, et que, pour des travaux aussi entrepris contre la volonté du Seigneur, son père a perdu le trône et la vie. Il lui cite les peines que les lois portent contre les usurpateurs. Il ajoute que le roi lui a dit et même montré qu'il était dans l'intention de combler Lothaire d'honneurs et de dignités s'il n'était pas coupable: qu'il se garde donc d'écouter les conseils des hommes dépravés, et évite les méchans qui fleurissent pour un temps, mais bientôt sécheront comme l'herbe; que plutôt il écoute la sainte Écriture, qui dit avec tant de vérité : *Attendez le Seigneur, et gardez sa voie, etc.* Enfin il termine en le priant de lui répondre avec franchise et vérité.

A Engilgaire, personnage illustre, la lettre suivante :

Hincmar, évêque, à Engilgaire, salut.

« Il nous est revenu que, contre toute raison et justice, tu as forcé Rathramne, un de tes hommes, à prêter un faux serment : quoiqu'il te doive service et obéissance, cependant, pour son salut, comme toi pour le tien, il est commis à nos soins. C'est pourquoi je te mande que je m'étonne que tu n'aies pas compris qu'il y avait pour toi un bien plus grand péril à précipiter un homme dans le parjure par persuasion ou par terreur, qu'à te parjurer seul. Car où il n'y aurait que parjure tu ajoutes l'homicide, puisqu'en forçant un autre à se parjurer, tu te perds toi et lui. C'est pourquoi, si les choses sont comme elles nous ont été rapportées, nous t'ordonnons de t'abstenir de l'église et de l'autel, jusqu'à ce que tu sois venu près de nous, que tu nous aies donné une excuse suffisante pour une telle imprudence, ou que tu te sois soumis à une pénitence convenable. »

A Leudowin, son ami, plusieurs lettres touchant les biens et les serfs de l'église de Rheims situés en Provence; — *item*, à Létuard et Hilduard, et plusieurs autres du même pays, tant pour les biens de son église que pour le salut de leurs ames.

Au comte Achade, au sujet des rapines qu'on lui

dénonce comme exercées par ses hommes dans son comté; et touchant un village d'où il se préparait à enlever les blés appartenans à l'église de Rheims. Il lui notifie que, s'il se permet d'enlever la moindre chose, il l'excommuniera lui et les siens, et les séparera de toute la chrétienté; et qu'en vertu de son autorité de messager et commissaire du roi, il lui fera subir les peines portées contre tout comte qui commet des injustices dans son comté.

Au comte Amalbert, sur l'injustice qu'il a commise en rendant un jugement par lequel il exige que les biens d'un mort lui soient remis par le légataire, qui, selon les volontés du défunt, les a distribués en aumônes à son intention. Il frémit à la pensée que, chrétien et destiné à mourir, il n'ait pas craint de commettre une pareille injustice, ni redouté le jugement de Dieu. Il lui montre par l'autorité des saintes Écritures, et lui remet sous les yeux toute l'énormité du crime qu'il a commis. Il mériterait d'être regardé comme un mercenaire et non comme un pasteur, s'il pouvait voir l'injustice et la taire; il est commissaire de l'empereur, et a des instructions qui le chargent de défendre les étrangers et les pauvres. En conséquence il ordonne, au nom du Dieu tout-puissant, du ban de l'empereur et de son autorité épiscopale, tant au comte qu'à tous collecteurs des impôts ou juges qui ont pris part à ce jugement, de ne porter aucune condamnation contre cet homme pour cet objet, de ne l'inquiéter ni lui causer aucun embarras, jusqu'à ce que lui Hincmar, soit par lui-même, soit par des envoyés chargés de ses pouvoirs, ait exactement instruit la cause, et ait rendu une décision juste et raisonnable, selon les lois ecclésiastiques et humaines ; déclarant que quiconque osera le faire, au mépris des commandemens de Dieu, d'abord il le fera punir selon les capitulaires légaux ; qu'ensuite, selon les lois ecclésiastiques, il le fera retrancher de la communion des chrétiens jusqu'à satisfaction. Il affirme, en outre, que tous ceux qu'il aura cités devant lui afin de pouvoir informer la cause avec exactitude, et la juger légalement et régulièrement, et qui refuseront de venir après trois avertissemens, il leur interdira tout commerce avec les chrétiens jusqu'à satisfaction, à moins qu'ils n'allèguent une excuse légitime. Il finit en les épouvantant des fléaux et des peines que subissent tant de gens, en leur remontrant que s'il leur parle si durement d'après la parole de Dieu, c'est pour leur faire comprendre quelle offense ils commettent en cette affaire contre les commandemens de Dieu et en violation des saintes Écritures, et en les conjurant de ne pas ajouter à la mesure de leurs péchés le poids des péchés d'autrui.

A Sigebert, touchant l'injustice et le préjudice qu'il avait causé à un prêtre pour une certaine église; il lui mande de réparer sur-le-champ sa faute, et de se garder à l'avenir de pareilles légèretés et présomptions ; sinon il exercera contre lui toute la sévérité de son ministère, et notifiera à tous les autres évêques d'en faire autant.

CHAPITRE XXVII.

Des lettres qu'il a écrites à quelques reines.

Écrivant à l'impératrice Hermengarde, il la félicite de la ferveur de sa dévotion, et l'assure qu'il ne l'oublie jamais dans ses prières, et ne manque jamais de faire en son nom quelque offrande au Seigneur; — *item,* en réponse aux lettres qu'elle lui avait écrites et dans lesquelles elle lui mandait que quelques personnes lui avaient dit que c'était par ses ordres que beaucoup de dommages étaient causés aux biens du monastère d'Avenay, dont la princesse Berthe, sa fille, était abbesse : Hincmar lui proteste que c'est le diable, le père du mensonge, qui ment ainsi par la bouche de ses accusateurs. Cependant il ne nie pas que ses hommes n'aient pu commettre quelque injustice contre les biens du monastère; mais il soutient que c'est à son insu, sans son consentement, et contre sa volonté. Quant à une manse qu'elle prétendait aussi avoir été enlevée injustement au même monastère, il affirme, autant qu'il peut s'en rapporter au témoignage de sa conscience, qu'il n'a de sa vie enlevé une manse à qui que ce soit; qu'il a seulement demandé et obtenu du roi qu'il envoyât des commissaires qui, faisant des recherches exactes et pesant tout dans une juste balance, pussent adjuger cette manse à qui il appartiendrait, de l'église de Rheims ou du monastère d'Avenay;

lui, dit-il, qui a tout quitté pour Jésus-Christ, il n'a aucun desir ni besoin d'enlever à personne ce qui lui appartient; cependant il ne peut par négligence abandonner et laisser prendre sans raison et sans loi ce qui lui a été confié. — Il ajoute beaucoup de choses sur le monastère, qui, dit-il, a besoin du secours de l'impératrice et de celui de sa fille; il la prie d'envoyer quelque messager habile et fidèle avec un autre de la part de sa fille, qui viennent avec lui corriger ce qui est à corriger, et voir qu'il n'apporte en cette discussion d'autre intention et d'autre volonté que d'éviter qu'elles ou lui ne courent quelque danger pour leur ame, ce qu'il plaise à Dieu d'empêcher; il la conjure de se tenir toujours en garde, et de ne pas croire facilement au bruit des langues, surtout quand il s'agit des prêtres du Seigneur, parce que c'est le diable qui, ne pouvant obscurcir son jugement sur aucun autre point, cherche du moins à la faire errer, en lui inspirant une fausse opinion sur le compte de prêtres. — Enfin, quant à ce qu'elle ajoutait qu'elle avait parlé en sa faveur à l'empereur Lothaire, il lui soutient qu'elle a au contraire agi contre lui comme il ne convenait pas de le faire à une grande reine et à une épouse vraiment dévote au Seigneur. Hincmar lui répond : « Je sais qu'on a dit beaucoup de
« mal de moi, mais si l'empereur veut, il pourra facile-
« ment connaître que tout cela n'est que mensonge :
« cependant je n'ose l'en blâmer, parce qu'il est mon
« seigneur, et je me garde de dire de sa personne ce
« que je lis dans l'Écriture : « Celui qui écoute vo-
« lontiers des paroles de mensonge aura aussi des
« ministres impies; » c'est-à-dire qui lui diront volon-

« tairement des choses impies sur les pieux. Celui qui
« lui a dit de ma part ce que vous me mandez ne lui
« a pas dit la vérité, et a interprété en mal ce que j'a-
« vais dit en bien ; s'il voulait connaître la vérité, et
« si quelque envoyé me venait de sa part pour l'ap-
« prendre de moi, comme il en est venu qui m'ont
« calomnié, moi, prêtre du Seigneur, je satisferais vo-
« lontiers à ses desirs; mais quant à lui envoyer quel-
« qu'un, comme me le conseille votre bénigne Domi-
« nation, qui aille lui affirmer que je ne veux rien
« faire de contraire à la fidélité que je lui dois, vous
« savez quels mensonges ont cours en ce siècle,
« quelle doit être la sincérité d'un prêtre, et quelle
« fidélité je veux conserver à mon seigneur : comme
« d'ailleurs de méchans interprètes pourraient inter-
« préter le bien à mal, je ne puis le faire encore. Ce-
« pendant si mon seigneur Lothaire veut me croire,
« il peut s'assurer en toute vérité que je ne suis infi-
« dèle ni à lui ni à personne au monde; s'il veut
« croire, qu'il croie ; sinon, quand tous deux, lui
« entre les rois, moi entre les évêques, nous compa-
« raîtrons devant le Roi des rois et l'Évêque des évê-
« ques, il connaîtra pleinement la vérité sans le té-
« moignage de personne, etc., etc. »

A Berthe, abbesse du monastère d'Avenay, pour se plaindre des vexations que les frères et les serfs du monastère de Haut-Villiers et de quelques autres villages de l'église de Rheims souffrent de la part de ses hommes, depuis qu'elle est venue en ce royaume; il la prie de faire diligence et de mettre tout son zèle pour que l'église de Rheims ne souffre pas de si grands et inouïs dommages de son voisinage, elle qui au contraire devrait faire la joie et la consolation de cette église par sa bonne vie et sage conduite. Que, si elle faisait ainsi, elle se rendrait agréable au Seigneur, à la sainte Vierge, à saint Remi, et s'assurerait les services et la bonne volonté épiscopale. Mais que si elle négligeait de corriger ses sujets coupables, il serait obligé de porter ses plaintes aux oreilles du roi ; et qu'enfin, si les excès continuaient, il se verrait contraint d'exercer toute la sévérité du ministère ecclésiastique contre elle et contre les siens.

A la reine Hermentrude, sur les mesures à prendre pour l'élection d'un pasteur en l'église de Beauvais : il la prie de s'employer auprès du roi pour qu'il ne se laisse fléchir par personne à prendre quelque disposition illégitime au sujet de cette église, jusqu'à ce que lui-même, en venant remplir son service auprès du roi, lui fasse connaître ce qui est nécessaire à faire ; et qu'ainsi il puisse tout disposer selon la volonté de Dieu et l'utilité de l'église de Beauvais.

A Rotrude, vierge consacrée au Seigneur, et aux autres sœurs du monastère de Sainte-Croix et de Sainte-Radegonde, pour l'élection d'une abbesse, pour laquelle le roi avait ordonné à l'archevêque Frotaire, à Érard et à Angenold de se rendre au monastère, afin de la présider et diriger selon les règles et formes prescrites par les saints canons. Hincmar leur enjoint que si toutes les congrégations, d'une voix unanime, ou au moins la majorité, donnent leur suffrage à Rotrude, elle soit ordonnée et constituée abbesse ; que, si au contraire toute la congrégation s'accorde à la rejeter et à en choisir une autre, celle qui aura été choisie soit reconnue comme abbesse, et, jusqu'à ce qu'on en ait

fait rapport au roi, remplisse tous les devoirs et fonctions de cette dignité; qu'Odila retourne à son monastère; enfin que tous les principaux clercs et vassaux reviennent à la reine, sous la protection de laquelle, après celle de Dieu et de ses saints, ils doivent naturellement se placer. — « Ainsi donc, dit-il, aimez
« vos sœurs avant tout, et soit dans vos entretiens
« particuliers, soit dans vos assemblées publiques,
« repoussez et rejetez loin de vos cœurs toutes ces
« haines, foyers de scandales, qui jusqu'à présent ont
« jeté la division entre vous; qu'aucune de vous ne
« demande à Dieu ni au monde vengeance d'une
« de ses sœurs pour quelque discours, action ou mé-
« pris que ce soit: car, comme le Seigneur le déclare,
« sans la concorde rien de ce que vous lui offrirez ne
« lui sera agréable; soit que vous priiez, soit que vous
« offriez le saint sacrifice, soit que vous vous affligiez
« et mortifiiez, vous ne trouverez point grâce devant
« lui sans la concorde de la charité; parce que, comme
« dit l'Apôtre: « Quand je livrerais mon corps pour le
« brûler, si je n'ai pas la charité, je ne suis rien. » Vous
« savez que la règle que vous avez fait profession de
« suivre ordonne, à cause des épines de scandale qui
« peuvent croître dans un monastère, que chaque
« jour, à l'office du matin et du soir, la prieure récite
« l'Oraison dominicale de manière à ce que toutes
« l'entendent, afin que, craignant l'engagement que
« nous prenons avec le Seigneur en lui disant :
« Remettez-nous nos offenses comme nous les remet-
« tons à ceux qui nous ont offensés, » nous chassions
« de notre cœur toute rancune. Ainsi faites que vos
« discordes ne fassent pas périr l'élection en votre mo-

« nastère; réunissez-vous, selon la volonté de Dieu,
« en une dévote et régulière unanimité; et, pour vo-
« tre salut présent et éternel, avec la paix de la cha-
« rité, qui est la mère de toutes les vertus, avec l'hu-
« milité, qui en est la sauve-garde, avec la vraie et
« parfaite obéissance, qui est l'échelle par laquelle on
« monte au ciel, accordez-vous entre vous pour une
« élection salutaire; réduisez-vous, astreignez-vous
« et tenez-vous à l'observation des règles : car, vous
« le savez aussi bien que moi, vous ne pouvez vous
« sauver autrement. De même que vous gardez vos
« ames de tout mouvement désordonné, gardez vos
« langues de tout discours capable de provoquer à
« la colère et de vous nuire, selon le conseil de l'A-
« pôtre : «Que toute clameur et indignation disparaisse
« d'entre vous avec toute malice, et qu'aucun mau-
« vais discours ne sorte de votre bouche;» que comme
« il arrive trop souvent aux hommes d'abord con-
« tristés, et ensuite transportés de joie quand ils ont
« obtenu ce qu'ils desirent, aucune de vous ne se
« permette sur personne des discours inconvenans;
« ne perdez pas devant Dieu le mérite de la patience
« par des discours inutiles, et ne donnez pas lieu à
« ceux qui pourraient vouloir provoquer quelqu'une
« d'entre vous à d'injustes et inconvenans propos sur
« le compte d'autrui, de vous trouver en défaut;
« qu'enfin ni le diable ni aucun homme malinten-
« tionné ne puisse vous condamner avec raison en
« la moindre chose; au contraire conduisez-vous
« toujours de manière qu'ornées de toutes les vertus
« à l'intérieur et à l'extérieur, vous puissiez faire
« parvenir aux oreilles du Seigneur des prières tou-

« jours agréables et sûres d'être exaucées, non seule-
« ment pour vous-mêmes, pour votre seigneur et
« maîtresse, pour vos amis, mais encore pour vos
« ennemis. »

A l'abbesse Teutberge, pour le réglement du monastère d'Avenay, qu'il avait auparavant arrêté avec la reine Hermentrude, tant pour le nombre des clercs et nonnes, que pour tout ce qui regardait les biens de ce monastère, montant à onze cent cinquante manses; il lui mande que le monastère peut comporter vingt clercs et quarante nonnes; qu'il les a pourvus de tout ce qui est nécessaire à leur entretien et au saint ministère, outre les luminaires et autres nécessités d'un monastère; il lui remontre que c'est Nivard, archevêque de Rheims, qui a fait construire le monastère de Haut-Villiers aux frais de l'église de Rheims, et que c'est son frère qui, de son propre bien et avec les donations de quelques autres hommes de bien, a fait bâtir celui d'Avenay, et qu'il l'a ensuite légué à l'église de Rheims, ainsi qu'en font foi des chartes authentiques; mais que depuis long-temps ce monastère, comme d'autres biens de cette église, a été possédé par des étrangers en vertu de donations royales, etc., etc.

A la reine Richilde, pour lui reprocher que, pendant le temps que le siége de Laon était vacant et confié à sa protection spéciale, elle a permis que le directeur du monastère d'Aurigny mésusât des aumônes léguées par la reine Hermentrude, et qu'ensuite elle a forcé pour lui complaire, contre les lois canoniques, le prêtre Winifried à chasser de ce monastère une abbesse légitime et régulièrement élue; il lui remontre, d'après les saintes autorités, à quel péril elle s'expose, et lui rappelle qu'il lui envoya dans le temps quelqu'un pour la détourner d'attirer un si grand danger sur sa tête; mais que, loin de reconnaître sa faute, elle y avait ajouté une faute plus grande, en élevant, au mépris de toutes les règles, au gouvernement de ce monastère, une néophyte toute novice encore en religion, pour quelques biens qu'elle en avait reçus. Il ajoute que lors qu'Hédenulfe fut ordonné évêque de Laon, il l'avertit de conseiller au roi Charles d'annuler un acte si coupable, et de se sauver, lui et la reine, d'un si grand danger; que voyant que ses avertissemens ne produisaient aucun effet, il s'était ensuite adressé au roi lui-même; mais que celui-ci, dans la crainte de contrister la reine, avait négligé de corriger ce qu'il savait pourtant être mal. Il lui remet aussi en mémoire comment le même roi Charles, à la demande de la reine Hermentrude et par le conseil de Pardule, évêque de Laon, lui avait ordonné de rédiger une charte de privilége et concession des biens que possédait alors Hermentrude, en faveur du monastère d'Aurigny, avec prière de la faire approuver par les autres évêques, pour ensuite, lui roi, la confirmer; qu'il avait obéi à l'ordre du roi, mais n'avait pas rédigé le privilége dans les termes qu'il demandait, et s'était servi absolument des termes employés par saint Grégoire dans la charte d'institution d'un monastère fondé par une reine, répétant les mêmes menaces que ce grand saint lançait contre quiconque attenterait aux droits de ce monastère; et il ajoute que, tant qu'elle persévérera dans son péché et son usurpation, toutes les fois qu'elle recevra le corps et le sang de notre Seigneur Jésus-Christ, elle recevra son jugement et sa condamnation; il la conjure de ne pas se laisser séduire à son orgueil, ou à des suggestions étrangères, mais de songer au salut de l'ame du roi, à sa propre rédemption, et de s'empresser de corriger tout ce qu'elle a fait de mal; il lui remontre aussi quel crime elle a commis, s'il est vrai, comme il lui est revenu, qu'elle ait supprimé la charte susdite et l'ordonnance royale qui la confirme; qu'elle doit se hâter de tout réparer, si elle ne veut encourir la damnation; que si, comme on le lui affirme encore, elle a reçu des terres et des serfs de la jeune novice, pour lui confier le gouvernement du monastère, elle s'est rendue coupable de simonie; que quiconque tombe en cette hérésie, ne peut, tant qu'il y persévère, être aux yeux du Seigneur membre du corps de l'Église catholique; il l'invite à lire les capitulaires de la règle de Saint-Benoît, sur l'ordination d'un abbé ou d'une abbesse; elle y verra quelle faute grave elle a commise contre le Saint-Esprit, sous l'inspiration duquel cette règle a été promulguée; enfin il lui démontre, par les saintes autorités et institutions canoniques, à quelles peines elle-même et celle qui a acheté le titre d'abbesse se sont exposées. Il la supplie de recevoir avec bienveillance et bonté ce qu'il lui écrit avec gémissement pour remplir les devoirs de son ministère, et de reconnaître qu'il n'a en vue que le salut du roi, le sien et la fidélité qu'il leur doit.

A Leutgarde, épouse de Louis-le-Germanique, pour lui recommander les messagers qu'il envoie au roi Louis, afin que par son intervention ils puissent obtenir d'être présentés au roi, et aussi afin qu'elle intercède auprès du roi et le dispose à envoyer à Rheims des commissaires habiles et fermes qui puissent préserver la ville et les monastères qui en dépendent, des attaques et incursions de l'armée germanique qui envahit le royaume.

A Hermengarde, épouse de l'illustre Boson, pour recommander à sa protection les biens des églises de Dieu ; sachant qu'elle a été suffisamment instruite dans les saintes lettres par un certain Anastase, il exprime le souhait que celui qui lui a donné de savoir, lui donne aussi de vouloir, de pouvoir et de faire le bien ; il l'engage à exhorter son mari à craindre Dieu, et à garder ses commandemens. Il a appris que Boson se permet d'enlever aux églises leurs biens et de les distribuer à ses hommes ; il la prie de lui montrer par les saintes Écritures quel jugement terrible Dieu porte contre ceux qui ne respectent pas les biens de l'Église, etc., etc.

A Berthe, épouse du comte Gérard, pour les biens de son église situés en Provence, dont il avait confié la défense et l'administration au comte ; il la prie de vouloir bien être une active et zélée protectrice des intérêts de l'église de Rheims auprès du comte son époux.

A Hermensinde, femme puissante et de grand nom, au sujet d'un diacre qu'elle avait fait arrêter et réduire en servitude ; il lui expose comment ce diacre avait d'abord été légitimement affranchi, comment après son affranchissement il l'a ordonné aussi légitimement ; il lui remontre que, quand même ce diacre aurait été son serf, et n'aurait pas ensuite acquis la liberté, par cela seul qu'il en a si long-temps joui depuis son ordination sans aucune réclamation de sa part, il ne pourrait plus, d'après les lois canoniques, être réduit en servitude; à plus forte raison quand il est né colon ecclésiastique, n'a été le serf de personne, a été légalement affranchi, canoniquement ordonné, et ainsi est devenu l'homme de son église et de celui qui l'a ordonné; il l'engage donc à ne pas pousser plus loin une prétention injuste, ajoutant que, si elle y persévère, il sera obligé de la réprimer par les voies légales et canoniques : il ne lui parle ainsi, dit-il, et ne lui donne ces avertissemens, que parce qu'il lui porte amitié.

CHAPITRE XXVIII.

Des conseils de salut qu'il a donnés à plusieurs de ses inférieurs.

Il a aussi souvent écrit à plusieurs de ses inférieurs comme un père à ses enfans, pour leur donner d'utiles instructions ou sages conseils sur leurs affaires tant spirituelles que temporelles; ainsi, entre autres :

A Richald, chorévêque, et à Rodoald, archiprêtre, pour les convoquer au synode qui doit se tenir au palais royal de Kiersi : il leur mande de faire connaître dans toute l'étendue du diocèse de Rheims, à tous ceux qui se croient lésés, de venir porter leurs plaintes au synode, et d'avertir et sommer avec autorité quelques-uns de ne pas manquer de comparaître ; il leur ordonne aussi de citer à ce même synode, au nom de Dieu, du roi, et au sien, Milon et sa fille, dont Fulcric avait abusé, et tous les prêtres qui avaient consenti à cette union illégitime, et sur les paroisses desquels les coupables résidaient.

A Ansold, Gérold et Hadric, pour leur ordonner de faire rechercher un frère nommé Raganfried, un de ses desservans, de le tenir sous bonne garde, mais libre et sans aucune punition, de peur qu'il ne se sauve, et ensuite de le lui faire conduire. — Il mande à Raganfried lui-même, de l'autorité de Dieu et de la sienne, de rester aux lieux où il se trouve, et de se soumettre à l'enquête qu'il a ordonnée ; enfin, celui-ci s'étant échappé, et séjournant dans des diocèses étrangers, Hincmar lui écrit de nouveau pour le rappeler et le sommer d'autorité de revenir dans sa métropole, et de se représenter à son Humilité ; ou, s'il a quelques plaintes à faire contre son jugement, de les porter devant le synode.

A Gislold, supérieur de chanoines, touchant les biens qui lui avaient été confiés et qu'il s'était permis d'usurper ; dans cette situation, il avait quitté le diocèse d'Hincmar contre toutes les règles ; l'évêque le somme de rentrer, et de venir se justifier des griefs qui lui sont reprochés.

A Théodacre, aussi supérieur de chanoines, en faveur du même Gislold, pour lequel la reine Hermentrude intercédait, et demandait qu'il le fît rentrer dans la part d'administration qui lui appartenait légitimement, et lui fît rendre tout ce qui pouvait lui être dû dans l'évêché ; l'évêque en donne l'ordre à

Théodacre; et comme Gislold lui avait dit être chargé d'un message de la reine pour les chanoines, il les invite à le recevoir, s'il vient, avec les égards et le respect dus à un envoyé de la reine.

Au doyen Gérard, au sujet d'un nommé Radulfe, excommunié, lequel était venu le prier de lui infliger une pénitence. Il ordonne à Radulfe de venir à Rheims pour recevoir cette pénitence, avec la religieuse avec laquelle il avait eu commerce; et en même temps il enjoint au prêtre Gérard de recommander aux autres prêtres d'avoir pour les deux coupables la plus grande sollicitude, et que si l'un ou l'autre venait à être surpris par une maladie dont il n'aurait pas espérance d'échapper, de lui donner l'absolution, s'il promet de se repentir du fond du cœur, et proteste devant témoins qu'il est dans l'intention de faire pénitence de son péché et d'obéir aux ordres de son évêque.

A Sigloard, archiprêtre, à Ansold, et à quelques autres, pour les charger d'une enquête contre un certain prêtre du diocèse; il leur trace la marche à suivre dans cette information; que si, comme on le lui a dit, ce prêtre a été, contre les lois, dépouillé de quelques-uns de ses biens et droits, ils lui soient restitués avant qu'il soit forcé de répondre à ses accusateurs; afin que l'évêque, en enlevant à un accusé la garantie des lois, ne s'en prive pas lui-même; que si c'est le comte qui l'a fait dépouiller de ses biens, ils lui fassent sommation de l'y rétablir; et il leur prescrit de quelle manière ils doivent agir; si le comte refuse, que ceux même qui ont pris les biens fassent réparation légale, et qu'ensuite lui-même, en sa qualité d'évêque, réglera leur pénitence selon leur repentir; que si le comte ne veut pas non plus faire droit à cette seconde demande, ils l'en instruisent, afin qu'il en fasse son rapport au roi : quand tous ces préliminaires auront été remplis, qu'ils entreprennent le jugement; mais qu'ils prennent bien garde à ce que par ignorance les accusateurs n'aillent, par l'impulsion de quelqu'un, intenter quelque faux grief qui serait leur damnation; qu'ils prennent enfin toutes les précautions commandées en pareil cas pour empêcher qu'un prêtre ne soit condamné injustement; qu'ils adjurent ensuite les accusateurs et leurs témoins, par leur baptême et par toutes autres adjurations usitées, de ne proférer aucun mensonge contre ce prêtre, par haine ou par envie, ni par la crainte ou les suggestions de qui que ce soit, et aussi de ne rien taire de la vérité par faveur, amour ou espoir de récompense; qu'ils notifient aux accusateurs et témoins quelles personnes les sacrés canons défendent d'admettre en accusation ou en témoignage contre un prêtre; comment ensuite ils doivent discuter et examiner la qualité des accusateurs et des témoins; que toutes les dépositions faites sur chaque grief par les accusateurs ou témoins soient écrites et relues ensuite en présence de tous, afin qu'il soit bien constant que telle est leur déclaration; qu'il soit aussi dressé un rôle de tous ceux qui auront assisté au jugement, tant prêtres que laïques, selon qu'il sera jugé nécessaire; que les accusateurs s'engagent en personne, et les témoins par serment, à se représenter à la prochaine audience que les canons accordent toujours à un prêtre pour répondre et se défendre; que cette prochaine audience soit fixée à trente jours, afin qu'il puisse se préparer à se purger canoniquement de l'accusation, ou convenir de sa vérité; que s'il ne comparaît, qu'il sache qu'il encourt la sentence et condamnation canonique; qu'ils publient un ban au nom de Dieu et de l'autorité des saints canons, au nom du roi et de leur archevêque, par lequel défenses soient faites à tous de tendre aucune embûche, ou de faire aucune violence à ce prêtre, ni aux accusateurs ou témoins, jusqu'à ce que la cause ait été légalement jugée; Hincmar prescrit en outre quel traitement infliger à ceux qui, variant dans leur déposition, auraient d'abord, quand le prêtre a été mis en acusation, prêté serment et confirmé leur serment au jugement, et ensuite viendraient déclarer qu'ils se sont parjurés; enfin il règle aussi ce qu'ils doivent faire de la terre appartenante à l'Église, et qui était contestée entre le comte et le prêtre; il mande que le comte ait à obéir à ce qu'il prescrit; sinon, qu'il en appelle devant le roi et les fidèles, tant évêques que laïques; que si tout le monde obéissant, c'est le prêtre qui refuse d'obéir, on en appelle canoniquement au synode provincial.

Item, à Sigloard et à Ansold, au sujet de la même enquête; il leur reproche avec sévérité d'y avoir procédé avec négligence, etc.; — *item,* au sujet d'un prêtre qui, après son ordination, avait oublié par paresse et négligence tout ce qu'il avait appris auparavant pour pouvoir remplir son ministère; il ordonne de le tenir pendant quelque temps en une sévère réclusion, afin que du moins ainsi quelque regret touche son cœur et le purifie de son péché, etc.; — *item,* pour un jeûne de trois jours que le roi avait ordonné, de concert avec les évêques et tous ses fidèles, pour la paix de la sainte Église de Dieu; il prescrit de quelle manière il doit être pratiqué; — *item*, au sujet d'un prêtre du monastère d'Avenay, accusé d'être l'auteur du vol d'un trésor de son église, depuis long-temps perdu.

Item, à Sigloard et à Rodold, au sujet d'un prêtre qu'il avait autorisé, sur le témoignage et d'après le conseil de Sigloard, à se démettre par une déclaration publique, du gouvernement du peuple qui lui avait été confié, et à demander qu'un autre fût ordonné à sa place; mais ce prêtre lui avait caché qu'il avait passé une espèce de contrat avec un de ses élèves, pour se faire ordonner à sa place, sans le consentement de son seigneur, et qu'il avait par dol et fraude reçu des présens en retour, contre la défense épiscopale; Hincmar prescrit toutes les mesures à prendre contre lui; — *item*, à Sigloard, au sujet d'un prêtre de l'église de Saint-Julien, qui avait dérobé une lampe consacrée à saint Remi; il reproche à Sigloard d'avoir eu connaissance de ce vol, et de le lui avoir caché, lui que son évêque a établi son vicaire devant le Seigneur, et a chargé de ses pouvoirs; il aurait dû tenir le coupable dans la plus étroite prison, et non lui donner la liberté sous caution; il lui ordonne de faire maintenant ce qu'il aurait dû faire plus tôt; il ordonne en même temps que le vidame fasse réparer la prison, et qu'on y mette des gardes, s'il est nécessaire; — *item*, à Rodold, pour lui reprocher d'avoir imprudemment délié ce que son évêque avait canoniquement lié, et d'avoir permis à d'autres prêtres de dire la messe dans une chapelle dépendante de la basilique de la cour de l'église; il lui prescrit ensuite la conduite à tenir.

A un moine nommé Anselme, pour lui ordonner de dresser un inventaire de tout ce qui a été fait ou donné au monastère de Haut-Villiers avant et depuis son ordination à l'épiscopat, du nombre des frères et serfs employés au service de Dieu, des donations qui ont été faites de son temps, à quels usages et par quelles personnes; enfin de tout décrire avec tant d'exactitude et de vérité, que les commissaires du roi n'y puissent rien trouver de faux; — à Ratramne, supérieur du monastère d'Orbay, pour le même objet; — au même, au sujet d'un bien tenu en précaire par le chanoine Amaury, et qu'après la mort de ce chanoine, Ratramne avait fait piller; c'est pourquoi il l'excommunie et le condamne au pain et à l'eau, lui et ses complices, jusqu'à ce qu'ils aient restitué ce qu'ils ont enlevé injustement.

A un certain Althaire, prêtre ou doyen, au sujet d'un prêtre de l'église de Windisch, que Leutard, seigneur du lieu, avait, au mépris de la loi et de toute autorité, expulsé de son église, et remplacé ensuite dans le gouvernement de cette église par un prêtre d'un autre évêché; il excommunie le prêtre intrus, et lui défend de dire la messe dans tout le diocèse de Rheims, et d'y recevoir la communion ecclésiastique, si ce n'est seulement le saint viatique, pour cause de grave maladie, encore à condition qu'aussitôt rétabli, il quittera cette paroisse; il enjoint à Althaire d'ordonner au nom de Dieu, aux paroissiens de cette église, de n'entendre la messe d'aucun prêtre, si ce n'est de celui qui a été injustement expulsé, jusqu'à ce que la cause ait été jugée, excepté toutefois le cas où ce prêtre ne pourrait officier pour cause de maladie, etc., etc.

A Altman, moine et prêtre, qu'il avait envoyé en obédience, sur ce qu'il vient de trouver sur son compte dans les lettres qui lui ont été remises par un des hommes de l'archevêque Harduic; on impute à Altman d'aspirer aux bénéfices et aux affaires du siècle, ce qui ne convient ni à sa profession, ni à son salut; il lui ordonne de rentrer au plus vite dans son monastère, et d'y vaquer à la lecture et la prière, en pleurant les fautes de sa jeunesse, etc., etc.

A un prêtre nommé Lantard, qui avait quitté le diocèse de Rheims par attachement à l'évêque Ebbon; il le prie, si, comme on le lui a dit, il a quelques écrits sur la vie et les actes de saint Remi, autres que ceux que l'on lit depuis long-temps dans l'église de Rheims, de les lui apporter au plus tôt, ou de les lui envoyer sous cachet, lui offrant en retour de lui rendre tous les services dont il pourrait avoir besoin; que s'il veut rentrer, il le recevra avec plaisir et bonté, et que, dès qu'il sera de retour, il lui accordera une prébende canonique et son ancien grade parmi ses confrères; qu'enfin, selon qu'il lui sera avantageux, et qu'il lui sera possible à lui-même, il mettra tous ses soins à lui procurer tous les agrémens qui pourront lui faire trouver du plaisir à rester près de lui; il lui explique ce qui semblait lui inspirer des craintes, sa sévérité envers tous ceux qui avaient été ordonnés par Ebbon, depuis sa déposition; pourquoi il a été obligé de les destituer de leurs grades, et comment ensuite il a tempéré sa sentence.

A Rodoard, supérieur, et aux autres frères, chanoines de l'église de Rheims, pour les engager à recevoir Adalhard et Walther, neveux d'Isaac, évêque de Langres, qui avaient quitté irrégulièrement leur congrégation; il leur prescrit la manière dont ils doivent les recevoir, les traiter et se conduire envers eux; il adresse en même temps aux deux frères des lettres monitoires au sujet de leur retour; — *item*, tant aux chanoines qu'aux moines de la même église, pour la réception du diacre Adalgaud : il leur annonce que ce diacre se repent, et a reconnu que par sa négligence il avait mérité sa colère; il l'a reçu, dit-il, dans le sein de son affection et de sa paternité; il les prie de le recevoir avec bonté et amitié, comme un frère et un fils, et de lui rendre tous les services que commande la charité; le roi Louis lui avait adressé à lui-même une lettre de prières en faveur d'Adalgaud.

A Rotfried, supérieur, sur la correction à infliger au moine Gottschalk, qui lui a été dénoncé comme désobéissant, d'un caractère dur et hautain, et entier dans ses volontés : il cite quelques passages des saintes Écritures dont il ordonne de lui faire lecture pour l'engager à se corriger.

A Gunther et à Adelhard, archiprêtres, une instruction sur leur ministère, divisée en treize chapitres; — *item*, à Gontramne, supérieur, au sujet des réclamations élevées par les serfs et colons de son monastère, qui se plaignent qu'il les prive de quelques petits terrains qui leur avaient été donnés, et de leur solde : il lui ordonne de tout remettre dans l'ordre et selon la justice; — au moine Gottschalk, qui était tombé en hérésie sur le sens de quelques passages des

Pères qu'il ne comprenait pas bien ou exposait infidèlement, surtout de Prosper; Hincmar les lui explique par des sentences et pensées tirées de saint Augustin, et en lui proposant comme garans de son interprétation les principaux docteurs de la foi; il l'avertit de suivre en tous points leur doctrine, et lui prouve, par des témoignages irrécusables, que Dieu prévoit le bien et le mal, mais qu'il ne fait que prévoir le mal, tandis qu'il prévoit et prédestine le bien, d'où il suit qu'il peut y avoir prescience sans prédestination, mais non prédestination sans prescience; que Dieu prévoit et prédestine les bons au royaume des cieux, qu'il ne fait que prévoir les méchans, mais sans les prédestiner et sans les pousser à leur perte par sa prescience; mais Gottschalk refusa toujours obstinément de souscrire à cette décision; — *item*, aux moines du monastère de Haut-Villiers, au sujet du même Gottschalk, pour leur recommander de le traiter corporellement et spirituellement avec douceur et humanité, s'il se reconnaît coupable avant que son ame sorte de son corps; et il leur cite les autorités ecclésiastiques et les sentences des Pères orthodoxes sur les excommuniés de ce genre.

A Amalgise et à Ragbert, ses fidèles, touchant les biens de son église situés en Aquitaine, au sujet desquels il avait écrit à Régimond, pour le prier de prêter assistance à ses deux envoyés dans les revendications qu'ils auraient à former: il leur ordonne de réclamer et recouvrer tous ces biens dans leur intégrité, et de les garder ensuite sous leur protection.

A Pierre, son fidèle, touchant les biens de l'église de Rheims situés en Provence: il lui envoie quelques frères, pour traiter avec ses conseils des conditions de fidélité et du profit à retirer de ces biens, ainsi que pour régler ces biens eux-mêmes, leur produit et les rentes; et, comme il avait appris que certaines choses avaient été faites sans le conseil de Pierre, et en s'appuyant de son autorité, il s'excuse d'avoir rien ordonné ni voulu de semblable, et lui mande, article par article, comment il entend qu'on dispose de ces biens, quelles personnes doivent venir le trouver, et de quels villages.

A Évrard, fils ou gendre de sa sœur Hildegonde, une instruction sur la manière dont il doit se conduire envers Louis-le-Germanique, afin que ce roi ne lui enlève pas l'alleu qu'il avait en Allemagne, pour le punir d'avoir secoué le joug de sa souveraineté. Il écrit aussi sur le même sujet à sa sœur, pour l'engager à donner des conseils à son fils, et à le maintenir dans les bornes de la prudence.

Enfin l'archevêque Hincmar écrivait souvent à des gens de basse condition chargés de l'administration des domaines, pour leur tracer les devoirs de leur ministère; et toujours dans ses lettres il leur prescrit, avec prudence et discernement, de quelle manière ils doivent administrer les biens qui leur sont confiés; — *item*, généralement il n'a cessé d'instruire, tant par paroles que par écrit, tous ceux qui lui étaient confiés; tantôt leur enseignant la manière de vivre avec justice, chasteté et piété, tantôt leur enjoignant d'observer avec révérence et dévotion les jeûnes établis, d'invoquer la clémence du Seigneur pour ceux qui venaient à mourir, évêques ou autres; tantôt recommandant les jeûnes et les prières pour obtenir que des personnes agréables à Dieu fussent élues aux siéges vacans ; — *item*, dans différens synodes il a rédigé plusieurs capitulaires très-utiles pour l'instruction de son diocèse. Il a écrit une foule de lettres de consolation à différentes églises de son diocèse, surtout quand elles avaient le malheur de perdre leurs pasteurs; et toutes sont des instructions pleines de sagesse sur la manière dont les peuples doivent avant tout requérir le secours de Dieu, ensuite demander aux princes de la terre leur autorisation pour une élection libre; jamais il ne manquait de travailler, soit par lui-même, soit par lettres et par envoyés, pour faire obtenir aux églises leur demande : quand elles l'avaient obtenue, il leur enseignait avec soin comment exercer leur droit, comment se tenir en garde contre les fraudes de la perversité, leur rappelant les formes à suivre dans l'élection, sans jamais avoir personne en vue ni diriger en rien leurs suffrages, et n'ayant d'autre attention sinon que l'élu le fût, autant que possible, à l'unanimité, ou au moins par la majorité, des plus vertueux et des plus sages.

CHAPITRE XXIX.

Du livre composé par Hincmar sur la manière dont on doit vénérer les images de Notre-Seigneur ou des saints, etc., etc.

A la requête des coévêques ses frères, Hincmar composa un livre sur la manière dont on doit vénérer les images de notre Sauveur ou de ses saints, avec un épilogue écrit en vers. Il existe aussi de lui une réponse à cette question : Pourquoi les apostats baptisés, et qui ont reçu l'imposition des mains de l'évêque, hors l'ordre du diaconat et de la prêtrise, reçoivent-ils l'imposition des mains pour faire pénitence? un traité adressé à un archevêque sur les principaux sacremens nécessaires au salut des hommes ; une instruction rédigée à la demande d'un évêque, sur l'ordination des évêques, leur translation d'un siége à un autre; particulièrement au sujet d'Actard, évêque de Nantes, qui, expulsé de son siége par un certain duc de Bretagne, et chargé pendant quelque temps de l'administration du siége de Térouane, alors vacant, avait été ensuite, à la demande du clergé et du peuple de la province de Tours, ordonné et installé évêque en cette métropole par les évêques rassemblés ; une lettre adressée à un frère, au sujet d'un homme qui avait eu une concubine, et ensuite avait épousé sa sœur. Il a écrit aussi une apologie pour lui-même, adressée à tous ceux qui voudraient la lire, contre ceux qui l'avaient calomnié auprès du pape Jean, quand il vint tenir le concile de Troyes, et le reçut avec bonté. Hincmar répondit dès lors victorieusement dans le concile; mais il ne négligea cependant pas de se défendre ensuite par écrit : il proteste qu'il admet et observe avec respect les lettres décrétales des pontifes de Rome, quoique ses ennemis l'accusent calomnieusement de ne pas les regarder comme faisant autorité; il y traite du concile de Nicée, de la déposition et du rétablissement d'Hincmar, évêque de Laon; se justifie de la calomnie qui lui imputait d'avoir dit que le pape n'avait ni plus de dignité ni plus d'autorité que lui; enfin des reproches qu'on lui faisait au sujet de Carloman, et de beaucoup d'autres griefs dont il se montre tout-à-fait innocent. Il existe d'ailleurs de lui tant d'écrits sur tant de sujets, que nous ne croyons pas pouvoir suffire à les énumérer et citer.

CHAPITRE XXX.

De la mort d'Hincmar.

CEPENDANT les iniquités contre lesquelles Hincmar avait toujours lutté, comme un mur inexpugnable, croissant et se multipliant de jour en jour, la nation des Normands se répandit par tout le royaume des Francs. Comme alors la ville de Rheims n'avait point de murailles, l'archevêque prit ce qu'il y avait de plus précieux en ses trésors, c'est-à-dire le corps du bienheureux saint Remi, et se réfugia dans les bois de l'autre côté de la Marne, où il garda pendant quelque temps le sacré corps en la ville d'Épernay. Après quelque séjour en ce lieu, il y mourut, et son corps fut rapporté au monastère de Saint-Remi, et déposé dans un tombeau qu'il avait fait préparer lui-même derrière le sépulcre du saint, et sur lequel fut gravée l'épitaphe suivante dictée par lui-même [1] :

« Lecteur, je t'en conjure du fond de mon tombeau, moi, Hincmar, évêque par un honneur peu mérité, souviens-toi de mon nom. Saint Denis, me tirant de son propre troupeau, me donna jadis pour pasteur, et sur leur demande, aux habitans de Rheims. Moi, humble, qui ai gouverné selon ma sagesse ce noble peuple de Rheims, je suis ici dévoré par les vers. Invoque pour moi le repos de mon ame, et, à la résurrection de la chair, les abondantes joies du ciel. Christ clément, aie pitié de ton fidèle serviteur! Sainte Marie, sois propice à ton adorateur! Doux saint Remi, que la dévotion

---

[1] Nomine non merito, præsul Hincmarus, ab antro
   Te lector, tituli, quæso, memento mei.
Quem grege pastorem proprio Dionysius olim
   Remorum populis, ut petiere, dedit;
Quique humilis magnæ Remensis regimina plebis
   Rexi pro modulo, hic modo verme voror.
Ergo animæ requiem nunc, et cum carne resumpta,
   Gaudia plena mihi hæc quoque posce simul.
Christe tui clemens famuli miserere fidelis:
   Sis pia cultori, sancta Maria, tuo.
Dulcis Remigii sibimet devotio prosit
   Qua te dilexit pectore, et ore, manu.
Quare hic suppetiit supplex sua membra locari,
   Ut bene complacuit, denique sic obiit.
Anno dominicæ incarnationis DCCCLXXXII, episcopatus autem sui XXXVII, mense VII, et die IV.

« avec laquelle je t'ai chéri et servi du cœur, de la
« bouche et de la main, tourne à mon salut! J'ai
« supplié qu'on déposât ici mes membres, et suis
« mort comme je l'avais souhaité.

« L'an de l'incarnation du Seigneur 882, la trente-
« septième année, le septième mois et le quatrième
« jour de l'épiscopat d'Hincmar. »

LIVRE QUATRIÈME.

CHAPITRE Ier.

De l'épiscopat de Foulques, et des lettres qu'il a écrites à plusieurs pontifes romains.

Quand l'homme de Dieu dont nous venons de parler eut été déposé auprès de ses pères, Foulques, homme très-noble, et depuis long-temps accoutumé aux offices du palais, lui succéda au siége de Rheims; lequel envoya sa profession de foi au pape Marin, et en reçut le pallium, suivant la coutume de ses prédécesseurs. Il écrivit aussi au même pape, pour se faire octroyer le privilége dû à l'église de Rheims, et pour recommander le roi Carloman; il rappelle au pontife qu'il a été connu de lui bien auparavant, du temps du pape Jean, quand il alla à Rome avec l'empereur Charles. Il lui écrivit encore pour un monastère que son frère, nommé Rampon, l'avait chargé par son testament de faire bâtir avec les biens de sa succession; et depuis, ces biens ont été envahis par un certain Hermenfroi, qui s'était uni à la veuve de Rampon; sur quoi le même pape adressa des lettres à Évrard, archevêque de Sens, dans le diocèse duquel le monastère avait été élevé; et aussi à Jean, archevêque de Rouen, dans le diocèse duquel demeurait Hermenfroi, lui ordonnant qu'il l'avertisse de ne pas persister plus long-temps dans l'usurpation des choses saintes ; car s'il ne voulait pas obéir, il encourrait les vengeances canoniques. Foulques s'empressa aussi d'adresser des lettres de félicitation au pape Adrien, successeur de Marin, au commencement de son pontificat; il se réjouit avec lui de son élévation, et lui exprime le désir de faire un voyage à Rome, s'il plaît à Dieu d'accorder la paix; il le prie de lui renouveler, maintenir, confirmer et augmenter les chartes des priviléges accordés au siége de Rheims par les papes Léon, Benoît et Nicolas ; et aussi touchant le susdit monastère dont Hermenfroi avait usurpé les biens, il lui suggère d'adresser aux archevêques Évrard et Jean des lettres de son Autorité en lesquelles il leur prescrive ce qui doit être fait, etc., etc... Au même, en faveur du roi Carloman, dont nous avons parlé plus haut; et pour la défense de Frotaire, archevêque de Bourges, qu'un moine de son diocèse accusait de s'être, après la destruction de sa ville par les païens, témérairement emparé du siége d'un autre ; il fait voir qu'il a été demandé et élu par tout le clergé et le peuple de la ville; que son prédécesseur Marin avait donné sa sainte approbation à leur demande, avait en outre honoré ce prélat du pallium, et enfin avait confirmé par ses lettres, sa promotion en l'église de Bourges, etc., etc.

Écrivant à Étienne, successeur d'Adrien, il lui rend grâces de ce qu'il a daigné le visiter, lui et son église, par lettres de son Apostolat, le consoler au milieu des diverses tribulations du monde, et l'honorer du nom de frère et d'ami, auquel pourtant il est loin de prétendre, se reconnaissant bien plutôt son serviteur et sujet; il y dit qu'il serait allé à Rome pour le voir, s'il n'était assiégé et enfermé par les païens; mais qu'ils ne sont qu'à dix milles de sa ville, qu'ils assiégent Paris; que depuis huit ans déjà ce fléau désole le pays, et ne permet à personne de faire un pas hors des châteaux; il ajoute enfin qu'il a appris que des scélérats impies tendaient des embûches à ce saint Père, qu'il en est vivement affligé, qu'il voudrait, s'il pouvait, lui porter secours, que du moins il l'assiste de ses prières, la seule chose qui est en son pouvoir; il lui parle aussi de Gui son parent, que ce pontife avait adopté pour fils, et lui témoigne que lui et tous ses parens auxquels il en a fait part demeureront ses serviteurs et l'honoreront comme il le mérite; quant à ce que sa Sainteté lui a mandé, qu'elle est prête à confirmer et approuver tout ce qu'il lui indiquerait comme utile au bien de l'Église de Dieu, il lui répond que sa bonté l'attache de plus en plus à la fidélité qu'il lui doit, qu'il persévérera, lui et ses coévêques suffragans, dans le culte dû au Saint-Siége de Rome; et que s'il s'élevait jamais contre lui quelque prétention contraire à la vraie foi, il est prêt, Dieu aidant, à la combattre et réfuter de toutes manières; mais aussi que sa Sainteté considère que le siége de Rheims a toujours été honoré par ses prédécesseurs par dessus toutes les églises des Gaules; que le premier des apôtres, le bienheureux saint Pierre, a envoyé pour premier évêque en cette ville saint Sixte, et lui a donné le rang de primat de toute la religion gallicane; que le pape Hormisdas a institué saint Remi son vicaire dans les contrées des Gaules; qu'il lui rappelle ces choses pour qu'il ne souffre pas que de ses jours le siége de Rheims tombe en déshonneur, insistant sur l'exemple de ses prédécesseurs Marin et Adrien, qui lui ont toujours accordé privilége en tout ce qu'il a demandé; — *item*, touchant les biens de Rampon et celui qui les avait usurpés; il remontre au pape que ses prédécesseurs avaient ordonné aux archevêques de Sens et de Rouen de l'excommunier, et que, faute par ceux-ci d'avoir fait diligence, l'usurpateur possède encore ce qu'il a ravi; c'est pourquoi il prie le pape de le frapper d'une sentence apostolique et de donner ordre aux archevêques de ne plus apporter aucun délai à son excommunication; — en outre, touchant plusieurs biens de l'église de Rheims que des usurpateurs avaient envahis, il prie le pape qu'il lui plaise écrire à l'empereur Charles qui en avait déjà restitué une grande partie, l'engager à continuer et achever la bonne œuvre qu'il a commencée, et le remercier lui-même de ce qu'il a fait, etc., etc... Sur quoi le pape, en réponse, lui témoigne qu'il est charmé de le voir ainsi plein de zèle pour l'honneur du Saint-Siége, et l'engage à brûler toujours plus ardemment de cette sainte affection; qu'il a eu pour très-agréable ce qu'il lui a dit du duc Gui, qu'il tient et regarde toujours comme son fils unique; qu'il est affligé comme pour lui-même de la désolation que les Normands causent dans le royaume, et qu'il prie Dieu pour la défense du peuple par l'intercession des premiers apôtres, afin que l'archevêque puisse arriver sans danger jusqu'au seuil de Rome, et que lui, pape, puisse l'embrasser de ses bras corporels, et conférer avec lui des priviléges dont il lui a écrit. Il a écrit, dit-il, comme

Foulques le lui demandait, aux deux archevêques de Sens et de Rouen, et aussi à l'empereur Charles pour le prier de faire justice à l'église de Rheims, et le remercier de sa bienveillance pour elle.— Dans une autre lettre adressée au même pontife, Foulques se félicite et se réjouit de sa prospérité, au milieu des tribulations et des extrémités qu'il souffre des païens : il recommande de nouveau à sa faveur le duc Gui, dont nous avons déjà parlé ; il se plaint derechef d'Hermenfroi, qui n'a tenu compte de l'avertissement des archevêques ; il insiste pour que le pape somme une seconde fois les archevêques de le réprimander plus sévèrement, et que s'il ne restitue pas les biens usurpés, il soit frappé d'un jugement ecclésiastique ; il lui demande, et le prie de lui répondre, si l'ordination d'un évêque peut être dûment célébrée le jour de la fête d'un saint, excepté toutefois le dimanche, etc., etc. — Sur quoi le pape en lui répondant, le remercie de sa charité et de sa sollicitude pour le Siége apostolique, compatissant à son affliction, lui promettant de répandre ses prières devant Dieu pour son soulagement ; et il l'engage à se confier dans la protection du Seigneur. — Le même pontife écrit encore à Foulques pour un certain Dominique, opprimé et chassé de ses biens par ses fils et ses propres parens, l'exhortant à faire des recherches actives contre ces violences, et à lui servir de protecteur ; — *item*, pour qu'il reçoive quelques Anglais en son diocèse ; — *item*, au même, ainsi qu'à Aurélien de Lyon, Adelgaire, Geilon, Emmenon, et autres évêques établis en France, au sujet des plaintes élevées par l'église de Bourges contre l'usurpation de Frotaire, évêque de Bordeaux, qui avait occupé quelque temps le siége de Poitiers, et auquel plus tard celui de Bourges avait été concédé à cause des incursions et ravages des barbares, mais à condition que, la nécessité cessant, cesserait aussi ce que la nécessité avait commandé ; c'est pourquoi le souverain pontife ordonne aux archevêques ci-dessus dénommés de sommer Frotaire de revenir à son propre siége ; que s'il refuse d'obéir aux avertissemens apostoliques, ils sachent que par le jugement du Saint-Esprit il est lié des liens perpétuels de l'excommunication ; —*item*, en faveur de Theutbold, évêque de Langres, disant qu'il a reçu les doléances de l'église de Langres, laquelle se plaint qu'après la mort de l'évêque Isaac, sans consulter le clergé ni le peuple, Aurélien de Lyon avait ordonné évêque un certain moine Égilon, tout récemment sorti du siècle, et le leur avait par violence imposé malgré eux ; que ce moine étant décédé de ce monde et appelé en l'autre par la volonté de Dieu, pour ne pas être de nouveau exposés aux mêmes violences, le clergé et le peuple d'un consentement unanime avaient élu Theutbold diacre de leur église, et suppliaient le saint Père de le consacrer évêque ; mais que le pape voulant conserver intact le privilége de chaque église, avait différé de le sacrer, et l'avait adressé à Aurélien, en lui écrivant que si les vœux du clergé et du peuple se réunissaient sur lui, et si les sacrés canons ne s'y opposaient pas, il lui imposât les mains sans délai ; que s'il y avait quelque motif d'empêchement, il le lui fît savoir ; que cependant il se gardât d'en ordonner un autre, sans l'avoir consulté, et qu'en même temps il lui avait envoyé comme légat *à latere* OEran, évêque de Senez, pour faire exécuter ses ordres; duquel Aurélien se jouant, l'avait envoyé devant à Langres, lui promettant de le suivre très-promptement ; et après s'être fait attendre long-temps, non seulement il n'était pas venu, mais n'avait pas même eu l'attention de faire connaître la cause de ce retard, ni d'en informer le pape; que voyant cela, le clergé et le peuple de Langres avaient de nouveau renvoyé leur élu à Rome avec un second décret signé de la main de tous, sollicitant avec instance sa consécration ; que voulant toujours conserver intact le privilége de l'église de Lyon, le pape n'avait pas encore acquiescé à leur demande ; mais avait derechef écrit à Aurélien, pour lui ordonner, puisque les vœux du clergé et du peuple demandaient le diacre Theutbold, ou de le consacrer, ou de lui faire connaître ce qu'il trouvait de répréhensible en lui; mais que celui-ci ajoutant l'obstination à sa première désobéissance, non seulement n'avait pas voulu ordonner Theutbold, ni faire connaître ce qu'il trouvait en lui de répréhensible, mais encore, malgré les défenses que le pape lui avait faites, et contre les statuts des sacrés canons, il avait eu l'audace de vouloir leur imposer bon gré malgré un étranger, inconnu à leur église, et ordonné dans un coin ; mais les gens de Langres, résolus à tout souffrir plutôt que de se soumettre à un inconnu, étaient revenus auprès de lui, le suppliant de ne pas souffrir que les lois ecclésiastiques fussent ainsi violées : « En conséquence, « ajoute le pontife, nous qui dans la personne du « bienheureux saint Pierre, prince des apôtres, avons « reçu le soin de toutes les églises, sachant que celui-« là ne peut être compté parmi les évêques, qui n'est « ni élu par le clergé, ni demandé par le peuple, cé-

« dant aux prières lamentables de ceux de Langres,
« nous avons ordonné et ordonnons évêque de leur
« église le vénérable diacre Theutbold, portant en
« même temps une juste et terrible sentence contre
« les prévaricateurs déjà liés et chargés d'autres pré-
« varications. C'est pourquoi nous enjoignons à ta sain-
« teté, au reçu de nos présentes lettres apostoliques,
« de te rendre sans aucun délai à l'église de Langres,
« de donner l'investiture audit Theutbold solennel-
« lement consacré évêque par nous, et de faire savoir
« à tous les évêques et archevêques, qu'en punition
« d'une si grande rébellion, nous nous sommes char-
« gé du soin spécial de cette église, afin de la conso-
« ler des douleurs d'une si cruelle affliction, et alléger
« l'oppression qu'elle a soufferte; te prions de plus
« d'ajouter foi à tout ce que le vénérable Theutbold te
« rapportera de notre part, et de ne faire aucune dif-
« ficulté de l'effectuer. Ce que nous nous promettons
« de toi, ne doutant pas de ta dévote révérence en-
« vers nous. »

A cette lettre, Foulques répond en remerciant le pontife de la consolation qu'il lui donne par ses lettres, et en lui assurant qu'il est prêt à accomplir tout ce qui lui sera enjoint par sa Sublimité; qu'il était dans l'intention d'exécuter sans délai ce qu'il lui ordonne au sujet de l'évêque Theutbold; mais qu'il y a sursis par respect pour son roi Eudes, jusqu'à ce que ce prince ait envoyé ses députés à Rome, et pu apprendre par eux d'une manière certaine ce qu'il ordonnait; qu'à l'égard de ce que le pape témoignait dans ses lettres, qu'il voulait maintenir à toutes les églises leurs priviléges entiers et sans confusion de préséance, cette assurance avait comblé de joie tous les évêques, en présence desquels il en avait fait donner lecture ; il consulte ensuite son Autorité, et la prie de lui répondre s'il est permis aux évêques suffragans de son diocèse de sacrer un roi ou toute autre personne, sans sa permission, son consentement et son autorisation, ou de se permettre quelque autre chose que ce soit, sans consulter leur métropolitain, ou contre la défense de leur primat.

Le même pape octroya et envoya par écrit à Foulques le privilége qu'il avait demandé au Siége de Rome, et par lequel il était enjoint que nul ne se permît d'usurper ou détenir les biens résultant de donations faites ou à faire au siége de Rheims ; qu'après sa mort, nul ne tentât de s'emparer illicitement de son siége ni des biens de son évêché, sous peine d'encourir les censures du Siége apostolique. — Le pape lui écrivit encore au sujet de la contestation élevée entre Hermann, évêque de Cologne et Adelgaire, évêque d'Hambourg et de Brême ; car Hermann avait adressé sa plainte au Saint-Siége, Adelgaire aussi, et de plus il était venu en personne, protestant que ses priviléges étaient violés par Hermann ; en conséquence, le pape les avait cités à comparaître tous les deux devant lui ; mais comme Adelgaire seul s'était présenté, le pape avait différé de prononcer, de peur de paraître agir avec trop de précipitation, ce qui pourrait un jour faire revivre la querelle. C'est pourquoi il enjoint à notre prélat de convoquer en son nom et à Worms, un synode composé de tous les suffragans voisins et des évêques limitrophes, et il ordonne à Hermann de Cologne, à Sonderold de Mayence avec tous ses suffragans, et à Adelgaire, d'y comparaître et plaider leur cause, afin qu'un examen attentif décide de ce qui appartient à chacun ; il invite aussi la fraternité du seigneur Foulques à faire tout son possible pour venir lui-même à Rome avec les contendans, parce qu'il a à traiter avec lui, outre ce différend, de beaucoup d'autres affaires ecclésiastiques qu'il veut régler et terminer d'après son avis ; rien, dit-il, ne saurait lui être plus agréable que sa présence ; que s'il ne peut faire le voyage, il lui fasse au moins connaître par le témoignage véridique d'un évêque ferme et habile envoyé avec eux, quelle est la vérité en cette affaire : que si les contendans ne peuvent venir, qu'ils envoient leurs légats avec l'évêque choisi par Foulques, avec pouvoir de discuter et délibérer, afin qu'une sentence définitive une fois portée, il ne soit plus désormais question de cette querelle.

Le seigneur Foulques écrivant au sujet de la même affaire au pape Formose, successeur d'Etienne, lui fait connaître ce qui lui avait été enjoint par ce pape, et lui demande de lui envoyer des lettres de son Autorité pour en poursuivre l'exécution ; ce qui fait que dans une seconde lettre, il dit qu'il est étonné, si ses lettres sont parvenues, que le saint Père ne lui ait pas répondu, et qu'il cherche les motifs de son silence : cependant il le remercie d'avoir daigné avoir mémoire de lui, et de lui avoir envoyé des paroles de sainte consolation par l'abbesse Berthe, et fait exprimer le desir de le voir et d'avoir une conférence avec lui : il l'assure que cette assurance lui a causé une joie si vive qu'elle a redoublé le desir qu'il a de le voir ; qu'il veuille donc bien lui indiquer le temps et le lieu où il pourra le rencontrer, et qu'il s'empressera d'obtempérer à ses ordres : il lui demande en outre de lui accorder la rénovation et confirmation des priviléges de l'église de Rheims, comme ont fait tous ses prédécesseurs, et d'assurer ainsi à cette église une garantie perpétuelle des biens que son humilité lui a acquis : il lui raconte comment le marquis Évrard avait autrefois obtenu du siége de Rome le corps de saint Calixte, pape et martyr, et fait construire un monastère en son honneur dans un de ses domaines ; qu'après sa mort, ce domaine est échu en héritage à son fils l'abbé Rodolphe, lequel de son vivant l'a possédé, sans contradiction aucune, avec les biens et le champ du saint martyr ; qu'en mourant Rodolphe a légué les biens, le monastère et le corps du martyr à la sainte église de Rheims, et l'a instituée héritière de tous ses biens ; que maintenant un certain Hucbold, mari de la sœur de Rodolphe, attaque la donation de l'abbé, et cherche à enlever ces biens au domaine de l'église de la Mère de Dieu. Il le prie donc de l'instruire par ses sacrées et saintes lettres de ce qu'il doit faire en une telle circonstance, de ratifier à perpétuité la donation de ces biens, et de frapper les contradicteurs d'excommunication. Enfin il dit qu'il est dans l'angoisse et dans les sanglots, parce qu'il a appris que la sainte Église romaine était troublée par quelques gens ; qu'il est prêt à combattre de toutes ses forces pour son honneur, et à seconder en tout le souverain pontife. Il fait aussi mention de quelques évêques des Gaules qui demandaient indûment le *pallium*, méprisant par cette prétention leurs métropolitains ; il ajoute que cet abus, si on ne le prévient par une prudente sollicitude, engendrera un grande confusion dans l'Église, et portera un coup funeste à la charité. C'est pourquoi il supplie le saint Père, tant en son nom qu'au nom de toute l'Église, de ne pas consentir avec précipitation à ces demandes téméraires, ni sans avoir pris l'assentiment général et consulté par lettres, de peur que l'honneur de la dignité ecclésiastique ne commence à s'avilir, si des distinctions illégitimes, témérairement briguées, sont témérairement accordées.

CHAPITRE II.

Des lettres du pape Formose à Foulques, au roi Charles et au roi Eudes.

Le pape Formose répondant aux lettres de Foulques, lui mande qu'il doit compatir aux maux de l'Église romaine, subvenir à sa ruine imminente, et ne pas lui refuser plus long-temps sa présence : il ajoute que les schismes et les hérésies pullulent de toutes parts, et que personne ne se montre pour leur résister; que depuis longues années des hérésies pernicieuses mettent la confusion dans l'Orient; que des schismes nuisibles troublent Constantinople ; que des légats d'Afrique sont à Rome, sollicitant une décision sur un schisme depuis long-temps élevé entre les évêques de ces contrées; qu'enfin de tous les pays affluent des députations qui demandent des décisions sur mille points divers. C'est pourquoi il a résolu d'assembler un concile général le premier jour de mars; il invite Foulques à s'y rendre en toute hâte et sans délai, afin que, conférant ensemble, ils puissent traiter toutes ces choses plus largement, et résoudre plus pleinement les diverses questions.

Quant à ces affreuses tempêtes dont Foulques se plaint d'être battu par les Normands, le pape dit qu'il en est vivement affligé, et qu'il demande à Dieu, par l'intercession du prince des apôtres, que sa main toute-puissante les arrête : il ajoute que les lettres dont Foulques lui avait annoncé l'envoi par certaines personnes, ne lui sont point parvenues. Déjà, auparavant, Formose avait parlé à notre prélat, dans d'autres lettres, de ce concile qu'il voulait, dit-il, convoquer à la mi-mai. Dans ces mêmes lettres il déplorait le sort de l'Italie, deux fois ravagée par une guerre terrible, et presque ruinée, et gémissait sur la folle et téméraire hérésie de l'Orient, qui blasphême notre Seigneur Jésus-Christ; — *item*, il lui envoie en outre le privilége que Foulques lui avait demandé sur plusieurs précaires, et lui rappelle que le bienheureux saint Remi a été, par l'autorité du siége de Rome, et avec la grâce de Dieu, constitué apôtre de la nation des Francs. Il confirme la restitution du village de Berne, qui depuis long-temps avait été soustrait à l'église de Rheims; celle de Douzy, et en même temps tout ce que le seigneur Foulques avait obtenu à titre de précaires, savoir : Riom, Maroilles, Vertus, l'abbaye de Champeaux, Atties, et d'autres biens qui, depuis long-temps enlevés à l'église de Rheims, venaient de lui être rendus; dans cette confirmation, défenses sont faites à qui que ce soit d'y oser attenter ou porter la main, ainsi que sur aucune autre possession de cette église : il défend en outre, de l'autorité du bienheureux saint Pierre, qu'aucun chrétien, au décès de l'évêque de Rheims, applique à son bénéfice et usage ou l'évêché, ou les biens de cette église, et s'en attribue la possession, hormis l'évêque de la cité de Rheims; que personne ne force cette métropole à rester, contre les institutions canoniques, sans un pasteur ayant toutes les qualités requises par les règles ecclésiastiques; que nul soit ordonné évêque si ce n'est selon les constitutions canoniques : il déclare en outre et ordonne que tout ce dont le vénérable évêque Foulques a disposé sur les revenus des villes et villages appartenans à cette église, pour l'ornement des églises, pour les luminaires, l'entretien des chanoines, moines, religieuses, hospices et pauvres du diocèse, soit maintenu et inviolablement observé : et enfin il confirme et sanctionne ce décret de son autorité, en chargeant des liens de l'anathème quiconque l'osera violer; — *item*, il mande que Gui a été couronné empereur en la présente année; — *item*, à la demande du seigneur Foulques, il lui envoie un autre privilége par lequel il confirme à l'église de Rheims la possession du monastère que l'abbé Rodolphe avait fait construire en l'honneur de saint Calixte, pape et martyr, sur sa propriété et en vertu de ses droits héréditaires, et qu'il avait ensuite légué à l'église de Rheims; il confirme non seulement la donation de ce couvent, mais encore celle de tous les biens conférés à l'église de Rheims par la libéralité royale, ou la munificence des autres chrétiens, comme aussi de tous ceux que Foulques avait acquis ou viendrait à acquérir par la suite ; il lui mande encore que Lambert, fils de Gui, a été désigné empereur la seconde année de l'empire de son père ; — *item,* touchant les évêques diocésains de la province de Rheims, sur ce qu'il avait appris que quelques-uns d'entre eux refusaient d'obéir aux mandemens de leur archevêque, le pape enjoint à Foulques de se réunir à ses coévêques, et de convoquer tels autres évêques qu'il lui plaira, afin qu'ils informent ensemble, par une enquête synodale, sur une si grande et coupable négligence, et que munis de l'autorité canonique et apostolique, ils ordonnent ce qu'il appartiendra ; recommandant que personne ne se dérobe à cette œuvre tant digne de Dieu, sous peine d'être exclu de la communion apostolique ; — *item,* sur l'élévation de Charles au gouvernement du royaume, lequel le seigneur Foulques avait sacré encore enfant, et sur les mesures à prendre contre les crimes d'Eudes, et pour sa punition, répondant ainsi aux lettres que Foulques lui avait écrites pour lui demander ses conseils et son assistance ; c'est pourquoi le même pape écrivit à Eudes, pour l'engager à renoncer à ses prétentions illicites, à ne troubler ni inquiéter le roi Charles ni aucun des siens ; enfin à accorder une trêve pendant que l'évêque Foulques se rendrait à Rome devant le Saint-Siége apostolique.

CHAPITRE III.

Des lettres adressées par le pape Formose à plusieurs prélats de France.

Le même pape Formose écrivit aux archevêques et évêques de France, pour leur ordonner de se rassembler, et d'exhorter le roi Eudes à se désister de ses prétentions illégitimes, et à ne pas usurper le bien d'autrui, tâchant d'éteindre la guerre et de faire cesser toute hostilité, ou au moins d'obtenir une trêve pendant que Foulques ferait le voyage de Rome; il leur recommande de profiter de cet intervalle pour tout calmer, et ramener la paix et le bon ordre; — *item,* au roi Charles, pour le féliciter de son élévation, et en même temps de la dévotion que ce roi a témoigné porter au Siége apostolique; il lui expose en peu de mots de quelle manière il doit se comporter en l'administration de son royaume, lui envoie en symbole et gage d'amitié le pain béni qu'il lui avait demandé, et lui parle du voyage de notre évêque à Rome; il écrit aussi au seigneur Foulques, pour lui faire savoir que, selon les conseils qu'il lui en a donnés, il a écrit aux diverses personnes dont nous venons de parler touchant la paix ou la trêve à conclure entre Eudes et Charles ; — *item,* pour le charger d'apaiser la querelle qu'il a appris s'être élevée au sujet du meurtre de Manigaud par Alberic ; — *item,* pour lui recommander un prêtre nommé Grimlaïc, qu'il aime tendrement, et le prier de lui donner un évêché quand l'occasion s'en présenterait. — Outre les lettres dont nous avons parlé, Foulques en écrivit encore quelques autres à ce pontife, tant pour l'invitation et l'appel qu'il lui faisait de venir à Rome, que pour la querelle qui divisait les rois Eudes et Charles; comme aussi sur l'oppression qu'endurait l'église de Rheims; il prie le pape qu'il écrive aux deux rois, et leur commande la paix; qu'il ordonne aussi, au nom de l'autorité apostolique, à Arnoul de Germanie de ne pas inquiéter le royaume de Charles, et au contraire de lui porter secours, comme il convient entre parens; qu'il mande à Eudes de ne pas se permettre d'envahir ni piller ce royaume; et que s'il l'ose, il craigne la sentence du Saint-Siége apostolique; — *item,* pour lui mander que, malgré son admonition, Arnoul n'a prêté aucun secours au jeune et malheureux Charles, abandonné et orphelin; qu'Eudes n'a cessé ni ses invasions, ni les pillages et dévastations qu'il exerce sur le royaume; que bien au contraire, Arnoul a même envahi et usurpé tous les biens de l'église de Rheims, tant ceux qu'il avait autrefois restitués, que ceux qui n'avaient jamais été enlevés à cette église, sans autre motif sinon que Foulques n'a pas voulu approuver sa téméraire et coupable usurpation; que le roi Eudes a assiégé la ville de Rheims, porté partout le meurtre et le ravage, donné à ses satellites les biens de l'église, et enfin n'a cessé de dévaster l'évêché que lorsque Charles, arrivant avec une puissante armée, l'a forcé de lever le siége et de se retirer : il lui mande aussi que Robert, un des hommes d'Arnoul, du diocèse d'Hermann, évêque de Cologne, a envahi et pillé les biens de l'église de Rheims, jusqu'à ce qu'on l'en ait chassé et poursuivi comme un chien enragé; il demande que, si ce pervers ne consent pas à reconnaître son crime, il soit frappé d'excommunication; il fait observer au pape qu'au milieu de ces troubles affreux du royaume, il lui serait impossible de se rendre devant son autorité apostolique, puisque l'on n'attend que la guerre, et qu'il semble qu'en effet les affaires du royaume ne se peuvent arranger autrement; quant à lui, dit-il, il a toujours cherché à éloigner la guerre, non qu'ils fussent inférieurs ou trop faibles, ou qu'il doutât de la justice de la cause de Charles, mais de peur que les forces du royaume une fois usées par la guerre, il ne fût ensuite livré sans défense à l'invasion des païens; c'est pourquoi un traité a été conclu entre les deux partis, et ils se sont mutuellement promis sécurité et repos, jusqu'à un terme fixé, etc., etc.

Item, au sujet du roi Charles et de l'empereur Lambert; il remercie le pape de ce qu'il lui a mandé sur Lambert; qu'il a pour lui la tendresse d'un père et l'aime comme le fils le plus chéri, et qu'il desire toujours conserver avec lui une concorde inviolable; il lui assure que de sa part il aime Lambert, moins parce qu'il lui est uni par les liens du sang, que pour l'affection et le respect qu'il porte au saint Père; il le prie de ménager au roi Charles amitié avec Lambert, et qu'il écrive à Eudes et aux grands du royaume, pour procurer la paix, afin que Charles jouisse enfin paisiblement du royaume qui lui appartient par droit d'hérédité; et que, s'il ne peut le posséder tout entier, au moins ils lui en conservent une partie digne de son rang et de sa naissance, faisant un juste et paisible partage ; il promet au pontife qu'il exécutera ce qu'il lui a commandé sur les sacriléges violateurs des choses saintes, Richard, Manassès et Rampon, aussitôt qu'il lui sera possible de rassembler ses coévêques ; que seulement le pape veuille bien lui dire si, comme il les a liés du lien éternel de l'excommunication, il lui serait permis, au cas où ils viendraient à se convertir, de leur accorder miséricorde, ou de les recevoir à pénitence ; enfin quelle doit être la mesure de la pénitence elle-même : quant à Rampon, il assure qu'il n'est coupable qu'envers l'évêque Theutbold, mais qu'il n'a commis aucune faute contre Walther de Sens, à l'arrestation duquel il n'avait pris aucune part ni par sa présence, ni même par son consentement; — *item*, pour Hériland, évêque de Térouane, qu'après la ruine et le sac de son évêché par les Normands, il avait accueilli dans son malheur avec tous les égards dus à sa dignité, et qu'il avait ensuite établi comme visiteur d'une église vacante, pour lui procurer les moyens de vivre, en attendant qu'il en fût ordonné évêque. Comme les habitans du diocèse de Térouane paraissent tout-à-fait barbares de langage et de caractère, il le supplie de lui répondre s'il peut confier à Hériland ce peuple, veuf de son pasteur, et mettre à sa place en son siége de Térouane quelque autre qui, à cause de la parenté et de la langue, puisse être mieux reçu et se maintenir en ce pays. Dans sa réponse, le pape le comble de louanges, et le félicite de sa dilection et de sa sollicitude envers l'empereur Lambert, auquel il le prie de rester toujours fidèle et invariablement attaché, comme à son parent, lui assurant qu'il est avec lui en si parfait accord de paix et bonne amitié, qu'aucune intrigue ou malice ne les pourra désormais séparer; il lui notifie qu'il a excommunié Richard, Manassès et Rampon, et les a liés du lien perpétuel de l'anathème, pour avoir porté l'abomination jusqu'à crever les yeux à Theutbold, évêque de Langres, et à tenir en prison Walther de Sens, après l'avoir expulsé de son siége; il lui mande de soutenir les mesures qu'il prend contre eux, de convoquer tous ses évêques suffragans, et de faire pareillement approuver par eux le jugement qu'il a porté. Le pape Formose écrit encore à notre archevêque pour un prêtre nommé Berthaire, qui prétendait avoir été élu canoniquement à l'épiscopat par le clergé et le peuple de l'église de Châlons, du consentement du roi Eudes; il lui reproche d'avoir refusé de l'instituer, malgré la légitimité de son élection, et d'avoir, au décès de l'ancien évêque, confié cette église à Hériland, évêque de Térouane, comme à titre de bénéfice, et ensuite ordonné comme évêque un nommé Mancion, chargé de plusieurs crimes; enfin, comme Berthaire voulait se rendre à Rome, de l'avoir fait arrêter par un de ses vassaux nommé Conrad, de l'avoir arraché de son église, et tenu en exil pendant un mois. C'est pourquoi il mande expressément et fraternellement à notre seigneur Foulques de se rendre à Rome au temps qu'il lui fixe, et d'amener avec lui Mancion, Conrad et quelques évêques ci-dessus dénommés, etc.

CHAPITRE IV.

Des lettres du pape Étienne à l'archevêque Foulques, et de celles que Foulques lui a écrites en réponse.

Le seigneur Foulques, écrivant au pape Étienne, successeur de Formose, s'efforce de lui faire connaître la dévotion qu'il porte au siége de Rome, le desir qu'il ressent depuis long-temps d'aller visiter le seuil des apôtres; mais que divers motifs de périls et de craintes l'ont empêché d'accomplir son vœu; dans la même lettre, il lui annonce que les rois Eudes et Charles sont, grâce à ses efforts, réconciliés et en paix. Le pape, dans sa lettre en réponse, non seulement n'admet pas son excuse, mais lui fait même des reproches de ne pas venir à Rome, quand tant d'autres y viennent. Il lui annonce qu'il a résolu de célébrer un synode au mois de septembre prochain; et lui enjoint expressément de s'y rendre et de s'y présenter sans délai et sans aucune excuse, au temps fixé, sous peine, s'il y manque, d'encourir la censure canonique. Foulques lui répond qu'il a toujours eu la plus sincère dévotion envers le glorieux Siége du prince des apôtres et de ses saints pontifes; lui renouvelle l'assurance qu'accablé de mille oppressions diverses, et retenu par les troubles qui agitent le royaume, il lui a été impossible de se rendre en personne à Rome comme il l'aurait desiré; mais qu'il lui a envoyé les fils les plus chéris de son église, pour lui présenter ses excuses de vive voix, et lui exposer les difficultés du voyage; qu'il lui a même adressé un de ses coévêques; mais qu'il n'a pas osé lui écrire davantage, parce qu'il s'es trouvé assez rudement et sévèrement traité dans les lettres du saint Père; et qu'il n'a pas été médiocrement surpris de se voir ainsi tout-à-coup repris avec rigueur et dureté, lorsqu'il n'avait reçu jusque là du Saint-Siége et de ses prédécesseurs, que des témoignages d'affection et de bienveillance; il impute cependant ce traitement à ses péchés, et si d'un côté il est contristé de sa faute, de l'autre il se réjouit d'être corrigé par son Autorité; toutefois il se pourrait, comme quelques bruits lui en reviennent, que le saint Père eût été mal instruit par des personnes peu remplies de charité envers lui; il le prie donc de ne pas prêter trop facilement l'oreille à ces personnes, jusqu'à ce que, comme il est écrit, il ait pris les plus exactes informations sur des choses qu'il ignore; il lui remontre avec franchise que, presque dès le berceau, il a été élevé sous la discipline canonique, jusqu'au moment où le glorieux roi Charles, fils de l'empereur Louis, l'appela auprès de lui, et l'attacha aux affaires de son palais et de sa maison; il est resté employé à ce service jusqu'au temps du roi Carloman, fils du roi Louis-le-Jeune, et petit-fils de Charles; il a été élu et ordonné évêque de Rheims par le peuple, le clergé et les saints évêques de cette province. Il supplie le saint Père de demander à son envoyé, ou à qui il lui plaira, dans quel affreux état il a trouvé cette église, gémissant sous la persécution des barbares, et quelles peines il s'est données pour lui procurer paix et repos; protestant que ce n'est point par arrogance qu'il lui dit toutes ces choses, mais pour lui faire comprendre qu'un homme qui a été élevé comme lui, et qui a exercé de pareils emplois avant son épiscopat, a plutôt pris un fardeau qu'un honneur en acceptant ce siége, et que sa promotion a moins été pour lui une cause ou occasion d'orgueil, qu'un acte d'humilité. Il ajoute que dès que quelque repos sera donné au royaume, et qu'il pourra en obtenir la permission du roi Eudes, il s'empressera de se rendre aux pieds de sa Béatitude, pourvu que les chemins soient libres, et ne soient pas comme aujourd'hui interceptés par Zwentibold, fils du roi Arnoul, qui afflige l'église de Rheims de beaucoup de maux et injures, partageant les biens de cette église à ses vassaux, et dont il prie sa Sainteté de réprimer la tyrannie par l'autorité apostolique, disant que dans un temps si plein de périls et de troubles, il serait dangereux d'abandonner son église.

CHAPITRE V.

Des lettres de Foulques à quelques rois.

Chargé du soin et de l'administration de tout le royaume, Foulques a souvent eu occasion d'écrire à plusieurs rois; ainsi à l'empereur Charles-le-Gros, fils de Louis-le-Germanique, pour l'engager à protéger et défendre le royaume de France qui de ces côtés était ravagé et affligé par les Normands, il lui représente, qu'avec l'aide de Dieu, il a toujours été jusqu'ici protégé et préservé, tant qu'ont régné son oncle du même nom que lui et ses enfans; mais que depuis leur heureux passage en l'autre monde, et depuis que les grands du royaume se sont mis sous la protection impériale, ils sont de toutes parts accablés de mille maux: il lui mande que la ville de Paris, qu'il regarde comme la ville capitale de la France, et la clef des royaumes de Neustrie et de Bourgogne, ne tardera pas à tomber au pouvoir des Normands, à moins qu'il ne plaise à la clémence de Dieu de venir à son secours; que si elle est prise, c'en est fait de tout le royaume; que déjà le mal est si grand et que le péril s'accroît tellement de jour en jour, que de Paris à Rheims il n'y a plus aucun lieu sûr; et que, s'il y a encore quelques habitations à l'abri des barbares, ce sont celles de chrétiens pervers qui sont d'accord avec eux, abandonnent la religion chrétienne, font alliance et société avec les païens, et se mettent sous leur protection. — *Item,* il écrivit aussi au même empereur, pour le prier d'obtenir pour lui le pallium du siége de Rome, et de faire confirmer les priviléges accordés à l'église de Rheims par les souverains pontifes.

A Arnoul, roi de Germanie, au sujet du roi Charles qu'il avait sacré en bas âge; il lui expose les motifs qui l'ont décidé à élever ce jeune roi sur le trône, afin de dissiper les préventions qu'il sait lui avoir été inspirées contre lui pour cette action; il lui rappelle qu'à la mort de l'empereur Charles son oncle, il partit pour aller lui offrir ses services, plein du désir de se soumettre à sa domination et à son gouvernement; mais Arnoul le renvoya sans lui donner aucun conseil ni consolation. Se voyant alors sans espérance de ce côté, il fut obligé de se soumettre à la domination d'Eudes, qui, étranger au sang royal, a abusé tyranniquement de sa puissance royale, et qu'il a été forcé de souffrir malgré lui jusqu'ici ; cependant son premier désir était de voir le gouvernement entre les mains d'Arnoul, puisque c'était à lui qu'il était allé s'offrir le premier ; ne trouvant aucun appui en lui, il avait fait ce qui lui restait à faire, en choisissant pour roi le seul qui, après lui, restât encore du sang royal, et dont les prédécesseurs et les frères avaient été rois ; quant au reproche que lui faisait Arnoul de n'avoir pas sacré d'abord le jeune Charles, il lui fait observer, que lorsque l'empereur Charles mourut, et lorsque Arnoul refusa de prendre l'administration du royaume, Charles n'était encore qu'un enfant trop faible de corps et d'esprit, incapable d'être mis à la tête de l'État, et qu'il eût été très-dangereux de l'élire roi dans un moment où les Normands menaçaient le royaume des plus terribles persécutions ; mais quand ils l'ont vu parvenu à l'âge où l'on est capable de distinguer un bon conseil et de le suivre, ils l'ont choisi selon Dieu, pour donner ordre aux affaires du royaume, et en même temps servir les intérêts d'Arnoul ; quant à ce qu'ils avaient osé agir ainsi sans le consulter, il répond qu'ils ont en cela suivi la coutume de la nation des Francs, qui a toujours eu pour usage, à la mort d'un roi, d'en élire un autre de la même famille ou appelé par succession, sans jamais prendre l'avis d'aucun roi, même du plus grand ou du plus puissant ; qu'en faisant Charles roi, ils avaient entendu le soumettre à son autorité et à ses conseils, afin qu'il fût aidé en toutes choses de ses avis et de son assistance, et qu'ainsi le roi et le royaume fussent absolument gouvernés par ses commandemens et ordonnances; comme Foulques avait entendu dire que l'on avait insinué au roi Arnoul qu'il avait agi ainsi contre la fidélité qu'il lui devait, et seulement dans son intérêt privé, il lui répond qu'Ascheric lui-même, qui semblait être l'auteur de ces insinuations, était venu auprès de lui avant qu'il eût encore pris aucune résolution sur le sacre de Charles, et qu'en présence des comtes Héribert et Ecfried, il lui avait demandé conseil et avis sur ce qu'il devait faire au sujet de certains ordres d'Eudes qui lui commandait des choses intolérables; qu'il lui avait également demandé conseil, de la part des fils de Godefroi, sur quelques peines et embarras qu'Eudes leur suscitait; ils avaient alors demandé que l'on prît en commun un parti qui pût enfin donner sécurité aux sujets; les vues s'étaient portées sur Gui et sur Charles, comme issus de la famille royale; et tous ceux qui étaient présens considérant quel était celui qu'ils devaient choisir de préférence, ils avaient jugé que, pour l'utilité du royaume, pour éviter de blesser Arnoul, enfin pour conserver les droits et la légitime souveraineté du sang royal, ils devaient s'arrêter à Charles, persuadés qu'Arnoul verrait avec plaisir leur choix tomber sur son parent, et qu'il protégerait à la fois le roi et le royaume; quant à ce qu'on disait qu'il n'avait agi ainsi que dans l'intérêt de Gui, afin de l'introduire secrètement dans le royaume, et ensuite se déclarer pour lui, après avoir abandonné le jeune Charles, il répond que l'envie seule a sciemment répandu ces calomnies contre lui; que ceux qui les accréditaient le jugeaient d'après eux-mêmes; mais que pour lui, il ne se reconnaissait point à ces traits, et n'était pas né d'une famille habituée à se déshonorer; que les rois ancêtres de Charles n'avaient jamais eu à reprocher pareille trahison à ses prédécesseurs, qu'ils les avaient au contraire toujours trouvés d'une fidélité à toute épreuve, et que c'était pour cela qu'ils les avaient avancés et élevés en honneurs; qu'ainsi Arnoul aurait dû rougir d'avoir sur lui de tels soupçons, et de lui supposer une telle infamie; enfin, comme il lui était revenu que certains disaient à Arnoul que Charles n'était pas le fils du roi Louis, il lui affirme qu'il ne peut croire que quiconque aura connu ses parens, et verra le jeune prince, ne le reconnaisse pas aussitôt comme le véritable rejeton de la famille royale; que d'ailleurs il porte quelques signes du roi Louis, qui ne permettent pas de douter qu'il ne soit son fils; il supplie donc la majesté royale d'Arnoul de croire à la vérité de ses paroles, et de ne se laisser émouvoir à aucun sentiment défavorable contre un jeune roi innocent, qui est son parent; qu'il fasse examiner en sa présence, et en présence de ses fidèles, si les choses sont comme il le lui affirme, et termine ainsi toute cette affaire comme il convient; qu'il rappelle en sa pensée comment les rois ses prédécesseurs ont gouverné l'État, et comment l'ordre de succession au trône a toujours été sévèrement observé jusqu'à ce jour; que de toute la famille royale, il ne reste plus que lui et le jeune Charles son parent; qu'il songe à ce qui pourrait arriver s'il venait à payer la dette commune de l'humanité; quand il existe déjà tant de rois qui ne sont point du sang royal, et que tant d'autres affectent le nom de roi qui protégera son fils après sa mort, et l'aidera à monter sur le trône de son père, si lui-même laisse tomber du sien Charles, le seul parent qu'il ait? il ajoute que Charles est reconnu chez presque toutes les nations, que c'est la coutume des Francs d'avoir des rois héréditaires; et il cite à l'appui le témoignage du pape Grégoire: il tire aussi des livres teutoniques l'exemple d'un roi Hermanric, qui avait, par les conseils impies d'un de ses conseillers, voué à la mort toute sa postérité; il le conjure de ne pas écouter de pareils et horribles conseils, mais d'avoir pitié de cette malheureuse nation française, et de tendre la main à la famille royale prête à tomber, assurant ainsi la dignité et la force de sa propre succession, et empêchant que les rois étrangers au sang royal qui existent déjà, ou ceux qui pourraient s'élever dans l'avenir, prévalent contre ceux à qui leur naissance donne droit à la couronne; il lui annonce qu'il a envoyé vers lui Aledran, et le prie de choisir, entre tous ceux qui ont pris part à l'élection et au couronnement de Charles, ceux qu'il lui plaira appeler devant lui, pour exposer en présence de sa Sublimité les motifs qui les ont déterminés; il le supplie instamment de prendre en bonne part tout ce qui s'est fait, de croire que telle est sa dévotion et sa fidélité à la soumission qu'il lui doit, qu'il inspirera toujours au roi Charles de se conduire en tout par ses conseils; qu'il compte donc sur son attachement, et que personne ne puisse le détourner d'accorder sa protection au royaume et à Charles. Dans une autre lettre encore, il proteste de sa fidélité et de sa dévotion envers Arnoul, et lui exprime le desir d'aller, au premier ordre, lui consacrer ses services ; il l'assure que les promesses que son roi Charles lui a faites, quand Arnoul lui a permis de rester maître du royaume, seront toujours inviolables pour le roi comme pour ses sujets ; enfin il lui annonce l'intention où est Charles de déclarer la guerre au roi Eudes, son ennemi, qui ne cesse de lui tendre des embûches.

A l'empereur Gui ; il lui exprime combien il se réjouit de sa gloire et de son exaltation, mais qu'il est étonné et inquiet de ce que depuis si long-temps il ne lui a donné aucune nouvelle de son état et de sa prospérité ; il le prie d'accorder sa protection à son roi Charles, de se conduire envers lui comme un parent doit le faire, et de lui faire savoir au plus tôt quelles sont ses intentions ; il lui donne avis que le roi Arnoul n'est pas disposé à rester en paix avec lui ; que Charles vient d'adresser un message au Siége apostolique pour se recommander aux prières du pape, lui demander sa bénédiction, et le prier de s'employer pour établir amitié entre lui et Gui ; il le prie aussi de faire assurer Charles de son amitié, soit par un envoyé, soit par lettres, et de compatir aux maux que son Église et lui souffrent à cause de la fidélité qu'ils lui gardent ; enfin, il lui annonce que le roi lui a donné l'abbaye de Saint-Martin, et le prie de prendre sous sa protection les biens de ce monastère qui sont situés dans son royaume.

Au roi Eudes ; il lui demande d'accorder une élection libre à l'église de Laon qui vient de perdre son évêque, Didon, lui remontrant qu'il ne faut pas violemment contraindre les habitans de cette ville à recevoir un évêque dont ils ne voudraient pas ; il le prie de faire en sorte que cette église ne soit troublée ni inquiétée, et de ne pas permettre que ses biens soient pillés par des maraudeurs, s'il ne veut pas participer aux peines que les coupables attirent sur eux.

Au roi Charles; il lui témoigne son indignation de ce qu'il a appris que cédant à de mauvais conseils, il a conçu le dessein de faire alliance avec les Normands, afin que par leur assistance il pût s'assurer sur le trône:

« Quel est, lui dit-il, le sujet fidèle comme il doit
« l'être, qui ne tremble à la pensée que vous vou-
« lez faire amitié avec les ennemis de Dieu, et vous
« appuyer des armes païennes et d'une alliance abo-
« minable pour la ruine du nom chrétien? il n'y a
« pas de différence entre faire alliance avec les païens
« et adorer les idoles; et si, comme dit l'Apôtre, les
« mauvaises paroles corrompent les bonnes mœurs,
« combien plus la chasteté d'une ame chrétienne est-
« elle corrompue par les conseils et la société des
« païens? il est impossible qu'elle n'imite pas ce
« qu'elle verra à tous les momens: bien plus, elle s'y
« habituera insensiblement, et sera entraînée dans le
« crime par les liens de la mauvaise habitude. Certes,
« si les rois vos aïeux ont régné heureusement et ont
« transmis l'héritage de leur trône à leur postérité,
« c'est parce que, renonçant à leurs erreurs, ils se sont
« soumis noblement au culte du vrai Dieu, et ont
« toujours cherché en lui leur force; et vous, au
« contraire, maintenant vous abandonnez Dieu; car,
« je dois le dire, quoiqu'à mon grand regret, c'est
« abandonner Dieu que faire alliance avec ses enne-
« mis, et je puis avec raison vous adresser ces paroles

« que le Prophète adressait autrefois à un roi d'Israel
« commettant la même faute : « Vous prêtez secours
« à l'impie, et vous vous unissez d'amitié à ceux qui
« haïssent le Seigneur; » quand vous devriez mettre un
« terme à vos iniquités, renoncer à vos rapines, à vos
« déprédations sur les pauvres, et faire pénitence,
« vous allez au contraire, pour provoquer davantage
« la colère de Dieu, vous unir à ceux qui l'ignorent,
« et n'ont de foi qu'en leur férocité.

« Croyez-moi, ce n'est pas ainsi que vous parvien-
« drez à vous assurer votre royaume ; bien au con-
« traire vous hâtez votre perte ; le Dieu que vous ir-
« ritez vous frappera plus promptement ; jusqu'ici
« j'avais mieux espéré de vous : maintenant je vois
« que vous allez périr avec tous les vôtres si vous
« persistez dans vos desseins, et à écouter de mauvais
« conseils ; certes, ceux qui vous en donnent de pa-
« reils ne vous sont pas fidèles, mais bien infidèles
« de tout point ; si vous voulez les écouter, vous per-
« drez à la fois le royaume terrestre et le royaume
« céleste. Je vous supplie donc, au nom de Dieu, de
« renoncer à un si pernicieux dessein, de ne pas
« vous précipiter dans la mort éternelle, et de ne pas
« coûter, à moi et à tous ceux qui vous sont fidèles
« selon Dieu, des larmes intarissables ; mieux vaudrait
« pour vous n'être jamais venu au monde que de
« vouloir régner par le secours du diable, et prêter
« assistance à ceux que vous devriez attaquer et ruiner
« par tous les moyens possibles. Sachez donc que, si
« vous le faites, vous ne me devez plus compter comme
« fidèle, que je détournerai de votre foi tous ceux
« que je pourrai conseiller, et qu'avec mes coévêques,

« vous excommuniant vous et les vôtres, je vous frap-
« perai d'un éternel anathème. Si je vous écris ainsi,
« ce n'est qu'avec larmes et gémissemens, à cause de
« la fidélité que je vous garde, et parce que je desire
« vous voir toujours honoré selon Dieu et selon le
« siècle, et que vous parveniez au trône qui vous ap-
« partient par l'aide de Jésus-Christ et non par celle
« de Satan; car le royaume que Dieu donne a de solides
« fondemens; mais celui qui est acquis par injustice
« et rapine est fragile et caduc et ne peut subsister
« longuement. »

A l'empereur Lambert; il lui adresse une lettre de félicitations, et lui fait part de ce que le pape Formose lui a mandé dans ses lettres; savoir, qu'il porte la plus vive affection à l'empereur, qu'il veillera toujours à ses intérêts comme à ceux d'un fils bien-aimé, et qu'il veut entretenir avec lui une concorde indissoluble. En conséquence Foulques exhorte ce prince à se montrer reconnaissant envers le pape de tant de bonté, à l'aimer comme le père le plus tendre, à lui garder en tout fidélité et obéissance; enfin à obtempérer en vrai fils à ses avertissemens et à l'autorité du saint siége de Rome, avec la vénération qui leur est due.

« C'est ainsi, lui dit-il, que votre empire s'établira
« sur des fondemens d'une solidité éternelle; la main
« de Dieu vous soutiendra contre vos ennemis du de-
« dans et du dehors, et avec l'assistance divine, vous
« serez toujours vainqueur et supérieur à tous vos ad-
« saires. Rappelez, je vous prie, en votre mémoire
« votre très-glorieux oncle Lambert du même nom
« que vous, quelle a été sa conduite envers le Saint-
« Siége, quel en a été aussi le prix; et craignez de

« servir comme lui d'exemple, si vous tentez jamais
« quelque entreprise pareille à la sienne. Suppliez le
« seigneur apostolique de daigner l'absoudre, et d'in-
« tercéder pour lui auprès de Dieu. Je vous demande
« aussi en grâce de me ménager sa bienveillance, afin
« qu'il ait mémoire de moi et du siége de Rheims;
« qu'il daigne nous maintenir nos priviléges, tels que
« nous les ont accordés et maintenus tous ses saints
« prédécesseurs ; que si quelqu'un essaie de troubler
« les oreilles de sa Clémence, et de lui porter quelque
« plainte de nous, il ne croie pas d'abord à nos ac-
« cusateurs, jusqu'à ce qu'il ait pu reconnaître, soit
« par moi, soit par un de ses messagers, ou par un
« des miens, ce qui sera réellement vrai. Du reste,
« que votre dignité impériale sache que Rampon, votre
« parent et le mien, a été excommunié par le même
« seigneur apostolique, ainsi que ses lettres me le
« font connaître. C'est pourquoi je conjure votre Man-
« suétude de tâcher de fléchir le souverain pontife en
« sa faveur, afin qu'il ne lui ôte pas les moyens de se
« repentir, de réparer ses fautes, et qu'il ne le laisse
« pas mourir sous le poids de l'anathème perpétuel;
« mais qu'il lui inflige la pénitence qu'il croira pro-
« portionnée à l'offense; enfin qu'il écrive, à nous et
« à tous les évêques d'Italie et de France auxquels il
« a écrit au sujet de la condamnation, pour nous ins-
« truire du pardon, et nous dire ce qu'il exige de Ram-
« pon, et de quelle manière il doit se comporter. »

A Alfred, roi d'outre mer : il lui rend grâces d'a-
voir élevé à l'épiscopat de la ville de Cantorbéry un
vertueux et digne prélat, tout-à-fait selon les règles
ecclésiastiques; car il avait appris que ce roi s'effor-

çait de retrancher, par le glaive de la parole de Dieu, une secte perverse née des erreurs païennes, et jusqu'à ce moment laissée parmi cette nation, laquelle s'efforçait d'établir que les évêques et les prêtres pouvaient avoir des femmes épousées en secret; que chacun pouvait, au gré de son caprice, s'unir à ses parentes consanguines, profaner les femmes consacrées au Seigneur, enfin prendre une concubine même en ayant une épouse. Foulques démontre combien toutes ces assertions sont contraires aux plus évidens préceptes de la vraie foi, et le prouve par de nombreuses autorités tirées des saints Pères.

A Richilde, reine et impératrice, pour l'admonester et la réprimander : il lui déclare qu'il a été saisi d'une grande douleur, en apprenant les bruits fâcheux qui courent sur sa vie et sur sa conduite; que le diable est sans doute partout où elle est plutôt que Dieu, puisqu'on ne voit autour d'elle que choses qui militent contre le salut de l'ame, comme colères, querelles, dissensions, incendies, homicides, débauches, rapines exercées sur les pauvres, et pillage des églises : il l'admoneste sur toutes ces fautes avec un zèle et une sollicitude toute pastorale, l'engage à se déporter de tant d'iniquités pour porter des fruits de salut éternel, et lui propose le droit sentier pour qu'elle y entre, et que s'efforçant de monter sur le char des vertus, elle puisse atteindre aux œuvres de sagesse, de sainteté et de salut éternel; qu'elle tâche de garder pur de toute souillure le voile de Jésus-Christ qu'elle a pris à cause de son veuvage, afin de pouvoir le représenter sans tache au Seigneur; qu'elle ne se précipite pas dans l'enfer, où elle trouvera le mal infini et irréparable de mille misères qu'il met sous ses yeux ; qu'elle examine profondément si elle est bien l'amie ou la sœur de Dieu ; que si elle ne l'est pas, elle mette sans relâche tous ses soins à le devenir, sinon par la candeur de la virginité, ce qui ne lui est plus permis, au moins par l'observance fidèle d'une continence salutaire, par une foi droite et simple, par l'amour de Dieu et de son prochain, par les œuvres de miséricorde, enfin par une vie sobre, juste et pieuse ; qu'elle s'applique à amender sa vie, tandis que la journée dure encore, de peur qu'il ne lui arrive de tomber dans le piége de la confusion éternelle, pendant qu'elle oublie avec quelle rapidité la journée présente passe ; qu'elle soigne son ame, qu'elle s'efforce de s'approcher le plus possible du Seigneur, et de devenir une colombe de simplicité et d'innocence, afin qu'au moment où elle quittera ce corps mortel, elle mérite d'entendre Jésus-Christ lui dire : « L'hiver « est passé et s'est retiré ; viens, ma colombe, et repose « avec moi, assise à la droite de mon Père. » Le digne évêque s'excuse ensuite de la prolixité dont il use, sur l'inquiétude qu'il a de son salut, et son desir de la voir devenir véritablement reine, en ornant son veuvage de vertus, et ayant sans cesse devant les yeux le jour de sa mort et de sa résurrection, et qu'elle entende aussi sans cesse cette parole de l'Apôtre : *Veillez, justes, et ne péchez point ;* qu'elle rende gloire à son Dieu, et opère son salut ; qu'elle évite le mal et fasse le bien ; enfin il prie Dieu que cette réprimande et cette correction, dont il a été obligé d'user envers elle, touche son cœur d'une componction salutaire, afin qu'elle se retire enfin des piéges du démon, que la grâce de Dieu la ressuscite du sépulcre des vices, et que, la retirant de la fièvre du mal, il la rétablisse ferme et stable dans le bien, afin que dès ce monde et dans la vie éternelle elle puisse se réjouir avec ses saints : « Que si, dit-il, « vous écoutez nos conseils, nous serons envers vous « ce que nous devons être, en toute fidélité, révé- « rence et due obéissance, et, ce qui est bien au des- « sus de tout, Dieu vous sera propice, comme nous « le souhaitons et l'en prions. Autrement, nous vou- « lons que vous sachiez bien que nous ne voulons « pas pour vous encourir la colère de Dieu, et que, « selon notre ministère, nous ferons contre vous tout « ce que nous ordonne l'autorité canonique; et Dieu « nous est témoin avec quel regret et quelle douleur ! « Mais nous ne pouvons nous séparer de l'Apôtre, qui « dit : *Tant que je serai l'apôtre des Gentils je* « *travaillerai à rendre illustre mon ministère;* et « ailleurs : *Nous sommes les coopérateurs de Dieu;* « et encore : *C'est Dieu qui opère en nous;* et enfin, « *Est-ce que vous voulez éprouver la puissance* « *de Jésus-Christ qui parle par ma bouche ?* C'est « pourquoi je prie Dieu de toutes mes forces pour « que mes paroles se gravent dans votre cœur, et « que celui qui parle par moi à vos oreilles vous parle « lui-même en votre cœur : puisse, à notre prière, le « Dieu tout-puissant étendre vers vous sa main du « haut des cieux, et vous retirer du bourbier profond « et fangeux de ce siècle ! »

CHAPITRE VI.

Des lettres de Foulques à différens évêques.

L'archevêque Foulques a aussi adressé à divers évêques diverses lettres pleines d'un sel pieux, et remplies d'autorités et maximes des Écritures. Ainsi :

A l'archevêque Frothaire, pour lui recommander les biens de l'église de Rheims situés dans son diocèse, lesquels souffraient de grands dommages de la part de quelques usurpateurs : il l'avertit et le prie que, fidèle au ministère que Dieu lui a confié, et aux préceptes apostoliques, dont il lui cite plusieurs exemples, il défende à ces usurpateurs, au nom de l'autorité canonique, de rien enlever désormais des biens de l'église de Rheims, s'ils ne veulent encourir la colère du Seigneur et des saints.

A Rostagne, évêque d'Arles, pour lui rendre grâces de sa sollicitude pour les biens de l'église qu'il avait remis à sa providence et sous sa protection : cependant il a appris que quelques usurpateurs y exercent des ravages ou les envahissent ; c'est pourquoi il l'engage à frapper les coupables d'une sévère excommunication, s'ils ne veulent pas se corriger, à moins qu'il ne juge à propos de porter cette affaire devant le Siége apostolique.

A Hermann, archevêque de Cologne ; il lui exprime le desir d'avoir un entretien avec lui et les autres évêques de son diocèse, et de traiter avec lui des nécessités des églises, comme ce prélat le lui avait lui-même témoigné, mais qu'il en est empêché par les nouvelles tempêtes dont les Normands menacent le royaume; que dès qu'une occasion se présentera, il s'empressera de mettre ce projet à exécution ; il lui intime en outre que quelques biens de l'église de Rheims, situés dans son diocèse, sont possédés sans titre par certains usurpateurs; qu'il avait déjà quelque temps auparavant prié le roi Arnoul, à Worms, de donner l'ordre à l'évêque Willebert, son prédécesseur, de procéder contre les coupables selon les règles et formes canoniques; et Hermann lui-même avait été chargé de cette mission par le roi; mais comme Willebert n'a pu accomplir cet ordre, il le prie de frapper d'une punition canonique, et les usurpateurs, et tous ceux qui commettront le moindre attentat sur ces biens, s'ils ne se hâtent de renoncer à leur coupable conduite; il adresse encore au même Hermann un décret du pape Symmaque, qui lui trace de la manière la plus expresse la conduite qu'il doit tenir en cette circonstance; — *item,* pour quelques biens de l'église de Rheims situés sur le Rhin, dans un lieu nommé Bothert, et qu'il avait confiés à Maingaud; celui-ci étant mort, il prie Hermann de vouloir bien les prendre sous sa protection, et d'avertir un certain Vibert, qui tenait en sa possession d'autres biens de l'église de Rheims, de les lui rendre amiablement; il lui recommande encore quelques biens appartenans à une abbaye qui lui avait été concédée par le roi, et qui était située dans le diocèse d'Hermann; il le prie de la défendre contre les invasions des étrangers.

A Walther, archevêque de Sens, au sujet de l'affaire de l'abbesse Hildegarde, pour laquelle il lui avait adressé plusieurs citations à comparaître. Walther avait négligé de répondre, partie par distraction d'affaires, partie par empêchement de maladie; c'est pourquoi Foulques lui prescrit de quelle manière cette affaire doit être amenée à une décision conforme aux règles, et il le prie de ne pas manquer de se rendre au plaid indiqué; que s'il ne vient pas, il s'efforcera de faire seul, avec la grâce de Dieu, et sans blesser la charité, ce qui doit être fait; que s'il a différé jusque là, ce n'est pas qu'il crût ne pas avoir le privilége et le droit d'en agir ainsi, mais bien par égard pour l'affection qu'il lui porte, et qu'il veut conserver sans aucune atteinte; il prie aussi Walther de faire avertir l'abbesse Hildegarde, comme sa diocésaine, de ne pas prétexter cause d'ignorance pour manquer au plaid, et de s'empresser au contraire de se présenter au jour marqué; — *item,* des lettres de consolation sur sa maladie, et touchant l'absolution qu'il lui avait demandée, tant à lui qu'à ses frères; il y parle aussi des mesures à prendre pour régler le temps et le lieu d'une entrevue qu'il veut avoir avec lui.

A Pléonic, archevêque d'outre mer; il le félicite de ses saintes entreprises pour arracher et extirper les germes impurs de débauche et de libertinage, dont il a déjà été fait mention dans les lettres de Foulques au roi Alfred, et qui avaient pris racine parmi cette nation; il le munit de toutes les armes et autorités de la censure canonique, desirant, dit-il, de participer à ses pieux travaux.

A un certain Jean, évêque romain, pour lui témoigner l'affection qu'il lui porte, et qu'il dit si grande qu'il n'a jamais trouvé personne avec qui il ait été lié si étroitement par le sentiment d'une mutuelle charité; il lui rappelle avec quelle bienveillance il en a été accueilli à Rome, avec quelle généreuse et libérale urbanité il en a été traité, enfin de quels bienfaits il en a été comblé, et l'assure qu'aussitôt que la paix sera rétablie, il s'empressera de prouver par ses services sa reconnaissance et sa dévotion, tant envers lui qu'envers le pape Étienne; il le prie de le protéger par sa faveur auprès du pape, et de l'assister en tout ce qui lui paraîtra nécessaire, et qu'il s'en fie à lui comme à soi-même.

A Dodilon, évêque de Cambrai, qu'il avait plusieurs fois appelé à divers plaids, sans qu'il en eût fait aucun cas : il l'avertit et le prie de ne pas manquer de se rendre au prochain plaid qui se tiendra au premier endroit, où le roi Eudes se trouvera avec les évêques, afin de terminer l'affaire d'Hildegarde et d'Hermengarde; il lui enjoint de faire avertir et sommer canoniquement de se rendre à cette assemblée les accusateurs d'Hermengarde, ceux qui ont donné l'ordre de crever les yeux au prêtre, et de le pendre, ceux qui ont obéi à cet ordre criminel, enfin tous ceux qui ont été complices ou fauteurs de ce crime; — *item,* pour le même sujet; il lui rend grâces d'avoir reçu et exécuté dévotement son mandement, et de s'être présenté exactement au jour fixé; mais il le blâme de ce que, dans une affaire toute ecclésiastique, il s'est servi pour messager d'un laïque au lieu d'un clerc : Foulques, retenu en partie par son service auprès du roi, en partie par une indisposition, n'avait pu lui-même se trouver à la réunion qu'il avait indiquée ; il s'en excuse ; ensuite il prie Dodilon de vouloir bien se ressouvenir de quelle manière il s'est conduit envers lui ; avec quel zèle, sans que le roi, sans que personne s'intéressât à lui, il s'est employé pour le faire parvenir à l'épiscopat, lorsque cependant il ne lui était pas encore bien connu ; néanmoins il avait agi pour lui comme pour un frère bien-aimé, parce qu'il lui avait cru et lui croyait encore une prudence sans détour, une foi sincère et une fermeté inébranlable, et parce qu'il avait espéré trouver en lui un aide et un coopérateur empressé à le seconder en tout ; il le prie donc, au nom de cette affection sincère qu'il lui croit pour lui, de venir sans délai et toute occupation cessante, à la réunion épiscopale qu'il lui indique, et de n'y manquer pour aucune cause, si ce n'est pour maladie : il lui mande de faire sommer canoniquement les personnes qu'il lui a désignées dans sa précédente lettre, de comparaître devant l'assemblée solennelle des évêques, et d'être prêtes au jour fixé ; — *item*, de concert avec ses coévêques Didon de Laon, Hétilon de Noyon, Riculfe de Soissons, Hermann de Térouane, pour lui annoncer qu'ils se sont réunis à Rheims, pour traiter de l'usurpation du comte Baudouin, au sujet duquel il lui avait déjà écrit à lui-même Dodilon, pour le prier de l'exhorter à se corriger de son orgueilleuse et insolente témérité ; mais comme Dodilon lui avait répondu qu'il ne pouvait aller se joindre à ces prélats, parce que l'épée des Normands lui coupait le chemin, Foulques compatit à ses peines, qui sont la peine commune. Au reste, il lui accorde ce qu'il lui a demandé au sujet de Baudouin, et l'engage à ne ménager pour le ramener ni les avertissemens, ni les exhortations, ni les réprimandes, lui proposant sans cesse les divines sentences des saints Pères; il lui donne aussi avis que des lettres sont adressées à Baudouin lui-même de la part des évêques, et lui recommande, s'il est présent, de les lui lire; s'il est absent, de les lui faire remettre par son archidiacre, qui aura soin de les lui faire comprendre; que si l'archidiacre ne peut lui-même parvenir jusqu'à lui, il fasse lire publiquement devant lui ces lettres dans un des lieux où Baudouin a violé la religion et usurpé ses droits; qu'ensuite, s'il ne vient pas à récipiscence, aucun moine, ni chanoine, ni chrétien quelconque ne reste auprès de lui, sous peine d'être lié des liens de l'excommunication; que si Hétilon vient à Arras, Dodilon l'aille trouver, afin qu'ils procèdent canoniquement de concert à tout ce qu'ils jugeront nécessaire, et qu'ensuite il lui donne avis de ce qu'ils auront fait.

A Hétilon, pour lui donner l'ordre de se rendre à Arras avec quelques fidèles du roi, et d'y exécuter tout ce qu'il trouvera prescrit dans une instruction qui lui est donnée dans un autre écrit;—*item*, pour se plaindre de la conduite que tient envers lui Dodilon, évêque de Cambrai, qui le paie de ses bienfaits par des outrages; il prend Hétilon à témoin de la paternelle et franche affection avec laquelle il a procuré son avancement; — *item*, il lui raconte qu'un certain Rodolphe, homme très-pieux, a légué à l'église de Rheims un monastère situé dans son évêché, donnant en même temps le corps de saint Calixte pape et martyr, qu'il avait obtenu et rapporté de Rome; qu'il a prié amiablement Dodilon de se rendre au château d'Arras, d'y faire avec pompe et honneur la levée du corps du saint martyr, et de le conduire jusqu'au couvent de Saint-Quentin; que là, Hétilon lui-même devait, ainsi qu'il l'en avait prié, se rencontrer, et accompagner le saint corps jusqu'à ce qu'enfin Foulques lui-même vînt le recevoir avec toute la pompe convenable, et le conduire jusqu'à Rheims, où il serait conservé jusqu'à la paix, pour être ensuite restitué en son premier lieu dans le diocèse d'Hétilon; que Dodilon, au lieu de faire ce qu'on lui demandait, foulant aux pieds toute révérence filiale et fraternelle, est venu au milieu du chemin, et enlevant par force la sainte relique des mains de ceux qui la portaient, l'a déposée chez lui, disant qu'il ne la rendrait qu'à Hétilon, à qui seul elle appartenait comme étant sise en son diocèse; mais que ce n'est là qu'une ruse et un prétexte de fraude, afin de pouvoir livrer ce saint corps au comte Hucbold. Il prie donc Hétilon d'envoyer un de ses messagers à Dodilon, pour le reprendre paternellement et fraternellement, et lui rappeler que c'est lui qui l'a placé sur le Siége épiscopal, sans autre motif que la religion et la foi qu'il lui croyait, et sans aucune recommandation du roi ou de quelque seigneur; qu'il l'exhorte à revenir d'une si coupable témérité, et à ne pas forcer son archevêque de faire contre lui ce qu'il ne voudrait pas faire; il prie ensuite instamment Hétilon de ne pas soutenir Dodilon en sa témérité, mais de favoriser le parti de la justice de tout son pouvoir, et non seulement de consentir à ce que le céleste trésor confié par

Rodolphe à l'église de Rheims soit restitué à son église et à sa ville, mais encore de coopérer à cette restitution de tous ses moyens.

A Didon, évêque de Laon, pour la réconciliation de l'ame d'un nommé Walther, qui, trouvé coupable de lèse-majesté, avait encouru la peine de mort; il lui est revenu qu'à l'article de la mort Walther a demandé le sacrement de pénitence par la confession, et le viatique de la sainte communion, mais que Didon le lui a refusé; que de plus il lui a refusé la sépulture et a défendu de prier pour lui ; il fait des reproches sévères à cet évêque, et s'indigne avec horreur qu'il ait pu agir ainsi lorsqu'il savait très-bien qu'il est défendu de jamais refuser le sacrement de pénitence à un mourant; il apporte à l'appui plusieurs témoignages des saints Pères, l'avertissant d'imiter la bonté du Maître commun, et de faire miséricorde à ce pécheur qui avait demandé le remède de la pénitence à ses derniers momens ; il lui ordonne de faire prier pour lui, de le réconcilier et recommander son ame à Dieu selon la coutume des Chrétiens; enfin de le transférer, du lieu où il avait été jeté sans sépulture, dans le cimetière des fidèles; — *item*, pour le même sujet, il renouvelle sa demande, et cite l'exemple du bienheureux saint Grégoire envers un moine qu'il avait privé de la sépulture commune et du secours des prières, et auquel ensuite, après un certain temps, il ordonna d'accorder réconciliation; il cite aussi cette parole de l'Évangile : *Le fils de l'homme est venu pour chercher et pour sauver ce qui était perdu;* enfin le concile de Nicée, qui ordonne d'accorder la grâce de la communion généralement à quiconque est près de mourir et demande le sacrement.

A un certain Pierre, évêque romain, touchant les questions qu'il avait adressées au pape Formose au sujet d'Hermann, évêque de Térouane, auquel il se proposait de confier l'église de Châlons, veuve de son pasteur; il le prie de parler au pape, afin de lui faire obtenir le plus promptement la réponse qu'il desire, l'avertissant de se rappeler ce qui avait eu lieu au sujet d'Actard, évêque de Nantes, que le souverain pontife Nicolas avait consenti à placer en attendant à la tête de l'église de Térouane, et enfin avait fait installer archevêque de Tours; il insiste pour qu'il lui obtienne la même autorisation, et le prie, quand il l'aura obtenue, de la lui faire parvenir.

A Honoré, évêque de Beauvais; il lui témoigne son étonnement de rencontrer en lui un esprit si ennemi et si contraire, quand il devrait se rappeler de quelle manière il s'est conduit envers lui; comment il l'a toujours regardé comme un frère et comme un fils, et avec quel zèle il a travaillé à son élévation; que malgré ses fautes cependant il ne doit pas désespérer, mais revenir au plus vite à la paix et à la concorde; il l'avertit donc, comme le fils le plus cher, de revenir à lui, et de songer de quel ordre, de quelle profession il est; de bien considérer qu'il n'a jamais été lésé en rien par lui; enfin de venir s'il lui est possible auprès de lui, afin qu'ils puissent conférer ensemble de vive voix; que, si cela est impossible, il lui envoie du moins un de ses familiers par lequel il puisse lui répondre et lui faire connaître ses intentions; il lui donne avis qu'il court sur lui des bruits

qu'il n'a pu croire légèrement; savoir, qu'il se livre à la rapine, envahit les possessions et pille l'argent d'autrui; il lui désigne nominativement un certain Robert qui s'est plaint auprès de lui qu'Honoré lui avait enlevé tous ses meubles. « Pour moi, dit-il, je ne puis
« croire cela de vous ; mais je pense qu'il y a quel-
« qu'un qui, abusant de votre faveur et de votre auto-
« rité, s'est permis ces excès, et est ainsi cause qu'on
« vous attribue ce qui est le fait d'un autre; si donc ces
« abus ont été commis par quelqu'un des vôtres, je
« vous conjure de réprimer, comme il le mérite, l'au-
« teur de ces maux, et de lui faire réparer tout le
« dommage; mais s'il était vrai que vous fussiez le
« coupable, je vous prie de changer de conduite, et
« de faire à celui qui a souffert dommage réparation
« pleine et entière. »

Au même; il lui fait des reproches sur plusieurs choses qu'il lui avait écrites avec peu de sincérité, donnant à entendre que le seigneur Foulques troublait la paix et la concorde : par exemple, d'avoir dit qu'il avait prévenu l'archevêque que quelques pervers vexaient et opprimaient son église, et qu'il n'en avait obtenu aucune réponse. Foulques lui rappelle qu'il avait préféré employer la prière plutôt que l'autorité, pour obtenir de lui une trêve en faveur des accusés, jusqu'à ce que les évêques pussent en conférer ensemble. Au sujet d'un certain Aledran qu'il menaçait d'excommunier, et contre lequel il semblait commander à son archevêque d'approuver et confirmer sa censure, Foulques lui fait observer que jamais il ne lui est entré dans l'esprit de ne pas avoir égard aux demandes et aux requêtes faites en commun par ses coévêques, mais que l'Église ne saurait obéir à l'église de Beauvais toute seule; que d'ailleurs en cette excommunication on reconnaissait moins la vigueur de la censure ecclésiastique qu'on ne voyait prévaloir une animosité aveugle, dont le principe était dans l'abandon du roi Eudes et l'établissement de Charles. Il ajoute ensuite quelques mots sur le veuvage des églises de Senlis et de Châlons, l'une desquelles, celle de Senlis, avait élu un certain Otfried, qu'ils avaient amené à l'archevêque de Rheims, et qu'ils l'avaient prié de leur ordonner pontife : il invite Honoré à venir sans délai, et sans prétexter d'excuse, pour l'assister en cette ordination : il le prie cependant de ne pas prendre ces paroles comme s'il ne lui était plus permis d'espérer en son amitié, et dans l'intimité qui les avait unis, et que de son côté il desire toujours conserver inviolable; c'est aussi, dit-il, pour l'honneur de son propre siége qu'il desire ennoblir et élever celui d'Honoré; mais se voyant déchiré à mots couverts dans ses lettres d'une censure mordante, il avait voulu se justifier de reproches si graves, de peur que son silence ne parût un aveu. — *Item,* pour l'ordination de Mancion, coévêque de Châlons, à laquelle Foulques l'avait invité; mais Honoré n'était pas venu, et avait même été jusqu'à la censurer presque publiquement; cependant l'archevêque, supportant patiemment cette censure par zèle pour la charité, l'invite de nouveau à l'ordination d'Otfried; — *item,* au sujet des lettres qu'Honoré lui avait écrites, et dans lesquelles il l'exhortait à prêter secours à l'État et à la religion de la sainte Église penchant vers sa ruine; l'archevêque lui dit qu'il rend grâces à Dieu de lui avoir inspiré la pensée de lui donner de si sages et affectueux conseils; ses premières lettres semblaient au contraire partir d'un cœur gonflé de rancune; que si vraiment Honoré a dans le cœur ce qu'expriment ses paroles, il est prêt à répondre à sa charité, et à tout faire pour la conserver inviolablement; mais, comme il ne voit pas que le moment soit favorable pour se réunir, aussitôt que, Dieu aidant, le temps sera propice, il aura soin de le prévenir, et de convoquer lui et les autres évêques ses suffragans; — *item*, pour lui transmettre un ordre du pape Étienne, par lequel ce pontife accorde à Foulques la permission de rester, qu'il lui a demandée, mais lui enjoint d'envoyer à sa place les évêques Honoré et Rodolphe, de Laon, pour assister au synode qui doit se tenir à Ravenne. Foulques engage Honoré à obtempérer à l'ordre du souverain pontife.

A Theutbold, évêque de Langres. Ses lettres à cet évêques sont pleines d'amitié et respirent la plus vive affection, d'ailleurs bien partagée; il s'y entretient avec lui d'affaires privées dont Theutbold lui avait fait parler par son messager; d'une entrevue qu'ils veulent avoir ensemble; de la parenté de Theutbold avec la famille royale, et de son amitié agréable au roi Charles; il le prie aussi de lui mander, sur Richard roi de Bourgogne et sur les Aquitains, tout ce qu'il aura pu apprendre.

A Rodolphe, successeur de l'évêque Didon dont nous avons parlé plus haut; il le félicite de son élévation, et de son avancement dans le Seigneur; — *item*, pour un certain homme, son sujet, qu'il a rejeté et chassé; il l'egage à prendre garde de faire tort à sa réputation

épiscopale, et à ne pas donner occasion aux méchans de dire que ce qu'il fait dans un sentiment de justice n'est que l'effet de la vengeance; il lui remontre que l'église de Rheims jouit de toute antiquité de ce privilége que tous les diocésains qui se sentent coupables de quelque offense envers leur évêque ont toujours recours à la sainte mère église métropolitaine pour obtenir grâce et pardon. « Cependant, ajoute-t-il, je
« n'ai pas voulu en cette affaire user d'autorité, mais
« demander comme un ami à son ami, ou plutôt comme
« à un fils uniquement chéri, parce que j'étais sûr, je
« ne dis pas d'avoir quelque pouvoir, mais, pour ainsi
« dire, tout pouvoir sur votre affection. » Il ajoute que miséricorde n'est pas vice, puisque Dieu lui-même tous les jours, après les plus terribles menaces de vengeance, ouvre son sein paternel aux pécheurs qui se convertissent à lui; et que jamais nul homme n'est tellement tombé qu'on lui doive refuser la faculté de se relever, etc., etc.

CHAPITRE VII.

Des lettres de Foulques à quelques abbés et à plusieurs personnages illustres.

A l'abbé Étienne, homme très-noble et très-vertueux, qui avait été sur le point d'être élu à l'épiscopat, mais qui venait d'être rejeté; il lui écrit une lettre de consolation, et l'assure qu'il lui gardera toujours l'amitié qu'il lui avait promise; il s'afflige et gémit de voir déçu de ses espérances celui qu'il se réjouissait d'avance de voir porté par l'élection au gouvernement d'une église; il l'engage pourtant, quelque dure qu'ait été sa chute, à se relever avec courage, et lui exprime le desir de lui gagner et réconcilier ses proches, ses amis, et tous ceux qu'il pourra, etc., etc.

A Baudouin, comte de Flandres, sur les actes coupables qu'il s'est permis, et dont il vient de s'occuper en assemblée avec les évêques de son diocèse; Baudouin, entre autres crimes, avait porté l'audace jusqu'à faire flageller un prêtre. Foulques lui remontre, par les témoignages tirés des saintes Écritures, l'énormité d'un pareil crime; il avait aussi enlevé plusieurs églises à des prêtres qui y avaient été ordonnés, et les avait données à d'autres, sans consulter leur évêque; il avait envahi et retenait par force un domaine que le roi avait donné à l'église de Noyon; le seigneur Foulques lui cite les articles des canons et des lois civiles sur ces sortes de crimes; il lui reproche aussi d'avoir usurpé et gardé un couvent de moines, et de s'être soulevé contre le roi avec infidélité et parjure. Depuis long-temps déjà des avertissemens avaient été adressés à Baudouin sur ces divers méfaits; mais après les longs délais qui lui avaient été accordés, malgré les appels qui lui avaient été faits par l'autorité épiscopale, il semblait, en changeant à tout moment de lieu, éviter de comparaître et rendre compte. C'est pourquoi Foulques lui adresse ces lettres et cette invitation paternelle pour l'engager à faire pénitence; s'il ne veut se soumettre, qu'il sache qu'il sera retranché de la communion des Chrétiens, etc., etc. — *Item*, il lui écrit, conjointement avec ses coévêques, du synode tenu à Rheims l'an de l'incarnation de Notre-Seigneur 892 ; il lui reproche de fouler aux pieds les lois ecclésiastiques et civiles, d'usurper les biens de l'Église et des honneurs qui ne lui sont pas dus, rejetant loin de lui la crainte de Dieu, abjurant par ses œuvres la foi qu'il avait promise à Dieu dans le baptême, envahissant le lieu saint d'un ordre monastique, et usurpant le titre d'abbé ; c'est pourquoi il a été décrété d'un commun accord, par tous les évêques réunis, de le frapper d'anathème ; néanmoins, comme il peut rendre des services à l'Église et au royaume, la censure est suspendue; on lui laisse le temps de réfléchir, de s'amender, et on le conjure par la miséricorde de Dieu de ne pas s'obstiner en sa coupable audace, de ne pas provoquer davantage la colère de Dieu, et lui mettre, pour ainsi dire, le glaive à la main, etc., etc. Suivent les témoignages des autorités divines produits pour sa correction et son amendement. Que, s'il persiste à ne pas vouloir se corriger, il sache qu'il sera séquestré de tout commerce avec l'Église, et frappé d'un éternel anathème. Il finit en lui mettant sous les yeux la sentence d'excommunication qu'il lancera au plus tôt contre lui.

Au clergé et au peuple de l'église de Sens, au sujet du choix qu'ils ont à faire d'un évêque ; il leur reproche d'avoir différé de venir auprès de lui, et d'avoir préféré l'entretenir par lettres plutôt que de vive voix, et leur ordonne de choisir entre eux, et de lui envoyer au plus tôt des personnes mûries par l'âge et la sagesse, habiles et incapables de se laisser entraîner hors du droit chemin par esprit de haine, faveur ou avarice.

Aux desservans de l'église de Laon, sur ce qu'il a entendu dire qu'il existe entre eux des rivalités et des querelles, et qu'ils se séparent en conventicules ; c'est pourquoi il les avertit, comme des fils, que s'il en est ainsi, il faut se hâter de couper court au mal ; que la modération, la paix doivent régner dans leurs assemblées, et que chacun doit y parler, selon son âge, et selon les vertus qu'il a reçues de Dieu, mais sans orgueil aucun ni affectation de hauteur, etc. Afin de rétablir et conserver entre eux la concorde et la vraie charité, il leur envoie copie de la lettre qu'il a écrite au roi Eudes, pour leur obtenir une élection canonique, et il les exhorte, afin que, rassemblés et réunis dans une même volonté avec l'aide du Saint-Esprit, ils travaillent avec ardeur, et implorent avec ferveur la clémence de Dieu, pour qu'il daigne les bénir et diriger dans l'élection de leur pasteur.

Aux frères de l'abbaye de Corbie : il leur adresse une lettre de correction et de réprimande sur leur conduite envers leur abbé, qu'ils s'étaient permis de déposer ; il leur reproche de l'avoir cruellement et témérairement chassé au moment où il était en proie à une maladie très-grave ; de ne l'avoir pas même reçu comme un étranger quand il était venu vers eux ; de ne lui avoir pas témoigné la moindre humanité, mais au contraire de l'avoir chassé de l'habitation commune, et relégué hors de l'enceinte du monastère, dans le lieu le plus sale et le plus vil ; enfin, d'avoir défendu, par une résolution commune, que personne allât le visiter ou consoler, et de l'avoir même, en cas de mort, déclaré indigne de la sépulture commune. Il s'étonne qu'une telle méchanceté ait pu se glisser dans leurs cœurs; et leur mettant sous les yeux les ordonnances et statuts apostoliques sur l'obéissance envers les supérieurs, il leur montre qu'ils n'avaient pas le droit de priver de sa dignité, contre toute justice, un abbé régulièrement élu et établi dans les formes par l'ordination de l'archevêque, ni de détruire et fouler aux pieds à son égard tous les droits et toutes les lois, puisqu'il n'était en leur discrétion ni puissance de déposer un abbé et d'en établir un autre au gré de leur caprice : il leur rappelle aussi la malédiction tombée sur Cham, pour s'être moqué de la nudité de son père, et leur montre qu'ils ont mérité le même sort. En conséquence, après leur avoir fait sentir à quels périls ils exposent leur Ordre, il les somme, en vertu de l'autorité et du ministère dont Dieu l'a revêtu, de mettre fin à leur coupable révolte, et de révérer et aimer leur abbé comme leur père, jusqu'au rétablissement de sa santé; et qu'alors, s'il ne peut plus soutenir un tel fardeau, il viendra lui-même se démettre devant le roi, afin que sur l'ordre de Sa Majesté, et de l'autorité de l'archevêque, un autre soit institué abbé à sa place.

CHAPITRE VIII.

Des acquisitions dont Foulques a enrichi l'évêché et de tout le bien qu'il y a fait.

Enfin ce prélat a fait beaucoup de bien au siége de Rheims, car c'est à lui que l'évêché doit le monastère d'Avenay et plusieurs propriétés obtenues, soit des rois, soit de différentes personnes; comme aussi l'église de Rheims a été par lui décorée et enrichie d'une foule de présens et d'ornemens; il entoura la ville d'un nouveau mur, Ebbon ayant détruit l'ancien pour bâtir la basilique de Notre-Dame; il fit construire aussi plusieurs châteaux, par exemple Aumont, et un autre auprès d'Épernay, que le roi Eudes détruisit parce qu'il s'était détaché de lui pour élever le roi Charles sur le trône; il fit rapporter le vénérable corps du bienheureux saint Remi, du monastère d'Orbay dans la ville de Rheims; et cette translation fut signalée par de grands et nombreux miracles que nous avons en partie rapportés plus haut. Comme en ces temps-là les Normands infestaient le pays des Francs et portaient partout le ravage, ce pontife accueillit et traita avec une bonté paternelle les prêtres, clercs et moines qui venaient de toutes parts chercher un asile auprès de lui; et entre autres les moines de Saint-Denis, qu'il reçut avec le précieux corps du martyr et les reliques de quelques autres saints, et qu'il entretint. Il fit aussi amener à Rheims le corps du bienheureux

Calixte, dont l'abbaye lui avait été donnée à lui et à son église, et il le fit déposer avec pompe et respect derrière l'autel de la Sainte-Vierge, et à côté de lui les reliques de saint Nicaise et de sa sainte sœur Eutrope, qu'il avait fait enlever et transférer solennellement de l'église de Saint-Agricole.

CHAPITRE IX.

De saint Gibrian et de ses frères.

En ce même temps on transporta aussi dans l'église de Saint-Remi les restes de saint Gibrian, du pays de Châlons, où il était allé en voyage et où il était mort; car il était arrivé en cette province sept frères, savoir, Gibrian, Hélan, Trésan, Germain, Véran, Atran et Pétran, avec leurs trois sœurs, Fracie, Promptie, et Possenne, venus d'Hibernie en pèlerinage pour l'amour de notre Seigneur Jésus-Christ; et ils s'étaient établis chacun en divers endroits sur la rivière de Marne; or Gibrian, qui était prêtre, choisit pour sa demeure le village de Cosse, où il vécut longues années sobrement, justement et pieusement, s'appliquant jusqu'à la fin de sa vie à combattre pour le salut. On dit que son corps fut d'abord enseveli sur le bord de la grande route publique, et qu'ensuite sur sa tombe fut construit un petit oratoire, à cause de quelques miracles qui y avaient été opérés; une grande foule de peuple y venait en pèlerinage, surtout à la fête de l'aniversaire de son inhumation; car il s'y opérait beaucoup de guérisons, dont quelques-unes nous ont été conservées par écrit, mais dont le plus grand nombre est demeuré inconnu; cependant on y voit écrits les noms de trois femmes qui recouvrèrent la vue; et une autre, appelée Grimoare, y recouvra aussi l'usage d'une main; enfin, du temps du roi Eudes, quand la cruauté des Normands portait partout le ravage dans le royaume des Francs, cette chapelle fut réduite en cendres ainsi que plusieurs autres du même pays; et depuis l'incendie on dit qu'on entendait souvent des voix qui chantaient des psaumes, sans qu'on vît personne; et pendant la nuit on y voyait briller des lumières. Le bruit de ces miracles s'étant répandu bien loin à la ronde, le religieux comte Haderic, conduit par l'amour de Dieu et la révérence qu'il portait à saint Gibrian, alla trouver Rodoard, évêque de l'église de Châlons, le suppliant instamment, puisque la chapelle où reposait le saint corps avait été entièrement détruite, et qu'il restait maintenant exposé aux injures de l'air, de lui accorder la permission de le transférer en un autre lieu où il pût être plus dévotement et plus honorablement conservé et gardé; ce qu'il obtint enfin à force de prières : lors faisant prix avec un batelier pour passer la rivière, ils convinrent ensemble qu'il se trouverait de nuit, avant le chant du coq, sur la rive, et l'attendrait avec son bateau; à l'heure convenue, trois hommes et un prêtre envoyés par le comte se trouvèrent sur le bord; mais le batelier ne parut pas, et sa nacelle était attachée de l'autre côté de l'eau; ceux-ci attendirent long-temps et l'appelaient chacun à leur tour; mais voyant que personne ne leur répondait, saisis de douleur, ils se prosternent en terre, priant avec dévotion que si la volonté de Dieu était que le saint corps fût transféré de ce lieu, il daignât la leur faire connaître par quelques signes; aussitôt, rompant merveilleusement le lien qui la retenait de l'autre côté, la barque se détache et vient surgir en la rive où elle était attendue; ce que ceux-ci admirant avec dévotion, et rendant grâces à Dieu, ils montent sur la barque, assurés de la volonté du Seigneur; et abordant à l'endroit où était le sépulcre, ils ouvrent le cercueil de pierre qui renfermait le sacré corps, l'enlèvent avec révérence, et le remettent dans un coffre tout neuf et préparé exprès; ensuite, transportés de joie, ils reviennent au bateau, repassent promptement la rivière, et transportent les reliques en les accompagnant de louanges au village de Balbi, où il est constant qu'elles furent conservées avec grand honneur pendant trois ans; de là elles furent transportées en pompe dans l'église de Saint-Remi, confiées à la dévotion du gardien, et déposées honorablement auprès du sépulcre du très-saint père Remi; deux ans après, le comte Haderic et sa femme Hérisinde supplièrent humblement le seigneur évêque Foulques de leur accorder un lieu pour la sépulture du saint, du côté droit de l'église, à l'entrée de la grotte; ce qu'il leur accorda; alors ils firent bâtir un autel, qu'ils couvrirent d'argent, et où les sacrées reliques furent déposées avec respect; enfin quelque temps après que le corps saint avait été enlevé de sa première sépulture, une femme aveugle, nommée Erentrude, y vint en pèlerinage apportant un cierge et demandant guérison; mais quand elle eut appris que le corps n'y était plus, saisie de douleur, elle se prit à pleurer et à se plaindre, demandant au saint du Seigneur pourquoi il avait souffert qu'on l'enlevât de ce lieu, et pourquoi il avait abandonné ses voisins, qu'il comblait de tant de grâces; pendant qu'elle l'appelait à son secours avec gémissemens, il lui sembla qu'elle devait aller au village de Maroug, où reposait le saint frère de Gibrian, Véran; là, déposant son cierge sur le sépulcre, et se prosternant en oraison, elle se mit à invoquer en pleurant les deux frères, et tandis qu'elle répétait souvent le nom de Gibrian, la taie qui couvrait ses yeux se déchira, et par la grâce de Dieu elle recouvra la lumière qu'elle avait perdue.

Enfin l'honorable pontife Foulques, toujours plein de sollicitude pour le culte de Dieu et l'ordre ecclésiastique, et embrasé de l'amour de la sagesse, rétablit à Rheims deux écoles presque tombées en ruines, celle des chanoines du lieu, et celle des clercs de la campagne; il appela maître Remi d'Auxerre, pour y enseigner et exercer les clercs à l'étude des arts libéraux; et lui-même s'appliqua avec eux à la lecture et à la méditation de la sagesse; il appela encore Hucbald, moine de Saint-Amand, homme fort versé dans les sciences de la philosophie; enfin il éclaira l'église de Rheims de toutes les belles doctrines.

CHAPITRE X.

Du meurtre de l'archevêque Foulques.

Il advint que pour punir le comte Baudouin de son infidélité, le roi Charles lui enleva l'abbaye de Saint-Waast, qu'il possédait, avec le château d'Arras, et la donna à Foulques; or, le comte Altmar tenait en ce temps l'abbaye de Saint-Médard, qui lui convenait mieux, et Foulques lui proposa l'échange; en conséquence il en reçut l'abbaye de Saint-Médard, et lui donna l'abbaye de Saint-Waast, après avoir assiégé et repris de force à Baudouin le château d'Arras. Irrités de cette perte, Baudouin et tous les siens ne cherchent plus qu'à se venger; pour cela, d'abord ils feignent de renouer amitié avec le prélat; et bientôt cherchant l'occasion, ils se mettent à épier avec quelle suite il se rendait ordinairement de sa demeure à la cour du roi. Un jour donc qu'il allait trouver le roi, n'étant accompagné que de très-peu de monde, ils le surprennent en chemin, ayant à leur tête un certain Winemar; au premier abord ils font semblant de lui parler de l'amitié de Baudouin et de leur réconciliation; puis fondant sur lui à l'improviste et à coups de lances, ils le terrassent et le tuent. Quelques-uns des siens cherchant par dévoûment à le couvrir de leurs corps, furent percés de coups et tués avec lui; les autres, parvenus à s'échapper, allèrent porter cette triste et accablante nouvelle à ceux qui étaient restés au logis.

Étonnés, transportés de colère à la vue d'un si horrible attentat, ceux-ci prennent les armes, et se mettent à la poursuite des assassins, brûlant de venger leur évêque; mais n'ayant pu les rencontrer, ils enlèvent le corps en poussant de grands cris, et le rapportent à Rheims au milieu du deuil et de la désolation de tous les siens. Là, après avoir lavé le corps, et lui avoir rendu les derniers devoirs avec pompe, ils le déposèrent dans une sépulture digne de lui.

Winemar, son assassin, excommunié et anathématisé avec ses complices par tous les évêques du royaume de France, fut en outre frappé par Dieu d'une plaie incurable : toutes ses chairs tombaient en pourriture, un sang corrompu s'échappait de toutes les parties de son corps, et les vers le rongeaient tout vivant; personne ne pouvant approcher de lui à cause de l'infection insupportable qu'il exhalait, il termina sa misérable vie par une mort misérable.

CHAPITRE XI.

De l'épiscopat d'Hérivée.

Foulques eut pour successeur le seigneur Hérivée, lequel fut pris aussi à la cour du roi pour être promu à l'épiscopat. Noble de naissance, neveu du comte Hucbald par sa mère, quoique très-jeune encore quand il fut élevé à cette dignité, il fut ordonné par Riculfe, évêque de Soissons, Dodilon de Cambrai,

Otgaire d'Amiens, Mancion de Châlons, Rodolphe de Laon, Otfried de Senlis ; et tous les autres évêques diocésains y donnèrent leur consentement et confirmèrent le décret de son ordination. Hérivée s'appliqua de suite à paraître digne du haut rang où il était placé, se montrant aimable à tous les gens de bien, offrant un modèle aux vieillards eux-mêmes, aimant les pauvres et les traitant avec bonté, consolant et soulageant les religieux avec générosité, très-miséricordieux et bienfaisant envers les affligés, très-instruit aux chants de l'église, excellant dans la psalmodie et habile jusqu'à la perfection dans cet exercice, doué de tous les agrémens de l'esprit et de la figure, doux, modeste, plein de bonté, père de son clergé et patron zélé du peuple, lent à s'irriter, prompt à s'apitoyer, ami zélé des églises de Dieu, courageux défenseur du troupeau qui lui était confié. Il fit rentrer au domaine de l'église grand nombre de biens et de villages que son prédécesseur avait concédés à différentes personnes à titre de précaires et de fiefs. Quoique tout occupé à la poursuite des biens spirituels, les temporels lui affluaient de toutes parts, et il en disposait avec prudence et sagesse; et s'il vaquait incessamment à la prière, c'est parce qu'il ne confiait l'administration du diocèse qu'à des ministres capables et habiles : aussi, pendant son pontificat, les greniers et les caves de l'église furent toujours remplis ; les domaines furent gouvernés avec sagesse et miséricorde ; un grand nombre de bourgs et colonies furent réparés et d'autres fondés.

CHAPITRE XII.

De la translation du corps de saint Remi en son monastère.

Ce prélat conçut le projet de faire rapporter dans la basilique où il avait été enterré d'abord, le corps du bienheureux saint Remi, depuis long-temps déposé et gardé derrière l'autel de la grande église de Notre-Dame, dans la Cité. Or on était alors en hiver, et le roi Charles et plusieurs seigneurs de la cour s'étaient réunis en la ville de Rheims pour célébrer la fête de la Nativité de Notre-Seigneur : comme la pluie ne cessait de tomber, il y avait beaucoup de boue par toute la ville et dans tous les environs, et plusieurs commençaient à se plaindre, demandant comment il serait possible par un pareil temps de reporter le saint corps en son lieu; mais il advint que la nuit qui suivit la fête des saints Innocens, et qui précédait le jour où devait avoir lieu la cérémonie, un vent du nord se leva tout-à-coup sur le minuit, et gela soudainement toute cette immense et affreuse quantité de boue, en sorte que l'humidité étant desséchée, on put marcher à pied sûr et d'un pas ferme sur la superficie glacée, et transporter librement les restes du saint pontife. Quand on fut arrivé hors de la ville, à l'endroit où la route se dirige de droit fil au monastère de Saint-Remi, un boiteux, dont nous avons déjà parlé plus haut, fut redressé par la vertu divine, et complétement guéri. Comme il y avait grande foule, le peuple accourant de toutes parts, quelqu'un dans la presse coupa à Richard, duc de Bourgogne, le fourreau orné d'or et magnifiquement incrusté de pierreries qui pendait à sa ceinture. Pendant plus d'une année le marchand qui l'avait acheté le porta à toutes les foires et marchés sans pouvoir trouver à le vendre, jusqu'à ce qu'enfin il le rapportât au duc de Bourgogne, qui le reçut en remerciant et bénissant saint Remi.

CHAPITRE XIII.

De la réparation du château de Mouzon et de quelques autres forts ou églises.

Ce pontife fit réparer et fortifier les murs du château de Mouzon, et y fit rebâtir à neuf une église depuis long-temps ruinée, qu'il consacra à la sainte Mère de Dieu, à qui elle avait été primitivement dédiée ; il y fit transporter les reliques de saint Victor qu'on avait trouvées non loin de ce château. Il fit aussi bâtir un fort en lieu sûr au village de Coucy, et un autre à Épernay sur la rivière de Marne. Il fit rebâtir plusieurs églises qui avaient été détruites durant la persécution des Normands, et il en fit la dédicace. Dans les Vosges, il construisit une église dans le domaine du bienheureux saint Remi ; et, avec le consentement de l'évêque de Mayence, il en fit la dédicace, y ayant déposé quelques reliques de ce grand saint. — *Item,* à Rheims il fit aussi la dédicace d'une église bâtie hors des murs par les chanoines de la ville, en l'honneur de saint Denis, dans laquelle il déposa, pour y être conservés, les restes du bienheureux saint Rigobert, évêque, et de saint Théodulphe, abbé; il fit déblayer et nettoyer une chapelle placée sous la grande église, qui était depuis long-temps demeurée encombrée de terres, et où l'on dit que le bienheureux saint Remi avait coutume de répandre en secret ses prières devant Dieu, et il la consacra en l'honneur de ce saint évêque; il orna en outre l'église de Rheims de beaucoup de dons, l'embellit de couronnes d'argent, de lampes d'argent et d'or, et l'enrichit de vases faits de ces deux précieux métaux, ou même en pierreries; il éleva et consacra, en l'honneur de la Sainte-Trinité, un autel au milieu du chœur, et l'entoura de tables revêtues d'argent; il couvrit d'or la grande croix, et l'orna magnifiquement de pierreries et de saintes reliques; il décora la grande nef d'un grand nombre de tapisseries de soie. Enfin je ne puis non plus oublier les bienfaits dont il m'a comblé moi et tous les autres clercs et chanoines, moines et religieux; en un mot tous ceux qui ont eu recours à lui en leurs besoins.

CHAPITRE XIV.

Des assemblées synodales tenues par Hérivée, de la conversion des Normands, et de l'expédition contre les Hongrois.

Il tint souvent des assemblées synodales avec les coévêques de sa province, dans lesquelles il prit grand nombre de mesures sages et salutaires pour la religion et la paix de l'Église de Dieu et du royaume; il travailla beaucoup aussi à adoucir et convertir les Normands, tant qu'enfin, après la guerre que leur fit Robert, comte de Chartres, ils consentirent à recevoir la foi chrétienne, à condition qu'on leur concéderait quelques contrées maritimes, avec la ville de Rouen qu'ils avaient presque détruite, et toutes ses dépendances. A la demande de Gui, alors évêque de Rouen, Hérivée lui envoya vingt-trois articles extraits des diverses autorités des saints Pères, sur la manière dont il devait traiter les Normands; en outre, il voulut consulter à ce sujet le pontife romain, et ne manqua jamais, tout en prenant son avis, de lui insinuer le sien sur les mesures à suivre dans la conversion de cette nation païenne. Quand les Hongrois vinrent ravager le royaume de Lorraine, et que le roi Charles appela tous les grands de France à son secours, seul entre tous les primats du royaume, Hérivée répondit à son appel, et vint trouver le roi, seulement pour la défense de l'Église de Dieu, ayant avec lui, comme on le rapporte, quinze cents hommes armés.

CHAPITRE XV.

Du secours donné par Hérivée au roi Charles abandonné des siens.

L'année suivante, quand presque tous les grands du royaume de France abandonnèrent leur roi Charles à Soissons, en haine d'Haganon, son conseiller, qu'il avait choisi dans un rang inférieur, et qu'il écoutait et honorait par dessus tous les grands seigneurs, ce pontife, pieux et fidèle, et toujours ferme au milieu du péril, sut intrépidement tirer le roi de Soissons, l'emmena dans ses terres, et de là à Rheims, et pendant près de sept mois il l'accompagna et le suivit partout, jusqu'à ce qu'enfin il lui ramena les seigneurs, et le remit en son royaume.

CHAPITRE XVI.

De l'excommunication et absolution du comte Erlebald.

CE prélat avait excommunié Erlebald, comte du Portian, à cause d'une terre de l'église de Rheims qu'il avait envahie, et sur laquelle il avait fait bâtir un fort sur la Meuse, d'où il causait de fréquens dommages aux serfs ecclésiastiques; joint aussi qu'il avait surpris le château d'Aumont; mais voyant que l'excommunication ne produisait rien sur lui, l'archevêque s'avança en armes avec ses gens, et vint assiéger ce fort qu'il avait construit et qu'il nommait Mézières. Après un siège d'environ quatre semaines, Erlebald fut forcé de céder, et le pontife y entra, et y mit garnison; après quoi il revint à Rheims. Erlebald en se rendant auprès du roi, qui était alors dans le pays de Worms en présence de Henri de Germanie, fut surpris en route et tué par un parti ennemi. Plus tard, à la requête et sollicitation du roi Charles, Hérivée délia le défunt de l'excommunication, dans un synode qu'il tint avec ses coévêques à Troli, près de Soissons.

CHAPITRE XVII.

De la mort d'Hérivée.

Enfin, la discorde croissant toujours entre le roi Charles et Robert, lorsque presque tous les grands du royaume étaient rassemblés au monastère de Saint-Remi de Rheims pour donner la couronne à Robert, l'archevêque, succombant à la maladie, mourut le troisième jour après que Robert avait été fait roi, et quatre jours avant la fin de la vingt-deuxième année de son épiscopat. Il advint que le jour même de sa mort plusieurs évêques arrivèrent à Rheims, célébrèrent ses funérailles, et le déposèrent avec pompe dans la tombe, au milieu du deuil et des larmes des siens et de tous les étrangers.

CHAPITRE XVIII.

Séulphe succède à Hérivée.

Hérivée eut pour successeur Séulphe, qui remplissait alors à Rheims les fonctions d'archidiacre, homme suffisamment instruit dans les sciences ecclésiastiques et séculières, et qui avait étudié les arts libéraux à l'école de Remi d'Auxerre. Son élection ayant été approuvée par le roi Robert, il fut par son ordre ordonné par Abbon de Soissons et les autres évêques de la province de Rheims. Presque aussitôt après on lui dénonça Eudes, frère du défunt archevêque Hérivée, et Hérivée son neveu, comme lui refusant la foi qu'ils lui avaient promise. Comme ils ne voulurent ni venir rendre compte de leur conduite à leur évêque, ni combattre en combat singulier contre leurs accusateurs, on leur enleva les terres de l'église, qu'ils possédaient en grand nombre, et ils furent conduits par le comte Héribert au roi Robert, qui les fit tenir prisonniers jusqu'à sa mort ; Eudes, sous la garde d'Héribert, et Hérivée à Paris. On raconte qu'en récompense de leur expulsion, l'archevêque Séulphe et ses conseillers s'engagèrent à assurer le siége de Rheims au fils d'Héribert. Séulphe envoya ses messagers à Rome requérir le pape Jean de vouloir bien approuver son ordination ; ce qui lui fut accordé par le souverain pontife, qui aussi lui envoya le *pallium*, avec des lettres de confirmation des priviléges de l'église de Rheims.

CHAPITRE XIX.

Du synode tenu par Séulphe, de ses actes et de sa mort.

Séulphe tint un synode en la ville de Troli avec tous les évêques de la province de Rheims, où se trouvèrent aussi plusieurs comtes. Dans ce synode, Isaac vint donner satisfaction pour les crimes qu'il avait commis contre l'église de Cambrai, en brûlant un château d'Étienne, évêque de cette ville, dont il s'était emparé par ruse. Cité à comparaître, il fit sa paix avec Étienne, moyennant cent livres d'argent, grâces à l'entremise d'Héribert et de quelques autres comtes présens au synode. Séulphe fit entourer d'un mur le monastère de Saint-Remi avec les églises et les maisons adjacentes, et y établit un château fort. Il fit réparer et repeindre les appartemens du palais épiscopal. Il fit faire en l'honneur de la Mère de Dieu un grand calice d'or avec des pierreries, du poids de dix livres, et une foule d'autres ornemens pour la même église. Il avait entrepris de faire couvrir d'or un ciboire pour l'autel de Notre-Dame, mais la mort le surprit avant qu'il eût pu terminer cet ouvrage. On raconte qu'il mourut empoisonné par les domestiques et familiers du comte Héribert.

CHAPITRE XX.

De l'élection de Hugues, fils d'Héribert.

Aussitôt après la mort de Séulphe, le comte Héribert se rendit à Rheims, y appela Abbon, évêque de Soissons, et Bovon, évêque de Châlons; et avec leur appui, il se mit à préparer l'élection, et parvint à faire entrer dans ses projets le clergé et le peuple. En effet, ils suivirent son conseil; et, dans la crainte que l'évêché ne fût divisé entre des étrangers, ils élurent son fils Hugues, encore enfant, et qui n'avait pas encore cinq ans accomplis. L'élection terminée, ils s'adressent au roi pour en obtenir la confirmation, et le roi Raoul[1], sur l'avis des évêques de la province, confia l'évêché de Rheims à Héribert pour être par lui administré et gouverné civilement selon justice. Celui-ci s'empressa aussitôt d'envoyer à Rome des députés de l'église avec l'évêque Abbon, pour porter au saint Père le décret d'élection, et lui demander son assentiment. Le pape Jean, prévenu par Abbon, donna son consentement, et en même temps délégua l'évêché aux soins d'Abbon lui-même, avec le droit d'y régler et décider tout ce qui concernerait le ministère épiscopal. Alors Héribert, maître du diocèse, me priva, moi et quelques autres clercs qui n'avions pas pris part à l'élection, de tous les bénéfices et biens ecclé-

---

[1] Raoul ou Rodolphe, duc de Bourgogne.

siastiques dont nous avions été gratifiés par les évêques précédens pour nos bons services, et les distribua, au gré de son caprice, à qui bon lui sembla. Peu de temps après, une querelle s'étant élevée, dans le cloître des chanoines, entre les clercs, des soldats y entrèrent en armes, et il y eut deux clercs de tués, dont l'un était diacre et l'autre sous-diacre.

CHAPITRE XXI.

Des incursions des Hongrois et des querelles du roi Raoul et du comte Héribert.

Cependant les Hongrois ayant passé le Rhin[1], et portant partout le ravage et l'incendie, s'avancèrent jusqu'au pays de Vouzi, ce qui fut cause que l'on tira des lieux de leur sépulture, pour les transférer à Rheims, le corps de saint Remi et les reliques de quelques autres saints. L'année suivante, une contestation s'éleva entre le roi Raoul et le comte Héribert, au sujet du comté de Laon, que le comte demandait pour son fils Eudes, et que le roi donna à Rotgaire, fils du comte Rotgaire. En la même année, un dimanche du mois de mars, on vit à Rheims des armées de feu se battre dans le ciel, et bientôt après s'ensuivit une peste terrible : c'était une espèce de fièvre et de toux qui était suivie de la mort, et qui exerça ses ravages sur toutes les nations de la Germa-

[1] En 926.

nie et des Gaules. Cependant Héribert s'était empressé d'envoyer ses messagers au-delà du Rhin vers Henri, qui lui manda par eux de venir le trouver pour parlementer ; Héribert s'y rendit en diligence avec Hugues, fils de Robert ;. et s'étant ligués ensemble par un traité, ils s'honorèrent mutuellement de présens. Un synode des six évêques de la province de Rheims se tint à Troli par l'ordre du comte Héribert, et malgré l'opposition du roi Raoul ; ensuite Héribert fit sortir Charles de la captivité où il le retenait, et le conduisit à Saint-Quentin ; et de là, tous les deux, de concert, firent demander une conférence aux Normands. Dans cette entrevue, Guillaume, fils de Rollon, duc de Normandie, prêta hommage à Charles, et fit amitié avec Héribert ; après quoi Héribert vint à Rheims avec Charles, et de là adressa des lettres au pape Jean, lui marquant qu'il faisait tous ses efforts pour rétablir Charles sur le trône, comme ce pontife le lui avait enjoint sous peine d'excommunication. Mais l'envoyé qui avait porté ces lettres ne tarda pas à revenir, annonçant que le pape venait d'être jeté en prison par Gui, frère du roi Hugues. Héribert, après s'être emparé de Laon, alla au devant des Normands, selon l'invitation qu'il en avait reçue, et conclut amitié avec eux ; cependant son fils Eudes, qui avait été remis en otage à Rollon, ne lui fut rendu qu'après qu'il eut fait soumission à Charles, avec quelques autres comtes et évêques de France.

CHAPITRE XXII.

Odalric, évêque d'Aix, est reçu à Rheims; le roi Charles est remis en captivité.

A peu près dans le même temps, Odalric, évêque d'Aix, forcé d'abandonner son siége à cause de la persécution des Sarrasins, vint chercher un asile à Rheims, et y fut reçu par le comte Héribert, qui lui confia l'administration du diocèse à la place de son fils Hugues, qui était encore tout petit, et lui assigna pour revenu l'abbaye de Saint-Timothée, avec une prébende d'un seul chanoine. Hugues et Héribert se rendirent ensuite à une entrevue avec Henri; au retour, ils allèrent au devant du roi Raoul, et Héribert se soumit de nouveau à lui, et remit Charles en captivité; mais bientôt après Raoul, étant venu à Rheims, où le malheureux Charles était gardé, fit sa paix avec lui, le reconnut et lui rendit hommage, lui restitua le fief d'Attigny et lui fit de grands présens. Héribert s'empara du château de Vitry, qui appartenait à Boson, frère du roi Raoul; et ensuite, accompagné de Hugues[1], il alla mettre le siége devant Montreuil, forteresse assise sur les bords de la mer, et qui appartenait au comte Erluin; celui-ci ayant donné des otages, Héribert leva le siége et se retira.

[1] En 929.

CHAPITRE XXIII.

De la division qui éclata entre les comtes Hugues et Héribert et le roi Raoul.

Bientôt la division éclata entre les comtes Hugues et Héribert, parce que Hugues avait reçu en foi et hommage Erluin et sa terre, qui dépendaient d'Héribert, et parce que de son côté Héribert en avait fait autant pour Hilduin et Arnold, qui dépendaient de Hugues. De là naquirent entre eux diverses émotions par la France. Pour la pacifier, Raoul, roi de Bourgogne, vint les trouver, et parvint enfin, après beaucoup de peine, à les accorder entre eux, ainsi qu'avec Boson, à qui Héribert rendit le château de Vitry. Après avoir gardé la paix pendant quelque temps, Héribert s'empara d'Anselme, sujet de Boson, qui commandait le château, et avec lui du château; et en retour, il donna à Boson le village de Couci, appartenant à saint Remi, avec une autre terre. Peu de temps après, ceux des habitans qui étaient restés fidèles à Boson reprirent Vitry par trahison, et surprirent Mouzon par ruse ; mais Héribert, appelé par quelques habitans de Mouzon, survient à l'improviste, passe la Meuse par des gués dont on ne se doutait point, et, entrant dans la place par une porte qui lui fut livrée secrètement par les habitans, fait prisonniers tous les soldats que Boson y avait laissés en garnison. Dans le même temps, avant Noël, on vit à Rheims, au dedans et autour de l'église de Notre-Dame, une grande lumière qui, apparaissant un peu avant le jour du côté du nord et de l'orient, passa du côté du midi. L'année suivante, le comte Héribert abandonna le parti du roi Raoul, et ses soldats étant partis de la ville de Rheims, prirent et détruisirent un château de Hugues, nommé Braine, et situé sur la Vesle, que Hugues avait lui-même enlevé à l'évêque de Rouen.

CHAPITRE XXIV.

De l'ordination du seigneur Artaud à l'épiscopat.

Le roi Raoul manda par lettres au clergé et au peuple de Rheims d'élire un évêque ; mais ceux-ci lui répondirent qu'il leur était impossible de faire une élection, tant que leur élu vivrait, et que subsisterait ainsi leur première élection. Cependant le comte Héribert étant allé trouver Henri, et ayant fait alliance avec lui, les armées du roi et de Hugues ravagèrent tout le pays de Rheims et de Laon ; le roi lui-même vint mettre le siége devant Rheims, et y entra en maître la troisième semaine du siége, les portes lui ayant été ouvertes par les soldats de l'église ; là, réunissant quelques évêques de France et de Bourgogne, il fit ordonner évêque un moine de l'abbaye de Saint-Remi nommé Artaud ; ensuite marchant sur Laon, il y vint assiéger Héribert qui, après avoir tenu pendant quelque temps, demanda à sortir de la ville : ce qui lui fut accordé. Il sortit en effet de Laon, mais il y laissa sa femme dans un château qu'il avait fait bâtir dans l'intérieur même de la place, et qui coûta au roi beaucoup de peine et de temps pour le prendre. L'évêque Artaud, un an après son ordination, reçut le *pallium*, qui lui fut remis par les envoyés de l'église de Rheims, ou de la part du pape Jean, fils de Marie, dite aussi Marozie, ou de la part du patrice Albéric, frère du même pape, qui tenait son frère et sa mère en prison, et qui avait chassé de Rome le roi Hugues. Pendant que le roi Raoul tenait les gens d'Héribert assiégés dans Château-Thierri, quelques évêques de France et de Bourgogne le vinrent trouver à ce siége, et il fut avisé entre eux de tenir un synode, auquel présidèrent Teutilon, évêque de Tours, et Artaud, de Rheims; celui-ci y ordonna Hildegaire évêque de Beauvais; la même année encore, il consacra Fulbert au siége de Cambrai.

CHAPITRE XXV.

Des signes qui furent vus à Rheims, et des maladies qui s'ensuivirent.

L'année suivante on vit à Rheims des armées de feu se battre dans le ciel, et même quelques traits et javelots aussi en feu ; mais surtout un serpent de feu, qui traversa rapidement les airs ; et bientôt s'ensuivit une peste qui emporta les hommes par diverses maladies. L'année d'ensuite [1], un synode de sept évêques s'assembla à Sainte-Macre [2], sur la convocation de l'évêque Artaud, et auquel les pillards et usurpateurs des biens de l'église furent cités pour venir donner satisfaction.

CHAPITRE XXVI.

De la réception de Louis après la mort du roi Raoul.

L'année suivante [3], le roi Raoul étant mort, le comte Hugues envoya outre mer [4] pour faire venir Louis, fils de Charles, que le roi Athelstan, son oncle maternel, élevait loin de la France, lequel ayant reçu le serment des ambassadeurs français, le renvoya en son pays.

---

[1] En 935. — [2] Ce fut le second concile de Fimes. — [3] En 936, le 15 janvier, et le 14 suivant D. Vaissète. — [4] En Angleterre.

Hugues et les autres seigneurs du royaume vinrent au devant de lui, et aussitôt qu'il eut pris terre sur le rivage même de la mer, auprès de Boulogne, tous lui prêtèrent foi et hommage, et le reconnurent pour roi, ainsi qu'il avait été convenu des deux parts; de là ils le conduisirent à Laon, où il reçut l'onction royale, et fut couronné des mains de l'archevêque Artaud, en présence des grands du royaume et de plus de vingt évêques. L'évêché de Laon fut donné à Raoul, prêtre de cette église, élu par le vœu unanime de ses concitoyens, lequel fut ordonné par le même archevêque; celui-ci ordonna aussi différens évêques dans les autres siéges de la province de Rheims, excepté les siéges de Châlons et d'Amiens. Quand Héribert se fut de nouveau réconcilié avec Hugues, ses gens surprirent, par la trahison d'un certain Wicpert, un château de l'église de Rheims, que l'archevêque Artaud avait fait construire sur la rivière de Marne; firent prisonnier Ragembert, cousin du prélat, lequel commandait en cette forteresse, et désolèrent par des incursions tout le pays environnant. Le roi Louis, appelé par l'archevêque, vint à Laon, assiégea un château nouvellement élevé par Héribert, et après plusieurs assauts et grands efforts de machines, parvint enfin à miner et ouvrir la muraille, et s'en rendit maître de vive force, non sans beaucoup de peines; il reprit aussi par les armes, sur les gens d'Héribert, le château de Corbeny, que le roi Charles, son père, avait donné à saint Remi, et que les moines de l'abbaye avaient mis sous sa protection; toutefois, à la prière de l'évêque Artaud, il renvoya sains et saufs les hommes d'Héribert qu'il y avait faits prisonniers.

CHAPITRE XXVII.

De l'excommunication du comte Héribert.

Enfin l'évêque Artaud, après avoir conféré avec plusieurs autres évêques, excommunia, en présence du roi, le comte Héribert qui avait usurpé et retenait plusieurs châteaux et villages de l'église de Rheims; ensuite le roi Louis donna, par une charte de son commandement royal, à l'archevêque Artaud, et par lui à l'église de Rheims, le droit à perpétuité de battre monnaie dans Rheims; et il donna en outre à l'église tout le comté rhémois. Artaud alla mettre le siége devant le château qu'il avait perdu, et qui après cinq jours de siége, à l'arrivée du roi Louis, fut rendu et abandonné par ceux qui le défendaient; mais peu de temps après il fut rasé par ceux qui venaient de le reprendre. Des envoyés de Hugues vinrent trouver le roi, qui fit son possible avec eux pour ménager la paix entre Artaud et Héribert; ensuite il marcha avec Artaud contre un château que Hérivée, neveu de l'archevêque du même nom, occupait sur la Marne, et d'où il pillait les villages des environs, appartenans à l'église de Rheims; et bientôt, après avoir reçu des otages d'Hérivée, il revint à Rheims, et dès le lendemain allant au monastère de Saint-Remi, il se mit sous sa protection, avec promesse de lui donner chaque année un marc d'argent; il accorda aux religieux des lettres d'immunités pour leur château.

CHAPITRE XXVIII.

Comment Artaud fut expulsé de la ville de Rheims.

Hugues, fils de Robert, s'étant ligué avec quelques évêques de France et de Bourgogne, vint assiéger la ville de Rheims, avec le comte Héribert, et Guillaume, duc de Normandie. Après six jours de siége, presque tous les gens de guerre ayant abandonné Artaud et passé du côté d'Héribert, celui-ci entra dans la ville. Sommé par les évêques et les grands du royaume de se rendre à l'abbaye de Saint-Remi, Artaud se laissa persuader, ou plutôt eut la faiblesse d'y aller et de se démettre de l'épiscopat : l'abbaye de Saint-Basle lui fut donnée avec le monastère d'Avenay, et il s'alla retirer à Saint-Basle, après huit ans et demi passés dans l'épiscopat. Héribert et Hugues s'étant ménagé des intelligences avec quelques gens de Lorraine, allèrent assiéger Laon avec Guillaume, et laissèrent à Rheims le jeune Hugues, depuis long-temps consacré évêque de cette ville, alors diacre, et qui fut ordonné prêtre par Gui, évêque de Soissons, trois mois après son retour, et quinze ans après son élection, lesquels il avait passés à Auxerre à l'étude des lettres, auprès de Gui, prélat de cette ville, qui l'avait ordonné diacre; car il avait reçu les ordres mineurs à Rheims, des mains d'Abbon, évêque de Soissons. Mais bientôt le roi Louis revint de Bourgogne : alors Artaud quitta le monastère de Saint-Basle, et alla trouver le roi avec quelques-uns de ses proches auxquels le comte Héribert avait enlevé les bénéfices ecclésiastiques qu'ils possédaient; et moi-même je fus privé par Héribert de l'église de Cormicy, avec la terre de bénéfice que j'avais alors; ensuite, comme je me disposais à aller visiter le tombeau de saint Martin, pour y prier, je fus retenu par lui prisonnier, quelques personnes m'accusant secrètement, auprès de lui, de partir à mauvais dessein contre lui et son fils, parce que je ne voulais pas le reconnaître pour évêque, ne sachant s'il plaisait véritablement à Dieu qu'il devînt notre prélat; et ainsi je fus, par l'ordre du comte, détenu cinq mois entiers chez nos frères, dans une captivité, en partie libre; mais il m'advint, par l'intercession de la bienheureuse Mère de Dieu, ma patrone et souveraine maîtresse, que je fus délivré le jour même de la conception et passion de notre Seigneur Jésus-Christ, et trois jours après, c'est-à-dire le 26 mars, le jour de la Résurrection de Notre-Seigneur, je sortis et allai avec notre évêque élu en la ville de Soissons, où les évêques de la province, réunis avec les comtes Hugues et Héribert, examinèrent ce qu'ils avaient à faire touchant l'ordination épiscopale du jeune Hugues, et décrétèrent, à la requête de plusieurs fils de l'église de Rheims, tant clercs que laïques, qu'il serait ordonné, ses fauteurs disant qu'Artaud n'avait pas été élu, mais imposé par violence, que d'ailleurs il s'était démis. Là donc le seigneur Hugues me prenant par la main me présenta à son neveu, me recommandant à sa bienveillance; et celui-ci me donna l'église de Sainte-Marie, me rendit la terre qu'Héribert son père m'avait enlevée, et y en ajouta une autre située au même village.

CHAPITRE XXIX.

Des malheurs qui survinrent ensuite.

Aussitôt après cette assemblée, les évêques se rendirent à Rheims, et sacrèrent notre évêque élu en l'église de Saint-Remi. Vers ce même temps, le monastère de Saint-Thierri fut illustré par plusieurs miracles dont nous avons déjà rapporté quelque chose plus haut quand nous avons dit l'histoire de ce bienheureux saint. A Rheims, la grande croix que le seigneur Hérivée avait fait couvrir d'or et de pierreries fut enlevée de l'église de Notre-Dame pendant la nuit par des voleurs, gens, comme on sait, fort amis des ténèbres. On la chercha pendant long-temps en vain; enfin, au bout d'un an on retrouva une partie de l'or et des pierreries, et les voleurs furent punis. Ajoutant à cet or et à ces pierreries quelques dons de sa munificence, l'évêque fit faire un calice en l'honneur de la sainte Mère de Dieu. Cependant, tandis que Hugues et Héribert tenaient assiégée la ville de Laon, le roi Louis, ayant assemblé ce qu'il put de gens de guerre, s'en vint au pays de Portian. Hugues et Héribert avertis levèrent le siége, vinrent à sa rencontre, et, tombant sur lui à l'improviste, tuèrent une grande partie de ses gens, et mirent les autres en fuite. Le roi lui-même, forcé de quitter le combat, et se tirant de la mêlée avec quelques-uns des siens, parvint à peine à s'échapper accompagné de l'évêque Artaud et du comte Rotgaire. Alors Artaud ayant perdu tout ce qu'il possédait, vint trouver Hugues et Héribert, conduit par ses amis : ceux-ci lui rendirent les abbayes de Saint-Basle et d'Avenay, avec le village de Vandœuvre ; et après avoir fait sa paix avec l'évêque Hugues, il se retira de nouveau à Saint-Basle. L'année suivante, quelques traîtres furent découverts à Rheims : les uns furent punis de mort, les autres furent privés de leurs biens ecclésiastiques et chassés de la ville. Des envoyés de l'église de Rheims de retour de Rome rapportèrent à l'archevêque Hugues le *pallium*, de la part du pape Étienne : avec eux vint pareillement une députation envoyée par le souverain pontife pour les engager à reconnaître le roi Louis, et à envoyer leurs messagers à Rome.

CHAPITRE XXX.

De l'occupation du château d'Aumont, de Mouzon, et de la mort d'Héribert.

L'ANNÉE suivante [1], l'évêque Artaud quittant de nouveau l'abbaye de Saint-Basle, se rendit auprès du roi, et celui-ci lui promit de lui rendre l'évêché de Rheims. Alors Artaud menant avec lui ses frères, et quelques autres qui avaient été chassés de l'évêché de Rheims, s'empara du château d'Aumont. Le roi

[1] En 943.

Louis fit aussi avec eux une tentative sur Mouzon, où il fut repoussé et perdit quelques-uns des siens. Néanmoins il mit le feu à quelques maisons des faubourgs. Cependant le comte Héribert était mort, et de fréquens pourparlers avaient lieu entre le roi et le seigneur Hugues, pour décider le roi à recevoir les soumissions des fils d'Héribert. D'abord le roi consentit à admettre à foi et hommage l'archevêque Hugues, à la prière d'Othon, duc de Lorraine, de l'évêque Adalbéron, et surtout sur les instances du comte Eudes, mais à condition que les abbayes qu'Artaud avait abandonnées pour venir auprès du roi lui seraient restituées, qu'on songerait à lui donner un autre évêché, et qu'on rendrait à ses frères et à ses proches les biens et dignités qu'ils avaient eus dans l'évêché de Rheims. Les autres fils du comte Héribert furent ensuite reçus à soumission un peu plus tard. — Néanmoins l'archevêque Hugues prit et brûla le château d'Ambly, qu'occupaient Robert et son frère Raoul qui avaient été chassés de Rheims, et d'où ils faisaient beaucoup de ravages sur les terres de l'évêché. Il alla aussi mettre le siége devant le château d'Aumont, tenu par Dodon, frère de l'évêque Artaud; mais, en ayant reçu pour otage son fils encore tout petit, il leva le siége et se retira, le roi d'ailleurs lui en ayant donné l'ordre. — L'année suivante [1] l'armée royale ravagea l'évêché de Rheims, et les fils d'Héribert l'abbaye de Saint-Crépin. Ragenold pilla aussi l'abbaye de Saint-Médard. Ainsi des deux côtés s'exerçaient avec fureur le pillage et la dévastation.

[1] En 944.

CHAPITRE XXXI.

Du siége de la ville de Rheims par l'armée du roi Louis.

L'année suivante [1], qui est la cinquième de l'épiscopat de Hugues, le roi Louis ayant rassemblé une armée de Normands, se mit à ravager le Vermandois. Prenant aussi avec lui Erluin et une partie des soldats d'Arnoul, l'évêque Artaud et tous ceux qui avaient été bannis de Rheims, le comte Bernard et son neveu Théodoric, il vint mettre le siége devant Rheims, ravager les moissons tout à l'entour, piller et brûler les villages, ruiner les églises. Toutes les fois qu'on se battit aux portes et sous les murs, il y eut beaucoup de blessés des deux parts, et assez grand nombre de tués. Le duc Eudes ayant livré combat aux Normands qui étaient entrés sur ses terres, en fit un grand carnage, et les chassa de ses domaines. Ensuite il envoya à Rheims auprès du roi demander, en donnant des otages, que Ragenold vînt de la part du roi à un entretien avec lui. Ragenold étant venu, il traita avec lui, et convint que le roi recevrait des otages de l'archevêque Hugues et lèverait le siége; qu'ensuite, à un terme fixé, le prélat irait le trouver pour rendre raison sur tout ce qu'il lui demanderait. Le traité ainsi conclu, le roi se retira de devant Rheims après

[1] En 945.

un siége de quinze jours, et peu de temps après fut pris par les Normands, et retenu captif en la ville de Rouen. Cependant Hugues alla assiéger le château d'Aumont, qui lui fut rendu après environ sept semaines de siége, par Dodon, frère de l'archevêque Artaud, à condition que Hugues prendrait sous sa protection son fils et le fils de son frère, et leur rendrait les terres de leurs pères.

CHAPITRE XXXII.

Du rétablissement de la règle au monastère de Saint-Remi. Hincmar est nommé abbé.

Hugues appela à Rheims Archambaud, abbé du monastère de Saint-Benoît, et s'appliqua avec ses conseils à rétablir la discipline au monastère de Saint-Remi, en établissant abbé Hincmar, moine de cette communauté. Peu de temps auparavant[1], la reine Gerberge avait envoyé une députation au roi Othon[2], son frère, pour lui demander du secours contre le prince Hugues, auquel elle avait rendu Laon pour obtenir la liberté du roi Louis, que celui-ci avait reçu des mains des Normands, et tenait en captivité. Othon rassembla une puissante armée de ses divers royaumes, entra en France, et avec lui, Conrad, roi de Bourgogne. Le roi Louis alla à leur rencontre, et en fut reçu avec honneur; et tous trois vinrent ensuite à Laon : mais cette ville leur ayant paru trop forte

[1] En 946. — [2] Othon *le Grand*, fils de Henri *l'Oiseleur*.

pour qu'ils en fissent le siége, ils tournèrent vers Rheims, qu'ils cernèrent avec une nombreuse armée, et dont ils formèrent le siége.

CHAPITRE XXXIII.

De l'expulsion de l'archevêque Hugues.

L'ARCHEVÊQUE Hugues se voyant dans l'impossibilité de soutenir un siége et de résister à une si grande multitude, conféra avec plusieurs seigneurs qui lui étaient attachés, savoir, Arnoul, qui avait épousé sa sœur, Gui, qui avait épousé sa tante, et Hermann, frère de Gui, et leur demanda conseil en cette extrémité. Ceux-ci l'engagèrent à sortir de la ville avec les siens, puisque les rois étaient obstinément résolus de le chasser par quelque moyen que ce fût, et que si la ville était prise de vive force, leur intervention ne pourrait peut-être pas l'empêcher d'avoir les yeux crevés. Déterminé à suivre ce conseil, et l'ayant communiqué aux siens, Hugues sortit après trois jours de siége avec presque tous les soldats qui défendaient la ville. Alors les rois entrèrent avec les évêques et les seigneurs, et firent introniser de nouveau l'archevêque Artaud. Robert, archevêque de Trèves, et Frédéric de Mayence, prenant le prélat chacun d'une main, le rétablirent sur son siége. Cette expédition terminée, les rois laissèrent la reine Gerberge à Rheims, et entrèrent avec leurs armées sur les terres de Hugues, où ils firent de grands ravages. Parcourant aussi les terres des Normands, ils dévastèrent tout, et chacun d'eux ensuite se retira en son pays. L'année suivante [1], le roi Louis assiégea Mouzon, où s'était réfugié l'évêque Hugues, après sa fuite de Rheims; mais ne réussissant pas selon ses vœux, et les Lorrains qui étaient avec lui s'étant retirés au bout d'un mois, il retourna à Rheims. Pendant qu'il était auprès du roi Othon, pour célébrer la Pâque avec lui, le duc Hugues cédant à de présomptueux conseils, vint attaquer Rheims avec l'archevêque déposé, se flattant de le prendre sans effort : mais ils furent trompés dans leur espérance : les soldats du roi et d'Artaud firent bonne défense, et les forcèrent à se retirer huit jours après leur arrivée. Dérald, évêque d'Amiens, étant mort, un certain Thibaut, archidiacre de l'église de Soissons, fut ordonné évêque par Hugues. Enfin, dans une assemblée tenue par les rois Louis et Othon sur la rivière du Cher, le différend des deux évêques Hugues et Artaud fut soumis au conseil des évêques; mais comme ce n'était pas un synode régulier, la question ne put être décidée : seulement un synode fut indiqué pour la mi-novembre; et en attendant, le siége de Rheims fut laissé à Artaud, et Hugues obtint la permission de résider à Mouzon. Hérivée, neveu de l'archevêque Hérivée qui, d'un château qu'il avait bâti sur la Marne, infestait tout le pays et ravageait les villages de l'évêché de Rheims, fut excommunié par l'évêque Artaud, en punition de ses usurpations des biens de l'église. Le comte Ragenold et les frères de l'évêque sortirent un jour contre les maraudeurs d'Hérivée, les surprirent et les mirent en

[1] En 947.

fuite. Hérivée en ayant eu avis, sortit aussi avec ses gens, et vint livrer aux nôtres un combat où il périt avec bon nombre des siens ; le reste prit la fuite : des deux parts il y eut beaucoup de blessés. Le corps d'Hérivée fut apporté à Rheims par les vainqueurs. L'évêque Hugues, accompagné de Thibaut de Montaigu, son beau-frère, et de quelques autres pillards et maraudeurs, vint au temps des vendanges parcourir les villages des environs de Rheims, d'où ils enlevèrent presque tout le vin, et l'emportèrent en d'autres lieux.

CHAPITRE XXXIV.

Du synode tenu à Verdun.

Le synode indiqué fut tenu à Verdun, sous la présidence de Robert, archevêque de Trèves. A ce synode assistèrent Artaud de Rheims, Odalric d'Aix, Adalbéron de Metz, Josselin de Toul, Hildebold de Germanie, Israel de Bretagne, et Brunon, abbé, frère du roi Othon, avec les abbés Agenold, Odilon et autres. Hugues y fut aussi appelé, et deux évêques furent délégués vers lui pour l'amener ; mais il refusa de s'y rendre. En conséquence, le synode, à l'unanimité, adjugea à Artaud le gouvernement de l'église de Rheims. On désigna un autre synode, lequel se rassembla dans l'église de Saint-Pierre, vis-à-vis Mouzon [1], composé seulement des évêques des deux pro-

[1] En 948.

vinces de Trèves et de Rheims. Hugues s'y rendit, et eut une conférence avec l'archevêque Robert, mais ne voulut pas entrer au synode. Il fit remettre par un de ses clercs aux évêques des lettres du pape Agapit, qui ne contenaient rien qui fût d'autorité canonique, mais qui ordonnaient qu'on le remît en possession du siége de Rheims. Ces lettres furent lues : mais les évêques répondirent qu'il n'était ni digne ni convenable que le mandement apostolique, qui avait été long-temps auparavant apporté par Frédéric, évêque de Mayence, et reçu par l'archevêque Robert, en présence des rois et des évêques, fût annulé par de simples lettres présentées par le rival et l'adversaire d'Artaud, et qu'ainsi il serait passé outre à ce qui avait été régulièrement et canoniquement commencé. On fit lire le chapitre xixe du concile de Carthage sur les accusés et les accusateurs ; ensuite, selon le texte précis de ce chapitre, il fut jugé qu'Artaud demeurerait évêque de la province et en la communion de l'église de Rheims; que Hugues, qui avait été cité à deux synodes et avait refusé de comparaître, serait interdit de la communion et de l'administration du diocèse de Rheims, jusqu'à ce qu'il comparût devant un synode général pour se justifier. Les évêques firent de suite écrire le chapitre du concile sur une charte, ajoutant au dessous leur présent arrêt, et l'envoyèrent à Hugues qui, dès le lendemain, le renvoya à l'archevêque Robert, en lui faisant répondre de vive voix qu'il ne se soumettrait point à leur jugement. Cependant des lettres de proclamation et d'appel de l'évêque Artaud furent adressées au Saint-Siége de Rome, et le pape Agapit envoya son vicaire, l'évêque Marin, au roi Othon, pour la convocation et la tenue d'un concile général. Le pontife envoya aussi des lettres à chacun des évêques en particulier, pour les convoquer; et quand enfin le synode fut rassemblé au palais d'Ingelheim, on y donna lecture de ce qui suit, en présence des rois et des évêques.

CHAPITRE XXXV.

Du concile tenu à Ingelheim; de l'excommunication de Hugues. Suite du procès entre les évêques Artaud et Hugues.

Au seigneur Marin, vicaire du Saint-Siége apostolique romain, et à tout le saint concile rassemblé à Ingelheim, Artaud, par la grâce de Dieu, évêque de Rheims.

« Notre seigneur, le pape Agapit, nous a adressé, à nous et aux évêques de notre province, des lettres par lesquelles il nous a ordonné de vouloir bien nous rendre à ce concile de votre Sainteté, munis de toutes les preuves et instructions nécessaires pour vous manifester, et faire éclater aux yeux de votre Sainteté, la vérité sur les misères qu'a souffertes notre siége et que nous souffrons nous-même; c'est pourquoi nous avons jugé à propos d'exposer à votre Sagesse l'origine du procès qui s'agite maintenant encore si déplorablement entre Hugues et moi. Après la mort de l'archevêque Hérivée, nous élûmes à l'épiscopat de Rheims Séulphe, qui remplissait l'office d'archidiacre en la même église; une fois ordonné, ce pontife animé de haine contre les proches de son prédécesseur, mais ne se trouvant pas assez fort pour les expulser par lui-même, après avoir tenu conseil avec quelques laïques ses conseillers, rechercha l'amitié du comte Héribert, et l'obtint en promettant par serment, par l'organe de ses conseillers, qu'après sa mort, les hommes de l'Église ne seconderaient pas l'élection d'un évêque sans consulter Héribert, et qu'en retour, le comte éloignerait le frère de l'archevêque Hérivée et ses neveux de toute participation aux affaires de l'église de Rheims. Ce traité conclu, les proches de l'évêque Hérivée furent faussement et méchamment accusés par les conseillers de Séulphe d'infidélité envers leur seigneur; et le comte Héribert ayant été appelé avec quelques-uns des siens, on les somma de comparaître et de rendre compte de leur conduite; comme ils ne voulurent pas accepter le combat singulier contre leurs accusateurs, on leur enleva les biens qu'ils tenaient de l'évêché; ensuite ils furent arrêtés et conduits par le comte Héribert au roi Robert, qui les retint prisonniers jusqu'à sa mort; enfin, la troisième année de son épiscopat, Séulphe mourut empoisonné, ainsi que l'assurent plusieurs, par les familiers d'Héribert. Bientôt le comte vint à Rheims, rappela aux soldats de l'Église et à quelques-uns des clercs le serment qu'ils lui avaient fait, touchant l'élection d'un évêque, et les entraîna à seconder ses desseins; de là il se rendit avec eux auprès du roi Raoul en Bourgogne, dont il obtint le gouvernement de l'évêché, à condition qu'il conserverait aux clercs comme aux laïques les honneurs dont ils étaient revêtus, ne ferait injustice à personne, et gouvernerait au contraire le diocèse avec équité, jusqu'à ce qu'il présentât au roi un clerc digne et capable d'être élevé au ministère épiscopal, et ordonné canoniquement. Revenu à Rheims, le comte partagea, comme il l'entendit, les biens de l'évêché à ses partisans, enleva aux autres ce qu'ils possédaient, dépouilla et chassa qui il voulut, sans jugement, ni loi ; ayant donné asile à Odalric, évêque d'Aix, il le chargea des fonctions épiscopales. Pendant six ans et plus, il a ainsi disposé en maître de l'évêché, ne suivant d'autre loi que son caprice, et résidant lui et sa femme au siége même de l'évêque, jusqu'à ce qu'enfin dans la septième année, une guerre s'étant élevée entre lui, le roi Raoul et le comte Hugues, Raoul avec Hugues et Boson, son frère, et plusieurs évêques et comtes, vint assiéger Rheims, parce que les évêques importunaient le roi de leurs plaintes, et lui reprochaient d'avoir laissé si long-temps cette cité veuve de son pasteur, contre l'autorité des saints canons. Ému de leurs plaintes, le roi ordonna au peuple et au clergé de se préparer à une élection, leur laissant toute liberté d'agir pour la gloire de Dieu, et avec la fidélité qu'ils lui devaient à lui-même. Alors, d'un commun et unanime consentement, clercs et laïques, tous ceux qui étaient hors de la ville, et aussi quelques-uns de ceux qui s'y étaient renfermés, élurent notre Humilité à cette dignité, véritable fardeau plutôt qu'un honneur pour nous ; cependant les soldats et les citoyens ayant de concert ouvert leurs portes au roi Raoul, dix-huit évêques présens m'ayant donné la bénédiction épiscopale, et tout le clergé et le reste des citoyens m'ayant reçu avec bienveillance, notre Humilité fut intronisée par les évêques du diocèse, et le ministère me fut imposé. Je l'ai rempli pendant huit ans comme il a plu au Seigneur; j'ai donné l'ordination à huit évêques dans le diocèse, j'ai institué un grand nombre de clercs dans l'évêché, selon que la nécessité l'a exigé, jusqu'à ce qu'enfin, neuf ans après que, du consentement de Hugues et des autres grands du royaume, j'avais donné la bénédiction au roi Louis et à la reine Gerberge, et les avais oints du saint chrême, le comte Hugues, irrité contre moi parce que je n'avais pas voulu me joindre à lui pour trahir le roi, vint assiéger la ville de Rheims, accompagné du comte Héribert et de Guillaume duc de Normandie; presque aussitôt, c'est à dire après six jours de siége, je fus abandonné par presque tous les gens de guerre laïques; et, ainsi délaissé, je fus forcé de me remettre entre les mains de Hugues et d'Héribert, qui, m'arrêtant prisonnier et m'intimidant, me contraignirent à me démettre de l'épiscopat, puis me chassèrent et reléguèrent au monastère de Saint-Basle, firent entrer dans Rheims Hugues fils d'Héribert, qui avait été ordonné diacre à Auxerre, et se mirent en possession de la ville. Mais, à son retour de Bourgogne, le roi Louis me trouvant à Saint-Basle, et me prenant avec lui, moi et mes proches auxquels Héribert avait enlevé tout ce qu'ils possédaient, me conduisit à Laon, qui était assiégé par Héribert et Hugues; à notre approche ceux-ci levèrent le siége, et nous entrâmes dans la ville, où on nous disposa une demeure. Cependant les clercs de notre lieu, et même quelques laïques étaient maltraités par Héribert; les uns jetés en prison, les autres privés de leurs biens ; et le pillage s'exerçait librement dans toute la ville de Rheims ; alors les évêques de notre diocèse furent convoqués par Hugues et Héribert, pour préparer et assurer avec eux l'élection du jeune Hugues ; l'assemblée se réunit à Soissons ; et l'évêque Hildegaire fut député vers moi à Laon avec quelques autres pour me mander de venir à l'assemblée, afin de donner mon consentement à cette détestable et illégitime ordination ; je leur répondis que je ne pouvais me rendre en un lieu où mes ennemis siégeaient avec eux : que s'ils avaient à conférer avec moi, ils vinssent en un endroit où je pusse aller en sûreté ; en conséquence ils se rendirent en un lieu désigné par eux et je m'y trouvai. En arrivant, je me prosternai devant eux, les priant, pour l'amour et la gloire de Dieu, de me donner un conseil qui fût bon pour moi et pour eux. Lors ils commencèrent à m'importuner pour l'ordination de Hugues, et à me tourner en tous sens pour m'arracher mon consentement, me promettant qu'ils m'obtiendraient quelques biens de l'évêché ; mais moi, après avoir long-temps différé ma réponse, voyant qu'ils persévéraient tous dans la résolution qu'ils avaient prise, je me levai, et leur fis défense à haute voix et de manière à être entendu de tous, sous peine d'excommunication, au nom de Dieu le Père tout-puissant, du Fils et du Saint-Esprit, qu'aucun d'eux prêtât son ministère à cette ordination, et se permît, moi vivant, d'imposer les mains à qui que ce soit, ou de donner l'onction épiscopale ; que s'ils agissaient autrement, j'en appelais devant le Siége apostolique. Comme ma résistance les mettait en fureur, pour pouvoir sortir du milieu d'eux et retourner à Laon, j'adoucis ma réponse, et leur demandai d'envoyer avec moi quelqu'un qui leur rapporterait la résolution que m'inspireraient ma reine et maîtresse, et ses fidèles, puisque le roi, mon seigneur, était absent. Ils envoyèrent à cet effet l'évêque Dérald, espérant que je changerais de résolution, lequel vint et m'interpella devant la reine et ses fidèles. Lors me levant, je lançai contre les évêques la même formule d'excommunication que j'avais déjà prononcée, et je n'oubliai pas de réitérer mon appel au Saint-Siége apostolique, excommuniant Dérald lui-même, s'il se taisait et ne rendait pas un compte fidèle de tout. Les choses s'étant ainsi passées, ceux-ci, méprisant notre excommunication, allèrent à Rheims, où la plupart donnèrent la main à l'ordination de Hugues, et quelques autres, qui me sont connus, s'y dérobèrent. Pour moi, restant avec le roi, j'ai souffert tout ce qu'il a souffert; et quand Hugues et Héribert lui déclarèrent la guerre, j'étais avec lui, et c'est à grand'peine que j'ai évité la mort. Échappé du milieu de mes ennemis par la grâce et la protection de Dieu, je m'en allai, errant deçà delà, cherchant les forêts et les lieux les plus inaccessibles, n'osant demeurer en place. Cependant les comtes Hugues et Héribert s'abouchant avec quelques-uns de mes amis leurs sujets, parvinrent à les décider d'aller à ma recherche, et de me ramener, promettant qu'ils me feraient du bien, et m'accorderaient tout ce que mes amis demanderaient pour moi. Mes amis vinrent donc me chercher, me trouvèrent errant deçà delà, et firent tant qu'ils me ramenèrent. Mais les comtes me voyant en leur puissance, commencèrent à me sommer de leur remettre le pallium que j'avais reçu de Rome, et de me démettre tout-à-fait du sacerdoce. Je protestai que je ne le ferais jamais, même quand il s'agirait de ma vie. Enfin, pressé, réduit à l'extrémité, je fus forcé de renoncer au temporel de l'épiscopat; et à ce prix je fus ramené à Saint-Basle, pour y faire ma demeure, comme si je n'eusse plus eu de charge; mais je n'y demeurai que peu de jours, parce que j'appris par des avis sûrs de quelques familiers du comte Héribert, qu'il songeait méchamment à me faire périr : effrayé par ces avis, de moment en moment réitérés, je m'enfuis tout tremblant, et à travers les bois et les repaires des bêtes sauvages, dans le silence des nuits, et par des chemins détournés, je parvins à me rendre à Laon, où le roi me reçut, et où je résolus de rester près de lui. En effet j'y demeurai avec lui et avec ses fidèles, attendant et implorant la miséricorde de Dieu, jusqu'à ce qu'enfin il daigna inspirer au cœur du roi Othon de venir en France au secours du roi, mon seigneur, et au mien. Enfin quand la reine, notre maîtresse et souveraine, quitta Laon, pour obtenir la délivrance du roi, je sortis aussi et m'en allai avec le roi, mon seigneur, vers le roi Othon, et nous marchâmes ensemble vers Rheims, qui fut aussitôt environnée et assiégée de toutes parts. Lors les évêques qui étaient présens furent d'avis qu'on me rétablît sur mon siége. En conséquence le roi Othon fit signifier à Hugues qu'il eût à sortir et rendre la ville qu'il avait usurpée. Hugues hésita quelque temps, et résista de tout son pouvoir; mais voyant qu'il n'était pas en force pour tenir, et qu'il ne lui venait pas de secours de ses amis, il se décida à sortir, demandant qu'il lui fût permis de se retirer librement, lui et ses gens. On lui permit donc de sortir sans aucun mal avec tous ceux qui voulurent l'accompagner, et il emporta sans contradiction tout ce qu'il voulut emporter. De cette façon, j'entrai dans la ville avec les rois, et ils ordonnèrent que je fusse réintégré dans ma dignité. En conséquence, Robert, archevêque de Trèves, et Frédéric, de Mayence, assistés d'autres évêques, me reçurent, et au milieu des applaudissemens et félicitations du clergé et du peuple, je fus par eux rétabli dans la chaire épiscopale. Hugues, après sa sortie de Rheims, s'empara de Mouzon, et fortifiant cette place contre les fidèles du roi, notre seigneur, parvint à s'y maintenir. Bientôt une entrevue fut arrêtée entre le roi, mon seigneur, et le roi Othon, sur la rivière de la Cher. Hugues et moi y fûmes appelés, et y comparûmes, ainsi que les évêques qui l'avaient ordonné. Le différend fut soumis aux évêques : il produisit des lettres adressées par moi au Siége de Rome, dans lesquelles je priais d'accepter ma démission et demandais à être déchargé du gouvernement de mon évêché; lesquelles je protestai et proteste encore n'avoir jamais dictées ni approuvées en aucune façon par ma signature. Comme il n'y avait pas de synode convoqué, les fauteurs de Hugues s'armèrent de ce prétexte, et la querelle ne put être décidée. Mais un synode fut indiqué à Verdun pour la mi-novembre, du consentement des évêques de l'un et l'autre parti. En attendant je fus chargé provisoirement du gouvernement du siége de Rheims, et l'on permit à Hugues de demeurer à Mouzon. Mais bientôt le temps des vendanges étant venu, mon compétiteur, accompagné et soutenu de Thibaut, ennemi de notre roi et de notre royaume, ainsi que de plusieurs autres malfaiteurs, se jeta sur les villages voisins de Rheims appartenans à l'évêché, et en enleva presque tout le vin qu'il fit transporter en différens lieux. Alors beaucoup de ravages furent commis ; les hommes de notre église emmenés en captivité, ou forcés par mille tourmens cruels à payer rançon. Cependant le synode indiqué à Verdun pour la mi-novembre s'assembla sous la présidence de Robert, archevêque de Trèves, sur le mandement de notre seigneur le pape de Rome, en présence du seigneur Brunon, avec quelques évêques et abbés. Hugues, cité à comparaître, et mandé par les deux évêques Adalbéron et Josselin, envoyés exprès vers lui, refusa de venir. Alors tout le synode, d'un commun accord, décréta que le gouvernement de l'évêché me serait laissé; et en même temps on désigna un autre synode pour le 13 janvier, lequel se rassembla en effet, comme il avait été indiqué, dans l'église de Saint-Pierre, vis-à-vis du château de Mouzon; et y assistèrent Robert, archevêque de Trèves, avec tous les évêques de sa province, et quelques-uns de la province de Rheims. Notre compétiteur Hugues y vint, eut un entretien avec l'archevêque Robert, mais ne voulut pas entrer au synode; il fit remettre aux évêques, par un de ses clercs qui venait de Rome, de prétendues lettres du pape, qui ne contenaient rien qui fût d'autorité canonique, mais seulement qu'on le remît en possession de l'évêché de Rheims. Après la lecture de ces lettres, les évêques délibérèrent avec les abbés et autres qui étaient présens, et répondirent qu'il n'était ni digne ni convenable que le mandement apostolique apporté par Frédéric, évêque de Mayence, que long-temps auparavant l'archevêque Robert avait reçu en présence des rois et des évêques de France et de Germanie, dont déjà même une partie avait reçu son exécution, fût annulé par des lettres que présentait notre ennemi : bien plus, ils arrêtèrent à l'unanimité qu'il serait passé outre à ce qui avait été canoniquement commencé, et l'on fit donner lecture du xixe chapitre du concile de Carthage sur les accusateurs et les accusés; lecture faite, il fut jugé, selon le texte précis du chapitre, que je demeurerais en communion et possession du diocèse de Rheims; que Hugues, qui avait refusé de comparaître à deux synodes malgré invitation, serait interdit de la communion et administration de l'évêché, jusqu'à ce qu'il consentît à se présenter devant un concile général qui serait indiqué, pour se justifier et rendre compte de sa conduite. Les évêques firent copier devant eux le chapitre du concile, et ajoutant au dessous leur jugement, l'envoyèrent à Hugues. Celui-ci, dès le lendemain, envoya la même charte à l'évêque Robert, en lui faisant répondre de vive voix qu'il ne se soumettrait pas à leur jugement. Le concile s'étant ainsi terminé, Hugues garde depuis ce temps, contre les ordres des rois et des évêques, le château de Mouzon; et moi de retour à Rheims, j'ai envoyé à Rome mon placet d'appel au Saint-Siége par les messagers du roi Othon, et me voici attendant les ordres de ce siége, prêt à obéir à ses décrets, et au jugement de votre saint concile universel. »

Après la lecture de ces lettres et leur traduction en langue tudesque pour l'intelligence des deux rois, un certain Sigebaud, clerc de Hugues, entra dans le concile, et présenta les prétendues lettres du pape qu'il avait apportées de Rome, et déjà fait connaître au synode de Mouzon, affirmant que ces lettres lui avaient été données à Rome par Marin lui-même, vicaire du souverain pontife, et actuellement président du concile. Marin, de son côté, produisit et fit lire devant tous les lettres que Sigebaud avait apportées à Rome, et cette lecture prouva, ainsi que les lettres le disaient, que Gui, évêque de Soissons, Hildegaire de Beauvais, Rodolphe de Laon, et tous les autres évêques de l'évêché de Rheims sollicitaient du Saint-Siège le rétablissement de Hugues, et l'expulsion d'Artaud. Après cette lecture Artaud, et avec lui Rodolphe de Laon et Fulbert de Cambrai, qui étaient nommés dans les lettres, se levèrent et protestèrent qu'ils ne les avaient jamais vues, et n'avaient jamais donné leur consentement à l'envoi. Alors voyant que Sigebaud ne pouvait les contredire, quoiqu'il étourdît le concile de calomnies contre eux, Marin prit la parole et proposa à tout le concile de prendre une résolution sévère contre un tel calomniateur, et porteur de calomnies contre des évêques. Le concile, après l'avoir d'abord publiquement convaincu de calomnie, et après avoir fait lire les chapitres des conciles sur les calomniateurs, jugea à l'unanimité qu'il devait être privé de la dignité dont il était revêtu, et, selon la teneur des articles, envoyé en exil. En conséquence Sigebaud fut dépouillé du diaconat dont il remplissait le ministère, et chassé avec réprobation du concile. Quant à Artaud, qui s'était présenté à tous les synodes, et soumis au jugement des évêques, il fut décrété que, selon les règles des canons et les décrets des saints Pères, l'évêché de Rheims serait par lui conservé et gouverné; et lui fut sa dignité confirmée et de nouveau conférée. Le second jour de la session, après la lecture des saintes constitutions et de l'allocution du vicaire Marin, Robert, archevêque de Trèves, proposa que, puisque, selon les règles de la loi sacrée, l'évêché de Rheims avait été rendu et restitué à l'évêque Artaud, un jugement synodal fût porté contre l'usurpateur de son siége; en conséquence il fut premièrement ordonné de lire les saints canons : après la lecture, conformément aux sacrés canons, et aux décrets des saints Pères Sixte, Alexandre, Innocent, Zosime, Boniface, Célestin, Léon, Symmaque et autres saints docteurs de l'Église de Dieu, Hugues fut excommunié et retranché du sein de l'Église, comme usurpateur du diocèse de Rheims, jusqu'à ce qu'il revînt à pénitence et à satisfaction. Les jours suivans on traita de plusieurs articles nécessaires touchant les mariages incestueux, et sur les églises que dans le pays de Germanie on donnait et même on vendait indûment aux prêtres, et qui leur étaient retirées illicitement. Il fut défendu que personne désormais se permît de pareils abus. On traita encore de diverses choses qui intéressaient l'Église de Dieu, et il fut pris plusieurs décisions. Cependant le roi Louis pria le roi Othon de lui prêter secours contre Hugues et ses autres ennemis. Othon lui accorda sa demande, et donna l'ordre à Conrad, duc de Lorraine, de marcher à son secours avec une armée; en attendant que l'armée fût prête, il fut convenu que le roi demeurerait auprès de Conrad, et que les évêques Artaud et Rodolphe, qui étaient avec lui, demeureraient avec les évêques lorrains, dans la crainte qu'en s'en retournant il ne leur arrivât quelque malheur. En sorte que Rodolphe de Laon, et Robert de Trèves et moi nous restâmes près d'un mois auprès d'Adalbéron de Metz. Quand l'armée fut rassemblée, les évêques de Lorraine marchèrent sur Mouzon, en formèrent le siège, forcèrent les soldats qui y étaient enfermés avec Hugues à se rendre, et en ayant reçu des otages, partirent de Mouzon pour aller à la rencontre du roi Louis et du duc Conrad, vers le pays de Laon ; là le duc et son armée assiégèrent un château construit en un lieu nommé Montaigu, et occupé par Thibaut, lequel tenait aussi Laon contre le roi. Ils s'en emparèrent, non toutefois sans quelque peine et retard ; ensuite ils tournèrent vers Laon. Les évêques se rassemblèrent en l'église de Saint-Vincent, et donnèrent sentence d'excommunication contre Thibaut ; et en même temps ils mandèrent par lettres au comte Hugues, tant de la part du seigneur Marin, légat du Siége apostolique, comme aussi de leur part, qu'il eût à venir à amendement et repentance des maux qu'il avait faits au roi et aux évêques. Ensuite Gui, évêque de Soissons, vint auprès du roi Louis, se soumit, et fit sa paix avec l'archevêque Artaud, lui donnant satisfaction pour l'ordination de Hugues. Le duc Conrad [1] tint sur les fonts sacrés la fille du roi Louis ; et après la prise et démolition du château de Mouzon, les Lorrains s'en retournèrent en leur pays.

[1] Conrad, dit *le Sage*, duc de Franconie et de Lorraine, gendre de l'empereur Othon Ier.

CHAPITRE XXXVI.

Du siége et de l'incendie de la ville de Soissons par le comte Hugues.

Hugues, ayant rassemblé en diligence bon nombre de ses gens et de Normands, marcha sur la ville de Soissons, l'assaillit et tua quelques hommes. Il fit jeter des feux artificiels et brûla l'église cathédrale, le cloître des chanoines, et une partie de la ville, sans cependant pouvoir la prendre. Désespérant d'en venir à bout, il leva le siége, et se tourna vers un fort, que Ragenold, un des comtes de Louis, faisait bâtir en un lieu nommé Roucy, sur la rivière d'Aisne, et en forma le siége. Quoique ce fort ne fût pas achevé, il ne put s'en emparer, mais il dévasta tous les villages de l'église voisine de son camp. Ses maraudeurs tuèrent plusieurs des colons ecclésiastiques, pillèrent les églises, et enfin se portèrent à une telle fureur que, dans le bourg de Cormicy, ils tuèrent environ quarante hommes, tant en dedans qu'autour de l'église, et dépouillèrent le temple de tous les ornemens. Après tous ces excès et ces crimes, Hugues se retira avec ses pillards. Cependant ses soldats, qui jusque là étaient restés avec lui, quoique excommunié, vinrent faire soumission à l'évêque Artaud, qui reçut les uns et leur rendit leurs biens, et rejeta les autres; ensuite il partit pour Trèves, afin d'assister à un synode avec les évêques Gui de Soissons, Rodolphe de Laon, et Winfried de Térouane. Là ils trouvèrent Marin qui les attendait avec l'archevêque Robert; mais ils n'y rencontrèrent aucun des évêques de Lorraine ni de Germanie. Néanmoins ils se formèrent en synode; et le vicaire Marin leur demanda ce que depuis le dernier synode le comte Hugues avait fait contre eux et contre le roi Louis. Ils lui rendirent compte des maux affreux que nous venons de raconter, causés par lui à leurs églises et à eux-mêmes. Marin alors s'informa si les lettres d'assignation à comparaître qu'il lui avait adressées lui avaient été réellement remises. L'évêque Artaud lui répondit que quelques-unes avaient été remises, que quelques autres n'avaient pu l'être, parce que celui qui en était chargé avait été pris par les maraudeurs du comte; que cependant il avait été mandé et cité, tant par lettres que par plusieurs messages. Alors on demanda s'il y avait quelque envoyé de sa part : comme il ne s'en trouva aucun, il fut décidé qu'on attendrait jusqu'au lendemain pour voir si personne ne viendrait. Personne n'étant venu, et tous ceux qui étaient présens, tant clercs que laïques, s'écriant d'une commune voix qu'il fallait l'excommunier, les évêques arrêtèrent que l'excommunication serait encore différée jusqu'au troisième jour du synode. En attendant on s'occupa des évêques qui avaient été convoqués et n'étaient pas venus, et de ceux qui avaient pris part à l'ordination de Hugues. Gui, évêque de Soissons, se prosternant devant le vicaire Marin et l'archevêque Artaud, se reconnut coupable. Mais les archevêques Artaud et Robert, intercédant pour lui auprès de Marin, il obtint absolution. Winfried de Térouane fut trouvé innocent de cette ordination. Un prêtre, envoyé de Transmar, évêque de Noyon, se présenta de la part de ce prélat, alléguant qu'il n'avait pu venir au synode, parce qu'il était grièvement malade ; ce qui fut aussi attesté par quelques-uns des évêques de notre province.

CHAPITRE XXXVII.

De l'excommunication du comte Hugues.

Enfin, le troisième jour, sur les instances de Luidolf, légat et chapelain du roi Othon, parce que ce prince l'exigeait impérieusement, le comte Hugues fut excommunié comme ennemi du roi Louis, et pour tous les maux ci-dessus rapportés, toutefois jusqu'à ce qu'il vînt à résipiscence et fît satisfaction devant le vicaire Marin et les évêques auxquels il avait fait injure et dommage ; que s'il refusait, il lui était libre d'aller à Rome pour se faire absoudre. Deux faux évêques, Thibaut et Ivon, ordonnés par Hugues, furent aussi excommuniés ; le premier, établi par Hugues, après son expulsion, en la ville d'Amiens ; le second, à Senlis, après sa condamnation. La même peine fut aussi portée contre un clerc de Laon, nommé Adélon, que son évêque Rodolphe accusa d'avoir reçu dans l'église l'excommunié Thibaut. Le vicaire Marin écrivit à Hildegaire, évêque de Beauvais, de venir devant lui, ou d'aller à Rome, afin de rendre compte au pape de sa conduite au sujet de l'ordination des deux faux évêques susdits, à laquelle il avait pris part; il manda aussi à Héribert, fils du comte Héribert, de donner satisfaction pour les maux qu'il causait aux évêques. Toutes ces affaires ainsi réglées, les évêques se séparèrent; mais Luitdolf, chapelain d'Othon, emmena avec lui le vicaire Marin vers son roi en Saxe, pour y faire la dédicace de l'église d'un certain monastère. Cette dédicace faite, et l'hiver passé, Marin s'en retourna à Rome. Le roi Louis eut un fils que l'archevêque Artaud tint sur les fonts sacrés, et auquel il donna le nom de son père.

CHAPITRE XXXVIII.

De quelques églises et monastères de la ville de Rheims.

Il a existé autrefois plusieurs basiliques de saints et plusieurs monastères au dedans et autour de la ville de Rheims, qui maintenant ne sont plus; cependant il subsiste encore dans la ville deux couvens de filles, dont l'un s'appelle le monastère d'en-haut, à cause de sa situation, et passe pour avoir été élevé en l'honneur de la sainte Vierge et de saint Pierre par saint Baudri et sa sœur Bove, qui depuis en fut abbesse. On dit qu'ils étaient tous deux du sang royal, enfans du roi Sigebert, et eurent pour nièce Dode, jeune fille très-chaste, laquelle avait été promise en mariage à un grand de la maison du roi Sigebert. Mais Bove, sa tante, qui l'instruisait à servir Dieu et à lui garder sa virginité, la détourna de l'amour de son époux. Celui-ci, voyant la résistance de la jeune fille, voulut à toute force la ravir et avoir pour femme; mais il advint que pendant qu'il cherchait par tous les moyens à exécuter ses desseins, le cheval qu'il montait s'étant emporté, il tomba et se rompit le cou; et la bienheureuse Dode, persistant dans son bon propos de chasteté, succéda à sa tante dans le gouvernement du monastère; c'est elle qui obtint du roi Pepin pour cette abbaye une charte d'immunités que nous avons encore. Les corps de ces deux saintes abbesses reposèrent long-temps dans l'église située hors de la ville où avait d'abord été le monastère des filles, jusqu'à ce qu'enfin, ayant été exhumés par suite de plusieurs révélations et miracles, ils furent transférés en cette nouvelle église que nous voyons aujourd'hui, où ils furent déposés avec vénération, et sont continuellement honorés par la révérence et les hommages des vierges servantes du Seigneur.

CHAPITRE XXXIX.

De saint Baudri, abbé.

Après la construction du monastère dont nous venons de parler, saint Baudri, cherchant un lieu où il pût établir sa demeure, et réunir en même temps auprès de lui des hommes religieux pour servir Dieu dévotement et paisiblement, en trouva enfin un qui lui plut, et qu'on nomme Montfaucon. Ce lieu, alors inhabitable, était couvert d'épaisses forêts qu'il abattit, et du bois desquelles il se construisit lui-même son habitation. On dit qu'un oiseau, que nous nommons faucon, qui le guidait et volait devant lui pendant qu'il cherchait un lieu où se fixer, s'arrêta enfin sur celui-ci, et revint trois jours de suite se poser à l'endroit où est aujourd'hui l'autel de l'apôtre saint Pierre; et plusieurs estiment que c'est de là que vient le nom de Montfaucon. Dès que saint Baudri eut commencé à servir Dieu dévotement en ce lieu, plusieurs personnes dévotes et craignant le Seigneur lui donnèrent leurs biens. Alors, réunissant plusieurs moines avec lui, il établit une communauté sous la discipline régulière, et consacra son monastère en l'honneur de saint Germain. Ensuite il revint trouver sa sœur à Rheims, y vécut jusqu'à son dernier jour, y fut enseveli, et son corps y a long-temps reposé.

CHAPITRE XL.

Des miracles qui furent vus après sa mort.

Depuis, par les soins des clercs qui habitaient le monastère de cet homme de Dieu, son corps fut enlevé secrètement de Rheims et emporté à Montfaucon. Quelques citoyens qui avaient découvert la ruse suivirent les clercs de si près que déjà ils les atteignaient de la vue, et qu'en les apercevant le trouble se mettait parmi ceux qui portaient la sainte relique; mais une nuée épaisse les sépara tout-à-coup; et ceux qui poursuivaient, se trouvant dans les ténèbres, s'égarèrent dans des chemins détournés, et ne purent suivre la trace des fugitifs. D'autre part une lumière céleste éclaira pendant la nuit ceux qui portaient le sacré corps, jusqu'à ce qu'ils fussent arrivés, sans aucune fatigue, à une propriété voisine du monastère, où dans la suite une église fut construite en l'honneur de saint Baudri, parce que les clercs y avaient reposé son corps. De là ayant repris leur marche avec la sainte relique, quand ils commencèrent à approcher du monastère, on dit que les cloches se mirent à sonner toutes seules; et à ce signal les frères sortirent au devant, et vinrent recevoir le trésor qu'ils avaient si long-temps desiré. Mais quand ils voulurent l'entrer dans l'église de Saint-Germain, ils trouvèrent la relique devenue si lourde qu'il fallut la laisser à l'entrée de l'église, et qu'il n'y eut moyen de la soulever, quelque effort qu'ils y fissent pendant trois jours entiers. On dit que le corps demeura trois ans fixé au même lieu, à l'abri sous un toit élevé exprès pour le préserver des injures de l'air. Au bout de ce temps, après un jeûne de trois jours, on le transporta dans l'église de Saint-Laurent, où Baudri de son vivant avait préparé sa sépulture; il fut déposé avec révérence dans le sarcophage qui lui était destiné, et les reliques du saint ont été conservées en ce lieu avec honneur et vénération jusqu'au temps du roi Charles et de l'archevêque Hincmar, quand les Normands commencèrent à infester et dévaster le royaume. La terreur qu'ils inspiraient força les chanoines de ce lieu à enlever de son sépulcre le corps de leur patron, et à le placer sur l'autel de Saint-Laurent. Pendant que cela s'exécutait, trois gouttes de sang tombèrent de sa tête, aussi fraîches et aussi chaudes que s'il eût été vivant. Il fut porté à Verdun, d'où plus tard il fut rapporté, et enfin placé dans l'église de Saint-Germain. Or, pendant qu'il était absent de son monastère, les Normands y arrivèrent; mais le Seigneur le protégea : ils ne brûlèrent les églises, ni ne tuèrent les habitans, si ce n'est une seule femme en se retirant, et laissèrent les autels tout chargés de leurs offrandes. Quand les Normands revinrent une seconde fois, un chanoine nommé Ostrade, voyant que ses frères se dispersaient et prenaient la fuite sans songer à rien, prit le corps du saint, et se sauva avec, en grimpant sur un arbre. Les païens qui le poursuivaient vinrent jusqu'à cet arbre, et regardèrent en haut, mais ils ne purent s'apercevoir que quelqu'un y fût monté. Ostrade demeura neuf jours entiers sur cet arbre, n'ayant pour toute nourriture qu'un seul gland, et cependant il ne souffrit ni faim ni soif : cette seconde fois encore les mérites du saint confesseur préservèrent ces lieux du glaive et des flammes des païens. Plus tard, il arriva que quelques maraudeurs, infidèles au roi, vinrent en ce lieu, et, ne trouvant aucune force qui pût leur résister, se mirent à tout ravager; mais tout-à-coup les cloches de l'église Saint-Laurent se prirent à sonner d'elles-mêmes, sans que personne y touchât, et deux cierges furent miraculeusement allumés par le feu du ciel. Frappés de terreur à cette vue, les pillards s'enfuirent, et l'un d'eux tomba à la porte du monastère et se tua dans sa chute, ainsi que son superbe cheval : les outres dans lesquelles il emportait le vin qu'il avait volé crevèrent, et ses compagnons, effrayés de ce châtiment, firent des dons à l'église, et se retirèrent tout épouvantés.

CHAPITRE XLI.

Du village de Wallich.

Un jour les chanoines de ce lieu vénérable, pressés par la famine, prirent une portion des reliques de leur saint patron, et s'en allèrent au village de Wallich sur le Rhin, qui leur était venu par donation d'Adalard, un des abbés de leur couvent. Comme les habitans du pays, pleins de vénération pour les saintes reliques, commençaient à apporter leurs dons, l'abbé d'un monastère voisin, nommé Bonn, alla trouver Willebert, évêque de Cologne, et se mit à décrier cette dévotion, disant que ce n'étaient pas véritablement les reliques d'un saint; or les chanoines craignant d'être arrêtés et punis par l'évêque, parce qu'ils disaient avoir avec eux le corps du saint tout entier, n'eurent pas plus tôt appris ces nouvelles, qu'ils s'en allèrent en leur monastère, faisant en deux jours presque cent lieues de chemin; puis, prenant le corps entier de leur patron, ils revinrent au village de Wallich en aussi peu de temps; comme ils approchaient, n'étant plus qu'à une lieue à peu près, les cloches de l'église se mirent à sonner d'elles-mêmes sans que personne y touchât; les clercs qui étaient restés, connaissant par ce signal que leur patron arrivait, sortirent au devant avec les croix, et reçurent leur saint protecteur avec les honneurs qui lui étaient dus; tandis qu'ils célébraient la messe, il éclata trois miracles à la fois; un paralytique recouvra l'usage de ses membres, un aveugle la lumière, et un muet la parole. Cependant l'abbé de Bonn ne cessait de blasphémer les miracles de Dieu, et de détourner ceux qu'il pouvait d'aller visiter le saint; mais, en punition, il fut tout-à-coup pris de la fièvre, et si violemment qu'il ne pouvait ni manger, ni boire, ni marcher; dévoré de souffrances, il reconnut enfin son péché, et se fit porter dans une chaise à bras jusqu'au Rhin, et de là en bateau à Wallich devant le corps saint. Là, ayant confessé sa faute, il demanda d'être absous, et donna en offrande une quantité de cire égale au poids de son corps. Après être resté six jours en prières, et avoir fait vœu de revenir chaque année en pélerinage, il recouvra pleinement la santé, et s'en retourna de son pied. Les chanoines demeurèrent en ce lieu pendant un an, durant lequel il ne se passa pas, dit-on, un jour où l'on ne vît quelque miracle. La veille de la fête de Saint-Jean-Baptiste, beaucoup de monde étant accouru de Saxe et de plusieurs contrées lointaines, il s'opéra dix-huit miracles insignes; si bien qu'il n'y eut guère de malades qui s'en retournassent sans obtenir guérison; et les offrandes furent si abondantes que non seulement les clercs en vécurent eux-mêmes, mais encore fournirent aux besoins de ceux qui étaient restés au monastère, et agrandirent et ornèrent l'église de Wallich.

Il advint que depuis, dans une grande sécheresse, le corps de saint Baudri fut tiré de son monastère, et porté en procession au devant des reliques de saint Jovin, pour obtenir de la pluie; en effet les deux processions ne se furent pas plus tôt rencontrées, et les deux saints ne furent pas plus tôt réunis, que le ciel se chargea de nuages malgré la sécheresse, et que la pluie tomba en abondance; et tandis que les vêtemens de tous les assistans étaient trempés, les poêles et les tapis qui couvraient les châsses ne reçurent pas une goutte d'eau. En ce lieu, un borgne recouvra l'œil qu'il avait perdu, et se levant aussitôt transporté de joie, et tout ingrat, il s'en retourna sans glorifier Dieu. Mais à peine fut-il arrivé en sa maison, qu'il perdit une seconde fois l'œil qu'il avait recouvré. Enfin, quand on fut arrivé au monastère avec les deux corps saints, celui de saint Baudri devint tout-à-coup si pesant qu'il ne fut plus possible de le mouvoir, excepté lorsqu'on eut fait passer devant et entrer le premier le corps de saint Jovin.

Quand le seigneur Dadon, évêque de Verdun, obtint cette abbaye de la munificence du roi, et qu'il apprit tous ces miracles, il établit que chaque année les reliques de trois monastères seraient portées processionnellement en un lieu appelé *Gaudiacum,* situé à pareille distance de tous trois; savoir, du siége de Verdun, saint Victor et saint Ageric; saint Baudri, de son monastère; et saint Roduique, de Wasler; depuis, cette procession a été signalée par d'innombrables miracles, et jamais la réunion n'a eu lieu sans que quelque infirme ait recouvré la santé, mais surtout ceux qui avaient recours aux mérites de saint Baudri. Dans une de ces réunions, un muet recouvra la parole, et ceux de Verdun l'emmenèrent avec eux, proclamant que c'était la vertu de leurs saints qui avait opéré le miracle. Mais au moment où l'on se séparait pour s'en retourner chacun chez soi, la châsse de saint Baudri devint si pesante qu'on fut obligé de la laisser en place, sans qu'il y eût moyen de la remuer. Beaucoup étant revenus pour voir cette immobilité miraculeuse, tandis que ceux de Saint-Baudri se plaignent et se demandent pourquoi leur patron veut rester en ce lieu, et ce qu'il y voulait faire, quelqu'un s'avisa de faire venir le muet qui venait d'être guéri : on le rappela ; et à peine eut-il été conduit devant la châsse immobile, qu'aussitôt on la leva sans difficulté, et le corps saint fut reporté au monastère au milieu des actions de grâces. Lorsque Dadon obtint cette abbaye de Saint-Baudri, il échangea quelques biens situés outre Rhin, qui avaient été donnés à ce monastère par l'abbé Adalard, contre le village de Mont-Gerlain, sur la Moselle. Ayant donc donné l'ordre aux frères de l'abbaye de se rendre en ce village pour en prendre possession, ceux-ci se mirent en devoir d'obéir, et partirent avec les reliques de leur saint patron. Mais arrivés au village, le corps devint tout-à-coup si pesant qu'il ne fut plus possible d'avancer : lors les moines tenant conseil, avisèrent de le porter à l'église de ce village, consacrée à saint Martin, et aussitôt il fut aisé de l'enlever. Quand leur prière fut finie en cette église, et qu'ils voulurent charger la relique pour partir, ils la trouvèrent de nouveau appesantie. Frappés d'admiration, et pressentant que Dieu voulait opérer quelques miracles en ce lieu pour la glorification de son saint, les moines alors demandèrent s'il y avait là quelqu'un de malade. Alors les uns venant, les autres se faisant apporter, la vertu du saint corps opéra ; un boiteux fut redressé ; une femme qui avait les bras paralysés depuis huit ans, en recouvra l'usage ; deux autres femmes aveugles reçurent la vue ; et un enfant de sept ans, muet de naissance, commença à parler. En reconnaissance de ces miracles, les habitans firent élever en ce lieu une croix, où depuis deux femmes recouvrèrent la vue, où des cierges furent allumés miraculeusement, et où enfin grand nombre de malades affligés de diverses infirmités trouvèrent guérison.

CHAPITRE XLII.

De l'église de Saint-Romain, et des miracles opérés à Mont-Gerlain.

L'église de Saint-Romain, bâtie au village de Mont-Gerlain, avait depuis long-temps été enlevée aux moines de Saint-Baudri par Milon, supérieur des chanoines du lieu; mais le comte Boson la leur ayant fait rendre, ils y portèrent le corps de leur saint patron; et aussitôt que la nouvelle en fut répandue, on vint en foule se recommander à ses mérites. Parmi les fidèles qui se confiaient en lui, se trouvèrent deux femmes nobles, aveugles, et une pauvre femme paralysée de presque tous ses membres. La nuit des vigiles de saint Romain, comme on veillait en l'église, selon la coutume, tout-à-coup il se répandit miraculeusement une lumière si éclatante qu'elle fit pâlir tous les luminaires qui éclairaient l'église : seulement l'autel sur lequel était déposé le corps était couvert d'un épais nuage, et la châsse qui contenait les saintes reliques semblait aller et venir dans la nuée. Tout-à-coup, une des femmes aveugles d'abord, et l'autre ensuite, s'écrient qu'elles voient; et la femme paralytique, qui était étendue à terre, ne se fut pas plus tôt mise à invoquer le secours de Dieu et de saint Baudri, que peu à peu elle sentit ses membres se détendre, ensuite ses jambes, et enfin se leva toute droite sur ses pieds. Depuis sa guérison, jusqu'à ce jour, où elle vit encore, elle est nourrie des aumônes des clercs.

Pendant que les clercs demeuraient en ce lieu avec leur pasteur, un soir qu'ils étaient assis ensemble à causer, il arriva qu'un homme de l'un des amis de Milon, pris de vin et animé de colère, se mit à leur demander ce qu'ils faisaient là, et pourquoi ils étaient venus dans le village de Milon. Ceux-ci lui répondirent que ce lieu appartenait à Saint-Baudri et non à Milon; lui au contraire soutenait que c'était à Milon. A la fin, les clercs l'ayant menacé, il se retira; mais en gravissant un rocher fort élevé, voisin du village, il se jeta du haut en bas, et fut si froissé de sa chute qu'on le crut mort, ou au moins presque mort. On le porta devant le corps de saint Baudri, où, ayant reconnu et confessé son péché, il fut subitement et inespérément guéri.

Il n'y a pas long-temps, quand les reliques de saint Baudri eurent été apportées au village de Wallich, dont nous avons parlé plus haut, comme Godefroi, comte du palais du prince Henri, s'était emparé de ce village, quelques clercs de Saint-Baudri le vinrent trouver pour réclamer leur bien; mais ils n'en purent tirer aucune réponse convenable, sinon qu'il ne ferait pas plus pour eux que pour son chien. Lors un des clercs lui répondit qu'il suerait une sueur chaude, et que son chien ne lui serait d'aucun secours. Furieux, le comte ordonna qu'on les chassât de sa présence; mais à peine se furent-ils retirés, qu'aussitôt il fut frappé de la main de Dieu, saisi d'une fièvre si violente et consumé de si vives ardeurs qu'il était baigné d'une sueur brûlante. En cette extrémité, il envoya quérir Wicfrid, évêque de Cologne, et lui raconta son malheur. Celui-ci lui donna conseil d'envoyer vers les moines de Saint-Baudri, pour les prier de venir le visiter, ensuite de reconnaître sa faute et leur demander conseil et secours. Godefroi suivit son conseil, et envoya; mais son messager, apparemment enivré des fumées de l'orgueil, leur ordonna d'un ton impérieux de venir sans retard visiter son maître. Ceux-ci le refusèrent, et seulement le prièrent de leur faire la charité, ce dont il ne tint compte; et comme au sortir du monastère il piquait son cheval, sa bête tomba et se rompit le cou. Humilié et repentant, il revint auprès des moines, leur fit la charité qu'il avait refusée avec mépris, et s'en retourna ainsi corrigé. Après une seconde, une troisième invitation, apprenant enfin les maux que souffrait le comte, les clercs se décidèrent à l'aller visiter, et en eurent compassion, de manière que le voyant confesser sa faute et promettre amendement, ils se mirent en devoir de lui obtenir délivrance par leurs prières. A l'instant il dit qu'il se sentait mieux; et à peine furent-ils sortis qu'il se trouva guéri, rendit ce qu'il avait usurpé, et désormais s'abstint de faire aucun dommage à ces biens. Cependant on dit qu'une telle affliction se répandit sur sa famille, qu'à peine quelques-uns restèrent de ceux qui avaient pris part à son usurpation. Les chevaux même et les chiens périrent; et lui-même, perdant les cheveux, la peau et les ongles, échappa à peine à la mort.

CHAPITRE XLIII.

D'un miracle advenu sur le Rhin.

Lors de la première incursion des Hongrois en ce royaume, les chanoines de Saint-Baudri passèrent de l'autre côté du Rhin avec leur patron. Un soir qu'ils repassaient le fleuve pour revenir, ils laissèrent leur navire à l'ancre au milieu, avec quelques hommes seulement pour le garder, ainsi que les reliques; et montant sur une légère barque, ils se rendirent à leur village de Wallich. Pendant ce temps là, trois voleurs apprenant qu'il n'était resté que peu de monde sur le navire, et croyant que les trésors et ornemens du saint y étaient, montent une barque et cinglent vers le bâtiment; mais, avant de pouvoir y atteindre, ils furent tout-à-coup miraculeusement aveuglés; alors ne pouvant plus ramer, frappés de vertige, ils sont emportés par le courant : leur petit bateau vient donner avec violence contre le navire qui portait les saintes reliques, se brise, et les laisse au milieu des flots. Deux furent engloutis sur-le-champ; le troisième, qui était un serf de Saint-Baudri, parvint à saisir le navire et à s'y attacher, et échappa ainsi à la mort. Conduit devant les clercs, il ne put rien leur dire du malheur qui venait de leur arriver; et ce ne fut que le lendemain que, revenu de sa frayeur et maître de ses sens, il put raconter tout ce qui s'était passé. Enfin, depuis que le corps de ce bienheureux saint a été reporté de Wallich en son monastère, d'éclatans miracles s'y opèrent tous les jours, et en si grand nombre qu'ils n'ont pas été conservés par écrit. Il n'y a pas long-temps qu'un pauvre homme ayant porté en offrande un cierge roulé en cercle, en forme de bougie, le déposa, un peu avant l'heure de vêpres, sur la châsse du saint, et s'en alla après avoir fait sa prière. Aussitôt sa bougie s'alluma d'elle-même, se prit à brûler, et continua ainsi jusqu'à ce que le gardien de l'église vînt pour sonner les vêpres, et sans que le poêle qui couvrait la châsse, et sur lequel elle était posée, eût souffert le moindre dommage. Chaque jour, le Seigneur se plaît à y opérer des guérisons et à faire éclater par mille signes éclatans les mérites de son saint, pour l'honneur et la gloire de son nom, qui est béni dans tous les siècles.

CHAPITRE XLIV.

Des miracles opérés au monastère de Sainte-Bove et Sainte-Dode.

Quelques miracles ont été aussi opérés au monastère de filles dont nous avons parlé, et où ont été déposés les corps de sainte Bove et sainte Dode. Des fiévreux et d'autres affligés de diverses maladies y viennent en pélerinage et obtiennent guérison, surtout le jour de la fête des deux saintes. Tout récemment en ce saint jour, une jeune fille, depuis long-temps privée de l'ouïe, par une infirmité qui avait embarrassé les passages de ce sens, en a merveilleusement recouvré l'usage par l'intercession de ces saintes épouses de Jésus-Christ.

CHAPITRE XLV.

De la vision qui apparut à une religieuse.

Il y a dans ce monastère une religieuse, nommée Ricwide, nièce de feu Gontmar, prêtre très-religieux, à qui apparurent en vision le bienheureux apôtre saint Pierre et saint Remi, lui annonçant qu'ils lui commanderaient de faire un voyage à Rome quand ils reviendraient la visiter, et ils promirent de revenir à la mi-novembre, le jour de l'Exaltation de la sainte Croix. Quoique agitée d'attente, elle n'osa rien dire à personne, apparemment parce que les saints le lui avaient défendu. Le jour où ils avaient promis de revenir, ils lui apparurent en effet de nouveau, et lui ordonnèrent de faire venir son frère Frédéric, qui était prêtre, de l'exhorter à suivre les traces de son oncle Gontmar, et enfin de lui enjoindre en leur nom de faire avec elle le voyage de Rome, sans manger de viande, ni boire de vin l'un et l'autre, à partir de ce jour jusqu'à la fin de leur voyage; lui permettant toutefois à elle seule de boire ce qu'on pourrait acheter de vin avec l'argent qu'elle trouverait sur un autel qu'ils lui désignèrent; que pour être mieux crue, elle prît pour témoins trois des sœurs du monastère; et ils lui indiquèrent par leurs noms celles qu'elle devait appeler. Saint Remi lui recommanda encore de dire à son frère qu'il devait se souvenir qu'il lui était apparu un jour et lui avait parlé; ajoutant même, pour signe de reconnaissance, qu'il lui avait frappé la paume de la main avec un petit couteau. Celle-ci envoya aussitôt chercher son frère, et lui manda de venir en toute hâte; ce qu'il fit, et il la trouva à jeun quoiqu'il fût l'heure de vêpres, et toute étonnée encore de sa vision. Lors elle fit appeler les trois sœurs qui lui avaient été désignées; et, après avoir chanté ensemble les sept psaumes de la pénitence, et ajouté en outre les litanies, elles s'approchèrent de l'autel, et, levant le tapis qui le couvrait, trouvèrent à l'un des coins une petite obole, la prirent avec actions de grâces, et la donnèrent pour un peu de vin que but la religieuse, n'en devant désormais plus boire, jusqu'à ce que son frère et elle eussent accompli le voyage qui leur était commandé. S'acheminant donc avec confiance et piété, avec l'aide de Dieu, et l'appui de saint Pierre et de saint Remi, qui le leur avaient ainsi promis, ils accomplirent heureusement leur voyage. Depuis ce temps, cette religieuse s'abstient de viande, hormis le dimanche, et trois jours par semaine elle ne fait rien jusqu'à ce que l'horloge sonne deux heures, si ce n'est de vaquer à la prière et psalmodier, ce qu'elle prétend lui avoir été prescrit d'observer pendant sept ans. Elle a aussi recommandé à son frère, de la part des deux saints, de s'abstenir de viande quatre jours par semaine, et de ne jamais boire de vin, de toute sa vie, le jour du vendredi : ce que l'un et l'autre observent fidèlement jusqu'à ce jour.

CHAPITRE XLVI.

De l'autre monastère de filles en la ville de Rheims.

Il y a à Rheims un autre monastère de filles, situé près de la porte appelée autrefois *Collatitia,* sans doute à cause des marchandises que l'on apportait par là en ville, et maintenant Porte Basilicaire ou Baseille, parce qu'elle passe pour avoir eu autrefois dans ses environs plus de basiliques que toutes les autres portes, ou parce qu'elle mène aux basiliques qui sont dans le bourg de Saint-Remi. C'est au dessus de cette porte que nous avons rapporté qu'était bâtie la cellule de saint Rigobert. Le seigneur Guntbert, homme illustre et pieux, est, dit-on, le fondateur de ce monastère, bâti en l'honneur de saint Pierre, et appelé Royal ou Fiscal, parce qu'il a toujours appartenu aux rois jusque de nos jours. L'empereur Louis le donna à sa fille Alpaïde, femme du comte Bégon, et accorda à ce saint lieu une charte d'immunités, comme l'avait fait autrefois l'empereur Charles son père. Il vint ensuite en la possession de l'église de Rheims, par donation d'Alpaïde, laquelle toutefois s'en réserva la jouissance à elle et à ses fils, leur vie durant. On dit qu'on y conserve une dent de l'apôtre saint André, dont les malades, qui obtiennent de la baiser, éprouvent souvent la vertu.

Nous avons vu, dans l'église de ce couvent, un cierge allumé trois fois par le feu du ciel; et ce cierge avait été fait de la cire que trois citoyens de Rheims avaient donnée en offrande en partant pour aller à Rome visiter le temple des Saints Apôtres. Nous avons vu aussi dans ce monastère une religieuse qui suait du sang, demeura immobile et comme morte pendant une semaine entière, et eut plusieurs visions.

CHAPITRE XLVII.

Du seigneur Guntbert et de sa femme Berthe.

Le seigneur Guntbert dont nous venons de parler, et fondateur de ce monastère, quitta sa femme, et s'en alla du côté de la mer, où il fit bâtir, dit-on, un autre monastère, et fut décollé par les barbares. De son côté, sa femme Berthe, qu'il avait laissée, bâtit un couvent de femmes auprès d'Avenay, en un lieu que le Seigneur lui fit indiquer par un ange. Comme il n'y avait point d'eau en cet endroit, elle obtint des seigneurs à qui appartenait la forêt voisine, de lui céder pour une livre d'argent une fontaine, distante de son monastère d'environ deux milles, de laquelle jaillit incontinent un ruisseau, qui la suivit jusqu'en son monastère où elle retournait, qui depuis continue toujours de couler avec abondance, et s'appelle de *Livre*, du prix donné pour la fontaine. Les beaux-fils de dame Berthe se soulevèrent contre elle et la mirent à mort; mais à l'instant même, en punition de leur crime, ils furent livrés à Satan, et moururent forcenés et dépouillés de tout sentiment humain, en tout semblables à des bêtes. On raconte qu'une nièce du seigneur Guntbert, nommée Montie, et qui avait été complice du meurtre de Berthe, une nuit qu'elle veillait, vit apparaître sa tante, laquelle lui ordonna de rapporter en ce lieu le corps de Guntbert, et de le déposer auprès du sien; et qu'à ce prix le Seigneur lui remettrait le péché qu'elle avait commis en se rendant complice de sa mort. Celle-ci lui ayant demandé à quel signe elle reconnaîtrait que son pardon lui était accordé, Berthe lui répondit qu'aussitôt qu'elle aurait exécuté ses ordres le sang lui partirait du nez et de la bouche; ce qui arriva en effet au moment où l'on déposait le corps de Guntbert auprès de celui de Berthe. Environ cent ans après sa sépulture, le corps de Berthe fut retrouvé sain et entier, et il sortit de ses blessures un sang aussi frais que si elle venait de les recevoir à l'instant. Enfin, pour démontrer l'honneur et les mérites de ces saints personnages, le Seigneur a daigné depuis opérer en ce lieu de nombreux miracles, qui n'ont pas été conservés par écrit, par négligence. Mais toutes les fois que dans ses tribulations, leur congrégation a imploré la miséricorde de Dieu par leur intercession, elle en a toujours obtenu grâce et consolation. Il n'y a pas long-temps qu'une femme se permit de dérober la nappe d'autel de ce monastère, et voulut l'emporter; mais il lui fut impossible de sortir, quelque effort qu'elle fît, avant d'avoir confessé son péché, et fait restitution. L'évêque Foulques obtint du roi Eudes une charte qui concédait cette abbaye à l'église de Rheims, et du pape Formose, confirmation de cette concession, et privilége du Saint-Siége apostolique.

CHAPITRE XLVIII.

Des deux églises de Saint-Hilaire, à Rheims.

Il y a Rheims deux églises consacrées à saint Hilaire; l'une dans la ville même, où naguère une jeune fille paralytique a été miraculeusement guérie; l'autre plus ancienne, située devant la porte de Mars, qui fut donnée par le saint pontife Rigobert aux chanoines nos prédécesseurs pour leur sépulture. Autrefois, c'est-à-dire avant le départ et l'expulsion de l'évêque Artaud, il s'y opérait de nombreux miracles. C'est pourquoi il la fit réparer, et y fit faire un toit et un plafond neuf, les habitans de la ville y contribuant aussi. Un aveugle nommé Paul, averti en songe d'aller en cette église, et qu'il y recouvrerait la vue, s'y rendit; et à peine y fut-il entré qu'en effet il jouit de la lumière. —*Item,* un des serviteurs de l'évêque s'en allant à l'église, rencontra un jour devant la porte un pêcheur avec des poissons, et feignant de les marchander, il les emporta. Alors le pauvre pêcheur, tout désolé, invoquant saint Hilaire à son secours, éclata en plaintes et en imprécations; mais le larron méprisant ses cris entra dans l'église comme pour entendre la messe. Mais là, étant debout, il tomba tout-à-coup par terre, fut emporté hors de l'église très-grièvement blessé, et demeura long-temps malade.—*Item,* on avait autrefois enterré, dans le cimetière de cette église, un Écossais, fidèle serviteur de Dieu; mais comme la mémoire de son nom et de sa sépulture semblait être abolie parmi les nôtres, il commença à se révéler par des signes manifestes. Ainsi, de nos jours, un citoyen, non pas des derniers rangs du peuple, mais pauvre en biens, étant mort, ses amis allèrent trouver Hildegaire, curé de cette église, et le prièrent de leur donner un endroit où ils pussent trouver un tombeau pour déposer leur ami, parce qu'il n'avait pas laissé de quoi pourvoir à sa sépulture. Leur demande leur ayant été accordée, ils se mirent en devoir d'ouvrir la sépulture du serviteur de Dieu dont nous venons de parler; mais ils ne purent y parvenir. Averti de ce qui arrivait, le curé vint, et essayant de lever le dessus de la bière, il l'entr'ouvrit légèrement, et aussitôt il s'en exhala une odeur d'une suavité si parfaite qu'il affirma n'avoir jamais respiré de parfum si délectable. Regardant dedans, il aperçut un corps bien conservé et revêtu des habits sacerdotaux; et remettant la couverture en place, il n'osa passer outre. Cependant il permit aux amis du mort de placer une planche sur le cercueil, et d'y déposer le cadavre. Or ce curé avait un oncle prêtre, défunt depuis long-temps, lequel lui apparut la nuit suivante, et lui dit qu'il avait grièvement offensé Dieu ce jour-là; mais que le péché eût été bien plus grand, s'il eût été jusqu'à violer le tombeau du saint. —*Item,* le saint serviteur de Dieu apparut lui-même, à peu près en ces jours-là, à une autre personne, lui dit qu'il était grandement incommodé par la pesanteur et la puanteur du cadavre qu'on avait placé sur son cercueil, et lui ordonna de faire savoir au curé que, s'il ne se hâtait d'enlever ce corps fétide de sa sépulture, il ne tarderait pas à être frappé de la vengeance divine. Effrayé de ces avertissemens, le prêtre fit retirer en hâte le cadavre, et lui fit ouvrir une autre tombe où on l'enferma.—*Item,* plus tard ce saint du Seigneur apparut encore à un paysan, et lui enjoignit d'aller trouver l'archevêque Artaud, et de lui dire de sa part de faire transporter dans l'église son corps qui gissait en dehors. Le paysan, n'ayant pas osé rapporter ses paroles, négligea l'ordre qu'il avait reçu. Mais quelque temps après le saint lui apparut de nouveau pendant qu'il veillait, le réprimanda sévèrement pour n'avoir pas exécuté ses ordres, et pour correction lui donna un soufflet sur la joue. Aussitôt celui-ci devint sourd du côté où il avait reçu le soufflet, et souffrit d'un violent mal de tête, presque pendant une demi-année. Enfin le saint apparut la nuit d'un dimanche à un prêtre qui servait dans la même église sous le curé dont nous avons déjà parlé, et l'avertit de dire à l'évêque de transporter son corps dans l'église, lui désignant avec soin le lieu où il voulait être placé, lui faisant connaître sa mort, la cause de sa mort, et celle de sa venue en ce pays. Il lui raconta qu'il était d'Écosse, qu'allant à Rome pour prier avec ses compagnons, il avait été surpris en route par des brigands, et assassiné sur le bord de la rivière d'Aisne; que de là son corps avait été apporté en ce lieu par ses compagnons qui l'y avaient enseveli. Il ajouta qu'on le nommait *Merolilan,* et lui ordonna de prendre son nom par écrit de peur de l'oublier; puis se baissant, et prenant un morceau de craie qui se trouvait par hasard à terre, il le lui donna, et lui commanda d'écrire son nom sur le coffre qui était auprès de son lit; alors il sembla au vicaire qu'il prenait la craie et écrivait : et comme il mettait un *L* pour un *R*, le saint l'avertit de corriger cette faute, et le lendemain le nom fut trouvé réellement écrit, et de telle manière que le prêtre affirma qu'il n'aurait jamais su si bien faire de jour et tout éveillé. Averti de ces diverses révélations, l'évêque fit restaurer l'église, mais n'y transporta point le corps. Aussi lui arriva-t-il assez tôt après qu'en cette même église, il fut forcé de se démettre devant le prince Hugues du gouvernement de l'évêché.

CHAPITRE XLIX.

Des églises bâties en l'honneur de saint Martin en divers lieux de l'évêché de Rheims.

Dans une foule d'endroits de notre évêché de Rheims il y a des églises consacrées à saint Martin, et qui sont fameuses par tant de miracles que personne ne suffirait à les raconter. Il existe entre autres dans le bourg de Saint-Remi une église de ce bienheureux confesseur, en laquelle fut, dit-on, autrefois une congrégation de clercs, et où advint le miracle qui suit. Un homme de grande naissance qui venait de se marier fut obligé de partir presque aussitôt après ses noces, pour le service du roi, et de s'en aller à la guerre, où il demeura long-temps. Quand il revint dans sa maison, il reçut avis que sa femme s'était laissée corrompre en adultère. Comme il aimait tendrement sa femme, il voulut éprouver la vérité du rapport qui lui avait été fait, et convint avec elle que, si elle lui jurait sur les saints autels de toutes les églises du bourg qu'elle était innocente de ce crime, à ce prix il la tiendrait pour justifiée de toute faute. Celle-ci accepta avec empressement, et s'en alla avec son mari dans plusieurs églises, où elle fit son serment. Enfin elle arriva à Saint-Martin ; mais au moment où elle approchait de l'autel et se parjurait avec impudence, le ventre lui creva tout-à-coup, et ses entrailles s'échappant et se répandant à terre, elle tomba morte, prouvant ainsi la vérité des rapports qui avaient été faits contre elle à son mari. On raconte que celui-ci, touché de la grâce de Dieu à la vue du miracle, fit vœu de ne plus se remarier; et donnant à l'église de Saint-Martin tous les serfs et colons qui appartenaient à sa femme, il les soumit à payer le cens à l'église, mais les exempta de toute autre charge et service. Cette colonie ainsi réglée, et ayant maintenu son privilége, s'éleva jusqu'à deux mille têtes et plus, au point qu'avant d'avoir été ravagée par les barbares elle payait à l'église douze livres d'argent.

CHAPITRE L.

Des miracles de saint Martin qui furent vus en la ville de Rheims.

Notre ville a été encore illustrée par beaucoup d'autres miracles de ce bienheureux père et confesseur; c'est pourquoi j'ai jugé à propos d'insérer ici ceux qui ont été rapportés par saint Grégoire de Tours en son livre des Miracles, afin que ceux qui ne les connaîtraient pas et qui liront notre ouvrage les y puissent trouver. Il raconte donc qu'un jour, passant par le pays de Rheims, un citoyen de notre ville lui rapporta qu'une prison en laquelle un de ses serviteurs était détenu avec d'autres, fut miraculeusement ouverte par la vertu du bienheureux saint Martin, et que les prisonniers, délivrés de leurs fers, sortirent en liberté. Or cette prison était tellement construite que, sur les chevrons, au lieu de toit, des ais extrêmement solides et bien assemblés formaient un plancher très-épais : sur ce plancher, pour le rendre plus lourd et l'assurer mieux encore, étaient placées d'énormes pierres ; et néanmoins la porte était fermée par une forte serrure, et garnie de verroux de fer. Mais la vertu du bienheureux pontife fit sauter les pierres et le plancher, rompit les fers, brisa les entraves qui retenaient les pieds des prisonniers, et, sans ouvrir la porte, souleva les captifs en l'air et les fit sortir par le toit miraculeusement ouvert, en disant : « Je suis Martin, soldat de Jésus-« Christ, qui vous délivre. Allez en paix, et retournez-« vous-en sans rien craindre. » Et quand, ajoute saint « Grégoire, nous fûmes arrivés auprès du roi, et que « nous lui racontâmes ce miracle, il nous affirma que « plusieurs de ces prisonniers étaient venus à lui, et « qu'il leur avait fait remise de la composition qu'ils « devaient au fisc, et qu'on nomme *fredum.* » Le même saint Grégoire rapporte encore que, dans un voyage qu'il fit à Rheims, et qu'un jour en causant avec le roi Sigebert dans la sacristie de l'église de Rheims, celui-ci, qui était sourd d'une oreille, se trouva tout-à-coup guéri par la vertu du bienheureux saint Martin, dont il y avait quelques reliques en ladite sacristie.

CHAPITRE LI.

De sainte Macre, vierge.

Sous le préfet Rictiovare, la bienheureuse vierge Macre souffrit le martyre au pays de Rheims, toujours confessant Jésus-Christ, d'un courage invincible, au milieu des plus affreux tourmens. Après avoir eu les mamelles coupées, et ensuite miraculeusement et soudainement guéries par un ange qui vint la visiter en sa prison, étendue toute nue sur des charbons et des fers ardens, rendant à Dieu son ame immaculée avec prières et actions de grâces, triomphant de son persécuteur, elle monta joyeuse dans le ciel. Son corps fut inhumé non loin du lieu où elle avait souffert le martyre. Bien long-temps après, le lieu de sa sépulture, qui était tout près d'une église bâtie depuis en l'honneur de saint Martin, fut révélé à un bouvier, lequel eut une vision, et fut averti en cette vision que le corps de cette sainte et bienheureuse vierge devait être déposé avec grand honneur dans l'église, afin qu'il fût plus manifestement reconnu et honoré par les habitans, ainsi qu'il convenait ; ce qui fut exécuté aussitôt avec la pompe convenable par des hommes aimant et craignant Dieu. Tant que ses reliques vénérables reposèrent en cette église, il y eut des miracles insignes opérés par son intercession : les aveugles voyaient, les boiteux marchaient, les sourds entendaient, le Seigneur se plaisant à leur accorder ces grâces en faveur de la bienheureuse vierge. Dans la suite des temps un homme très-religieux et zélé pour fonder des lieux saints et les honorer, nommé Dangulfe, lui éleva une église, où il fit transporter ses restes sacrés, sous le règne de l'empereur Charlemagne, et depuis Dieu ne cesse d'y opérer de grands et insignes miracles. Il n'y a pas long-temps encore, pendant la persécution des Hongrois, ces barbares voulant brûler cette église, mirent le feu à de grands tas de blé qui touchaient à ses murs ; mais, quoique le feu dévorât la moisson, et que la flamme enveloppât tout le toit, ils ne purent cependant parvenir à le faire prendre à l'église.

CHAPITRE LII.

De saint Rufin et de saint Valère, martyrs.

Au même temps que cette bienheureuse vierge souffrit le martyre, son persécuteur Rictiovare, passant par la ville de Rheims, et voulant forcer quelques chrétiens au culte des faux dieux, voyant qu'il ne pouvait vaincre leur résistance, les fit mettre à mort. Comme il sortait de Rheims, il rencontra Rufin et Valère, deux hommes forts en la foi de Jésus-Christ, quoique gardiens des greniers de l'Empire. Les ayant fait arrêter, et les trouvant fermes et persévérans dans la confession et l'amour de Jésus-Christ, il les fit tourmenter et battre de verges, et ensuite jeter en prison pour les y exténuer de langueur. Mais les anges les vinrent visiter, les consolèrent et réconfortèrent; et enfin reconnus invincibles et inébranlables, le persécuteur leur fit subir la mort. Peu de temps après, comme on rapportait leurs corps à Rheims dans des châsses, on raconte qu'à l'endroit où ils reposent maintenant les châsses devinrent si pesantes, qu'il ne fut pas possible de les lever de là et d'aller plus loin; ce qui advint ainsi par la volonté de Dieu, afin que leurs corps eussent un paisible et doux repos au lieu même où ils avaient tant de fois consolé les pauvres et distribué de charitables aumônes.

Dernièrement quand la nation barbare des Normands se répandit dans les Gaules, et portait partout le ravage, pour les dérober à la tempête de cette persécution, les corps des deux saints martyrs furent transférés à Rheims, et déposés dans l'église de Saint-Pierre, où ils furent long-temps gardés avec honneur. Lorsque enfin, les barbares se retirant, la tempête si long-temps déchaînée contre nous s'apaisa, et que par l'ordre de Dieu le calme fut rétabli, le prêtre qui desservait l'église des deux saints, et qui desirait depuis long-temps retourner en son église, se hâta de les faire enlever, et reporter au lieu qui leur était consacré. Après la célébration de la messe, les précieuses reliques furent levées par les prêtres et emportées au milieu d'un grand concours de peuple. Or ce jour-là, qui était un dimanche, il faisait si grand vent que tous les luminaires qu'on portait en l'honneur des deux saints furent éteints par la violence de l'ouragan; mais au moment où l'on arrivait à une rivière qu'il y avait à passer, le cierge que l'on portait devant les reliques, et qui depuis long-temps était éteint, s'alluma tout-à-coup miraculeusement, à la grande admiration des assistans; et cette lumière miraculeuse dura pendant près de quatre milles, au milieu des tourbillons de grêle et de vent. Depuis, le curé avisa de refaire le cierge sous une meilleure forme avec la même cire. Quand les prêtres qui lui étaient soumis se mirent à l'ouvrage, par un effet merveilleux, la cire amollie et travaillée commença à augmenter entre leurs mains, et en très-grande quantité. Comme ceux-ci, frappés d'étonnement et d'admiration, faisaient grand bruit, le curé étant entré, et voyant la cire ainsi augmentée, crut d'abord qu'ils y avaient, sans son ordre, ajouté d'autre cire. Mais apprenant des prêtres ce qui venait de se passer, il rendit grâces à Dieu, et fit placer cette cire dans l'église en mémoire d'un si grand miracle. Riculphe, évêque de Soissons, en voulut avoir quelques reliques, et aussi les prêtres de plusieurs églises voisines en demandèrent par dévotion quelques parcelles, qui leur furent accordées, et qu'ils placèrent avec grande vénération dans leurs églises.

Une autre fois, comme on rapportait les corps des deux martyrs en leur lieu propre, de l'église de Soissons où ils avaient été transférés, encore pour les soustraire à la persécution des Normands, un boiteux se traînait, comme il pouvait, avec le peuple qui accompagnait les deux saints avec grand respect et dévotion. Il n'était pas boiteux de naissance, mais cette déplorable infirmité lui était survenue. Comme on arrivait au village de Vasnes il se trouva tout-à-coup aussi droit qu'auparavant, et, jetant ses béquilles, se mit à marcher de son pied, et alla en toute allégresse glorifier le Seigneur qui se montrait si admirable en ses saints.

Enfin pour prouver combien la vengeance divine est prompte à frapper ceux qui violent la sainteté de ce lieu, et qui osent attenter aux biens donnés à ces bienheureux martyrs, je ne citerai que l'exemple qui suit.

Au temps qu'il y avait dans le royaume de France de grandes discordes entre le roi Eudes et le roi Charles, toutes rapines, pillages et voleries s'exerçaient impunément et sans prétexte. Il n'y avait ni droit ni loi qui fût observée, aucune crainte de Dieu, ni des lois humaines, tout allait par force et violence. Un jour donc il arriva que des maraudeurs s'en vinrent à un certain village, et commencèrent à enlever à ces pauvres gens le peu qu'ils possédaient. Alors une pauvre bonne femme s'enfuyant avec ses effets, courut de toutes ses forces vers l'église des saints martyrs. Un des pillards l'aperçoit, pique son cheval, et se met à la poursuivre à toute bride, espérant bientôt l'atteindre, et lui enlever ce qu'elle avait de plus précieux; quelqu'un qui était présent lui cria : « Malheureux! « garde-toi de la poursuivre jusqu'au parvis des saints, « mal t'en arrivera. » Celui-ci poussait toujours, sans crainte ni respect aucun; mais à peine son cheval eut-il mis le pied sur le parvis, qu'il tomba sur la tête et se rompit le cou. Le cavalier lui-même fut si grièvement blessé qu'il eut la jambe rompue depuis le genou jusqu'au pied, et que la chair, ouverte comme si on l'eût tranchée avec le fer, laissait voir à nu l'os tout dépouillé; et celui qui tout-à-l'heure était venu cavalier superbe, maintenant humilié et ne pouvant plus marcher sur ses pieds, fut porté hors du parvis de l'église par des mains étrangères. Comme on donna pour lui aux saints martyrs son cheval et tout ce qu'il possédait, il échappa à la mort; mais tout le reste de sa vie estropié et incapable d'aucun ouvrage, il vécut malheureux et inutile, portant partout en sa débilité témoignage de la vertu divine, et par l'exemple de la vengeance de Dieu exercée sur lui, détournant tous les autres de jamais tenter chose semblable, s'ils ne voulaient souffrir même peine.

C'est aussi un fait bien connu et que personne n'ignore, qu'au tombeau de ces saints martyrs l'huile s'est quelquefois accrue. Le curé avait placé près de l'autel un vase de terre, où se gardait l'huile qui servait à entretenir la lampe qui brûlait sur le sépulcre. Il n'y restait plus que très-peu d'huile, quand subitement elle commença à croître, et, sans que personne s'en aperçût, monta bientôt jusqu'au bord du vase; or, comme elle continuait toujours de monter, et que ne pouvant plus être contenue dans l'étroite capacité du vase, elle coulait par dessus les bords, le clerc chargé de la garde de l'église s'en aperçut, et, sans en rien dire à personne, mit un autre vase dessous; en très-peu de jours il recueillit un setier d'huile, et le cacha furtivement, car le malheureux se flattait de faire tourner un miracle au profit de sa cupidité, et de parvenir à dérober pour lui seul ce qui devait profiter à tous. Mais le Christ, qui voulait glorifier ses saints devant tout le monde, ne permit pas que le crime honteux de ce misérable, et le don qu'il avait fait pour honorer ses martyrs, restassent plus long-temps cachés. Un jour le curé entra, je ne sais pour quelle cause, dans une maison attenante à l'église, et dans laquelle l'évêque de Soissons a coutume de demeurer quand il vient en ce lieu; il découvrit ce vase plein d'huile jusque par dessus les bords; ne comprenant pas d'où pouvait venir une si abondante provision, quand on avait tant de peine à en trouver, il s'avisa de demander au clerc qui avait commis un si grand crime, à qui était cette huile, et qui l'avait déposée là. Et comme celui-ci dit qu'il n'en savait rien, les enfans qui venaient là pour apprendre les psaumes, et qui connaissaient toute l'affaire, racontèrent au curé le miracle et le vol du gardien. Aussitôt le curé court droit au vase qui était auprès de l'autel, et trouve le pavé encore tout mouillé de l'huile qui avait été répandue. Et pendant qu'il glorifiait le Seigneur, qui est infini dans ses saints, un autre gardien vint s'accuser à son tour d'avoir pris en cachette une grande partie de cette huile, et de l'avoir employée à ce qu'il avait voulu, et comme il avait voulu.

FIN DE L'HISTOIRE DE L'ÉGLISE DE RHEIMS.

TABLE DES MATIÈRES

CONTENUES DANS CE VOLUME.

	Pages.
Notice sur Frodoard.	j
Histoire de l'église de Rheims.	1

LIVRE PREMIER.

Chapitre 1er. Fondation de la ville de Rheims.	1
Chap. II. De l'amitié des Romains et des Rhémois.	4
Chap. III. Des premiers évêques de Rheims.	5
Chap. IV. Premiers martyrs de la ville de Rheims.	6
Chap. V. Suite des évêques de Rheims.	13
Chap. VI. De saint Nicaise.	14
Chap. VII. Des miracles de l'église de Saint-Nicaise.	23
Chap. VIII. De saint Oricle et de ses sœurs.	25
Chap. IX. Des successeurs de saint Nicaise.	26
Chap. X. De saint Remi.	27
Chap. XI. Saint Remi est ordonné évêque de Rheims.	31
Chap. XII. De divers miracles opérés par saint Remi, et de sa doctrine.	33
Chap. XIII. De la conversion des Francs.	40
Chap. XIV. Des possessions que le roi Clovis et les Francs donnèrent à saint Remi.	47
Chap. XV. Des victoires de Clovis obtenues par l'intercession de saint Remi, et de la mort de ce roi.	54
Chap. XVI. Du concile où saint Remi convertit un hérétique.	56
Chap. XVII. De l'extinction du feu, de la mort et sépulture de saint Remi.	57
Chap. XVIII. Testament de saint Remi.	62
Chap. XIX. De la guérison de la peste et autres guérisons miraculeuses opérées par Saint-Remi.	79

CHAP. XX. De la translation de son corps et de quelques autres miracles. 80

CHAP. XXI. De la seconde translation du corps de saint Remi, et comment il fut rapporté à Rheims. 93

CHAP. XXII. De plusieurs guérisons opérées postérieurement. 96

CHAP. XXIII. Des disciples de saint Remi. 107

CHAP. XXIV. De saint Thierri, ou Théodoric. 109

CHAP. XXV. De saint Théodulphe. 120

CHAP. XXVI. De la fontaine qui a paru naguère au monastère de Saint-Thierri et Saint-Théodulphe. 128

LIVRE SECOND.

CHAPITRE Ier. Des successeurs de saint Remi. 130
CHAP. II. De l'évêque Ægidius. 131
CHAP. III. De saint Basle. 136
CHAP. IV. De l'évêque Romulfe. 142
CHAP. V. De l'évêque Sonnat. 144
CHAP. VI. De Leudégisèle, évêque; d'Anglebert et de Landon. 152
CHAP. VII. De saint Nivard. 153
CHAP. VIII. De la translation du corps de sainte Hélène au monastère de Haut-Villiers. 157
CHAP. IX. De la translation de saint Sindulfe au même monastère. 161
CHAP. X. De saint Rieul, évêque. 163
CHAP. XI. De saint Rigobert. 166
CHAP. XII. De l'expulsion de Rigobert hors de la ville de Rheims. 170
CHAP. XIII. Des miracles qu'il a opérés pendant sa vie. 174
CHAP. XIV. De la mort et de la sépulture de saint Rigobert. 176
CHAP. XV. De la translation du corps de saint Rigobert. 178
CHAP. XVI. D'Abel successeur de saint Rigobert. 181
CHAP. XVII. De l'évêque Tilpin. 183
CHAP. XVIII. De l'évêque Wulfar. 189

TABLE DES MATIÈRES.

Chap. xix. De l'évêque Ebbon. 193
Chap. xx. De la déposition d'Ebbon. 205

LIVRE TROISIÈME.

Chapitre 1er. De l'élection et de l'ordination d'Hincmar. 214
Chap. ii. De la révision du jugement d'Ebbon. 216
Chap. iii. De la vision de Bernold. 218
Chap. iv. De la restitution des biens ecclésiastiques faite par le roi Charles. 220
Chap. v. De la réparation de l'église de Rheims par Hincmar. 225
Chap. vi. Des miracles qui ont été opérés depuis dans cette église. 228
Chap. vii. De la vision du prêtre Gerhard. 233
Chap. viii. De quelques autres miracles. 236
Chap. ix. De la seconde translation du corps de saint Remi. 238
Chap. x. Hincmar reçoit de l'évêque de Rome l'autorisation de se servir ordinairement du *pallium*. — Concessions faites à l'église sous son épiscopat. 239
Chap. xi. Du synode comprovincial tenu à Soissons. 244
Chap. xii. De la vacance du siége de Cambrai, et du mariage de Baudouin avec Judith, fille du roi. 255
Chap. xiii. De la cause de Rothade, évêque de Soissons, déposé. 261
Chap. xiv. Suite de la lettre d'Hincmar au pape Nicolas. — Du schismatique Gottschalk. 294
Chap. xv. Des livres composés par l'archevêque Hincmar. 301
Chap. xvi. Des livres d'Hincmar dédiés au roi Charles. 313
Chap. xvii. Du synode de six provinces de France tenu à Troyes. 321
Chap. xviii. Du roi Charles. 324
Chap. xix. Des lettres écrites par Hincmar au roi Louis, fils de Charles. 331
Chap. xx. Des lettres et écrits adressés par Hincmar à Louis, frère de Charles. 333

Chap. xxi. Des écrits d'Hincmar à divers archevêques ou évêques. 342

Chap. xxii. Des préceptes de conduite, et des reproches adressés à son neveu Hincmar. 357

Chap. xxiii. Des lettres d'Hincmar à l'évêque Alfred et à quelques autres évêques. 388

Chap. xxiv. Des écrits adressés par Hincmar à divers abbés. 408

Chap. xxv. Des écrits adressés à divers prêtres et monastères. 416

Chap. xxvi. Des lettres d'Hincmar à quelques grands personnages. 420

Chap. xxvii. Des lettres qu'il a écrites à quelques reines. 445

Chap. xxviii. Des conseils de salut qu'il a donnés à plusieurs de ses inférieurs. 455

Chap. xxix. Du livre composé par Hincmar sur la manière dont on doit vénérer les images de Notre-Seigneur ou des saints, etc., etc. 467

Chap. xxx. De la mort d'Hincmar. 468

LIVRE QUATRIÈME.

Chapitre 1er. De l'épiscopat de Foulques, et des lettres qu'il a écrites à plusieurs pontifes romains. 471

Chap. ii. Des lettres du pape Formose à Foulques, au roi Charles et au roi Eudes. 482

Chap. iii. Des lettres adressées par le pape Formose à plusieurs prélats de France. 486

Chap. iv. Des lettres du pape Étienne à l'archevêque Foulques, et de celles que Foulques lui a écrites en réponse. 491

Chap. v. Des lettres de Foulques à quelques rois. 493

Chap. vi. Des lettres de Foulques à différens évêques. 507

Chap. vii. Des lettres de Foulques à quelques abbés et à plusieurs personnages illustres. 519

Chap. viii. Des acquisitions dont Foulques a enrichi l'évêché, et de tout le bien qu'il y a fait. 524

Chap. ix. De saint Gibrian et de ses frères. 525

Chap. x. Du meurtre de l'archevêque Foulques. 529

TABLE DES MATIÈRES. 615

Pages.

Chap. xi. De l'épiscopat d'Hérivée. 530

Chap. xii. De la translation du corps de saint Remi en son monastère. 532

Chap. xiii. De la réparation du château de Mouzon et de quelques autres forts ou églises. 533

Chap. xiv. Des assemblées synodales tenues par Hérivée, de la conversion des Normands, et de l'expédition contre les Hongrois. 535

Chap. xv. Du secours donné par Hérivée au roi Charles abandonné des siens. 536

Chap. xvi. De l'excommunication et absolution du comte Erlebald. *Ibid.*

Chap. xvii. De la mort d'Hérivée. 537

Chap. xviii. Séulphe succède à Hérivée. 538

Chap. xix. Du synode tenu par Séulphe, de ses actes et de sa mort. 539

Chap. xx. De l'élection de Hugues, fils d'Héribert. 540

Chap. xxi. Des incursions des Hongrois, et des querelles du roi Raoul et du comte Héribert. 541

Chap. xxii. Odalric, évêque d'Aix, est reçu à Rheims; le roi Charles est remis en captivité. 543

Chap. xxiii. De la division qui éclata entre les comtes Hugues et Héribert et le roi Raoul. 544

Chap. xxiv. De l'ordination du seigneur Artaud à l'épiscopat. 545

Chap. xxv. Des signes qui furent vus à Rheims, et des maladies qui s'ensuivirent. 547

Chap. xxvi. De la réception de Louis après la mort du roi Raoul. *Ibid.*

Chap. xxvii. De l'excommunication du comte Héribert. 549

Chap. xxviii. Comment Artaud fut expulsé de la ville de Rheims. 550

Chap. xxxix. Des malheurs qui survinrent ensuite. 552

Chap. xxx. De l'occupation du château d'Aumont, de Mouzon, et de la mort d'Héribert. 553

Chap. xxxi. Du siége de la ville de Rheims par l'armée du roi Louis. 555

Chap. xxxii. Du rétablissement de la règle au monastère de Saint-Remi. Hincmar est nommé abbé. 556

Chap. xxxiii. De l'expulsion de l'archevêque Hugues. 557

Chap. xxxiv. Du synode tenu à Verdun. 559

Chap. xxxv. Du concile tenu à Ingelheim; de l'excommunication de Hugues. Suite du procès entre les évêques Artaud et Hugues. 561

Chap. xxxvi. Du siége et de l'incendie de la ville de Soissons par le comte Hugues. 574

Chap. xxxvii. De l'excommunication du comte Hugues. 576

Chap. xxxviii. De quelques églises et monastères de la ville de Rheims. 577

Chap. xxxix. De saint Baudri, abbé. 579

Chap. xl. Des miracles qui furent vus après sa mort. 580

Chap. xli. Du village de Wallich. 582

Chap. xlii. De l'église de Saint-Romain, et des miracles opérés à Mont-Gerlain. 587

Chap. xliii. D'un miracle advenu sur le Rhin. 590

Chap. xliv. Des miracles opérés au monastère de Sainte-Bove et Sainte-Dode. 591

Chap. xlv. De la vision qui apparut à une religieuse. 592

Chap. xlvi. De l'autre monastère de filles en la ville de Rheims. 594

Chap. xlvii. Du seigneur Guntbert et de sa femme Berthe. 595

Chap. xlviii. Des deux églises de Saint-Hilaire, à Rheims. 597

Chap. xlix. Des églises bâties en l'honneur de saint Martin en divers lieux de l'évêché de Rheims. 600

Chap. l. Des miracles de saint Martin qui furent vus en la ville de Rheims. 602

Chap. li. De sainte Macre, vierge. 603

Chap. lii. De saint Rufin et de saint Valère, martyrs. 605

FIN DE LA TABLE DES MATIÈRES.

www.ingramcontent.com/pod-product-compliance
Lightning Source LLC
Chambersburg PA
CBHW051319230426
43668CB00010B/1080